はじめに

2018年7月に六訂版を発行してから、早4年近くが経過しました。その間、多数の皆様に本書をご利用いただき感謝しております。

ご存じのとおり、この4年の間にも社会保障協定締結国の増加、租税条約の改正・新規締結も行われ、それに伴う海外勤務者に関する取扱いが変更になった点も少なからず存在します。また、日本本社が負担した出向者コストを現地法人からどのようにして回収するかという問題についても悩んでおられるケースが増えてきています。

さらに、新型コロナウイルス感染症による海外赴任者の長期間にわたる一時帰国、新規赴任が難しくなることにより、これまでは発生しなかった日本及び赴任国での新たな課税問題も頻発し、海外赴任者を取り巻く状況はこれまで以上に複雑化しています。

七訂版作成に当たっては、これらの新たな論点も追加するとともに、これまで同様労務行政研究所様、海外子女教育振興財団様、日本貿易振興機構（JETRO）様をはじめとし、多くの機関の方々からさまざまな資料をご提供いただきました。厚く御礼申し上げます。

なお、本書の内容のうち意見にわたる部分には、筆者の個人的見解が含まれています。したがって、文責はすべて筆者にあることをお断りしておきます。

本書発刊に当たりご尽力いただきました清文社編集部及び関係者の皆様にこの場を借りて厚く御礼申し上げます。

この七訂版が、初版や既刊の改訂版以上に海外に赴任者を送り出す企業や赴任者の皆様のお役に立つことができれば幸いです。

2022年4月

藤井　恵

目次

第1章 社会保険上の取扱い

1 はじめに ……………………………………………………………… *2*
  Q1　海外赴任に当たっての日本の社会保険（厚生年金・健康保険等）に関する留意点　*2*

2 年金等 ………………………………………………………………… *5*
  Q2　国民年金の任意加入　*5*

3 社会保障協定 ………………………………………………………… *7*
  Q3　日本が締結した社会保障協定の概要　*7*
  Q4　各社会保障協定の相違点　*11*
  Q5　社会保障協定適用のための手続方法　*16*
  Q6　社会保障協定の延長申請　*22*
  Q7　年金通算措置が盛り込まれた協定相手国への年金請求の具体的な流れ　*29*

4 医療保険など ………………………………………………………… *35*
  Q8　海外における日本の健康保険の利用方法　*35*
  Q9　海外旅行保険の加入　*38*
  Q10　健康保険と海外旅行保険の違い　*40*
  Q11　海外旅行保険の付保額及び保険金支払事例　*42*
  Q12　海外勤務になった場合の介護保険料　*49*
  Q13　健康保険の任意加入方法　*51*

5 雇用保険 ……………………………………………………………… *54*
  Q14　海外赴任中に退職した社員の雇用保険（退職と同時に日本に帰国）　*54*
  Q15　海外赴任に帯同するために退職する配偶者の雇用保険　*57*

6 労災保険 ……………………………………………………………… *59*
  Q16　労災保険の特別加入制度　*59*

Q17 本社採用した外国人の労災保険特別加入制度の適用可否 63

第2章 海外勤務者の日本における税務

1 はじめに………………………………………………………………… 66
　Q18 日本での居住者・非居住者の定義と課税所得の範囲 66
2 赴任決定から出国まで………………………………………………… 68
　Q19 海外赴任に当たって出国までに日本本社が行っておくべき税務上の手続 68
　Q20 海外赴任予定者及びその配偶者の語学研修費用に対する課税 71
　Q21 ＶＩＳＡ取得前に海外赴任する場合の課税上の取扱い 73
　Q22 海外赴任支度料の相場と税務上の取扱い 74
　Q23 納税管理人／特定納税管理人の概要と手続事項 77
3 海外勤務中（出国中の年）…………………………………………… 81
　Q24 海外赴任後最初に支払う給与・賞与の取扱い 81
　Q25 海外勤務者が住宅借入金等特別控除の適用を受けている場合 84
　Q26 海外赴任者が日本で確定申告しなければならないケース 88
　Q27 海外赴任期間中の日本の持ち家売却にかかる課税 91
　Q28 会社の借り上げ社宅として賃貸した留守宅から生じる不動産所得に対する課税 95
　Q29 海外赴任者とストックオプション 99
　Q30 海外現地法人に出向する社員に対する日本払い給与の取扱い 102
　Q31 日本で役員の地位にある赴任者が受け取る日本払いの給与 105

- Q32　海外勤務中の給与等に関して必要な法定調書　*109*
- Q33　日本に一時帰国し、日本において任地業務を行う場合の留意点（日本の非居住者の場合）　*112*
- Q34　日本に一時帰国し、日本において任地業務を行う場合の留意点（日本の居住者の場合）　*118*
- Q35　日本にいたまま、海外出向先の業務を始める場合の留意点　*120*
- Q36　海外からリモートワークで日本の業務を行う場合（配偶者の海外赴任に帯同）　*127*
- Q37　海外勤務者の帰宅旅費への課税　*133*

4　帰国後　*135*
- Q38　海外で退職を迎える社員の退職金の取扱い　*135*
- Q39　帰国後の年末調整と確定申告　*138*
- Q40　帰国後の仮住居費及び引越費用の課税関係　*142*
- Q41　帰国後最初に支払う給与・賞与の課税　*144*

5　出張者（1年未満赴任者）の取扱い　*147*
- Q42　短期滞在者免税（183日ルール）とは　*147*
- Q43　出張者に支払う外貨払い手当の円換算　*150*
- Q44　現地で発生した個人所得税を会社が負担した場合　*152*
- Q45　日本と海外で二重に所得税が課税された場合の外国税額控除　*154*
- Q46　海外出張者を多く抱える企業が留意すべきポイント　*159*

6　その他　*164*
- Q47　海外勤務期間の変更（短縮になった場合）　*164*
- Q48　海外勤務期間の変更（延長になった場合）　*166*
- Q49　出国時期と住民税の関係　*168*
- Q50　消費税の輸出免税　*171*

第3章 各国の個人所得税概要

1　**個人所得税申告に関して必ず知っておきたいこと** ……………… *176*

　Q51　海外赴任者の赴任先の個人所得税について留意すべきこと　*176*

　Q52　海外赴任者の任地での個人所得税申告漏れ（1．違法性を知りながら申告・納税していない）　*179*

　Q53　海外赴任者の任地での個人所得税申告漏れ（2．申告・納税の必要性を理解していない）　*183*

　Q54　海外赴任者の任地での個人所得税申告漏れ（3．申告・納税しているつもりだがしていなかった）　*191*

　Q55　申告・納税漏れが起きる根本的原因　*197*

　Q56　日本払い給与・賞与の申告漏れ等を起こさないためにできること　*204*

2　**アジア13か国の個人所得税概要** …………………………………… *206*

　Q57　アジア各国の個人所得税概要（中国、香港、台湾、韓国、タイ、マレーシア、フィリピン、インド、ベトナム、シンガポール、インドネシア、カンボジア、ミャンマー）　*206*

3　**北米・中米・南米4か国の個人所得税概要** ……………………… *230*

　Q58　北米・中米・南米4か国の個人所得税概要（米国、カナダ、メキシコ、ブラジル）　*230*

4　**欧州6か国の個人所得税概要** ……………………………………… *239*

　Q59　欧州6か国の個人所得税概要（英国、ドイツ、オランダ、フランス、イタリア、ベルギー）　*239*

5　**中東欧3か国及びロシアの個人所得税概要** ……………………… *251*

　Q60　中東欧3か国及びロシアの個人所得税概要（ハンガリー、チェコ、ポーランド、ロシア）　*251*

目次

第4章 海外勤務者に関連する各国との租税条約

1 はじめに ………………………………………………………… *260*
 Q61 租税条約とは　*260*
 Q62 租税条約の目的とは？　*263*
 Q63 日本が締結した租税条約数　*266*
 Q64 BEPS防止措置実施条約が既存の租税条約に与える影響について　*269*
 Q65 租税条約の原文　*278*
 Q66 租税条約の解釈　*279*
 Q67 租税条約の適用を受けるには　*280*
 Q68 租税条約の適用による税負担　*281*
 Q69 日本人・日本企業と租税条約　*282*
 Q70 源泉地国課税・居住地国課税　*283*

2 租税条約の各条項 ……………………………………………… *284*
 Q71 居住者条項について（全条約一覧表）　*284*
 Q72 恒久的施設条項について（全条約一覧表）　*289*
 Q73 投資所得（配当・利子・使用料）条項について（全条約一覧表）　*297*
 Q74 譲渡所得条項について（全条約一覧表）　*310*
 Q75 給与所得条項について（全条約一覧表）　*316*
 Q76 役員報酬条項について（全条約一覧表）　*325*
 Q77 学生・事業修習者条項について（全条約一覧表）　*331*

第5章 海外給与体系

1 基本的な考え方 ………………………………………………… *346*
 Q78 海外給与に対する考え方　*346*

2　海外基本給の設定方法 …………………………………………………… *349*
- Q79　海外基本給の設定方法　*349*
- Q80　別建て方式　*351*
- Q81　購買力補償方式　*354*
- Q82　併用方式　*357*

3　各種手当の種類 ……………………………………………………………… *359*
- Q83　海外勤務者に対する各種手当の種類　*359*
- Q84　各種手当〜海外勤務手当〜　*361*
- Q85　各種手当〜ハードシップ手当〜　*362*
- Q86　各種手当〜帯同家族手当〜　*364*
- Q87　各種手当〜住宅手当〜　*365*
- Q88　各種手当〜留守宅手当〜　*366*

4　日本から海外への給与送金 …………………………………………… *367*
- Q89　海外給与の換算レート　*367*

第6章　グローバルな規程の作成

1　はじめに …………………………………………………………………………… *372*
- Q90　海外勤務者規程作成上の留意点　*372*
- Q91　グローバルなモビリティポリシーの必要性　*376*

2　海外勤務者規程の概要 ………………………………………………… *383*
- Q92　海外勤務者規程〜総則（目的・定義・所属など）〜　*383*
- Q93　海外勤務者規程〜赴任及び帰任に伴う費用（旅費・支度金・荷造運送費）〜　*385*
- Q94　海外勤務者規程〜給与及び手当・福利厚生〜　*387*
- Q95　海外勤務者規程〜その他〜　*397*

第7章 赴任者コスト管理（総コスト管理と現地法人からのコスト回収）

1 海外赴任者総コスト管理 ……………………………………………… *400*
 Q96 海外赴任者コスト管理の必要性　*400*
 Q97 海外勤務者コストの把握方法　*407*
 Q98 社員を海外に赴任させるとなぜコストが莫大に増えるのか　*411*

2 赴任者コストを現地法人から回収する場合 ………………………… *415*
 Q99 日本本社からの海外出向者関連コストの請求　*415*
 Q100 日本本社から請求を受けた出向者関連費用を現地法人が支払う際の留意点　*419*
 Q101 出向者コスト回収とともに現地個人所得税の納税漏れが発覚するケース　*420*
 Q102 出向者コストを現地法人から回収したことで出向先国で法人税を課税されたケース　*425*
 Q103 出向者コストを現地法人から回収したことで現地社員に日本本社社員の給与が知られるケース　*431*
 Q104 出向者コストを現地法人が以前より多く負担し現地法人の業績が悪化するケース　*433*
 Q105 海外出向者の給付を全額、任地払いにする際の課題　*436*
 Q106 日本本社と現地法人が最低限実施しておくべきこと　*439*
 Q107 海外出向者に関して出向元と出向先が交わす覚書　*441*

第8章 危機管理と健康管理

 Q108 在留届の提出　*444*
 Q109 赴任前研修について　*447*
 Q110 赴任前健康診断・予防接種　*450*

Q111 海外赴任者に関する危機管理・安全管理　*453*

第9章　外国人の本社採用と海外赴任

Q112 日本に留学している留学生の概要～都市・大学別留学生数・国籍別割合・年齢層など～　*460*
Q113 留学生を採用面接する際の留意点　*466*
Q114 海外赴任による日本の在留資格への影響　*468*
Q115 本社採用外国人を母国に赴任させる際の処遇に関する考え方　*478*

第10章　海外子女教育

Q116 日本人学校の学費及び企業寄附金　*484*
Q117 日本人学校がない地域での子女の学校選択　*490*
Q118 海外子女教育サポート機関　*492*
Q119 帰国子女の日本での教育問題　*494*

第11章　その他

Q120 海外からの犬、猫の持ち込み　*500*
Q121 海外勤務者が希望退職制度に応募した場合の留意点　*503*
Q122 海外赴任者が現地で定年後も現地勤務してもらう場合の退職金と年金の取扱い　*509*
Q123 海外赴任中又は帰任直後の離職問題　*513*
Q124 海外赴任者に最大限活躍してもらうために必要なこと　*518*

※　本書の内容は、原則的に令和4年3月1日現在の法令等によっております。

第1章

社会保険上の取扱い

　海外勤務者の日本における社会保険上の取扱いは、当該海外勤務者と、日本の企業（出向元）との間に雇用関係があるか否かによって異なってきます。
　そこで本章では、海外勤務者の社会保険（年金・医療保険・雇用保険・労災保険）の取扱いが、日本企業と雇用関係がある場合とない場合で、どのように異なってくるのかを意識しながら説明していきます。

Q1 海外赴任に当たっての日本の社会保険（厚生年金・健康保険等）に関する留意点

このたび、当社の社員Ａ氏を３年間の予定で海外赴任させます。
Ａ氏が海外赴任中の日本の社会保険上の取扱いについて教えてください。

A 出向元である日本企業と、Ａ氏がどのような雇用関係があるのか、またＡ氏の給与が日本又は海外のどちらの企業から支払われるのかで、社会保険等の取扱いが異なります。

1 在籍出向の場合

　日本企業で雇用関係が継続したまま海外で勤務する場合、つまり「在籍出向」の場合で、出向元から給与の一部（全部）が支払われているのであれば、出向元との雇用関係は継続しているとみなされますので、海外勤務者の健康保険・厚生年金保険・雇用保険等の被保険者資格は継続します。被保険者資格が継続している以上、社会保険料の負担（出向元及び本人）は発生します。

　なお、日本本社や現地法人から海外勤務者に対して支払われる給与等が標準報酬月額の算定の基礎となる「報酬等」に含まれるか否かについては、【図表１-１】の基準で判断されます。

【図表１-１】海外勤務者の「報酬等」についての考え方

①　国内適用事業所（日本本社等）からのみ給与等の報酬が支払われている場合 　この場合、現地法人払い給与がないので、日本本社が支払った給与等のみ「報酬等」に含みます。
②　国内適用事業所（日本本社等）及び海外の事業所（現地法人等）の双方から給与等が支給されている場合 　ア）海外事業所からの給与・手当を「報酬等」に含めない場合

適用事業所の給与規程や出向者規程等に海外勤務者に係る定めがなく、海外事業所から支給される報酬が、海外事業所における労働の対価として直接給与等が支給されている場合は、国内の適用事業所から支給されているものではないため、「報酬等」に含めないことになります。

イ）海外事業所からの給与・手当を「報酬等」に含める場合

　日本国内の事業所に勤務する被保険者が、海外の事業所（B事業所）に転勤となり、A事業所及びB事業所双方から給与等を受けているものの、B事業所から支給される給与等は、A事業所からの給与規程に基づいている場合は、両事業所の報酬の合計額を「報酬等」にします。

③　国内適用事業所から給与が一切支給されない場合

　在籍出向であっても、出向先から給与の全部が支払われ、出向元から給与が全く支払われないのであれば、出向元との雇用契約は継続していないとみなされる可能性があります。その場合、健康保険・厚生年金保険・雇用保険等の被保険者資格は喪失します。そのため、扶養家族を日本に残して海外勤務した際の、扶養家族の社会保険等について、対応策を考える必要があります。

（出所）日本年金機構「海外勤務者の報酬の取扱い」を基に作成

2　移籍出向の場合

　〜日本での社会保険資格は喪失〜

　移籍出向とは、日本の出向元との雇用関係をいったん終了させ、勤務地国の現地法人等との雇用関係のみとなるケースを指します。つまり、出向元である日本企業との雇用関係がなくなるため、健康保険・厚生年金保険・雇用保険等の被保険者資格は喪失します。この場合も、扶養家族を日本に残して海外勤務した際、扶養家族の社会保険について対応策を考える必要があります。

　以上をまとめたのが次ページの【図表1-2】です。

【図表1-2】海外勤務者の社会保険と労働保険

	被保険者資格が継続している場合	被保険者資格を喪失した場合
例	・在籍出向で国内企業から給与が一部又は全部支払われている場合	・在籍出向で国内企業から給与が全く支払われない場合 ・移籍出向の場合
健康保険	**継続**（日本帰国時も国内勤務時同様、健康保険が利用できる。海外では「療養費」扱いとなり、海外でかかった療養費はいったん本人が全額立替えし、後日一部療養費として健康保険から支給される（ただし、支給される療養費は、実際に支払った金額ではなく、日本の医療機関で治療を受けた場合の保険診療料金を基準として計算される）。	**継続できない** ＜対応策＞ ① 任意継続被保険者手続を行う 　ただし、健康保険の被保険者資格喪失日から最長2年間しか加入できない。 ② 国民健康保険に加入 　市区町村に居住する者が対象のため、住民票を除票していると加入できない。
介護保険	**海外では介護保険サービスは適用除外**。ただし、住民票を除票していれば、一部例外を除き、介護保険料は支払う必要がない（Q12参照）。	**海外では介護保険サービスは適用除外**。保険料も不要（ただし、国民健康保険に加入している場合は、住民票の除票ができないため、国民健康保険料と併せて介護保険料も納付しなければならない）。
厚生年金	**継続**（【図表1-1】参照）	**継続できない。** ＜対応策＞国民年金に任意加入（Q2参照）
雇用保険	**継続**するが、失業給付等は帰国時しか受給できない（Q14参照）。	**原則的には継続できない。**
労災保険	**適用対象外**（労災保険は属地主義のため、海外勤務時は原則的に対象外） ＜対応策＞労災保険の海外派遣者特別加入制度を利用（Q16参照）	**同左** （移籍出向の場合は、労災保険の特別加入もできない。）

第1章 社会保険上の取扱い

Q2 国民年金の任意加入

当社の社員A氏を海外子会社に移籍出向させることになりました。
　A氏は当社との雇用関係がなくなるため、海外勤務中は厚生年金が継続できないので、国民年金への任意加入を希望しています。国民年金の任意加入の方法について教えてください。

A 国民年金の任意加入に当たっては、日本国内に協力者がいる場合といない場合で多少手続が異なります。前者の場合、出国直前まで住所のあった市区町村で親族等を通じて手続を行い、後者の場合、年金事務所に直接書類を提出することになります。

1　任意加入と強制加入の違い

〜転出届を提出すれば任意加入扱い、日本に住民票を残していれば強制加入扱い〜

　通常、1年以上の予定で海外に居住する場合は、居住している市町村に転出届を提出するのが一般的です。国内に住所を有しない海外居住者は、原則として国民年金に加入する必要はありません。一方、海外に居住していても、日本に住民票を残したままだと、国民年金の加入義務が存在することになります。

2　国民年金に任意加入するための条件

〜20歳以上65歳未満で日本国籍を有し、日本国内で保険料納付が可能であること〜

　上記のとおり、国内に住所を有しない海外居住者は、原則として国民年金に加入する必要はありません。しかし、将来の年金額を少しでも多く確保するために、国民年金に任意加入することもできます。任意加入の条件

は、【図表2-1】のとおりですが、任意加入すれば老齢基礎年金の額を増やすことができますし、海外居住中の傷病等による障害や死亡についても、要件を満たせば障害基礎年金や遺族基礎年金を受給することができます。

【図表2-1】国民年金任意加入の条件

① 日本国籍を有する20歳以上65歳未満の者
② 日本国内で保険料の納付が可能なこと

3 国民年金の任意加入の方法
～年金事務所で手続を～

以前は社団法人日本国民年金協会で手続代行が可能でしたが、国民年金の任意加入の手続は、年金事務所で行うことになりました。

国民年金任意加入の手続方法は【図表2-2】のとおりです。

【図表2-2】国民年金任意加入の手続方法

	概　　　要
任意加入手続	・手続先 年金事務所（一般には最終住所地を管轄する年金事務所で手続を行うが、それ以外の地域の年金事務所での手続も可能） ・必要書類 ① 国民年金の関係届出書（年金事務所にて記入） ② 口座振替申込書（同上） ③ 銀行届け印 ④ 年金番号がわかるもの（年金手帳等） ※ 親族等による代行手続も可能
保　険　料	令和3年度の保険料は月額16,610円（付加保険料を納付する場合は、月額400円を加算する。） ※ 保険料の前納制度を利用すれば、保険料が割引される。

Q3 日本が締結した社会保障協定の概要

社員を海外勤務させた場合、通常は勤務地国の年金制度にも加入しなければならないと聞きました。日本と勤務地国での年金制度への二重加入を防ぐ制度があれば教えてください。

> **A** 2022年2月現在、日本は21か国（ドイツ、英国、韓国、米国、ベルギー、フランス、カナダ、オーストラリア、オランダ、チェコ、スペイン、アイルランド、ブラジル、スイス、ハンガリー、インド、ルクセンブルク、フィリピン、スロバキア、中国、フィンランド）との間に社会保障協定が発効しています。そのため、これら21か国に社員を赴任させる場合、相手国での赴任期間が5年以内であり、かつ、その社員が日本の年金制度に加入していることを条件に、相手国の年金保険料等を免除してもらうことができます。
> ※ 協定の締結は行われているものの発効待ちとなっているのはイタリア、スウェーデンとの社会保障協定です。

1 社会保障協定締結の背景は？
～年金保険料の二重払いによる企業負担の増加、勤務地国での年金保険料掛捨て～

　社会保障協定とは、相手国に勤務した会社員等の社会保険料の二重払いを防ぐことを目的としたものです。そもそも公的年金などの社会保険制度は、現在居住している国の制度に加入することが原則となっています。しかし通常、企業からの出向で海外勤務する場合、海外勤務中も出向元である日本本社との雇用関係が継続しているため、その間、日本と勤務地国の両方の社会保険制度に加入しているのが現状です（いわゆる「保険料の二重払い」）。そして多くの場合、勤務地国での社会保険料の負担は海外勤務

者本人ではなく、海外勤務者を送り出した日本本社が全額負担しています（たとえば、日本企業が米国勤務中の社員のために負担していた社会保険料は、新聞報道等によると年間数百億円にも達し、これが日本企業の国際競争力を阻害する一因にもなっているといわれていました）。

　さらに、年金を受給するには、ある一定期間以上の加入期間が必要なため、数年程度で日本に帰国するケースが多い海外勤務者については、勤務地国での保険料は結果的に掛捨てになるケースがほとんどでした。

2　そもそも社会保障協定とは

　上記のような状況を解決するため、年金制度の二重加入の防止や年金加入期間を両国間で通算し、年金の掛捨てを防止しようとする二国間での協定が、社会保障協定と呼ばれるものです。

(1)　年金制度等への二重加入の防止

①　相手国での勤務期間が当初の予定で5年以内の場合（例：米国）

a) 協定発効前

　米国勤務期間中は、日本の保険料だけでなく米国の保険料も支払うため、年金制度に二重加入、つまり保険料を二重に支払っていました。しかも、海外勤務期間は通常、数年程度と短期間のため、支払った保険料は結果的に掛捨てになっていました（米国の場合、年金保険料の払戻しはできません）。

b) 協定発効後

　協定発効後は、日本の年金制度への加入を条件に、米国の年金制度等への加入が免除されます。よって、米国勤務期間中、年金保険料を二重に支払う必要がなくなります。

② 相手国での勤務期間が当初の予定で5年超の場合（例：米国）
a）協定がない場合

①a）と同様に、保険料を二重に支払い、支払った保険料は結果的に掛捨てになっていました（米国の場合、年金保険料等の払戻しはできません）。

b）協定発効後

米国での勤務期間が、当初の予定で5年を超える場合は、米国での勤務期間中は、日本の年金制度等を脱退し、米国の年金制度等のみに加入することになります。

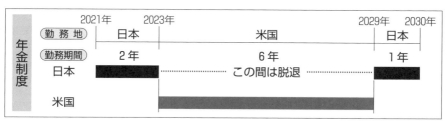

(2) 年金加入期間の通算

年金の通算措置とは、「一方の国（たとえばA国）の年金制度への加入期間が、年金受給に必要な最低加入期間に満たない場合、相手国（例えばB国）の年金制度への加入していた期間を一方の国（A国）の年金制度への加入期間とみなして、カウントすることができる」という制度です。

① 協定発効前（年金通算措置がない状態）

日本で基礎年金受給に必要な期間は10年、米国での年金受給に必要な

期間も10年です。そのため、「(1)②」のように、日本での年金保険料支払期間が9年、米国での同保険料支払期間が6年といったケースでは、協定が発効していない状況では、日米いずれの国からも年金を受給することができません。

　日本：9年＜10年……年金受給できない（※）

　米国：8年＜10年……年金受給できない

※　日本の年金制度から年金受給するためには10年必要だが、日本国籍者が20歳〜60歳までに海外に在任した期間は「（年金受給に必要な期間の計算を行うための）合算対象期間」として年金に加入していた期間としてみなされるので、「年金加入期間＋合算対象期間」が10年以上であれば年金の受給は可能。

② 協定発効後（年金通算措置がある状態）

　協定発効後は、一方の国の年金受給のために必要な期間が不足している場合、相手国での加入期間を足す（通算する）ことができます。

　よって日本から9年分、米国から6年分の年金を受給することが可能です。

　日本：9年＋6年（米国での加入期間）≧10年

　　　　……9年分の年金を受給

　米国：6年＋9年（日本での加入期間）≧10年

　　　　……6年分の年金を受給

※　相手国の年金加入期間を通算することができますが、受給できる金額はあくまでも支払った金額に見合う金額だけです。また、通算された加入期間に応じて計算された年金を、どちらか一方の国からまとめてもらえるわけではありません。

第1章 社会保険上の取扱い

Q4 各社会保障協定の相違点

日本は現在、21か国との間で社会保障協定が発効しているそうですが、それぞれの協定の相違点について教えてください。

> A　相手国での勤務期間が一定期間（通常5年以内）であれば、自国の年金制度等への加入を条件に、相手国の年金制度等への加入が免除されるというのが、各協定の共通した考え方です。なお、協定によって、対象となる社会保険制度は異なりますし、相手国での年金加入期間を自国の年金加入期間に通算できるとする、いわゆる「年金加入期間の通算措置」は一部の国との協定にのみ織り込まれています。

1　現在、発効している社会保障協定の概要は？
～合計21か国との協定が発効中～

2000年2月に発効したドイツとの協定を皮切りに、2022年2月現在、ドイツ、英国、韓国、米国、ベルギー、フランス、カナダ、オーストラリア、オランダ、チェコ、スペイン、アイルランド、ブラジル、スイス、ハンガリー、インド、ルクセンブルク、フィリピン、スロバキア、中国、フィンランドとの協定が発効中です。

2　各協定の相違点
(1)　社会保障協定の対象となる社会保険制度
～年金制度のみが対象になる協定と年金以外の制度も対象となる協定がある～

ドイツ、英国、韓国、カナダ、オーストラリア、スペイン、アイルランド、ブラジル、インドとの協定では、年金制度のみが社会保障協定の対象となっています。一方、米国、ベルギー、フランス、オランダ、チェコ、スイス、ハンガリー、ルクセンブルク、フィリピン、スロバキア、フィン

ランドとの協定では、年金制度のほかに医療保険制度等、対象となる社会保険制度の対象が広いのが特徴です。

【図表4-1】現在発効中の社会保障協定の概要

		ドイツ	英国	韓国	米国	ベルギー
発効年月		2000年2月	2001年2月	2005年4月	2005年10月	2007年1月
二重加入の防止	相手国側免除対象	年金	年金	年金	年金、医療	年金、医療、労災、雇用
	日本側で加入する制度	年金	年金	年金	年金、医療	年金、医療
	相手国加入免除期間（延長期間）	原則60カ月（最長3年）	原則5年（最長3年）	原則5年（最長3年）	原則5年（場合によっては最長4年）	原則5年（最長2年）
	2回目以降派遣条件	—	—	—	（※1）	—
年金通算措置		あり	なし	なし	あり	あり

		アイルランド	ブラジル	スイス	ハンガリー	インド
発効年月		2010年12月	2012年3月	2012年3月	2014年1月	2016年10月
二重加入の防止	相手国側免除対象	年金	年金	年金、医療	年金、医療、雇用、労災	年金
	日本側で加入する制度	年金	年金	年金、医療	年金、医療	年金
	相手国加入免除期間（延長期間）	原則5年（最長3年）	原則5年（最長3年）	原則5年（最長1年）	原則5年（最長1年）	原則5年（最長3年）
	2回目以降派遣条件	—	1年インターバルルールあり（※2）	—	—	—
年金通算措置		あり	あり	あり	あり	あり

（※1）米国とカナダについては、派遣前に6か月以上継続して日本の社会保険制度に加入している必要があります。
（※2）1年インターバルルールとは、日本から当該国への派遣が2回目以降の場合は、直近の一時派遣による当該国での就労期間が終了した時点から次の一時派遣による就労期間が開始する時点までの間に少なくとも1年が経過していることを必要とするルールを指します。
（※3）ケベック州年金制度を除く。

	フランス	カナダ	オーストラリア	オランダ	チェコ	スペイン
	2007年6月	2008年3月	2009年1月	2009年3月	2009年6月	2010年12月
	年金、医療、労災	年金（※3）	年金	年金、医療、雇用	年金、医療、雇用	年金
	年金、医療	年金	年金	年金、医療	年金、医療	年金
	原則5年（最長1年）	原則5年（最長3年）	原則5年（定められていない）	原則5年（1年以内）	原則5年（最長3年）	原則5年（最長3年）
	1年インターバルルールあり（※2）	（※1）	—	1年インターバルルールあり（※2）	—	—
	あり	あり	あり	あり	あり	あり

	ルクセンブルク	フィリピン	スロバキア	中国	フィンランド
	2017年8月	2018年8月	2019年7月	2019年9月	2022年2月
	年金、医療、労災、雇用、介護、家族給付	年金	年金、医療、労災、雇用	年金	年金、雇用
	年金、医療	年金	年金	年金	年金、雇用
	原則5年（定められていない）	原則5年（最長3年）	原則5年	原則5年（最長5年）	原則5年（最長3年）
	—	—	—	—	—
	あり	あり	あり	なし	あり

(2) 相手国の年金制度への加入の概要
　～いずれの協定もほぼ同様～

　2022年2月現在発効中の21か国との協定のいずれにおいても、相手国での勤務期間が5年以内（＊）の場合、自国（日本）の年金制度（厚生年金制度）への加入を条件に、相手国の年金制度への加入が免除されます。

（＊）協定の適用延長期間は、最も長いのが中国との協定（5年）です。一方、最も多いのが延長期間が3年のケースですが、中には1年又は2年、さらには延長期間が定められていないものもあります。詳細は【図表4-1】をご参照ください。

(3) 年金加入期間の通算
　～英国、韓国、中国以外との協定が対象～

　各協定のうち、年金加入期間の通算措置が認められているのは、英国、韓国以外との協定となっています。なお、日本年金機構のウェブサイトによると、英国、韓国、中国との協定については、【図表4-2】に示したとおり、社会保障協定に「年金加入期間の通算措置」が織り込まれていません。

【図表4-2】英国、韓国、中国との協定に年金通算措置が織り込まれていない理由

英国との協定に年金通算措置が織り込まれていない理由	英国政府側が「新たに締結する協定については、二重加入防止に限定した内容とする」としているため
韓国との協定に年金通算措置が織り込まれていない理由	韓国の年金制度は施行からまだ歴史が浅いため等
中国との協定に年金通算措置が織り込まれていない理由	中国側が他国と結んだ協定においても通算措置は含まれておらず、日本との協定においても同様の対応を希望したため

（出所）日本年金機構ウェブサイトより

第1章 社会保険上の取扱い

(4) 年金制度への二重加入の特例
　～全ての協定相手国と可能に～

　以前は、英国との間にだけ認められていた年金制度への二重加入特例措置ですが、2012年3月1日より、厚生年金保険の特例加入制度の対象国が全ての社会保障協定となりました。

　そのため、当初から相手国への赴任期間が5年を超えるため、相手国の社会保険制度に加入しなければならない場合でも、年金事務所に「厚生年金保険特例加入被保険者資格取得申出書」を提出することで、相手国の年金制度に加入しながら、日本の厚生年金に加入することが可能になります。

　（厚生年金への任意加入が可能になるため、企業年金への加入も可能になります。）

※　いったん特例で厚生年金保険に加入しても、その必要がなくなった場合は、「厚生年金保険特例加入被保険者資格喪失申出書」を年金事務所に提出することで、厚生年金保険を脱退することも可能です。

Q❺ 社会保障協定適用のための手続方法

　このたび、当社社員を社会保障協定発効相手国に赴任させることになりました。
　これらの国に赴任させた社員については、相手国の年金制度等への加入が自動的に免除されるのでしょうか。

A 日本と社会保障協定を締結・発効している国に赴任した場合でも、自動的に相手国での年金制度等への加入が免除になるのではありません。必ず赴任前に一定の手続を行っておく必要があります。

1　相手国での年金制度加入免除手続
　〜各協定共通の手続方法〜
　日本と社会保障協定を締結・発効している国に赴任した場合でも、自動的に相手国での年金制度等への加入が免除になるわけではありません。必ず赴任前に一定の手続を行っておく必要があります。手続方法は【図表5-1】のとおりです。

【図表5-1】社会保障協定適用方法

「社会保障協定適用証明書交付申請書（＊）」を年金事務所に提出
⬇
同申請書を日本年金機構が審査
⬇
審査に通れば、提出から1～2か月程度で「社会保障協定適用証明書」が送付される
（場合によっては半年程度かかる場合もあるため、早めの提出が必要）
⬇
同証明書を、相手国の事業主に提出
⬇
相手国での年金保険料等の支払が免除される

（＊）「社会保障協定適用証明書交付申請書」は、各年金事務所に備え付けてありますが、日本年金機構のホームページからもダウンロードが可能です。
※ 社会保障協定の適用を受ける際に提出するのは、「社会保障協定適用証明書交付申請書」（一部との協定については事業主確認用紙も必要。）のみです。
※ 日仏社会保障協定に基づき、フランスでの加入免除のためには、日本の労災の海外派遣者特別加入制度への加入が必要です。

2 協定相手国個別の事項

〜協定ごとに留意点は異なる〜

　一般に、社会保障協定では、相手国での就労期間が一定期間（通常5年／ただし延長が認められる場合あり）であり、かつその間、自国（日本）の年金制度等に加入していれば、相手国での年金制度等への加入を免除してもらえます。ただし、一部の協定については、これ以外にも協定適用を受けるための細かい制限を「社会保障協定適用申請書」において、【図表5-2】のとおり定めています。

【図表5-2】社会保障協定適用申請書の詳細事項

ドイツ	【暦月ルール】 派遣期間を「暦月」で数える。 ［例］2007年1月1日から2011年12月31日まで　→　60暦月 　　　2007年1月2日から2012年1月1日まで　→　61暦月 【当初5年は派遣元制度加入】 当初5年を超えると見込まれる場合の派遣であっても派遣開始から60暦月までは、派遣元の国の年金制度にのみ加入し、派遣先の国の年金制度の加入が免除される
米国	【派遣元での6か月雇用ルール】 日本の企業から米国に派遣される場合、米国の社会保障制度の免除を受けるためには、米国に派遣される直前に、原則として6か月以上継続して日本で就労、又は居住し、日本の社会保険制度に加入していることが条件（また、米国の企業から日本に派遣される場合も、同様の条件）
ベルギー	【企業登録番号がない場合】 ベルギーで新規会社設立の場合、登録番号が付番されるまで、相当期間（1年程度）かかることが予想される。この場合、登録番号が付番されるまでは、番号が空欄になっている適用証明書を交付してもらい、番号が判明した時点で、新しい適用証明書の交付申請を行う 【ベルギーで雇用関係がある場合】 現地法人で勤務する場合、ベルギーの会社と法定雇用契約を締結していることから、協定発効後もベルギーの社会保障制度に適用されることがある。日本企業との雇用関係に基づき日本の社会保障制度に適用され、適用証明書が発給されれば、ベルギーの社会保障制度への加入が免除されます。この際、ベルギーの現地法人との法定雇用契約を破棄する必要がある
フランス	【労災給付に準じた会社独自の給付の取扱い】 保険とは、偶然的に発生する事柄（保険事故）によって生じる経済上の不安に対処するため、あらかじめ多数の者が金額を出捐し、そこから事故に遭遇した者に金銭を支払う制度。そのため労災事故が起こった際に、会社が労災保険に準じた給付を行うことのみをもって、それを保険とみなすことはできない。つまりこのような給付は、「労働者災害補償保険の特別加入に準ずる保険」には該当しない

	【後から家族を帯同する場合の「事業主確認用紙の取扱い」】 随伴家族に変更があるたびに、「事業主確認用紙」を記入し、適用証明書再交付申請書を提出する
カナダ	【派遣元での6か月雇用ルール】 日本の企業からカナダに派遣される場合、カナダ年金制度の適用免除を受けるためには、カナダに派遣される直前に、原則として6か月以上継続して日本で就労、又は居住し、日本の年金制度に加入していることが必要(カナダの企業から日本に派遣される場合も、同様の条件が必要) 【適用証明書の申請が遅れたことで支払ったカナダ年金制度の保険料】 カナダ年金制度(CPP)の保険料は最大4年まで遡って還付される。 (注) カナダ年金制度(CPP)の保険料に関する情報は、カナダ歳入庁等の情報を確認のこと 【日本からカナダ赴任時の適用証明書の取扱い】 適用証明書は、コピーをカナダの事業所に提出すること。それにより、当該一時派遣者はカナダ年金制度(CPP)保険料の控除対象者ではないことを事業主が認識する
オーストラリア	【当初5年は派遣元制度加入】 派遣期間の長さの見込みによる判断は行われず、いずれの派遣者についても派遣の日から最長5年までは派遣元国の法令が一律適用される(当初から相手国の制度に加入するのは、相手国での現地採用者のみ) 【適用証明書の申請が遅れたことで支払った保険料】 退職年金保障制度(SG)に拠出された保険料は、一時派遣者がオーストラリアを離れる際に還付される。申請方法などは、加入していたオーストラリア国内の機関(ファンド)に要確認
オランダ	【日本からオランダ赴任時の適用証明書の取扱い】 適用証明書の原本は派遣者本人が保持し、オランダの事業主は写しを保管。当該適用証明書はオランダ実施機関の監察時に、日本での適用を受けていることを証明するために必要になる
チェコ	【2018年8月1日以降チェコに派遣されている被用者の手続について】 (1) チェコ国内に事業所を有する雇用者と雇用契約を締結していない場合(協定第7条1(a)) →従来どおり、チェコ側に個別協議を行うことなく、日本年金機構から適用証明書が発給される

	(2) チェコ国内に事業所を有する雇用者と雇用契約を締結しているが、日本国内の事業所の指揮の下にある場合（協定第7条1（b）） →従来は、チェコ側に個別協議を行ったうえで適用証明書を発給していたが、2018年8月1日以降はチェコ側に協議を行うことなく、日本年金機構から適用証明書が発給される ※ 改正議定書発効日以降にチェコへ派遣される場合、派遣開始前に協定第7条1（a）又は同条1（b）に基づき、日本年金機構に対して適用証明書の交付申請を行うこと (注1)適用証明書の発給に当たっては、上記以外の条件を満たす必要あり（例：派遣期間が5年を超えないと見込まれる等） (注2)(2)の「日本国内の事業所の指揮の下にある場合」とは、派遣元である事業所が一時派遣被用者の人事管理などの措置を講じる権限を有する状態であることを指す (注3) 上記(1)及び(2)のいずれのケースについても、適用証明書においては従来どおり「第7条1」に該当するものとして表記される。また、適用証明書に記載されている一時派遣期間内において(1)から(2)（又はその逆）への変更があった場合であっても、新たな適用証明書交付申請は必要ない
ハンガリー	【ハンガリー現地法人と雇用契約を締結している場合】 日本の派遣元事業主と雇用契約を締結しており、ハンガリー国内において日本の派遣元事業主と関連するハンガリーの派遣先事業主とも雇用契約を締結した派遣者の場合、予定される派遣の期間が5年を超えるものと見込まれないことを条件に、日本の制度のみが適用される 【事業主として取り扱われる場合】 協定上、派遣元国の事業主と派遣先国の事業主との間で、経営、支配、もしくは資本に直接又は間接に参加している関係が認められている場合に、関連する事業主として扱われる。なお、当初は日本の派遣元事業主のみと雇用契約を締結している被用者が、一時派遣期間中にハンガリー派遣先企業と雇用契約を締結することとなった場合であっても、日本の制度が適用される。改めて適用証明書を申請する必要があるが、当初予定された派遣期間の終了予定年月日を変更はできない。逆パターンも同様の取扱いとなる

スロバキア	【スロバキア現地法人と雇用契約を締結した派遣者について】 日本の派遣元事業主との雇用契約に加え、スロバキア国内の派遣先事業主とも雇用契約を締結している場合であっても、日本の派遣元事業主の指揮の下にあるときには、派遣を開始した日から5年間は、派遣元国である日本国の制度のみが適用となる。 ・当初は日本の派遣元事業主のみと雇用契約を締結し、スロバキア国内の派遣先事業主とは雇用契約を締結していなかった被用者が、一時派遣を開始した後にスロバキア国内の派遣先企業とも雇用契約を締結することとなった場合でも、引き続き日本の制度のみが適用（スロバキアの制度は適用免除） →この場合、事前に日本年金機構に対して適用証明書交付申請書を提出し、適用証明書の交付を受けること。この場合の派遣期間（スロバキアの制度の適用免除の期間）は、スロバキア国内の派遣先企業と雇用契約を締結した時点からではなく、最初にスロバキアに派遣された日を起算点として、その日から5年の期間が満了する日までとなる（スロバキアから日本に一時派遣するケースについても、同様の取扱い）
中国	【適用証明書原本の提出】 日本年金機構から交付された適用証明書については、中国に派遣後速やかに、派遣先の中国の事業所を通じ、その派遣先事業所を所管する社会保険料徴収機関に原本を提出すること（提出した原本は、当該機関で写しを取った後に返却されることになっている）

（出所）　日本年金機構ウェブサイト「社会保障協定　年金Q＆A」を基に作成

Q6 社会保障協定の延長申請

A氏はX国に赴任していますが、予定していた5年間の赴任期間が延長することは確実です。A氏は現在、日本とX国との間の社会保障協定の適用を受け、日本の年金制度等への加入を条件に、X国での年金制度等の加入免除を受けています。

今回、社会保障協定の延長申請を行いますが、そもそも延長申請は認められるものなのでしょうか。

> **A** 延長申請が認められる否かは、延長の理由や相手国の考え方にもよりますが、おおむね以下のように整理できると考えられます。

1 延長申請が認められる理由になりえる事項

社会保障協定の適用期間が延長になりえる事項としては、【図表6-1】が一例として挙げられます。

【図表6-1】延長が認められる理由になりえる事項
　　　　～延長しないと業務や本人が深刻な状況に陥る場合～

1. 業務に関して
   ・予見不可能なプロジェクト期間の延長が避けられない場合
   ・派遣者に余人をもって代えがたい技能・経験があり、プロジェクト遂行に不可欠な場合
   ・予定していた後任者が退職・死亡等のやむを得ない事情があり赴任できず、新たな赴任予定者が決定・又はその訓練が終わるまで滞在が必要な場合
   ・買収又は再編により、その移行のために当該人員の滞在延長が不可欠な場合
2. 個人事情に関して
   ・就学年齢の子女が、就学年終了まで派遣先国にとどまらないと、進級に影響が

出る場合
　　・予期しない本人又は家族の病気により、派遣先国にとどまる必要がある場合

（出所）日本年金機構ウェブサイトやヒアリングに基づき作成

　上記のとおり延長はあくまで特段の事情があり、かつそれについて両国間で個別に判断し合意した場合に限られるようです。そのため、すぐに結論が出るとは限らないことから、延長申請を認めてもらうためには早めの準備が不可欠です。

2　延長申請が認められない場合
　～日本の制度を脱退し、任地制度に加入するが、希望すれば厚生年金には特例加入が可能～

　延長申請が認められないとどうなるのでしょうか。
　この場合、協定適用期間が終了した後は、任地の制度に加入し、社会保障協定の適用対象となっている日本の制度は脱退する必要があります。しかし「厚生年金保険特例加入被保険者資格取得申出書」を提出することで、厚生年金保険の被保険者資格を取得することは可能です。
　なお、資格取得日は以下のとおりとなります。

【図表6-2】資格取得日の考え方

保険料納付義務に関する相手国法令が適用されてから1か月以内に本申出を提出した場合	「特例該当日」＝資格取得日
保険料納付義務に関する相手国法令が適用されてから1か月経過後に本申出を提出した場合	「申し出が受理された日」＝資格取得日

協定相手国との延長等協議の結果、相手国年金制度のみ適用となった場合	相手国から通知を受けてから結果を回答した日から1か月以内に申し出ることで、相手国の年金制度の適用を受けるに至った日にさかのぼり、厚生年金保険被保険者の資格を取得することができる

なお、特例加入している保険者は、いつでも日本年金機構に申し出て、被保険者資格を喪失することが可能です。

【図表6-3】延長申請に関する各国の社会保障協定における考え方

ドイツ	特別の事情があり5年を超えて派遣（自営活動）期間が延長される場合については、36暦月を超えない期間は派遣元の年金制度にのみ引き続き適用されることができます。延長が認められなかった場合は、当初派遣から60暦月以降は、派遣先の国の制度にのみ適用されることとなります。
米国	5年の期限を超えて、派遣期間を延長される場合は、延長される期間に応じて以下のような理由を届け出る必要があります。 (1) 5年の期限を超えて3年まで延長の場合 　派遣先国での就労延長の理由が、予見不可能であり、かつ、単に派遣先国の適用免除を延長する目的でないことが明らかな場合 　たとえば、 　① あるプロジェクトに関わっていたところ、終了が予期せず遅延した場合 　② 就学年齢の子どもがおり、就学年の終了まで派遣先国にとどまりたい場合 (2) 5年の期限を超えて3年超4年までの延長の場合 　予見不可能なことに加え、就労期間の延長が企業もしくは被用者もしくはその家族の重大な困難を避けるために必要な場合 　たとえば、 　① 予定していた後任が、予期せず辞職又は障害に陥るもしくは亡くなり、新たな後任が指名、訓練されるまで時間を要する場合 　② 企業が他の企業に買収もしくは再編され、その移行のために、派遣されている人が不可欠な場合

オーストラリア	予見できない事情や企業・被用者などに重大な困難を及ぼすなど特別の事情があり5年を超えて派遣期間が延長される場合については、以下の事情の例に該当し、日豪両国で個別に判断のうえ合意した場合に、派遣元の年金制度にのみ引き続き適用されることができます（期間は定められておりません）。延長が認められなかった場合は、当初派遣から5年以降は、派遣先の国の制度にのみ適用されることとなります。 【延長が認められうる事情の例】 ・後任者が死亡、重病又は辞職のために、引き継ぎを行うことができない場合 ・予期しない個人的な事情のために、派遣先国にいなければならない場合（本人、家族の病気や子の修学未了など） ・まもなく定年退職する場合 ・短期間の延長 ・派遣期間中に、予期しない個人的な事情のために、短期間、派遣元国へ帰国したことがある場合（本人、家族の病気等） ・延長理由がどちらか一方の国の政策と関係がある場合 ・派遣を中断することによって雇用主・被用者に不利益が生じるとき ・会社に組織変更があり、派遣者が当該組織変更に重要な役割にある場合 ・派遣者に特殊な技能、経験があり、雇用者が当初派遣期間後1年～4年以内に終了する予定の特別な業務又はプロジェクトを遂行するために当該派遣者を必要する場合 ・その他特別な事情がある場合
オランダ	日蘭協定では、5年を超えて派遣期間が延長される場合、1年を超えない期間であれば延長の申請をすることができます。ただし、当初5年の派遣期間が満了する日の1か月前までに延長の申請を管轄の年金事務所へ提出してください。延長の可否については、延長申請の内容に基づいて相手国実施機関に協議のうえ、延長の承認が判断されることになります。 【派遣期間の延長について】 予見できない事情や企業・被用者など重大な困難を及ぼすなど特別の事情があり5年を超えて派遣期間が延長される場合については、日蘭両国で個別に判断のうえ合意した場合に、1年を超えない期間は派遣元の社会保障制度にのみ引き続き適用されることができます。ただし、延長の

	申請については、当初5年の派遣期間が満了する前にオランダ側と協議を開始する必要がありますので、当該満了日の1か月前までに延長の申請書を管轄の年金事務所に提出してください。 延長が認められなかった場合は、当初派遣から5年以降は、派遣先の国の制度にのみ適用されることとなります。
チェコ	5年以上の延長に関しては、延長が認められないと重大な不利益を被るなど特別な事情がある場合に、原則として3年を超えない期間について申請することができます。 延長の可否については、相手国機関に協議のうえ、個別に判断されることになるため、延長が認められない場合もあります。 【派遣期間の延長について】 予見できない事情や企業・被用者など重大な困難を及ぼすなど特別の事情があり、5年を超えて派遣期間が延長される場合については、申請に基づき、両国で個別に判断のうえ合意した場合に、原則3年を超えない期間は派遣元の社会保障制度にのみ引き続き適用されることができます。延長が認められなかった場合は、当初派遣から5年以降は、派遣先の国の制度にのみ適用されることとなります。
スペイン	【一時就労期間の延長について】 予見できない事情など特別な事情があり5年を超えて派遣（自営活動）期間が延長される場合については、申請に基づき、両国で個別に判断のうえ合意した場合に、3年を超えない期間は派遣元の年金制度にのみ引き続き適用されることができます。延長の申請には、延長する理由を届け出る必要がありますが、2年以上3年以内の延長の場合は、その理由を詳細に届け出る必要があります。延長が認められなかった場合は、当初派遣から5年以降は、派遣先の国の制度のみに適用されることになります。
アイルランド	【一時就労期間の延長について】 予見できない事情など特別の事情があり5年を超えて派遣（自営活動）期間が延長される場合については、申請に基づき、両国で個別に判断のうえ合意した場合に、3年を超えない期間は派遣元の年金制度にのみ引き続き適用されることができます。 延長が認められなかった場合は、当初派遣から5年以降は、派遣先の国の制度にのみ適用されることとなります。

ブラジル	【一時就労期間の延長について】 予見できない事情など特別な事情があり5年を超えて派遣（自営活動）期間が延長される場合については、申請に基づき、両国で個別に判断のうえ合意した場合に、3年を超えない期間は派遣元の年金制度にのみ引き続き適用されることができます。延長が認められなかった場合は、当初派遣から5年以降は、派遣先の国の制度のみに適用されることになります。
スイス	【一時就労期間の延長について】 予見できない事情など特別の事情があり5年を超えて派遣（自営活動）期間の延長を希望される場合については、申請をしていただき、延長が認められる場合には、1年を超えない期間は派遣元の年金制度にのみ引き続き加入し続けることができます。延長が認められなかった場合は、当初派遣から5年以降は、派遣先の国の制度にのみ加入することとなります。
ハンガリー	【一時就労期間の延長について】 予見できない事情など特別な事情があり当初の期間を超えて派遣（自営活動）期間の延長を希望される場合には、当初の派遣期間と延長期間の合計が6年を超えないことを条件に、両国で個別に判断のうえ合意した場合に限り、引き続き派遣元国の制度にのみ加入することができます。延長を含めた総派遣期間が5年以内であったとしても、同様の取扱いとなります。 また、派遣期間の延長は、総派遣期間が5年を超えるか否かにかかわらず、一回限りとなります。そのため、適用証明書の交付申請に当たっては、派遣期間を十分に検討していただくようお願いします（例：当初1年の派遣期間を予定していたが、その後、2年の延長を申請したケースについて、両国間で合意した場合には、3年まで派遣元国の制度が適用されます。しかしながら、この期間を超える派遣期間の延長は認められません）。
インド	【一時派遣期間の延長について】 予見できない事情により5年を超えて派遣期間が延長される場合については、申請に基づき、両国で個別に判断のうえ合意した場合に3年までは派遣先の年金制度が引き続き免除されます。 また、派遣期間が8年を超える場合でも、派遣者の収入が一定額を超え

	るためインドの被用者年金（EPS）に加入できない場合には、申請に基づき、両国で個別に判断のうえ合意した場合に日本の年金制度に継続して加入することとなります。
ルクセンブルク	【一時派遣期間の延長について】 5年を超える派遣（自営活動）期間の延長を認めることについてルクセンブルクとの協定においては特段定められておりません。ただし、ルクセンブルク協定第10条に基づく協議により、個別の事情を考慮しごく短期間であれば延長が例外的に認められることがありうることを両国の間で合意しています。派遣期間の延長が認められるかどうかはルクセンブルク社会保障大臣による個別の判断を要することになります。したがって十分な期間をもって事前に申請してください。
フィリピン	【一時派遣期間の延長について】 予見できない事情により5年を超えて派遣期間が延長される場合については、申請に基づき、両国で個別に判断のうえ合意した場合に3年までは派遣先の年金制度が引き続き免除されます。 また、派遣期間が8年を超える場合でも、申請に基づき、両国で個別に判断のうえ合意した場合に日本の年金制度に継続して加入することができます。
スロバキア	【一時派遣期間の延長について】 派遣（自営活動）期間が5年を超えて継続される場合には、当初の派遣期間と延長期間の合計が8年を超えないことを条件に、両国の当局間で個別に判断のうえ、合意した場合に限り、引き続き派遣元国の制度にのみ加入することができます。
中国	【派遣期間の延長について】 派遣期間が5年を超える場合については、申請に基づき、両国関係機関間で個別に判断のうえ合意したときには、引き続き派遣元国の年金制度のみに加入することができます。ただし、その延長期間は原則として5年を超えないこととされています。 一方で特段の事情がある場合には、派遣期間が合計10年を超える場合でも、申請に基づき、両国関係機関間で個別に判断のうえ合意したときには、さらに引き続き派遣元国の年金制度のみに加入することができます。

（出所）日本年金機構ウェブサイトを基に作成

第1章 社会保険上の取扱い

Q7 年金通算措置が盛り込まれた協定相手国への年金請求の具体的な流れ

「年金の通算措置」が盛り込まれている協定相手国に対して年金の請求をする際は、日本の年金事務所を通じて行うことができると聞きました。日本の年金事務所を通じて年金請求をできる国はどこでしょうか。また、手続は具体的にはどのような流れになるのでしょうか。

> **A** 年金事務所を通じて年金の請求が可能な国は、2022年2月現在、ドイツ、米国、ベルギー、フランス、カナダ、オーストラリア、オランダ、チェコ、スペイン、アイルランド、ブラジル、スイス、ハンガリー、インド、ルクセンブルク、フィリピン、スロバキア、フィンランドの18か国です。また具体的な年金請求手続は日本年金機構作成の「××国年金の請求申出書」といった用紙に必要事項を記載後、年金事務所に提出することから始まります。

1 年金請求までの具体的な流れ

社会保障協定に年金の通算措置が盛り込まれたことで、相手国での赴任期間が数年と短いため、これまで年金受給権がなかった人も、新たに年金受給の対象者になることができました。また、それだけではなく、年金の請求手続を日本の年金事務所を通じて行うことができる点が非常に画期的といえます。

【図表7-1】は、年金事務所を通じた相手国への年金請求の手続の流れです。

時折、企業の人事担当者に退職者から「かつて協定相手国に赴任していたが、年金手続はどうしたらよいか」と電話がかかることがあるようですが、まずは年金事務所を通じて手続が必要な旨をご連絡されてはいかがでしょうか。

※ ただし、年金事務所で対応が可能になるのは最初の請求申出書の提出のみで、その後については、相手国の管轄機関と本人が直接やりとりするか、もしくは社会保険労務士など、専門家に依頼する方法があります。

【図表7-1】年金通算措置が盛り込まれた社会保障協定相手国への年金請求手続の概要

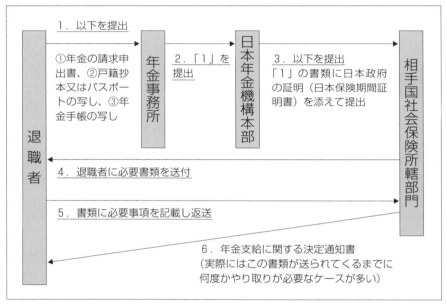

(出所) 日本年金機構ウェブサイトを基に作成

2　年金保険料を支払った企業に受給権はあるか？

通常、海外勤務した社員の給与は手取保証方式をとるケースがほとんどのため、海外での年金保険料は、企業側が全額支払っているのが現状です。そのため、企業としては「保険料を払ったのは企業なのだから、それに対する見返りである年金についても企業に返してほしい。そうでないと海外から年金が受け取れる海外勤務経験者とその他の者との間で不公平感が生じる」というのが本音のようです。

しかしながら、実際の保険料支払者が誰であれ、年金受給の権利はあくまで赴任者個人にあります。

そのため、本件に関して企業側が何らかの策を講じるのは、事実上、難しいといえるでしょう。

3　協定相手国の年金制度の概要

【図表7-2】は協定相手国の年金制度の概要です。

【図表7-2】協定相手国の年金制度の概要

	年金制度への加入対象者			老齢年金の受給要件		備　考
	被用者	自営業者	無業の人	受給開始年齢	最低加入期間	
日本	加入義務あり	加入義務あり	加入義務あり（20歳〜）	国民年金65歳 厚生年金 男性62歳 女性60歳	10年	
ドイツ	加入義務あり	職種により加入義務あり	加入義務なし	65歳3か月（※1）	5年	※1　1964年より後に生まれた者の受給開始年齢は67歳（1965年より前に生まれた者は2012年から2029年にかけて65歳から67歳へ段階的に引き上げられる。2024年までは1年ごとに1か月、2025年からは1年ごとに2か月引き上げられる。）
英国	所得により加入義務あり	所得により加入義務あり	加入義務なし	男性65歳 女性62歳（※2）	1年（2016年4月6日以降に65歳を迎える人については10年）	※2　女性の受給開始年齢は2010年から2018年11月にかけて段階的に65歳まで引き上げられる。

国						
韓国	加入義務あり	加入義務あり	加入義務あり（27歳〜）	62歳（※3）	20年	※3 2013年に61歳、以降5年ごとに1歳ずつ引き上げられ、2033年に65歳となる。
米国	加入義務あり	所得により加入義務あり	加入義務なし	66歳（※4）	10年	※4 2027年までに、受給開始年齢を67歳へ段階的に引上げ中。
ベルギー	加入義務あり	加入義務あり	加入義務なし	65歳（※5）	なし	※5 在職期間が42年を超える場合、60歳からの受給可能。
フランス	加入義務あり	職種により加入義務あり	加入義務なし	62歳（※6）	なし	※6 2011年7月1日より、1951年7月1日以降生まれの者は受給開始年齢が2017年までに段階的に60歳から62歳へ引き上げられる。
カナダ	(OAS)加入義務あり (CPP)加入義務あり	(OAS)加入義務あり (CPP)加入義務あり	(OAS)加入義務あり (CPP)加入義務なし	65歳	老齢年金(OAS)カナダ国内在住者 10年 カナダ国外在住者 20年 退職年金(CPP)なし	
オーストラリア	(SG)加入義務あり	加入義務なし（任意）	加入義務なし	65歳6か月（※7）	10年（うち5年は連続）	※7 男女とも2017年7月1日から2023年7月1日までの間に段階的に増加して67歳となる。
オランダ	加入義務あり	加入義務あり	加入義務あり	65歳6か月（※8）	なし	※8 2012年7月から2023年までに段階的に月単位で67歳に引き上げられる。

第1章 社会保険上の取扱い

チェコ	加入義務あり	加入義務あり	一部加入義務あり	（※9）	35年（※10）	※9 1936年以前に生まれた者は段階的に男性65歳、女性64歳8か月〜65歳に引き上げ、1971年以降に生まれた者は男性・女性とも65歳。 ※10 2018年以後に退職年齢に達した場合。
スペイン	加入義務あり	加入義務あり	加入義務なし	65歳2か月（※11）	15年（※12）	※11 2013年から2027年にかけて67歳に引き上げられる。 ※12 退職直前15年間のうち2年以上の連続期間が必要。
アイルランド	所得により加入義務あり	所得により加入義務あり	加入義務なし	66歳（※13）	5年（260週）（給付が2012年4月6日以後に開始される場合10年（520週）に引上げ）	※13 2021年までに67歳に、2028年までに68歳に引き上げられる。
ブラジル	加入義務あり	加入義務あり	加入義務なし	男性65歳 女性60歳	15年	
スイス	加入義務あり	加入義務あり	加入義務あり	男性65歳 女性64歳	1年	
ハンガリー	加入義務あり	加入義務あり	加入義務なし	62歳6か月	20年	
インド	加入義務あり	加入義務なし	加入義務なし	58歳	10年	
ルクセンブルク	加入義務あり	加入義務あり	加入義務なし	65歳	10年	
フィリピン	加入義務あり	加入義務あり	加入義務なし	65歳（退職していれば60歳）	SSSによる年金は10年	

3 社会保障協定

スロバキア	加入義務あり	加入義務あり	加入義務なし	62歳6か月（※14）	15年	※14　1957年生まれの者の受給開始年齢。出生に応じて徐々に引き上げられている。
中国	加入義務あり	加入義務なし	加入義務なし	男性60歳女性55歳又は60歳（※15）	15年	※15　被用者基本老齢保険の場合。
フィンランド	加入義務あり	加入義務あり	加入義務なし	64歳（※16）	なし	※16　1958年生まれの者の受給開始年齢。受給開始年齢は出生年に応じて63歳から65歳へ段階的に引き上げられている。1965年以降生まれの者はフィンランドの平均余命に連動した受給開始年齢になる。

（出所）日本年金機構「主要各国の年金制度の概要（2022年1月17日）」

第1章 社会保険上の取扱い

Q8 海外における日本の健康保険の利用方法

　海外赴任中のA氏が、海外で医療行為を受けた場合、その際に要した費用の一部が、日本の健康保険から払い戻されると聞きました。この制度の概要と、実際の手続方法について教えてください。

A　海外で治療を受けた場合も、健康保険組合等から治療費が一部支給されますが、支給される療養の範囲は、日本において保険診療の対象となるものに限られるため、実際に支払った金額ではなく、日本の医療機関で受診した場合の保険診療料金を基準とした金額が支給されます。

1　海外での治療費も健康保険でカバーされる
〜海外では「療養費」扱いに〜

　日本国内で使用している「健康保険被保険者証」を海外で使用することはできませんが、健康保険組合の被保険者・被扶養者が海外の医療機関で治療や投薬を受けた場合は、日本の健康保険から一部医療費の補助が受けられます。

　ただし、海外では「療養費」扱いとなるため、海外でかかった医療費(療養費)の全額を、いったん本人が立て替えた後、療養を受けた海外の病院にて「診療内容明細書」と「領収明細書」をもらい、これらに日本語の翻訳文を添付し、保険者の内容チェックを受け、特に問題がなければ療養費の一部が払い戻されます(【図表8−1】参照)。

【図表8-1】 健康保険の場合の療養費の払戻しに必要な書類

海外療養費の支給申請には、次の書類が必要になる。
　(1)　療養費支給申請書
　(2)　診療内容証明書（医科用、歯科用）
　(3)　領収明細書（診療明細書）
　(4)　領収書（原本）
　提出書類が外国語で記載されている場合は、翻訳者の氏名及び住所を明記した日本語の翻訳文を添付しなければならない。
　(1)、(2)、(3)は、所轄年金事務所又は加入している健康保険組合に用意されているので、海外赴任時には、申請書類一式を持参するとよい。

2　健康保険の対象となる療養費
～支払った医療費全額が支払われるわけではない～

　しかし、療養費が支給される場合でも、費用の全額が払い戻されるわけではありません。日本国内で保険診療を受けたとして、保険診療報酬の点数に直して計算した額から被保険者や被扶養者の自己負担額（医療費の3割）を差し引いた額が支給されます。そのため、海外で治療を受けた場合は、支払った費用の7割が払い戻されるとは限りません。

　海外での健康保険の手続の流れは【図表8-2】のとおりです。

【図表8-2】 海外での健康保険利用の手続

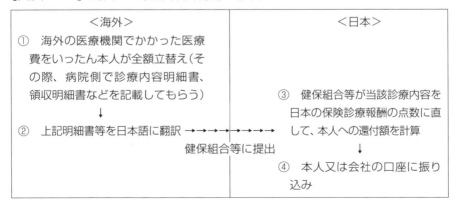

3　健康保険で海外での医療費を賄う場合の留意点
～日本の健保システムを熟知している病院を利用するのがベター～

　いくら海外での医療費の一部が日本の健康保険から支給されるといっても、支給に当たっては、所定の要件が必要です。たとえば、海外の病院で、日本の健康保険の対象外となる医療行為や処方箋が出された場合は当然、健康保険からの還付はありません。そのため、健康保険の海外療養費制度を利用するのであれば、日本の健康保険システムを熟知した病院、例えば、日本の医療機関が出資した日本人医師等による日系クリニック等を利用する方がスムーズではないでしょうか。

　また、歯科治療については海外旅行保険の対象外となるケースも多いため、健康保険の役割はその分、大きくなります。また、この場合も日本の保険診療に沿うような形で治療が行われないと、健康保険が適用できなくなるので注意が必要です（治療の各段階で、一度でも日本の保険診療から外れる治療が行われると、その治療にかかった医療費全てが保険診療の対象外とされ、健康保険からの還付金の対象外となります）。

Q9 海外旅行保険の加入

　当社社員のA氏を海外赴任させるに当たり、万が一の事態に備えて、海外旅行保険への加入を検討しています。海外旅行保険の概要について教えてください。

　海外旅行保険は必ず出国までに加入の手続をしておくことが肝要です。
　海外旅行保険を利用すれば、現金不要で治療を受けられるなど、利便性が高い反面、持病や歯の治療は保険の対象外となりますので注意が必要です。

1　出国までに必ず加入しておくこと
〜出国後に新規加入することはできない〜

　出張、赴任の都度海外旅行保険の申込手続を行い、保険料を支払うのは事務手続上煩雑なので、「企業包括契約」を行うケースが多くなっています。
　企業包括契約とは、企業と保険会社の間で、事前に海外出張者・赴任者の補償内容につき、覚書を締結しておくことにより、その都度海外旅行保険に加入することなく、自動的に対象者全員が補償される契約です。

2　海外旅行保険の特徴
〜提携の病院で治療を受ければキャッシュレス対応が可能〜

　海外旅行保険の場合、保険会社が契約を結んでいる病院で治療を受ければ、現金不要で治療を受けることができること、また、保険金額の限度額までは、治療費は全額保険会社が負担してくれるなど、利便性が高いのが特徴です。

3　海外旅行保険で対象にならない傷病
　～持病、歯科疾病、妊娠・出産は対象外～

　上記のとおり、海外旅行保険は利便性が高い半面、持病や歯科疾病については【図表9-1】のとおり、保険給付の対象外となりますので注意が必要です。

【図表9-1】海外旅行保険の対象外となる疾病

・歯科疾病　・持病　・妊娠　・出産費用　等

4　企業包括契約の場合
　～旅行保険の使用頻度が高いと翌年以降の保険料が大幅アップ～

　海外に赴任中は任地に使い勝手のよい医療保険がない限り、海外旅行保険を日本の健康保険代わりに頻繁に利用するケースも散見されます。

　一般に企業包括契約の場合、支払保険金額に応じて、翌年以降の保険料額が決まります。また使い過ぎると翌年度の保険契約ができなくなることもありますので、海外旅行保険の利用については本人及び帯同家族について事前に教育が必要になります。

Q⑩ 健康保険と海外旅行保険の違い

海外で医療行為を受けた際も、日本の健康保険が利用できると聞きましたが本当ですか。当社では海外赴任者に対し、海外旅行保険を加入させる予定ですが、健康保険と海外旅行保険の使い分け方など、あれば教えてください。

健康保険、海外旅行保険それぞれに一長一短があります。そのため、用途に応じて両者を使い分けることをお勧めします。

　海外勤務生活におけるトラブルとしては、健康面に関するものが最も頻度が高くなっています。海外で支払った医療費は、日本の健康保険でもカバーされますが、いったん海外赴任者が全額を立替払いし、後日払戻し請求することになります。払戻しの範囲は、日本国内で保険診療を受けたとした場合の費用を基準とするため、必ずしも医療費の全額が支払われるとは限りません。そのため欧米などの医療費の高い地域では、かなりの自己負担を強いられる可能性があります。

　一方、海外旅行保険は、契約した保険金額を限度に医療費実費が支払われますが、持病や歯科治療については対象外になります。また、あまり頻繁に利用しすぎると、次回の更新ができなくなる可能性もあるので注意が必要です。

　そのため現地で治療を受ける際は、歯科疾病や持病については健康保険を利用し、その他の傷病については海外旅行保険を利用するのがよいでしょう。

　次の【図表10-1】では、海外旅行保険と健康保険の違いについてまとめてみました。

【図表10-1】海外旅行保険と健康保険

	海外旅行保険	健康保険
保　険　料	赴任先により異なる場合がある。本人プラン、家族プランなどさまざま。	健康保険組合等により異なる。
医療機関での支払方法	保険会社のサービス内容により異なるが、キャッシュレスメディカルサービスとして、保険証券や保険契約証を現地提携病院に提示するだけで、現金不要で治療が受けられ、非常に便利である。	いったん全額を立替払いし、日本の保険者に請求する。
医療費負担額	契約した保険金額を限度に実際にかかった医療費の実費が支払われる。	健康保険から支払われるのは、日本国内で保険診療を受けたとした場合の費用を基準とするため、医療費が高い欧米で治療を受けた場合、実際に支払った金額とかなり差額が生じる可能性がある。
対応しない療養費	① 持病を含む既往症 ② 妊娠・出産費用 ③ 歯科疾病	健康保険対象外の治療等
備　　　考	一般的に海外旅行保険には、「救援者費用」「賠償責任」「携行品被害」に対する補償があることが多い。	海外旅行保険のような「救援者費用」「賠償責任」「携行品被害」に対する補償はない。
問合わせ先	各保険会社	所轄年金事務所、各健康保険組合

Q⑪ 海外旅行保険の付保額及び保険金支払事例

　社員を海外に赴任させるに当たり、海外旅行保険に加入させようと思っています。一般に他社では社員を海外勤務させる際、旅行保険に加入させているのでしょうか。また、付保額の目安にするため、高額の治療費が支払われた実例や、海外旅行保険について海外勤務者に事前に説明しておくべきことを教えてください。

> **A** 海外勤務者に対して旅行保険に加入させる企業は非常に多いですが、中には自家保険制度を採っているケースもあります。また、現地での医療行為は日本では想像できないほど高額であることも少なくないことから、治療費については十分な補償をつけておく必要があります。また、赴任予定者に対し、保険の使い方や留意すべき点について、本社からきちんと説明しておくことが望まれます。

1　海外勤務に当たり、社員に旅行保険を付保するべきか？

　社員を海外勤務させるに当たっては、海外旅行保険に加入させるケースが多く、海外勤務者や出張者が一定数以上いる企業は、通常は海外旅行保険に関する「企業包括契約」を保険会社との間で締結しているケースが一般的です。では、一般にどのくらいの金額を付保しているのでしょうか。

　傾向としては、大企業は死亡保険が低め（500万円～1,000万円程度）で、治療費や救援者費用が高め（1,000万円～無制限）に設定しています。一方、中堅・中小企業の場合は、死亡保険が高くて治療費が相対的に低いケースが少なくありません。

　なお、保険金を災害補償規定への充当として考えている場合は、死亡保険金受取を当該法人にするという契約手続が必要になります（何も手続しなければ従業員の法定相続人が受け取ることになるため、別途補償金を支

払う必要が生じます)。

　また、中には「旅行保険には加入せず、現地でかかった医療費を全額会社が負担する」というケースも見られます。

　【図表11-1】は、2018年に海外で発生した高額保険金支払事例(300万円以上)ですが、この表を見てもわかるとおり、海外で治療を受けると、日本では考えられないほどの費用が発生することが多々あります。また、海外旅行保険に加入していない場合、不幸にして多額の治療費が必要な際、治療に必要なお金をすぐに調達できないと、たとえ一刻を争う事態であっても治療を受けられないというリスクもあります。

　よって、会社として何らかの旅行保険に加入させることは、社員が安心して医療行為を受けられる配慮として不可欠といえます。

【図表11-1】海外における治療・救援費用の高額保険金支払事例(2018年度)

国(地域)	内　容	支払保険金
英国	肘に痛みを感じ受診。蜂巣炎と診断され13日間入院。家族が駆けつける。	942万円
	観光中にめまいを起こし救急車で搬送。脳梗塞と診断され17日間入院。家族が駆けつける。医師・看護師が付き添い医療搬送。	696万円
フランス	ホテルでふらつき救急車で搬送。脳内出血と診断され14日間入院。家族が駆けつける。看護師が付き添い医療搬送。	804万円
	腹痛を訴え救急車で搬送。腸閉塞と診断され11日間入院・手術。家族が駆けつける。	511万円
イタリア	ホテルで転倒し受診。骨盤骨折と診断され11日間入院。医師・看護師が付き添い医療搬送。	742万円
	自転車で走行中に転倒し顔面を強打。顔面骨折と診断され8日間入院・手術。家族が駆けつける。	317万円
スイス	嘔吐・下痢・胃痛を訴え受診。総胆管結石・すい炎と診断され10日間入院。家族が駆けつける。	457万円
オーストリア	歩行中に段差に躓き転倒。大腿骨転子部骨折と診断され11日間入院・手術。家族が駆けつける。看護師が付き添い医療搬送。	738万円
	スキーの試合で転倒し救急車で搬送。現地クリニックで大腿骨頸部骨折と診断された後、ヘリコプターで設備が整った病院へ搬送され6日間入院・手術。看護師が付き添い医療搬送。	471万円

スペイン	嘔吐のため受診。脳梗塞と診断され19日間入院。家族が駆けつける。医師が付き添い医療搬送。	545万円
	歩行中に段差に躓き救急車で搬送。大腿骨頚部骨折と診断され5日間入院・手術。家族が駆けつける。看護師が付き添い医療搬送。	455万円
ギリシャ	クルーズ船内で足のむくみと便秘の症状で受診。尿閉・急性腎不全と診断され15日間入院。医師・看護師が付き添い医療搬送。	972万円
ノルウェー	クルーズ船内で意識を失いヘリコプターで搬送。肺炎と診断され13日間入院。家族が駆けつける。医師・看護師が付き添いチャーター機で医療搬送。	3,019万円
フィンランド	ホテルで足に力が入らず歩行困難となり受診。脳内出血と診断され16日間入院。家族が駆けつける。看護師が付き添い医療搬送。	800万円
エジプト	ホテルの部屋で倒れ救急車で搬送。脳内出血と診断され18日間入院。家族が駆けつける。医師・看護師が付き添い医療搬送。	895万円
ハワイ	ホテルの部屋で意識を失い救急車で搬送。心筋梗塞と診断され19日間入院・手術。家族が駆けつける。看護師が付き添い医療搬送。	3,052万円
	買い物中に気を失い救急車で搬送。心筋梗塞と診断され11日間入院・手術。家族が駆けつける。	2,177万円
	腹痛と嘔吐により受診。腸閉塞と診断され20日間入院・手術。家族が駆けつける。医師が付き添い医療搬送。	1,751万円
	道路横断中にバスにはねられ救急車で搬送。足に重度の外傷のため16日間入院・手術。家族が駆けつける。	1,534万円
	ホテルで胸の痛みを訴え救急車で搬送。心不全と診断され6日間入院。家族が駆けつける。	1,098万円
	ワイキキビーチで段差に躓き転倒し受診。大腿骨頚部骨折と診断され8日間入院・手術。家族が駆けつける。	864万円
	ホテルで意識を失い救急車で搬送。けいれん・急性脳症と診断され5日間入院。家族が駆けつける。	646万円
	朝食後に左手が動かなくなり受診。脳梗塞と診断され2日間入院。	349万円
	発熱のため受診。敗血症・ウイルス感染の疑いで5日間入院。	333万円
	ホテルチェックイン後に腹痛を訴え受診。鼠径ヘルニアと診断され3日間入院・手術。	330万円
米国	腹痛と下痢のため受診。腹部痛と診断される。	1,081万円

第1章 社会保険上の取扱い

	階段で足を滑らせ転倒し受診。橈骨頭骨折と診断され3日間入院・手術。	972万円
	首の後ろの痛みで受診。蜂巣炎と診断され8日間入院。	716万円
	カヤックで遊んでいたところ、波にのまれ海底に頭をぶつけ救急車で搬送。脳震盪と診断される。	550万円
	呼吸が苦しく背中の痛みを訴え救急車で搬送。肺気胸と診断され5日間入院。家族が駆けつける。	503万円
	買い物中に倒れ救急車で搬送。脳血管障害の疑いで5日間入院。家族が駆けつける	471万円
	昼食後に腹痛を訴え受診。腸閉塞と診断され5日間入院。家族が駆けつける。	463万円
	スケートボード中に転倒し受診。橈骨遠位端骨折と診断され手術。	380万円
	歩行中に倒れ救急車で搬送。中毒性代謝性脳症・下顎骨折と診断され4日間入院。	363万円
	発熱のため受診。直腸周囲膿瘍と診断される。	321万円
	空港で嘔吐・下痢により救急車で搬送。腸炎と診断され3日間入院。家族が駆けつける。	310万円
メキシコ	フットボール中に膝を捻り受診。前十字靭帯損傷と診断され2日間入院・手術。	356万円
中国	ホテルのドアにぶつかり転倒。大腿骨頚部骨折・くも膜下出血と診断され、36日間入院・手術。家族が駆けつける。医師・看護師が付き添いチャーター機で医療搬送。	1,736万円
香港	風邪の症状で受診。その数日後、全身の痛みのため救急車で搬送。敗血症性ショックと診断され19日間入院。家族が駆けつける。医師が付き添い医療搬送。	2,617万円
韓国	空港で人とぶつかり受診。大腿骨頚部骨折と診断され9日間入院・手術。家族が駆けつける。看護師が付き添い医療搬送。	447万円
	吐き気と嘔吐のため受診。急性すい炎と診断され11日間入院。家族が駆けつける。医師・看護師が付き添い医療搬送。	353万円
台湾	クルーズ旅行中に息苦しさを訴え救急車で搬送。急性肺水腫と診断され24日間入院。家族が駆けつける。医師・看護師が付き添い医療搬送。	588万円
カンボジア	下血により現地医師の判断でタイへ緊急移送。大腸憩室出血と診断され7日間入院。家族が駆けつける。	310万円
オーストラリア	足元がふらつき救急車で搬送。脳内出血と診断され14日間入院。家族が駆けつける。看護師が付き添い医療搬送。	549万円

4 医療保険など

	胸の痛みと咳のため受診。気胸と診断され14日間入院・手術。家族が駆けつける。	538万円
ニュージーランド	頭痛を訴え救急車で搬送。脳内出血と診断され43日間入院。家族が駆けつける。医師・看護師が付き添い医療搬送。	1,483万円
グアム	カフェで倒れ救急車で搬送。心筋梗塞と診断され19日間入院・手術。家族が駆けつける。医師・看護師が付き添い医療搬送。	2,096万円

（出所）ジェイアイ傷害火災保険㈱「海外の医療情報・事故データ（海外での事故例）」より作成
※ 保険金での支払費用等の内容は、保険約款によります。

2　こんなケースは旅行保険の対象外
　〜持病、歯科治療、親族や職務に起因する賠償責任など
(1)　**持病（※1）及び妊娠、出産**

　出国前からの既往症は支払対象外となります。保険加入時に持病について自己申告をしていなかったとしても、保険金請求の際、保険会社による調査の結果、「治療内容から判断すると持病である」とされ、保険金が支払われないケースも少なくありません。

　よって、持病を抱え、定期的に医療行為を受ける必要がある社員を赴任させることは避けるのが望ましいのはいうまでもありませんが、代替する人員がいないため、やむを得ずそういった社員を赴任させる場合は、現地でかかる医療費は、どこまで会社が負担するのか等もあらかじめ決めておくことをお勧めします。また、妊娠・出産は病気ではないためこれらに要する医療費は海外旅行保険から支給されません。

（※1）旅行開始前に発病し医師の治療を受けていた疾病については、その症状が旅行期間中に急激に悪化したことに対して「疾病に関する応急治療・救援費用補償特約」で補償される場合があります。

(2)　**歯科治療（※2）**

　歯科治療費は海外旅行保険の対象にはなりません。よって、海外で歯科治療を受ける場合は、かかった医療費を健康保険組合などに申告して、交通事故等の傷害事故により歯を損傷した治療費の一部を還付してもらうと

いう形になります(ただし、交通事故で歯を損傷した場合は「ケガ」扱いとして、歯の治療費が旅行保険から給付されることがあります)。
(※2)「歯科治療費用補償特約」で補償される場合があります。

(3) 賠償責任が適用されないケース

「個人賠償責任補償特約」を付けておくと、他人の身体の障害や財物の損壊により法律上の賠償責任が発生した場合に支払対象になりますが、以下の【図表11-2】のような場合は対象外になるので注意が必要です。

【図表11-2】賠償責任が適用されないケース

- 保険契約者または被保険者の故意によって生じた損害
- 被保険者の職務遂行に起因する損害賠償責任
- 被保険者と同居する親族および同一旅行行程の親族に対する損害賠償責任
- 被保険者が所有、使用または管理する財物の損壊もしくは紛失に対する損害賠償責任
- 被保険者の心神喪失に起因する損害賠償責任
- 被保険者または被保険者の指図による暴行・殴打に起因する損害賠償責任
- 自動車、オートバイ等の車両、船舶、航空機、銃器の所有・使用・管理に起因する損害賠償責任
- 罰金・違約金・懲罰的賠償金など

(協力)ジェイアイ傷害火災保険㈱

3 海外赴任者にしっかり事前説明しておくこと

海外赴任者からよく聞かれるのは、「総務や人事担当者から、『旅行保険に加入しておいたよ』と、保険会社が作った『海外旅行保険ガイドブック』などをポンと渡されるだけで、何も説明がなかったため、いざ現地で旅行保険を使おうと思ったとき、どうすればよいかわからず困った」という意見や不満です。

そこで、赴任前には、給与等の説明だけでなく、旅行保険の使い方や注

意事項についても説明しておく必要があります。

(1) **保険証券番号・緊急時の保険会社連絡先の携帯**

　万が一の事態に備え、充実した旅行保険を社員に付保していたとしても、当該駐在員が、事故に遭ったとき、自分のID番号や保険証券番号がわからない（つまり、保険に加入していることが証明できない）状況であれば、医療行為を受ける必要がある場合でも、医療機関から「支払能力なし」とみなされて治療を行ってもらえないおそれもあります。

　よって保険証券（被保険者証・IDカード）は常に何部かコピーして、控えをもっておく、もしくは手帳や財布に番号を控えておくといった準備が必要になります。また、加入している保険の引受会社の緊急連絡先もあわせて携帯電話に登録したり、手帳に書き留めておくことが必要になります。

(2) **キャッシュレスとなる医療機関の確認**

　通常、保険会社は各国の主要都市に「提携の医療機関」をいくつか保有していて、その病院で治療を受けると、保険証券（被保険者証・IDカード）を提示すれば、キャッシュレス（治療費の支払なし）で治療を受けることができます。よって、海外赴任者が赴任する都市、頻繁に出張する都市において、キャッシュレスとなる医療機関があるかあらかじめ調べておく必要があります（赴任先や居住地の近くにキャッシュレスの対象となる医療機関がない場合、保険会社に依頼すれば、現地の医療機関に対し、キャッシュレス対応ができるよう、交渉してくれることもあります）。

Q⓬ 海外勤務になった場合の介護保険料

　現在、海外赴任中のＡ氏が、今月で40歳を迎えました。通常、40歳以上の社員の給与からは、介護保険料を徴収していますが、今月から介護保険料を徴収する必要があるのでしょうか。

A 　海外赴任期間中に40歳になった場合は、40歳になった時点で「介護保険適用除外該当届」を保険者に提出する必要があります。
　また、海外赴任の期間、介護保険料を支払わなかったからといって、将来、介護保険サービスの受給の際に不利益を被ることはありません。

1　介護保険の被保険者とは？
～40歳以上の人が対象～

　介護保険の被保険者は、原則として、市区町村内に居住する（国内に住所を有する）40歳以上の人です（介護保険には被扶養者という概念はなく、要件に該当する人はすべて被保険者となります）。

2　海外赴任中は介護保険を支払う必要はない
～ただし届出が必要～

　海外赴任をする際に、第２号被保険者の場合は、「介護保険適用除外該当届」を保険者に提出すれば、介護保険料は住民票を除票した月から支払う必要はありません（国内に住所を有したまま海外勤務をする場合や、国内に住所を有しないものの「介護保険適用除外該当届」を保険者に提出しない場合は、介護保険料を支払わなければなりません）。

　また、介護保険サービスの受給時において、海外居住のために介護保険料を支払わなかった期間の有無により、サービスの提供内容に差がつくこ

とはありませんのでご安心ください（ただし、介護保険料の支払の義務があるにもかかわらず、保険料を支払わない場合には、介護保険サービスを受ける際に、利用者負担割合が引き上げられることがあります）。

また、海外勤務中に40歳を迎えた人については、40歳になった誕生月に「介護保険適用除外該当届」を提出することになります。

3　介護保険料を誤徴収していた場合

上述のとおり、40歳以上の社員であっても、1年以上の予定で海外勤務を行う等、一定の条件を満たせば、海外勤務中は介護保険料を支払う必要はありません。

しかしながら、会社側の認識不足等で、介護保険の適用除外該当届を提出せず、海外勤務中も介護保険料を支払っているケースも見られます。この場合、健保組合等にその旨を伝え、必要な手続を行うことで、最大2年前までさかのぼって介護保険料の還付申請を行うことが可能です（通常、介護保険の適用除外該当届提出時には住民票の（海外への）転出届が必要です。そのため転出届がない場合、除外対象にはなりませんが、代替手段として「会社命令で1年以上の予定で日本を離れていることがわかる書類（辞令等）」で説明できる場合もあるようです。詳細は、健康保険組合等にお問い合わせください）。

Q⓭ 健康保険の任意加入方法

当社社員Ａ氏を海外子会社に移籍出向させることになりました。
　Ａ氏は当社との雇用関係がなくなるため、海外勤務中は健康保険が継続できなくなりますが、何らかの形で日本の健康保険制度を利用したいと考えています。具体的にはどのような方法があるのか教えてください。

> **A** 国民健康保険に加入する、もしくは任意継続被保険者制度を利用するか、いずれかの方法があります。なお、国民健康保険に加入する場合は、市区町村に住民票が存在することが必要です。

1　保険制度継続の方法は2種類
〜国民健康保険制度への加入もしくは任意継続被保険者制度の利用〜

　健康保険の被保険者資格を喪失した海外勤務者が、引き続き日本の医療保険制度への加入を希望するときは、「健康保険の任意継続被保険者」又は「国民健康保険の被保険者」のどちらかの制度を選ぶことになります。それぞれの制度の概要を【図表13-1】にまとめてみました。

※　勤務地国に日本の医療保険と同様の制度が存在し、海外勤務者もその医療保険に強制又は任意で加入する場合には、勤務地国で受ける医療は、その医療保険を利用することになります（医療保険制度が存在する国であっても、外国人に対する保険の加入義務の有無はさまざまですので、詳細は勤務地国の医療保険制度をご確認ください）。

【図表13-1】医療保険の任意加入

	健康保険の任意継続被保険者になる場合		国民健康保険の被保険者になる場合
保険者	政　府	健康保険組合	市区町村
手続先	全国健康保険協会又は健康保険組合（これまで加入していた先で手続）	当該健康保険組合	市区町村役場
加入対象者	資格喪失日の前日（退職日）までに継続して2か月以上健康保険の被保険者であった場合には、引き続き2年間、個人で健康保険の被保険者になることができる（扶養家族も引き続き、健康保険の被扶養者になることが可能）。		市区町村内に居住している者で、健康保険の加入者以外の者
保険料	退職時の標準報酬月額と、加入していた保険者の標準報酬月額の平均額のいずれか低い方の額に保険料率を乗じた金額。在職中は事業所と折半負担していた保険料も、退職後は全額自己負担になる（なお、被扶養者がいても保険料が増えることはない）。		被保険者の所得等に応じ、市区町村の規定により計算されるため、金額にばらつきがある（加入世帯ごとに均等割と所得割等の方法を組み合わせて保険料を決定）。所得が高額な人や被扶養者が多い人ほど保険料（税）は割高になる（事前に概算額を市区町村役場に問い合わせておくとよい）。
医療費の負担割合	被保険者：3割 被扶養者：3割		被保険者：3割 （国民健康保険には「被扶養者」という概念がないため、全員が「被保険者」となる。）

加入手続	「健康保険任意継続被保険者資格取得申請書」を資格喪失後20日以内に、加入していた全国健康保険協会の支部（当該健康保険組合）に提出する（扶養家族がいる者は「健康保険被扶養者届」も添付する）。	「国民健康保険被保険者資格取得届」を資格喪失後14日以内に、市区町村役場に提出する（資格喪失日を証明できる書類の提示が必要なため、事前に前勤務先に証明書の記載を依頼しておく）。
注意点	加入期間は最長2年間のため、海外勤務期間が2年を超える場合には、2年経過後の期間については、国民健康保険の加入も視野に入れておく必要がある。	市区町村内に居住する者が対象のため、被保険者となるためには、住民票を国内に残しておく必要がある。 （なお、住民票を国内に残した場合、20歳以上60歳未満の者には、国民年金の加入義務もあわせて生じることになる。）

Q14 海外赴任中に退職した社員の雇用保険（退職と同時に日本に帰国）

　2017年12月21日から海外に出向させていたＡ氏が、出向期間満了を待たずに、2021年12月20日に退職し、Ａ氏は当社を退職後、日本に帰国し新たな仕事を探すそうです。海外赴任中、Ａ氏の給与は全額、海外現地法人が支払っていました。そのため、海外赴任中は雇用保険料は支払っていなかったので、退職後、失業給付も受給できないことになってしまいます。そのためＡ氏からも「会社都合で海外赴任したのに、失業給付が受給できないのは納得できない」と苦情が出ています。何か救済方法はないでしょうか。

> **A** Ａ氏の海外赴任期間が3年程度であれば、雇用保険受給に際して、「要件緩和」措置が適用されます。よって、雇用保険被保険者離職証明書に記載が必要なＡ氏の雇用保険受給金額の決定要素となる「過去6か月の給与」は、国内勤務時の給与金額を記入してよいことになっています。

1　雇用保険の受給資格者は？

　雇用保険は、失業をした際に基本手当（失業給付）として支給され、再就職までの生活を保障するものです。ただし、失業給付を受給するためには、以下の要件を満たしていることが必要です。

第1章 社会保険上の取扱い

【図表14-1】失業給付を受けるための条件（自己都合の場合）

- 失業状態にあること
- ハローワークに求職の申込みをしていること
- 離職の日以前2年間に、賃金支払の基礎となった日数が11日以上ある雇用保険に加入していた月が通算して12か月以上あること。（ただし、特定受給資格者については、離職の日以前1年間に、賃金支払の基礎となった日数が11日以上ある雇用していた月が通算して6か月以上ある場合も可。）

2 失業給付の日額は

～原則として離職日の直前6か月間の日本払い賃金が対象だが、特例措置の適用も～

　原則として離職日の直前6か月間に支払われた賃金（ボーナスは除く）を180で割った額が、「賃金日額」となり、賃金日額に50%～80%（上限額あり）を乗じて得た額が「基本手当日額」となります。そのため、海外勤務中、日本から給与が支給されていないと、失業給付の計算対象となる賃金がないため、失業給付を受給することができません。

　そこで、雇用保険法第13条及び雇用保険法施行規則第18条では、「事業主の命令で海外に勤務していた場合、失業給付の算定対象となる期間を、退職した日から3年前にさかのぼり、日本勤務時の支給額を、失業給付の算定対象にすることができるとする特例（いわゆる「要件緩和」）」を【図表14-2】のとおり認めています。

※　事業主の命令で、海外赴任していたことが証明できる書類（辞令等）を添付することが必要です。

【図表 14-2】失業給付における「要件緩和」の適用を受けた場合

```
[例] 2021年12月21日に退職した場合

2020年12月21日－2021年12月20日　日本払い賃金：0 万円／月　┐
2019年12月21日－2020年12月20日　日本払い賃金：0 万円／月　├ ① 直近3年間
2018年12月21日－2019年12月20日　日本払い賃金：0 万円／月　┘　  はとばして…
┌─────────────────────────────────────────────────────┐
│2017年12月21日－2018年12月20日　日本払い賃金：50 万円／月│
└─────────────────────────────────────────────────────┘
                                            ↑
        ②　直近3年以前の1年間のうち、6か月間の賃金を離職証明
           書に記載（備考欄に「2018年12月21日から2021年12月
           20日まで海外勤務中で日本払い給与は0」の旨記載）。

        ③　失業給付は日本勤務時の賃金をもとに支払われることになる。
```

3　海外赴任中、給与が一部のみ日本から支給されている場合は？　～海外赴任中の日本払い賃金が「著しく低い」と認められた場合は、要件緩和の適用あり～

　上記では、海外赴任中、日本払い給与がまったく支払われない場合について説明しました。では、海外赴任中、一部でも日本側で給与が支給されている場合はどうなるのでしょうか。

　この場合、「海外赴任中の日本払賃金が著しく低い」と認められれば、海外勤務になる以前の直近3年間以前の日本払い給与を基に、失業給付の金額を算定してもらえる余地があります。

　手続方法は【図表 14-2】と同様ですが、海外赴任中の日本払い給与額についても、記載が必要です。詳細は管轄のハローワークにご確認ください。

第1章 社会保険上の取扱い

Q⑮ 海外赴任に帯同するために退職する配偶者の雇用保険

このたび、当社の社員Ａ氏を３年間の予定で海外に赴任させます。
Ａ氏の配偶者であるＢさんも当社の社員ですが、Ａ氏の海外赴任に当たり、Ｂさんは当社を退職することになりました。この場合、退職するＢさんの雇用保険の失業等給付はどうなりますか。

> **A** Ａ氏の海外赴任期間が３年程度であれば、帰国後、配偶者のＢさんは失業等給付を受給することができますが、海外勤務期間が長引き、日本を離れる期間が４年を超えるようであれば、Ｂさんは失業等給付を受けることができなくなってしまいます。

1 雇用保険受給延長は最大何年まで認められるか？
～最大４年まで認められる～

海外赴任予定者の中には、配偶者が勤めている人もいると思われます。
このような場合、海外赴任予定者の配偶者が、海外赴任に帯同するために退職するケースも少なくありません。退職した配偶者が、日本に帰国後、雇用保険からの失業等給付を受給できるかどうかは、海外居住期間の長さによって変わってきます。

配偶者の海外赴任に帯同するために退職した場合は、受給期間を延長できる理由に該当します。したがって「退職した翌日から１年間」と「やむを得ない事情による受給期間の延長である３年間」を合計すると、４年間となりますので、この期間内であれば基本手当を受給できます。

３年間の延長申請をした場合、４年以内に帰国し基本手当の受給の手続をすれば受給できる場合もありますので、海外赴任期間が３年程度と予想される場合は、現在就労中の配偶者は、退職後に必ず雇用保険の受給延長手続を行っておくことをお勧めします。

2 帯同する配偶者が雇用保険受給期間延長のために行うべき手続は? ～出国(又は退職)してから30日を経過後、原則として1か月以内にハローワークにて手続を～

帯同する配偶者が雇用保険の基本手当を受給するための手続は【図表15-1】のとおりです。

【図表15-1】雇用保険受給延長申請の手続

(あくまで一例ですので詳細は管轄当局にお問い合わせください。)

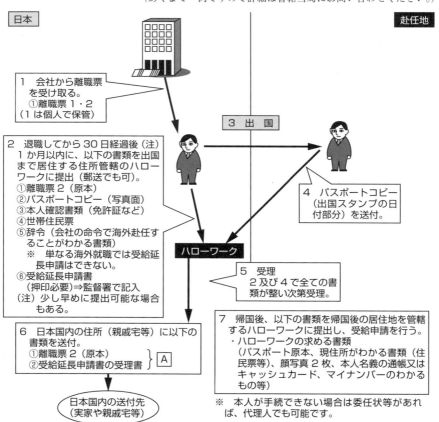

Q⓰ 労災保険の特別加入制度

　このたび、当社の社員Ａ氏を3年間の予定で海外赴任させます。同業他社から、日本の労災保険には、海外赴任者向けに「海外派遣者特別加入」という制度があると聞きました。そもそもこの制度はどういった内容なのでしょうか。また加入に当たり、費用はどのくらいかかるのでしょうか。

> **A** 労災保険は、日本国内にある事業所に所属して働く労働者が保険給付の対象となる制度であるため、海外の事業に出向や派遣などで働く方の労災事故については対象外となります。しかし、海外で勤務する方についても労災保険の給付が受けられる制度として「海外派遣者特別加入制度」があり、費用は年間3,831円～27,375円となります。

1　特別加入の対象者は？
　〜現地採用者や留学する人は対象外〜

　労災保険は、日本国内で行われる事業のみを対象としていますが、海外で行われる事業に従事する場合、【図表16-1】に該当する人に限り特別加入が認められています(労災保険法第33条第6号、7号)。

　また、特別加入に当たっては、新たに海外に赴任する人に限らず、既に海外に赴任している人についても加入することができます。ただし、現地採用の人は、日本国内の事業から派遣されていないことから、特別加入することはできません(また、単なる留学を目的とした派遣の場合も、特別加入の対象外となります)。

【図表 16-1】特別加入対象者とは？

① 日本国内で行われる事業（※1）から派遣されて、海外支店、工場、現場、現地法人、海外の提携先企業等、海外で行われる事業に従事する労働者
② 日本国内で行われる事業（※1）から派遣されて、海外にある一定数（※2）以下の労働者を常時使用する中小事業に従事する事業主及びその他労働者以外の者
③ 国際協力機構等開発途上地域に対する技術協力の実施に事業（※1）を行う団体から派遣されて、開発途上国地域で行われている事業に従事する者
（※1）有期事業を除く
（※2）中小事業と認められる規模は以下のとおり 　　　金融業・保険業・不動産業・小売業……50人　卸売・サービス業……100人 　　　上記以外の業種……300人

（出所）厚生労働省「労災保険　特別加入制度のしおり（海外派遣者用）」

2　保険料は？

〜最高でも年間 27,375 円〜

　特別加入者の保険料は、保険料算定基礎額に保険料率を乗じた額で、【図表 16-2】のとおり、最低で年間 3,831 円、最高でも年間 27,375 円です。保険料算定基礎額とは、特別加入者ごとの給付基礎日額の1年分（365 日分）を指し、給付基礎日額とは、労災保険の給付額を算定する基礎となる金額で、通常、特別加入者の年収を 365 で割った金額に一番近い額を選ぶことになります。

　また、海外派遣者が、年度途中において、新たに特別加入者となった場合や、特別加入者でなくなった場合には、当該年度内の特別加入月数に応じた保険料算定基礎額より、特別加入の保険料を算出することになります。

【図表16-2】給付基礎日額・保険料一覧表

給付基礎日額 A	保険料算定基礎額 B＝A×365日	年間保険料 年間保険料＝保険料算定基礎額(注)× 保険料率 海外派遣者の場合　保険料率　3/1000
25,000 円	9,125,000 円	27,375 円
24,000 円	8,760,000 円	26,280 円
22,000 円	8,030,000 円	24,090 円
20,000 円	7,300,000 円	21,900 円
18,000 円	6,570,000 円	19,710 円
16,000 円	5,840,000 円	17,520 円
14,000 円	5,110,000 円	15,330 円
12,000 円	4,380,000 円	13,140 円
10,000 円	3,650,000 円	10,950 円
9,000 円	3,285,000 円	9,855 円
8,000 円	2,920,000 円	8,760 円
7,000 円	2,555,000 円	7,665 円
6,000 円	2,190,000 円	6,570 円
5,000 円	1,825,000 円	5,475 円
4,000 円	1,460,000 円	4,380 円
3,500 円	1,277,500 円	3,831 円

(出所) 厚生労働省「労災保険　特別加入制度のしおり（海外派遣者用）」7頁
(注)　特別加入者全員の保険料算定基礎額を合計した際に千円未満の端数が生じるときは端数切捨てとなります。

3　実際に海外で労災事故に遭った場合は？
　〜補償の対象となるのは特別加入の申請時に記載した業務内容のみ〜

　国内勤務時同様に、業務災害、通勤災害の補償が受けられますが、その範囲は、申請時に提出した特別加入者名簿に記載された「業務内容」の範囲に限られます。そのため、当該名簿に記載した「業務内容」は、実際に海外で事故が起きた場合、その事故が業務上で起きたものか否かを判断する上で、重要な事項になりますので正確に記入することが必要です。

4　海外出張時は労災の特別加入の必要はないか？

～基本的には特別加入の必要はないが、「出張」の定義をよく確認することが必要～

海外出張時に労働災害を受けた場合は、出張命令を出した出張元の国内事業所の労災保険により給付が受けられますので、特別加入を行う必要はありません(昭和52.3.30付基発第192号)。

ただし、ここでいう「海外出張」とは、単に労働の提供の場が海外にあるに過ぎず、国内の事業所に所属し、当該事業所の使用者の指揮命令に従って勤務するケースを指します。ですから、現地の事業所の指揮命令に従って行動する人については、【図表16-3】のとおり、たとえその海外勤務期間が短期間でも「海外出張」とはみなされませんので注意が必要です。

【図表16-3】海外出張と海外派遣の具体例

海外出張の例	海外派遣の例
商談／技術・仕様等の打ち合わせ／市場調査・会議・視察・見学／アフターサービス／現地での突発的なトラブル対処／技術習得等のために海外に赴く場合	海外関連会社へ出向する場合／海外支店、営業所へ転勤する場合／海外で行う据付工事・建設工事（有期事業）に従事する場合（統括責任者、工事監督者、一般作業員などとして派遣される場合）

(出所) 厚生労働省「労災保険　特別加入制度のしおり（海外派遣者用)」

第1章 社会保険上の取扱い

Q⑰ 本社採用した外国人の労災保険特別加入制度の適用可否

　このたび、当社では中国人A氏を本社採用し、中国で勤務させることになりました。A氏は現地採用者ではなく、本社採用者ですが、労災保険特別加入制度の適用対象者になるでしょうか。

A氏が労災保険特別加入制度の適用対象になるか否かは、A氏の現地での雇用実態により異なってきます。

1　本社採用外国人は海外派遣者特別加入制度の対象か？
　～実態をみて判断されることに～

　例えば、A氏の赴任先が、たまたま中国であり、今後、日本に帰国したり他国へ派遣される可能性がある場合、A氏は日本からの派遣者としてみなされますので、労災保険の特別加入制度の適用対象になると思われます。

　しかし、当初から中国で勤務させることが決まっており、将来的にも、日本に帰国したり他国へ派遣される予定がない場合であれば、本社採用とは名ばかりで、実態は現地採用者と相違ないということで、労災保険の特別加入は難しいと思われます。

　上記のとおり、形式上、本社採用の外国人を海外派遣者特別加入制度の対象にできるか否かは、ケースバイケースですので、詳細は管轄の労働局に確認されることをお勧めします。

6　労災保険

第 2 章

海外勤務者の日本における税務

　海外勤務者の日本における税務上の取扱いは、国内勤務者と勝手が違い、いろいろと戸惑うことも多いかと思います。
　そこで本章では、まず日本における居住者・非居住者の定義と課税所得の範囲を説明したうえで、海外勤務者の税務について「赴任決定から出国まで」「出国した日からその年末まで」「海外勤務中（出国中の年）」「帰国後」のそれぞれの期間に発生が想定される税務上の取扱いについてまとめてみました。
　また、本章では海外勤務者の税務だけでなく、海外出張者の税務や留意事項についても説明しています。

Q18 日本での居住者・非居住者の定義と課税所得の範囲

海外勤務中は日本の非居住者になると聞いていますが、居住者・非居住者の具体的な区分の仕方がわかりません。また居住者・非居住者で課税所得の範囲がどのように異なるのかを教えてください。

> **A** 日本を1年以上の予定で離れる人は、日本を出国した日の翌日から、日本の非居住者となります。また、海外勤務期間が10か月など、日本を離れる期間が1年未満の予定の場合は、海外勤務中であっても「日本の居住者」になります。
>
> また、日本の居住者の場合、国内源泉所得だけでなく、国外源泉所得も課税の対象になりますが、非居住者の場合、日本で課税対象となるのは、国内源泉所得のみとなります。

1 居住者・非居住者の区分が重要な理由
～居住者と非居住者では課税対象所得や課税方法が根本的に異なる～

海外勤務者をめぐる税務においては、まずその人が日本の税法上、「居住者」に該当するか、「非居住者」に該当するかの判定が、最も重要なポイントになっています。

なぜなら、その人が日本の居住者か非居住者かによって、日本での課税所得の範囲及び課税方法が根本的に異なってくるからです。

2 居住者・非居住者で異なる課税所得の範囲
～居住者は全世界所得課税、非居住者は国内源泉所得のみ課税～

日本の所得税法では、納税義務者を【図表18-1】のように、「個人」及び「法人」に区分し、さらに「個人」については国内における住所の有無又は1年以上の居所の有無に応じて、「居住者」及び「非居住者」に区

分しています。

　居住者、非居住者の区分は、「その人の国籍や在留資格」には関係なく、「その人の住所や1年以上継続した居所が国内にあるか否か」により判定します（ただし、公務員や船舶・航空機の乗務員等には特例が適用されるため、この限りではありません）。

　よって、1年以上の予定で海外に勤務する人については、出国の翌日から、日本の非居住者となります。

【図表18-1】所得税法による居住者・非居住者の区分

		定　　義	国内源泉所得	国外源泉所得
居住者	非永住者以外の居住者	次のいずれかに該当する個人のうち非永住者以外の者 ・日本国内に住所を有する者 ・日本国内に現在まで引き続き1年以上居所を有する者	課　税	課　税
	非永住者	居住者のうち、次のいずれにも該当する者 ・日本国籍を有していない者 ・過去10年以内において、日本国内に住所又は居所を有していた期間の合計が5年以下である者	課　税	国内で支払われたもの及び国内に送金されたもののみ課税
非居住者		居住者以外の個人（1年以上の予定で日本を離れる人は非居住者に該当）	課　税	非課税

　居住者の定義における住所や居所の概念は複雑です。本書は主として「1年以上の予定で海外赴任する方」の赴任から帰任までを扱うため、「居住者の定義」についての議論は割愛します。

Q19 海外赴任に当たって出国までに日本本社が行っておくべき税務上の手続

　このたび、本年8月から、当社の社員A氏を3年間の予定で海外赴任させますが、A氏が日本を出国するに当たり、日本の税務上、当社は何らかの手続をする必要があるのでしょうか。

A 　1年以上の予定で日本を離れ、海外勤務する人は、出国の翌日から「日本の非居住者」に該当するため、出国までに「年末調整」を行う必要があります。年末調整を行うと、通常、源泉徴収された所得税が一部還付されます。

1　海外赴任予定者の年末調整の時期は？
　～必ず出国までに行うこと～

　そもそも年末調整とは、役員や使用人に対する毎月の給与や賞与から源泉徴収した所得税の合計額と、その人が年間に納めるべき所得税の差額を調整するものです（年末調整の対象になる人は、「給与所得者の扶養控除等申告書」を提出している人ですが、年間2,000万円を超える給与の支払を受ける人は、年末調整の対象にはなりません）。

　ちなみにこのケースのように、年の途中で出国する場合、年末調整の対象となる給与は、【図表19-1】のとおり、出国する日までの給与です。

【図表19-1】年の途中に非居住者になる場合の年末調整

1/1	2022年		12/31
居　住　者			非　居　住　者
日本にて勤務		出国	海外にて勤務
年末調整の対象期間 （1/1〜出国の日まで）			年末調整（＊）の 対象にならない。
出国の日までに年末調整を行う。			

（＊）出国後に支払われる給料・賞与のうち、国内源泉所得に該当するとして20.42%の税率で所得税が源泉徴収されたものは、非居住者期間に生じた所得として、この源泉徴収だけで、納税が完結するため年末調整の対象とはならない。

2　年末調整の対象となる所得控除は？

〜人的控除については1年分、物的控除については出国する日までのものが対象〜

社会保険料や生命保険料の控除は出国する日までに支払われたものだけに限られます。

一方、扶養控除や配偶者控除は1年分控除できますので、通常、年末調整により源泉徴収された所得税は還付されることになります（所法191）。

また、海外に出発する日までに、すでに総合課税の対象となる所得があるときや、出国の日以後、国内にある不動産の貸付けによる所得や国内にある資産の譲渡による所得があるときは、日本で確定申告が必要になる場合があります。

【図表19-2】年末調整の対象となる所得控除（＊）

	所得控除	概　　要
物的控除	社会保険料控除 生命保険料控除 地震保険料控除 小規模企業共済 等掛金控除	その者が居住者であった期間内（1/1～出国の日まで）に支払った社会保険料、生命保険料、地震保険料が控除対象になる。 　なお、外国の社会保険料及び外国保険事業所が締結した生保契約又は損保契約のうち、国外で締結したものにかかるものは、控除対象にならない（所法74、75、76、77）。
人的控除	配偶者控除、扶養控除等	出国の際の年末調整においては、出国の日の現況で判定（出国の際の年末調整に当たり、控除対象配偶者や扶養親族に該当するための所得要件（合計所得金額が38万円以下）を満たすかどうかは、その出国のときの現況により見積もったその年の1/1～12/31までの合計所得金額により判定する（所基通85-1））。

（＊）医療費控除、雑損控除、寄附金控除の適用を受けられる場合、年末調整ではこれらについては、計算の対象にしていないので、各自で確定申告を行う必要があります。

第2章 海外勤務者の日本における税務

Q⑳ 海外赴任予定者及びその配偶者の語学研修費用に対する課税

当社では、海外勤務が予定されている従業員については、事前に赴任地の語学研修を実施し、その費用を負担することとしています。

また、この従業員が配偶者と共に海外赴任をする場合には、配偶者についても同様の研修を受けさせ、本人と同様にその費用を負担することとしています。

この場合、本人及び配偶者に対する語学研修費用の負担については従業員の給料として所得税が課税されますか。

> **A** 海外赴任地において必要と認められる程度の研修であれば、その研修の実費を会社から業者に直接支払う場合、従業員とその配偶者にかかる研修費用については、所得税の課税は行われないものと考えてよいことになっています。

1 従業員に支給する金品の課税上の取扱い
～基本的には所得税の課税対象に～

一般に会社が従業員に支給する一切の金品は、勤務の対価としての性質を有するものとして、所得税の課税対象となるのが原則となっています(所法9①十五、所基通9-14)。

2 技術習得等のために支出する金品等の取扱い
～従業員・配偶者それぞれの場合～

(1) 従業員について

会社が自社の業務遂行上の必要に基づき、役員又は使用人に直接必要な技術・知識を習得させたり、免許・資格（特定の資格は除く）を取得させるための研修会、講習会等の参加の全部又は一部の費用を負担した場合に

は、これらの費用として適正な金額（原則的には実費）であり、かつ会社から直接業者に支払うものについては課税しなくて差し支えないことになっています（所基通9-15）。

(2) **配偶者について**
　配偶者の語学研修費用の負担は、形式的には「従業員以外の者に係る費用」ですから、一般には従業員に支給した給与として課税です。
　しかし、海外勤務者に同行する配偶者に対する研修内容が、海外赴任地で日常生活を営む上で不可欠であり、かつその費用の実費を会社が負担する場合は、配偶者にかかる研修費用についても、従業員本人の場合と同様に、所得税の課税対象とはならない可能性があります。
※　子女について赴任者本人が居住者期間中に語学研修をした場合は、日本で給与として課税する必要があります。

Q21 VISA取得前に海外赴任する場合の課税上の取扱い

当社社員のA氏を3年間の予定でB国にある現地法人へ出向させることとなりましたが、現地での就労ビザが出国までに取得できずに出向先へ赴任することになりそうです。このような場合、ビザの取得の有無によって日本における税務上の取扱いに違いがあるのでしょうか。

> **A** 日本では居住者か非居住者の判定に当たり、就労ビザの取得は原則として関係ありません。日本から1年以上を予定して海外へ出向する場合は、日本の所得税法上、出国した日の翌日から「非居住者」として取り扱われます。
>
> この場合、国内源泉所得のみが日本において課税されることとなっており、出国後の海外現地法人での勤務に対応する給与は、国外源泉所得とされますので、日本では課税されません。

日本の所得税法における居住者・非居住者の判断基準は「Q18：日本での居住者・非居住者の定義と課税所得の範囲」に記載のとおり、「日本を1年以上の予定で離れるか否か」によって決まります。よって、赴任国等での就労ビザの取得有無にかかわらず、「1年以上の予定で海外に出向する」場合は、出国の翌日から日本の非居住者になります。同様に、海外勤務期間が1年未満と予定される場合には、現地の就労ビザを所得していたとしても、赴任期間中も日本の居住者扱いとなります（日本で居住者扱いだからといって、現地では非居住者扱いになる、とは必ずしもいえません。現地での取扱いは現地の個人所得税法に従うことになります）。

つまりA氏の場合は、当初は3年間海外へ出向する予定で出国しているので、途中で予定が変更され、結果的に1年未満で日本へ帰国したとしても、帰国した日までは非居住者として取り扱うことになります。

Q22 海外赴任支度料の相場と税務上の取扱い

A氏の海外赴任に当たり、赴任に際して必要となる物品の購入費を支給する予定です。ただ、どのくらいの金額が世間一般的に妥当な水準なのでしょうか。また、当該赴任支度料は、旅費の一部として、所得税法上、非課税扱いと考えてよいのでしょうか。

A 赴任支度料の金額については各社各様ですが、本人については20～30万円、配偶者についてはその半額程度とするケースが多いようです。また、赴任支度金の支給の仕方によって、所得税の課税対象になる場合とならない場合があります。

1　支度料の相場は？
～本人に対しては20～30万円とするケースが多い～

赴任支度料とは、海外勤務に伴い必要となる物資を購入するために支給するものです。

支度料の設定の仕方は会社によって「資格によって金額を決定するケース」「基本給の1か月分とするケース」など様々です。

2　旅費・支度料の課税上の取扱い
～所得税の課税対象となるケース、法人税の寄附金扱いとなるケース～

通常、旅費は所得税法第9条第1項第4号（以下「所法9①四」）に従い、非課税になることはよく知られていますが、あくまで実費見合い分のみであり、【図表22-1】のとおり、赴任支度料を「給与の1か月分」「〇万円」等といった形で支給するケースは給与扱いとなり、厳密には所得税の課税対象となるので注意が必要です。

また、法人税法上の観点から見ると、親会社の社員を海外の現地法人等

に勤務させる場合、その者に支払う旅費や支度料について、全て親会社が負担してしまうと、場合によっては「親会社から海外関連者への寄附金」とみなされることもあるので注意が必要です。

【図表22-1】海外赴任・帰任時の旅費、支度料の基本的考え方

	1. 所得税法上の取扱い （旅費・支度料を受け取る個人側の取扱い）	2. 法人税法上の取扱い （旅費・支度料を支払う企業側の取扱い）
基本的考え方	・受け取る個人の経済的利益になる場合 ⇒所得税の課税対象となる。 ・受け取る個人の経済的利益にならない場合 ⇒所得税の課税対象とならない。	・出向元（日本企業）の都合で海外赴任する場合：出向元が負担すべき。 ⇒損金算入できる。 ・出向先（海外企業）の都合で海外赴任する場合：出向先が負担すべき。 ⇒出向元が支払ったら、国外関連者への寄附金として課税。
赴任旅費	基本的に非課税 合理的な範囲の金額であると認められる範囲であれば非課税（根拠：所法9①四）	① 出向元（日本企業）の都合で海外赴任させる場合 合理的な範囲の金額であれば損金算入可。 ② 出向先（海外企業）の都合で海外赴任させる場合
赴任支度金	以下に該当すれば非課税 ・その旅行の目的、目的地、行路もしくは期間の長短、宿泊要員、旅行者の職務内容及び地位等からみて、その旅行に通常必要と認められる範囲であること ・その支給額が、役員・使用人を通じてバランスがとれていること ・同業他社と比較して妥当であること（根拠：所基通9-3）	(a) 原則 本来出向先が負担すべきものを日本企業側が負担することは、出向元から出向先に寄附を行っている、すなわち「国外関連者への寄附」とみなされ寄附金課税の対象になる。出向先に寄附を行っている、すなわち「国外関連者への寄附」とみなされ寄附金課税の対象となることがある。

★原則的には「実費弁償的なもの」であることが非課税の条件なので、たとえば、給与の1か月分といった支給の仕方だと経済的利益、つまり「給与」とみなされ課税される可能性大。	(b) 例外 　ただし、出向先が子会社等で、子会社が経営不振等で応援のために行く場合等は「寄附金」の例外規定に該当し、損金算入できる余地がある。 ★出向元企業から「赴任命令書」が出て海外赴任するのなら、命令を出した出向元企業の都合で赴任しているとみなす、とする考え方もある。

Q23 納税管理人／特定納税管理人の概要と手続事項

　このたび、3年間の予定で海外赴任するA氏から、「納税管理人になってほしい」と当社に対して依頼がありました。A氏は海外勤務中も、日本で不動産所得等が発生するため、その納税代行として、納税管理人が必要とのことですが、そもそも納税管理人とはどういう役割を担うのでしょうか。

> **A** 納税管理人とは、確定申告書の提出や税金の納付等を、非居住者に代わって行う人又は法人のことです。納税管理人は居住者であれば、基本的には誰でもよく、赴任元の会社はもちろん、家族が日本に残る場合は配偶者が担当しても差し支えありません。

1　納税管理人はどういった場合に必要なのか？

　～海外勤務中、給与以外の所得が日本国内で発生する場合にのみ必要～

　1年以上の予定で日本を離れる場合、出国の翌日から「（日本の）非居住者」となります。しかし、非居住者の所得のうち、日本国内で発生した所得については、引き続き日本の所得税が適用されます。

　ここでいう「日本国内で発生した一定の所得」とは、以下のようなものがあります。

【図表 23-1】日本国内で発生した一定の所得
～納税管理人を立てる必要あり～

- 国内にある資産の運用、又は保有により生じる所得（源泉徴収されない取引）
- 国内にある資産の譲渡により生じた所得
  ［例］日本の自宅を売却した場合等
- 国内にある不動産の貸付により受け取る対価（不動産所得）
  ［例］日本の自宅を賃貸に出した場合等
- 国内における一時所得に該当する所得

　このような所得がある場合は、海外赴任中であっても日本で確定申告書の提出、税務署からの書類の受け取り、税金納付、還付金の受け取り等、納税義務を果たすため納税管理人を定める必要があります。

　納税管理人を定めたときは、その非居住者の納税地（通常、直前まで居住していた住所のあるところ）を所轄する税務署に「納税管理人の選任届」を提出する必要があり、納税管理人の届出をした後からは、以後税務署が発生する書類は納税管理人宛に送付されます（日本に帰任する等、納税管理人が必要でなくなった場合は、納税管理人を解任するために、当該納税者の納税地の所轄税務署長にその旨を届け出なければなりません。そうしないと納税関連書類がずっと納税管理人宛に届いてしまうことになります）。

【図表 23-2】納税管理人とは？

- 納税管理人は誰になってもらえばいいのか？
  ⇒日本の居住者であれば誰でもよい。日本に残る家族・親族、友人でもよいし、法人でも可能。

- 納税管理人の手続はいつまでに行うのか？
  ⇒出国するまでに手続をする。

2　納税管理人を定めないとどうなるか？
～確定申告の際、扶養控除等の判定に関して不利になるケースがある～

前述のとおり、海外勤務中に給与以外の所得が日本で発生する場合は納税管理人を定める必要があります。

居住者が非居住者になる前に、納税管理人を選任して、その旨を届け出ている場合には、所得税法上は申告期限、扶養控除の判定等に関して「出国」したことにはならず、納税管理人を選任しなかった場合に比べ、以下のような違いがあります。

たとえば、給与以外の所得として毎月20万円の不動産所得がある方が、9月末に1年以上の予定で出国したとします。

この方が出国前に納税管理人を指定せずに9月末に海外赴任する場合、9月末の出国までに1～9月分の不動産所得を確定申告する必要があります。しかし、10～12月も不動産所得が発生するため、翌年の確定申告時期に再び確定申告する必要が生じます。

一方、海外赴任前に納税管理人を指定した場合、9月末までに確定申告を行う必要はなく、1月1日～12月31日分の所得を、通常の確定申告時期に申告を行うことになります。

3　特定納税管理人とは？
～2022年1月1日より施行～

特定納税管理人は2022年（令和4年）1月1日から施行される新しい制度です。

この制度では、納税管理人を選任すべき納税者が納税管理人の届出をしなかったときは、所轄税務署長等は、その納税者に対し、国税に関する事項のうち、納税管理人に処理させる必要があると認められるものを明示して、60日を超えない範囲内において、その準備に通常要する日数を勘案して指定する日までに納税管理人の届出をすべきことを書面で求めることができることとされました。

所轄税務署長等が非居住者の「特定納税管理人」として指定することができる者として「納税者たる非居住者である個人の国内居住親族（成人・生計同一）」とされています。

第2章 海外勤務者の日本における税務

Q24 海外赴任後最初に支払う給与・賞与の取扱い

3年間の予定で先日、海外に赴任した従業員A氏に対し、赴任後初めての給与及び賞与を支給します。赴任後初めて支払う給与・賞与には、日本での勤務期間に対応する部分と、海外での勤務期間に対応する部分が、両方含まれています。この場合、当該給与・賞与の支払時の税務上の取扱いについて教えてください。

A 出国後又は帰国後最初に受け取る給与・賞与については、単に自国での勤務期間に対応する部分のみ自国で課税すればよい、というわけではなく、日本の税法だけ考えても、日本出国後に支払われる給与・賞与についてと、日本に帰国後に支払われる給与・賞与については、税務上の取扱いが異なります。そこで以下では、1年以上の予定で日本を離れ、海外勤務になった人が、日本を出国後に支払われる給与・賞与のうち、日本の税務面での取扱いについて解説していきます。

1 海外赴任後（日本出国後）最初に支払う給与・賞与

海外赴任後最初に受け取る給与・賞与について、以下の前提条件をおいて考えてみます。

【図表24-1】海外赴任後最初に受け取る給与・賞与（前提条件）

従業員A氏：1月20日に日本を出国し、同日赴任国入国。3年間の予定で海外に勤務
・給与支給日：1月25日　給与計算期間：1月1日～1月31日
・賞与支給日：6月15日　賞与計算期間：前年10月1日～3月31日

3　海外勤務中（出国中の年）　81

(1) 給与について
　～日本では原則非課税になる場合もある～

　所得税法では、1年以上の予定で日本を離れる場合は出国の翌日から非居住者という取扱いになります（所法2①五）。

　1月25日に支払われる給与のうち、1月1日～1月20日に対応する部分については国内源泉所得に該当しますが、所得税基本通達212-5より「給与の計算期間が1か月以下であり、かつ給与支払日に日本の非居住者である場合は、その給与については全額を国外源泉所得とみなす」ことが認められています。

　よって1月25日に支給される給与については、「非居住者の国外源泉所得」となり、日本で非課税扱いになります。よって、赴任後最初に支払う給与については日本で20.42％の税率で源泉徴収をする必要はありません。

【図表24-2】赴任後最初に受け取る給与の取扱い

事実関係	給与計算期間（1月1日～1月31日）						1/25支払給与についての日本及び海外での課税関係
			日本出国/海外入国		給与支給日		
日付	1/1		1/20		1/25		1/31	
日本	居住者（～1/20）			非居住者（1/21～）				非課税 （所基通212-5）
海外 （*）	非居住者 （～1/19）		居住者（1/20～）					1/1～1/19分給与： 非課税 1/20～1/31分給与： 課税

（*）各国ごとに税制は異なるため、ここで記載している海外での取扱いはあくまで一例とご理解ください。

(2) 賞与について

～居住者期間分についてのみ 20.42%の税率で課税～

「(1)給与について」の場合とは異なり、賞与の計算期間において日本での勤務期間に該当する部分（国内源泉所得部分）については非居住者に対する支払として 20.42%の税率で源泉徴収を行い、日本での勤務期間に該当しない部分（国外源泉所得部分）については非課税扱いになります。

つまり、6月15日に支払われる賞与は【図表24-3】のとおり、前年10月1日から3月31日までの合計182日間（閏年ではないとします）を計算期間としますが、日本の居住者であった期間は10月1日から1月20日までの合計112日間となりますので、この期間に相当する賞与につき、日本で20.42%の税率で源泉徴収をする必要があります。

【図表24-3】出国後に支払われる賞与の課税関係

事実関係	賞与計算期間（10/1～3/31）					1/25支払給与についての日本及び海外での課税関係
			日本出国／海外入国		賞与支給日	
日付	10/1		1/20	3/31	6/15	
日本	居住者（～1/20）			非居住者（1/21～）		10/1～1/20分賞与→20.42%課税（所法213、所基通161-41） 1/21～3/31分賞与→非課税
海外(*)	非居住者（～1/19）		居住者（1/20～）			10/1～1/19分賞与→非課税 1/20～3/31分賞与→課税

（*）各国ごとに税制は異なるため、ここで記載している海外での取扱いはあくまで一例とご理解ください。

Q25 海外勤務者が住宅借入金等特別控除の適用を受けている場合

当社の社員A氏を2021年（令和3年）1月から3年間の予定で海外赴任させていますが、A氏は、2016年（平成28年）度に購入した自宅の住宅借入金等特別控除を受けています（A氏は単身で海外に赴任し、A氏の家族は自宅に引き続き居住します）。この場合、海外赴任期間中も、A氏は、住宅借入金等特別控除の適用を受けることができるのでしょうか。

A 出国の日を含む年分以後（この場合、2021年（令和3年）分以後）においては、原則的には住宅借入金等特別控除を受けることはできませんが、帰国後居住者となった後においては、一定要件のもとにこの控除を受けることができる場合があります。また、家族を伴って赴任する場合と単身で赴任する場合とでは、その転勤が国内勤務であれば、住宅控除に関する取扱いは異なりますが、海外転勤の場合は、いずれの場合も、帰国後にしか、住宅借入金等特別控除の適用は認められません。

1 住宅借入金等特別控除適用の条件

住宅借入金特別控除とは、①個人が住宅ローン等を利用し、認定住宅の新築、または建築後使用されたことのない認定住宅を取得し、② 2009年（平成21年）6月4日（一部住居については2012年（平成24年）12月4日又は2013（平成25）年6月1日）から2021年（令和3年）12月31日までの間に自己の居住の用に供し（新築又は所得日から6か月以内に居住が条件）、③年末まで引き続き居住の用に供しているなど、一定要件を満たす場合、その取得等に係る住宅ローン等の年末残高合計額等を基として計算した金額を、居住の用に供した年分以後の各年分の所得税額から控除するものです。

【2016年（平成28年）4月1日以後に海外勤務中（非居住者期間中）に購入した自宅も、帰国後、住宅借入金等特別控除の適用を受けられる余地があります】

　平成28年度の税制改正により、住宅借入金等特別控除の適用対象者が、従来の「居住者」から「個人」に変更になりました。これにより、「非居住者」である海外勤務者が、2016年（平成28年）4月1日以後に購入した自宅も、住宅借入金等特別控除の適用対象になります。

　つまり改正前は、帰国後に居住者として住宅の取得等をした場合に限り、住宅借入金等特別控除の適用を受けることができました。しかし改正後は、非居住者である海外勤務者が、その非居住者である期間中に、帰国後の生活のために住宅を取得等した場合であっても、住宅借入金等特別控除の適用ができるようになりました。なお、適用を受ける各年の12月31日まで引き続き居住していること等の居住要件や合計所得金額が3,000万円以下であること等の所得要件は、改正の前後を通じて同じです。この改正は、2016年（平成28年）4月1日以後に取得や増改築等をする場合に適用されます。

※　注意1

　海外勤務期間中、自宅等を賃貸に出し、不動産所得等を得るなど、日本で所得税の支払が必要になる場合であっても、非居住者期間中は住宅借入金等特別控除の適用を受けることはできませんのでご注意ください（理由：非居住者には住宅借入金等特別控除をはじめとした税額控除は適用されないため）。

※　注意2

　この改正においては住宅借入金等特別控除の適用対象者が「居住者」から「個人」に変更になっただけで、その他については一切の変更はありません。よって、「購入してから6か月以内に居住の用に供した場合」という点も同じです。つまり、非居住者期間中（この場合、海外勤務期間中）に住宅を購入した場合も、購入してから6か月以内に購入した本人が居住

を開始する必要があります。そのため、今回の改正で恩恵を受けるためには、海外勤務期間中ではあるが、購入時点から6か月以内に帰国して居住の用に供し、適用を受けようとする年の12月31日まで引き続き住むことが必要となります。なお、この場合、居住を開始するのは購入した本人又は同居する家族でも構いません。実際の取扱いの詳細は必ず税務署等でご確認ください。

2　帰国後に住宅控除の再適用を受けるには
(1)　概要
　　～出国まで税務署に所定の書類を提出～

　しかし、この海外勤務者が帰国し居住者となった後、再びその住宅を居住の用に供した場合は、それ以後の年分（残存控除適用期間内の各年分に限ります）については、住宅控除の適用が認められます。

　このケースの場合も、海外勤務期間中の非居住者である年分について住宅控除は適用されませんが、非居住者（A氏）が海外勤務を終え帰国して居住者となった後、住宅控除の適用対象となっていた住居を再び居住の用に供しているときは、【図表25-1】のとおり、それ以後の残りの控除適用期間内の各年分については、再度住宅控除の適用が認められます。

　（住宅控除の再適用を受けるためには、「その家屋を居住の用に供しなくなる日（すなわち転勤する日）」までに「転任等の命令により居住しないこととなる旨の証明書」を提出する必要があります。詳細は最寄りの税務署（所得税担当）にお問い合わせください。）

【図表25-1】海外勤務者と住宅借入金等特別控除

2016年	2017年～2020年の各年	2021年	2022年	2023年	2024年
居住者	居住者	非居住者	非居住者	居住者	居住者
1/1 住宅取得 ▲ 12/31 居住者	1/1 12/31 居住者	1/1 ▲ 12/31 出国 非居住者	1/1 12/31 非居住者	1/1 ▲ 12/31 帰国 居住者	1/1 12/31 居住者
住宅控除適用あり（確定申告）	住宅控除適用あり（年末調整）	住宅控除適用なし	住宅控除適用なし	住宅控除適用あり（確定申告）	住宅控除適用あり（年末調整）

★ 2016年（平成28年）度に住宅を取得した場合は、2025年（令和7年）度まで住宅控除が適用されます。

(2) **住宅を購入した年に非居住者となっても帰国後、一定要件を満たせば、住宅控除の適用が可能**

　2008年（平成20年）度までは住宅控除の再適用の要件は、「住宅控除の適用を受けたことがある者」となっていました。そのため住宅を購入した年に1年以上の予定で海外勤務となった場合、一度も住宅控除の適用を受けずに出国しているため、帰国後に再適用を受けることができませんでした。

　しかし、2009年（平成21年）度税制改正により住宅を購入した年に非居住者となった場合でも、帰国後、一定要件を満たせば住宅控除の適用が可能となりました（措法41⑯、平21改正法附則33①）。

Q26 海外赴任者が日本で確定申告しなければならないケース

1年以上の予定で日本を離れる場合には、非居住者となるため、日本では（日本）国内源泉所得のみ課税されると聞きました。日本の非居住者となった赴任者が、海外勤務中、日本で確定申告をしなければならない例を教えてください。

A 海外勤務者として赴任した翌年以後（帰国年を除く）の各年の確定申告が必要なのは、毎年その年1年間に生じた「海外勤務者の給与以外の所得（＊）の金額」が基礎控除額（48万円）を超えることになる場合です（出国した年については給与以外の所得が20万円を超えると確定申告が必要です）。

　この場合、翌年2月16日〜3月15日までに確定申告をする必要があります。

　（＊）「給与以外の所得」の例については【図表26-3】に説明があります。

1　出国した年に確定申告が必要なケース
　〜給与以外の国内源泉所得が20万円超ある場合〜

　海外に赴任する年の1月1日から出国時までに生じた所得が給与所得のみであれば、通常は出国時に年末調整が行われているので、確定申告は不要です（出国する年の年末調整は「Q19：海外赴任に当たって出国までに**日本本社が行っておくべき税務上の手続**」をご参照ください）。

　しかし、例えば不動産の貸付けによる所得、給与以外の所得が20万円超ある場合は、確定申告が必要です。

　確定申告書の提出時期は、【図表26-1】のとおり、納税管理人を選任しているか否かで異なります。

【図表26-1】納税管理人選任の有無で異なる確定申告書の提出時期

納税管理人を選任している場合	赴任した翌年の2月16日〜3月15日までに提出
納税管理人を選任していない場合	出国前にいったん提出。出国後も確定申告が必要な所得があれば、赴任した翌年の2月16日〜3月15日までに再び提出

　また、出国した年に確定申告を行う際、適用対象となる所得控除は【図表26-2】のとおりです。

【図表26-2】確定申告に際して適用する所得控除

	所得控除	計算方法
物的控除	医療費控除 社会保険料控除 小規模企業共済等掛金控除 生命保険料控除 地震保険料控除	居住者期間(1/1〜出国の日まで)に支払ったこれらの金額をもとにして計算する。 　なお、外国の社会保険料及び外国の保険会社と外国で契約した生命保険料や地震保険料は控除の対象とならない。
	雑損控除 寄附金控除	居住者期間及び非居住者期間に生じた損失の金額や所得金額を通算してその年分の控除額を計算する。
人的控除	基礎控除	
	配偶者控除 配偶者特別控除 扶養（親族）控除 障害者控除 寡婦（夫）控除 勤労学生控除	①　納税管理人を選任した場合 　　出国した年の12月31日（その年中に死亡したときはその死亡のとき）の現況で計算する。 ②　納税管理人を選任しなかった場合 　　出国の日の現況により計算する（所基通165-2）。

2　出国した年以降に確定申告が必要なケース
　～給与以外の国内源泉所得が48万円超ある場合～

　海外勤務者として赴任した翌年以後（帰国年を除く）の各年に確定申告が必要なのは、毎年その年1年間に生じた海外勤務者の給与以外の所得（【図表26-3】参照）の金額が基礎控除額（48万円）を超えることとなる場合です。

　この場合、翌年の2月16日から3月15日までにこの所得について確定申告をする必要があります（非居住者期間に確定申告を行う際、適用される所得控除は「基礎控除」「雑損控除」「寄附金控除」のみになります）。

【図表26-3】海外勤務者に生じる給与以外の所得例

- ・国内にある資産の運用、保有又は譲渡による所得（所法161①二、三）
- ・国内にある不動産の賃貸料による所得　（所法161①七）

3　非居住者の確定申告書はどこに提出するか？
　～海外勤務者の直近の居住地もしくは資産の所在地～

　非居住者の確定申告書の提出先は【図表26-4】のとおりです。

【図表26-4】非居住者の確定申告書の提出先

①　国内に事業を行う一定の場所がある場合	その事業所等の所在地
②　「①」に該当しない場合、その海外勤務者の納税地とされていた場所にその者の親族が引き続き居住しているとき	その納税地とされていた場所
③　「①」「②」のいずれにも該当しない場合	所令54で定める場所 （その貸付等を行った資産の所在地等）

Q27 海外赴任期間中の日本の持ち家売却にかかる課税

　私（A氏）は現在、日本法人のB国に所在する海外子会社に海外赴任しています。私は日本で居住の用に供していた家屋を所有しており、現在、その持ち家を売却することを考えています。
　この場合、日本での不動産の売却にかかる税金の取扱いはどうなるのでしょうか。

　一般にB国においても日本においても納税義務があるため、二重課税が発生します。
　そのため、A氏の居住地国であるB国において一定の要件を満たせば、外国税額控除を受け、二重課税された部分を控除することができます。

1　日本での課税

(1)　国内税法での取扱い

①　買い手側

　〜10.21％の源泉徴収が必要だが、一定要件を満たした場合、源泉徴収の必要はない〜

　非居住者に対し、国内にある土地建物等の譲渡による対価の支払をする者（買い手）は、その支払の際、10.21％の税率で源泉徴収を行う必要があります。

　ただし、その土地建物等の譲渡による対価の額が1億円以下であり、かつ、その土地建物等を譲り受けた個人（買い手側）が自己又はその親族の居住の用に供するために譲り受けた土地建物等である場合には、その個人が支払う譲渡対価については、所得税の源泉徴収をする必要はないことになっています。

【図表 27-1】買い手と源泉徴収義務の有無

買 い 手	源泉徴収の有無
買い手が個人で自己又は親族の居住用にする場合で、かつ、その土地建物等の譲渡による対価の額が1億円以下である場合	源泉徴収する必要はない。
上記以外の場合	譲渡対価の10.21％を買い手側が源泉徴収し、翌月10日までに納付する。国外支払の場合は翌月末。

② 売り手側（A氏）

　a)　確定申告の義務はあるか？

　　～譲渡価額や源泉徴収の有無にかかわらず、確定申告が必要～

　譲渡する側は、譲渡する相手が個人であり、その譲渡価額が1億円以下の場合であっても確定申告は必要になります。

　また、不動産の譲渡対価が1億円超の場合は、不動産を譲渡した際に所得税が源泉徴収されていますが、源泉徴収された所得税はこの確定申告時に精算され、源泉徴収された税額が確定申告による納税額より大きい場合は還付されることになります。

　b)　確定申告時における取扱い

　　～譲渡所得の計算方法は居住者の場合とほぼ同様、ただし適用できる所得控除は限定～

　非居住者が確定申告を行う場合、譲渡所得の計算は居住者の場合とほぼ同様の方法で行われ、収入金額から取得費と譲渡費用を差し引いた金額となります。

※　ただし、所得の金額から差し引くことができる所得控除は「雑損控除」「寄附金控除」「基礎控除」に限定されます。

　c)　土地建物等を譲渡した場合

　居住用不動産に関する特例は非居住者も居住者同様に適用されます

(海外赴任中（その年の1月1日に住所がない）の場合は住民税はかかりません）。

【図表27-2】土地建物等の譲渡所得に対する税率（原則）

譲渡年の1月1日で		所得税・復興特別所得税	住民税（＊）	合計
所有期間5年以下		30.63%	9%	39.63%
所有期間5年超		15.315%	5%	20.315%
所有期間10年超のマイホームを譲渡した場合（注）	6,000万円以下の部分	10.21%	4%	14.21%
	6,000万円超の部分	15.315%	5%	20.315%

(注) 年数のほかに一定の条件があります。また、「居住用財産を譲渡した場合の特例チェックシート」にて条件を満たす場合は、最大3,000万円の控除が可能です。

(＊) 持ち家を売却した場合の住民税（均等割）の課税は？
　　住民税は1月1日現在に、日本国内に住所を有する個人に対して課税されます。したがって、譲渡した翌年1月1日において、日本に住所を有しない限り、上記c）の不動産の譲渡所得に対しては住民税の課税は行われません。

(2) 租税条約上の取扱い

　日本と勤務地国が租税条約を締結している場合、その租税条約での取決めが、国内税法に優先して適用されます。ただし、租税条約では、不動産の譲渡により生じた所得については、その不動産の所在地国の課税権を全面的に認めています。

　よって海外勤務者の勤務地国が日本と租税条約を締結している場合であっても、不動産所得について特に租税条約上のメリットがあるわけではなく、勤務地国の国内税法がそのまま適用されると考えてよいでしょう。

2 勤務地国での課税

　勤務地国においては、A氏は「居住者」に該当します。そのため勤務地

国が居住者に対して全世界所得課税を行っている場合には、日本で生じた譲渡所得も本来、勤務地国で申告・納税する必要があります。

※　最近は各国間の情報交換も進んでいます。そのため、「日本で支払われる譲渡所得など、勤務地国で見つかることはないだろう」という考えは危険です。

Q28 会社の借り上げ社宅として賃貸した留守宅から生じる不動産所得に対する課税

　私（A）氏は、3年間の予定でB国に赴任することになりました。それに際し、日本にある留守宅は会社に賃貸し、社宅として使用してもらうことになりました。この場合、当該留守宅賃貸について発生する賃貸料に対する日本及びB国（勤務地国）での課税関係について教えてください。

　　A氏に支払われる賃貸料は会社側が20.42％の税率で所得税を源泉徴収します。
　一方、A氏は留守宅の賃貸から生じる不動産所得について確定申告書を提出する必要があります。また、勤務地国（B国）でもこの不動産所得について課税されることがありますので、詳しくは勤務地国の税法をご覧ください。

1　会社側（借り手側）が行う処理
　〜賃料の20.42％を源泉徴収〜

　A氏に支払う賃貸料を20.42％の税率により源泉徴収し、翌月10日までに非居住者用の納付書を用いて納付することになります。さらに、その年に支払った非居住者に対する家賃について、会社は支払調書を作成し、翌年1月31日までに所轄税務署長に提出しなければなりません（所法161①七、164①、170、212、213）（支払調書については、「Q32：海外勤務中の給与等に関して必要な法定調書」をご参照ください）。

　仮にA氏が持ち家の管理を行うために、日本国内に管理者（日本の居住者）を置き、会社側はこの管理者に賃貸料を支払う場合であっても、非居住者に対する支払と同様に20.42％の税率で源泉徴収する必要があります（管理者が会社から家賃を受領することは、海外勤務者であるA氏の代理として受領したものと考えられるからです）。

3　海外勤務中（出国中の年）　95

※　ただし、借り手が個人であり、自己の居住用に借り受けた場合は、源泉徴収義務は発生しません。

2　非居住者（A氏）側が行う処理
〜日本での取扱いと勤務地国での取扱い〜

(1)　日本での取扱い

留守宅の賃貸から生じる不動産所得の計算方法は【図表28-1】のとおりですが、不動産所得が黒字の場合と赤字の場合では、手続が異なります。以下、順番にみていくことにします。

【図表28-1】不動産所得の計算方法

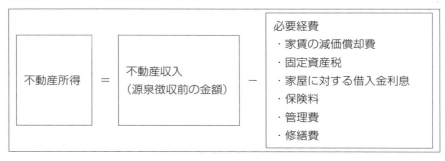

①　不動産所得が黒字の場合

不動産所得を含む、給与以外の所得が一定額を超える場合（出国した年：20万円超、出国中の年：基礎控除を超える額）は、確定申告を行う必要があります。

確定申告を行うことにより、賃貸料を受け取る際に源泉徴収された税額を精算することになります（詳細は「**Q26：海外赴任者が日本で確定申告しなければならないケース**」をご参照ください）。

※　不動産所得が一定額以下でも、賃貸料を受け取る際に20.42％の税率で源泉徴収された所得税の還付を受けるために、確定申告書を提出する

ことができます。
※ 青色申告を選択している場合は、不動産所得から一定額の青色申告特別控除を受けることができます。

【図表28-2】確定申告の必要がある所得が不動産所得のみの場合の計算方法

(不動産所得の金額 － 所得控除（＊）) × 所得税率 ＝ 所得税額
（＊）非居住者に適用される所得控除は雑損控除、寄附金控除、基礎控除のみ。

② 不動産所得が赤字の場合

【図表28-3】のとおり、不動産所得が赤字の場合、白色申告者か青色申告者かによって、取扱いが異なります。

【図表28-3】青色申告者と白色申告者で異なる不動産損失の取扱い

白色申告者	総合課税の対象となる所得がある場合は、他の国内源泉所得と相殺して申告
青色申告者	翌年3年間繰越可能 （不動産の賃貸にかかる損失のうち、他の国内源泉所得から控除しても、なお損失の金額がある場合は、その年以降の各年において連続して確定申告書を提出することを要件として、その損失が生じた年の翌年3年間繰り越すことができる。）

※ 青色申告とは？

不動産所得のある人は、青色申告を選択適用することができます。つまり、持ち家を借り上げ社宅にし、賃貸料を受け取っているＡ氏も青色申告（【図表28-4】参照）を選択することができます。

　⇒ただし、海外赴任中の確定申告すべき所得が不動産所得しかない場合、仮に損失を翌年以降に繰り越しても、相殺できる他の所得がない場合は、あまり意味がない可能性があります。

【図表28-4】青色申告とは

■ 青色申告とは
　不動産所得や事業所得のある人が、毎日の取引を帳簿に記載し、それに基づいて自分の所得金額や税額を計算し、申告して納税する制度です。

■ 青色申告の特徴
　税法上多くのメリットが受けられます（青色申告特別控除、欠損金の繰越、繰戻など）。

■ 青色申告の手続とその期限
　前もって、「青色申告の承認申請書」を提出する必要があります。青色申告の承認申請書の提出期限は、承認を受けようとする年の3月15日又は不動産所得を生じるべき業務を開始した日から2か月以内のいずれか遅い日となります。

(2) B国での取扱い
　〜日本の留守宅から生じた不動産所得につき勤務地国で申告・納税義務が生じる可能性〜

　A氏の勤務地国（B国）の税法にもよりますが、通常、その国に1年以上滞在する場合は、その国の居住者となります。

　その国の居住者となれば、通常、全世界所得について当該国で課税されることになるので、A氏が日本に所有している不動産から生じる所得も、当該国で申告・納税する義務が生じる可能性があります。詳細は勤務地国の税法（「**第3章　各国の個人所得税概要**」参照）をご確認ください（また、勤務地国の税法にもよりますが、不動産所得が赤字の場合、勤務地国の給与から当該赤字分を相殺できる可能性もあります）。

Q29 海外赴任者とストックオプション

当社では、社員に対してストックオプション制度を採用していますが、3年間の予定でＢ国に勤務している当社社員Ａ氏がこのたび、ストックオプションの権利行使により取得した株式を譲渡することになりました。この場合、日本及び現地での課税上の取扱いについて教えてください（社員Ａ氏は日本に恒久的施設を保有していません）。

> **A** 非居住者が国内の株式を譲渡した場合は一定の場合に限り、日本で課税されます。ストックオプションの権利行使による株式の譲渡は、この「一定の場合」に該当しますので、日本で申告分離課税の対象となります

1　日本での課税

(1)　日本で付与・行使・譲渡した場合の取扱い

日本で付与・行使・譲渡した場合の取扱いは、【図表29-1】のとおり、税制適格か税制非適格かによって異なります。

つまり、税制適格のストックオプションであれば、譲渡時に「譲渡価格－行使価格」について譲渡所得として課税されるのみですが、税制非適格の場合、行使時と譲渡時のそれぞれで課税されます。

【図表29-1】 日本で付与・行使・譲渡された場合の日本での課税

	付与時（権利行使価格：8万円）	行使時	譲渡時
時価	5万円	14万円	21万円
税制適格	非課税	非課税	課税 譲渡価格（21万円）－行使価格（8万円）＝13万円 ※ 譲渡所得として課税
税制非適格	非課税	課税 権利行使時の時価（14万円）－権利行使価格（8万円）＝6万円 ※ 給与所得又は雑所得・事業所得として課税（ストックオプションを付与された人が、その会社の社員等であれば給与所得）	課税 譲渡価格（21万円）－権利行使時の株式時価（14万円）＝7万円 ※ 譲渡所得として課税

(2) **日本で付与されたストックオプションを海外で行使・譲渡した場合の課税**

　日本で付与されたストックオプションを海外で行使・譲渡した場合の取扱いは【図表29-1】のとおりです。

　税制適格のストックオプションの場合、前述のとおり「譲渡価格─行使価格」について譲渡所得として課税されます。しかし、海外赴任者の居住地国（つまり赴任している国）と、日本が租税条約を締結している場合、租税条約の譲渡所得条項に従うことになります。

→租税条約における譲渡所得条項については311ページの【図表74-1】の「その他」でご確認ください。

2　海外での税制

　日本で付与されたストックオプションが、赴任した国でどのように取り扱われるかは、その国の税制によって大きく変わります。

　また、国によってはストックオプションを付与されているだけでも申告が必要になる場合もあります。また、ストックオプションを含めた株式報酬は、通常の給与よりも課税上、その取扱いは複雑な場合もあります。また、株価が上がれば所得としてかなり高額になることもあります。仮に現地でストックオプションについて課税された場合、赴任者の給与のグロスアップ計算にも影響が出てきます。

　よって、ストックオプションを付与された社員を海外に赴任させる場合、また海外赴任中の社員にストックオプションを付与する場合は慎重な検討が必要となります。

Q30 海外現地法人に出向する社員に対する日本払い給与の取扱い

現在、3年間の予定で海外現地法人に出向しているA氏に対する給与は、(海外現地法人ではなく)日本の親会社がその半分以上を負担していますが、日本の税務上、何か問題があるでしょうか。また、日本払い給与は勤務地国で納税する必要があるのでしょうか。

A たとえ貴社が100％出資している現地法人に出向している社員であっても、その社員の給与を、日本本社側が全額又は大部分負担している場合、当該負担金は、日本本社から海外現地法人への寄附金とみなされて、課税されるケースがあるので注意が必要です。一方、この日本払い給与は、勤務地国の国内源泉所得に該当しますから、勤務地国で納税する必要があります。

1 日本での税務について
～現地法人に勤務する社員の給与は現地法人が負担すべき～

(1) 基本的な考え方

企業の中には、海外の現地法人に出向している社員の給与を全額もしくは大部分を日本の本社から支給しているケースも少なくありません。

会社としては、「出向中とはいっても、自社の社員には変わりがないわけだし、出向先の海外現地法人は自社の子会社なのだから、当該社員の給与を、日本本社側が支給していても問題ないだろう」と考えていることも多いようです。

しかし、貴社の社員が海外で勤務している先が、仮に自社の100％子会社であっても、客観的にみれば、貴社とは別の法人です。ですから、貴社の社員が海外の現地法人のために勤務しているのであれば、その社員にかかる費用は、全額、現地法人側に負担してもらうべきということになりま

す（関連する内容として「第7章　赴任者コスト管理（総コスト管理と現地法人からのコスト回収）」もご参照ください)。

(2) 日本の税務上、留意すべき事項
　～法人税法上、「寄附金」として認識され、課税されるケースも～

　最近の税務調査においては、海外現地法人等に出向している社員の給与を親会社が負担している場合、当該負担金は、「日本の本社から海外現地法人等に対する寄附金である」とみなされ、当該負担金の損金算入を否認され、寄附金として課税されるケースも少なくないようです。

(3) 親会社からの支給額がどの程度であれば寄附金課税されないのか

　とはいえ、日本側から給与を支給しなければ、社会保険上、「日本の企業と雇用関係が継続している」とはみなされませんし、出向先の現地法人の経営状態から考えると、日本からの出向者の報酬に見合う金額を支払えるとは限らない場合も多いようです。

　そのような場合、どの程度の金額であれば、海外現地法人等に出向した社員の給与を負担してもよいかを判断するうえでの指標の一つに、【図表30-1】のとおり、法人税基本通達9-2-47があります。

　同通達では、出向先が経営不振で賞与を支給することができない場合や、出向先法人が海外にあるため、出向元法人が支給する留守宅手当の額等を出向元（この場合日本本社）が負担しても、出向元の損金の額に算入することを認める、としています。

　ただ、どの程度の額までなら損金に認められるかといった基準は示されていませんので、現実には個々の企業の状況に応じて、判断されるのが現状です。

【図表30-1】法人税基本通達9-2-47：出向者に対する給与の較差補塡

> 　出向元法人が出向先法人との給与条件の較差を補塡するため出向者に対して支給した給与の額（出向先法人を経て支給した金額を含む。）は、当該出向元法人の損金の額に算入する（昭55年直法2-8「32」、平10年課法2-7「10」、平19年課法2-3「22」、平23年課法2-17「18」により改正）。
> （注）　出向元法人が出向者に対して支給する次の金額は、いずれも給与条件の較差を補塡するために支給したものとする。
> 　1．出向先法人が経営不振等で出向者に賞与を支給することができないため出向元法人が当該出向者に対して支給する賞与の額
> 　2．出向先法人が海外にあるため出向元法人が支給するいわゆる留守宅手当の額

2　勤務地国での税務
　～日本払い給与も勤務地国で申告・納税義務あり～

　A氏は3年間の予定で海外に勤務しているわけですから、「勤務地国の居住者」となります。また、A氏が日本本社から受け取る給与は、当該国での勤務に対する対価ですから、勤務地国の「国内源泉所得」に該当するため、海外で納税義務が生じます。

　企業の中には、日本払い給与について、海外で納税していないケースもありますが、これは「脱税行為」に相当するということを念頭に置かれ、必ず日本払い給与もあわせて海外で申告・納税することをお勧めします。

Q31 日本で役員の地位にある赴任者が受け取る日本払いの給与

現在、3年間の予定で海外（B国）に赴任している役員A氏には、毎月、日本本社からA氏の日本払い口座に「役員報酬（日本払い給与）」を振り込んでいます。通常、1年以上の予定で海外勤務になった者に支払う日本払い給与は日本で源泉徴収の必要がないそうですが、役員の場合も同じでしょうか。

A 役員の場合は、日本払い給与は「国内源泉所得」として取り扱われるため、支払時に20.42％の税率で、源泉徴収する必要があります。ただし、海外でもっぱら「使用人」として勤務している場合については、当該国内払い給与に対して、源泉徴収は不要になります。

1　日本での税務

(1)　役員に支払う国内払い給与が日本で課税される理由
　〜所得税法第212条・第213条、所得税法施行令第285条より〜

　「Q30：海外現地法人に出向する社員に対する日本払い給与の取扱い」でも説明しましたが、親会社で使用人の立場の人が、海外勤務中に受け取る国内払給与（留守宅手当）は、「国外源泉所得」に該当するため日本では課税されません。

　一方、日本において役員である人が、海外勤務中に国内払い給与を受け取った場合は、当該給与は「国内源泉所得」扱いとなり、所得税法第212条、第213条に基づき、支払時に会社側で20.42％の税率で源泉徴収する必要があります。そもそも役員の中には、日常の業務には直接関与しないで、取締役会に出席し、企業の経営に従事することをその職務として、役員報酬を得ている場合も少なくありません。

3　海外勤務中（出国中の年）

このような場合、役員としての役務提供が現実にどこで行われたかを判断するのは困難であることから、所得税法上、内国法人の役員に対して支給される報酬・賞与は原則として、その勤務地がどこであろうと「国内源泉所得」として日本で課税されます。

(2) **役員の国内払い給与であっても課税されないケース**
　　～所得税基本通達 161-42、161-43 より～
　とはいえ、内国法人の役員であっても、勤務地国での職務内容によっては、日本で使用人の地位を持つ方と同様、国内払い給与を非課税扱いとすることができます。
　このことを【図表31-1】にまとめてみました（日本において役員である人の日本払い給与が非課税扱いになるかどうかは、現地での職務内容など、個別に判断されることになりますので、【図表31-1】はあくまでご参考程度にご利用ください）。

第2章 海外勤務者の日本における税務

【図表31-1】海外勤務中の日本の役員・使用人に支払う国内払い給与に対する課税関係

		(1) 海外現地法人に勤務する場合		(2) 海外支店・駐在員事務所に勤務する場合	
		① 日本の親会社からみると、実質的には使用人として勤務する場合（現地法人で使用人として常時勤務する場合）	② 左記以外（使用人として常時勤務しない場合）	① 日本の親会社からみると、実質的には使用人として勤務する場合（支店・駐在員事務所で使用人として常時勤務する場合）	② 左記以外（使用人として常時勤務していない場合）
日本での役職	1 代表権を持つ役員	20.42％課税（所令285①一） （仮に「使用人」としての業務を行っていたとしても、日本で代表権を持つ者が使用人としての地位を有するとは認められないと考えられる。）	20.42％課税（所令285①一）	20.42％課税（所令285①一） （仮に「使用人」としての業務を行っていたとしても、日本で代表権を持つ者が使用人としての地位を有するとは認められない。）	20.42％課税（所令285①一）
	2 役員	非課税 「支店の設置が困難である等、その子会社の設置が海外における現地特殊事情に基づくもので、その子会社の実態が内国法人の支店・出張所と異ならない場合」等	20.42％課税（所令285①一）	非課税 ニューヨーク支店長など、内国法人の使用人として常時勤務する場合、海外支店というのはあくまで日本の本社の一部、つまり内国法人に該当する（所令285①	20.42％課税（所令285①一）

3 海外勤務中（出国中の年）

	の要件を満たす場合は使用人兼務役員として扱われる。(所基通161-43) ⇒実際に当該通達の適用対象となるか否かは管轄の税務署等にご確認ください。		かっこ書き)(所基通161-42)。 ⇒実際に当該通達の適用対象となるか否かは管轄の税務署等にご確認ください。	
3 使用人	非課税	非課税	非課税	非課税

2　勤務地国での税務
～日本払い給与の勤務地国での取扱い～

　海外勤務中の日本の役員に支払われる日本払い給与は、「(日本)国内源泉所得」に該当し、日本で課税されます。一方、A氏の勤務地国でも申告の対象となる可能性が高いと考えられます(「日本で課税されたから、勤務地国では申告しなくてよい」という早合点は危険です)。

　(詳細は「**第3章　各国の個人所得税概要**」をご確認ください。)

第2章 海外勤務者の日本における税務

Q32 海外勤務中の給与等に関して必要な法定調書

当社では、海外勤務している社員に対し、毎月、留守宅手当を支払っていますが、当該支払について税務署に対し、何らかの法定調書を提出する必要はあるのでしょうか。また、海外勤務者に、留守宅の賃料を支払ったり、原稿料や社内預金の利子等を支払うこともありますが、これについても何らかの法定調書を提出する必要はあるのでしょうか。

> **A** 非居住者については源泉徴収票の提出は必要なく、一定の場合につき、支払調書の提出が必要です（ただし、出国した年の居住者期間の給与等が500万円を超える場合は、源泉徴収票の提出が必要です）。
> 1　非居住者に支払う給与等について
> 　当該給与が国内源泉所得に該当する場合、その金額が年間50万円を超える場合は、支払調書の提出が必要です。
> 2　非居住者に支払う工業所有権の使用料、不動産の使用料等について、当該金額がそれぞれ年間50万円を超える場合は、支払調書の提出が必要です。

1　非居住者に支払を行っても、源泉徴収票の作成は必要ないのか？

そもそも源泉徴収票は、居住者に対して作成するものです。よって、非居住者について給与を支払った場合は、源泉徴収票の作成・提出は必要なく、提出する必要があるとすれば、「支払調書」になります（ただし、本年から海外勤務者となり、年の途中で非居住者になった人のうち、居住者期間分の報酬が500万円を超える場合は、税務署に対し、源泉徴収票の提出が必要です）。

3　海外勤務中（出国中の年）

では非居住者に支払を行った場合、どのようなケースで支払調書を提出する必要があるのでしょうか。順次説明していきます。

2　非居住者に支払う給与等について支払調書が必要な場合

非居住者に支払う給与等のうち、国内源泉所得に該当する部分が非居住者1名につき、年間50万円超の場合は、翌年の1月31日までに、「非居住者等に支払われる給与、報酬、年金及び賞金の支払調書（同合計表）」を提出する必要があります。

また、非居住者に対し、日本本社が毎月、留守宅手当等を支払っていても、当該手当が海外勤務に対する報酬（いわゆる「国外源泉所得」）に該当する場合は、当該報酬の支払金額が年間50万円を超えていても、支払調書の提出の必要はありません。

3　非居住者に支払う工業所有権の使用料、不動産の使用料等について支払調書が必要な場合

当該使用料が、国内源泉所得に該当する場合、その金額がそれぞれについて非居住者1名につき、年間50万円超の場合は、翌年1月31日までに支払調書の提出が必要です。

ちなみに非居住者1名に対し、年間50万円を超える不動産の使用料を支払った場合は「非居住者等に支払われる不動産の使用料等の支払調書（同合計表）」を、年間50万円を超える工業所有権の使用料を支払った場合は、「非居住者等に支払われる工業所有権の使用料等の支払調書（同合計表）」を提出します。

【図表32-1】非居住者に関係する法定調書の種類

支払調書の種類
非居住者等に支払われる機械等の使用料の支払調書（同合計表）
非居住者等に支払われる工業所有権の使用料等の支払調書（同合計表）
非居住者等に支払われる不動産の使用料等の支払調書（同合計表）
非居住者等に支払われる借入金の利子の支払調書（同合計表）
非居住者等に支払われる人的役務提供事業の対価の支払調書（同合計表）
非居住者等に支払われる給与、報酬、年金及び賞金の支払調書（同合計表）

Q33 日本に一時帰国し、日本において任地業務を行う場合の留意点（日本の非居住者の場合）

今回のコロナ禍で、Ａ国に1年以上の予定で赴任している当社社員が、日本に長期で一時帰国しています。一時帰国期間中は海外現地法人のための業務を行っています。この場合、日本で所得税は課されるのでしょうか。一時帰国中も日本本社からは日本払い給与が、現地法人からは現地払い給与が支払われています。なお、一時帰国期間中の日本払い給与も赴任先で申告・納付しています。

> **A** 日本に一時帰国して業務を行っている場合、その業務の内容がたとえ海外現地法人の業務であっても、当該業務に対して支払われる報酬は、日本の所得税法上、「国内源泉所得」に該当します。そのため、日本で勤務を行った期間相当分の日本払い給与は非居住者の国内源泉所得として 20.42％の税率で課税されます（当該所得について赴任先で申告・納税を行っていても日本で課税されます）。
>
> 一方、国外払い給与はＡ国と日本の間に租税条約があり、そこで定められている短期滞在者免税の要件を満たしていれば、日本では免税となります。ただし日本での滞在日数が183日を超える等、免税要件を満たさない場合は、日本での勤務期間に相当する国外払い給与は、非居住者の国内源泉所得として、20.42％の税率で準確定申告が必要になります。

1　一時帰国中の日本の所得税の取扱い
〜給与ではなく賞与にも影響が生じることに
(1)　日本払い給与・賞与について

　通常、1年以上の予定で日本を離れ、海外に赴任している方は「日本の非居住者」に該当します。日本の所得税法では、非居住者は「国内源泉所

得（例：国内で勤務した対価等）」のみ日本で課税の対象になり、「国外源泉所得（例：国外で勤務した対価等）」は日本では非課税となります。そのため、海外赴任中の日本払い給与は日本法人の役員（※）が海外赴任する場合を除き、日本での勤務が発生しない以上、日本では非課税となります。

（※）税務上の役員とは「会社法上登記されている者（株式会社の取締役・執行役・会計参与・監査役）」「経営に参画する者」です。

　つまり、海外赴任中は日本で所得税が発生するケースは極めて限定的でした。

　ところが今回のケースのように海外赴任者が一定期間帰国し、その間に日本で勤務を行うとどうなるでしょうか。日本払い給与は「日本で勤務した対価」とみなされることから、「非居住者の国内源泉所得」として課税の対象になってしまいます（行っている業務が海外現地法人のものであっても、日本の地で働いている以上、「国内源泉所得」に該当します）。

　また、今年の夏や冬に支払うであろう賞与の計算期間の中に、日本勤務期間が入っていればその部分も日本で20.42％の税率で課税となりますので注意が必要です。

　一方、日本は多数の国・地域と租税条約を締結しています。たとえば日本と中国の間における租税条約についても、以下のような取り決めがあります。

> 日中租税条約第15条　給与所得　第2項　短期滞在者免税
> 　中国居住者（例：中国赴任者）が日本に出張する場合、以下3つの条件を全て満たせば出張先（日本）で免税
> 1．報酬の受領者が当該年を通じて合計183日を超えない期間当該他方の締約国内（日本）に滞在すること
> 2．報酬が当該他方の締約国の居住者（日本の居住者）でない雇用者又はこれに代わる者から支払われるものであること
> 3．報酬が当該他方の締約国（日本）に有する恒久的施設（PE）又は固定的施設によって負担されるものでないこと

　しかし、一般に日本からの海外赴任者については、海外勤務中も日本の社会保険の継続のためにも、日本から報酬が支払われているケースがほとんどです。そのため、この場合、上記の短期滞在者免税の要件「2．報酬が当該他方の締約国の居住者（日本の居住者）でない雇用者又はこれに代わる者から支払われるものであること」という条件を満たすことができません。

　そのため、仮に日本での滞在期間が183日以内であっても、短期滞在者免税の適用を受けることはできず、原則通り、日本払報酬について日本勤務期間相当分について20.42％の税率で源泉徴収が必要です。

(2)　現地払い給与・賞与・福利厚生について
①　A国と日本が租税条約を締結している場合
　上記のとおり、日本払い給与のうち、国内勤務期間に相当する日本払い給与は日本で源泉徴収が必要です。一方、国外払い給与は日本でどのように取り扱われるのでしょうか。
　この場合、A国と日本の間に租税条約が発効しているか否かで取扱いが異なります。
　　a）A国と日本の間で租税条約が発効していない場合
　　　国内勤務期間分に相当する現地払い給与・賞与・福利厚生についても、

日本の所得税法上「国内源泉所得」に該当します。そのため日本で非居住者として20.42％の税率で準確定申告が必要です。

なお、ここで発生する所得税を会社が負担する場合、負担した税額は日本において所得として認識されます。そのため、グロスアップ計算が必要になります。理論上、たった1日でも日本で働けば、1日分の現地払い給与・賞与・福利厚生が日本で課税対象となってしまいます。

日本は多くの国と租税条約を締結していますが、日本企業が多数進出しながらも、租税条約がない国の代表例はミャンマーです。

そのため、ミャンマー赴任者が日本に一時帰国し、日本で業務を行えば、その業務内容にかかわらず、ミャンマー払い給与・賞与・福利厚生のうち、日本勤務期間相当分について日本で準確定申告が必要になります。

ｂ）A国と日本の間で租税条約が発効している場合

この場合、日本での滞在期間が183日以内等、日本での滞在日数が租税条約で定められた日数を超えなければ、現地払い給与・賞与・福利厚生は日本で準確定申告を行う必要はありません。

一方で、日本での滞在日数が183日を超えてしまえば、滞在期間中、日本で勤務を行った期間に相当する現地払い給与・賞与・福利厚生について、日本で20.42％の税率で源泉徴収が必要になります。

つまり、ａ）とｂ）の違いは以下のとおりです。

ａ）は日本での滞在日数にかかわらず、日本で勤務を行えば、現地払い給与・賞与・福利厚生等について日本で準確定申告が必要です。それに対して、ｂ）の場合は一定日数（おおむね183日以内）までの滞在なら現地払い分については免税になる点です。

なお、「日本での滞在日数が183日以内」という条件については、起算日がどうなるかが気になるところです。これについては大きく分けて「1暦年（1月1日～12月31日）で合計183日以内」というパターンと「継

続する12か月で合計183日以内」というパターンに分けられます。

　前者は暦年ごとで滞在日数がリセットされるのに対し、後者は暦年で区切らず計算を行うので、「日本での滞在日数が183日以内」という条件をクリアするのが少し難しくなります。

【ご参考】日本での滞在日数が183日を超えるかどうかの計算方法　〜日本への入国日、出国日、休暇も含む〜

　183日の日数計算の方法は国税庁ウェブサイトによりますと、OECDモデル租税条約コメンタリーの考え方が採用されています。つまり、役務提供地国（この場合「日本」）到着日や出発日はもちろん、役務提供地国での休暇日数も183日の計算に含まれることになります。

短期滞在者免税の要件である滞在日数の計算
（国税庁ウェブサイトより）
…中略…

【回答要旨】
　短期滞在者免税における滞在期間は物理的な滞在日数の合計によるべきものと解されており、その滞在期間の合計が183日を超えるかどうかは、入出国の日のいずれも加えて判定することとなります。
　なお、短期滞在者免税の適用要件である滞在期間について、OECDモデル条約第15条関係のコメンタリーパラグラフ5では、次のように説明されています。
○滞在期間に含まれるもの
　1日のうちの一部、到着日、出国日、役務提供地国での土曜日・日曜日・国民的祝日・休日（役務提供前、期間中及び終了後）、役務提供地国での短期間の休暇、病気（当人が出国することができない場合を除く。）の日数、家族の病気や死亡、研修、ストライキ、ロックアウト、供給の遅延により役務提供地国で過ごした日数
○滞在期間に含まれないもの
　活動地国の外にある二地点間のトランジット、役務提供地国外で費やされた休暇、短期間の休暇（理由を問わない。）

2　日本で生じた所得税をＡ国で控除できるか

任地で居住者に該当する場合、同じ所得に対して任地と日本の両方で所得税が課税されれば、任地で税額控除を受けられる可能性があります。一方で以下の点に留意する必要があります。

(1)　費用対効果の検討

外国税額控除の適用のためには、その手続に必要な各種資料の準備が必要です。その準備に要する本社の人事担当者の費やす時間、及び外国税額控除の手続を行うためにかかる会計事務所のコストが、還付金額を上回ってしまっている場合は、税額控除を受ける意味があるとはいえないかもしれません。

(2)　税務調査などにつながるリスク

途上国においては、外国税額控除の手続を行うことで、税務調査につながってしまい、余計な手間を増やす可能性もあります。

そのため、「理論上、外国税額控除の適用が受けられるかどうか」だけでなく、実務上、税額控除を受けることが得策かどうかは現地の事情に詳しい専門家に相談されることをお勧めします。

Q34 日本に一時帰国し、日本において任地業務を行う場合の留意点（日本の居住者の場合）

今回のコロナ禍で、A国に1年以上の予定で赴任している当社社員が、日本に長期で一時帰国しています。一時帰国期間がすでに1年を過ぎており、海外赴任者であるにもかかわらず、1年以上日本に滞在している状況です。そのため、税務専門家からは、「日本滞在が1年を過ぎた時点で日本の居住者に該当する」と指摘されました。

日本の居住者になったことで、日本の税務上の取扱いは、非居住者の場合と異なるのでしょうか。なお、当社では正式な帰任命令が出るまでは海外赴任者として扱うことから、日本滞在が1年を超えた現在も、日本本社から日本払い給与が、現地法人から現地払い給与が支給されています。

> **A** 日本の居住者になった場合は、日本払い給与・賞与・福利厚生については累進税率で源泉徴収、現地払い給与・賞与・福利厚生については、居住者として確定申告が必要になります。

1 日本の所得税

(1) 日本払い給与

日本の居住者として、国内で勤務を行っている社員と同様に、日本払い給与は累進税率で源泉徴収が必要です。仮に任地の所得税を日本本社が支払っている場合は、当該所得税相当額も本人の経済的利益として、源泉徴収の対象になります。

(2) 現地払い給与・賞与・福利厚生

日本への一時帰国期間が1年を過ぎているにもかかわらず、現地払い給与・賞与・福利厚生を提供し続けている企業はそれほど多くないかもしれません。

しかし、もしも海外現地法人から給与等の支給が続いている場合、当該給与等は日本の所得税法では「国外払い給与」とみなして、日本で居住者として確定申告が必要です。

この場合、確定申告の対象になるのは、本人に支給した給与だけではなく、現地法人が本人のために支払った家賃や所得税なども含まれます。そのため、確定申告した場合の税額はかなり大きなものになると想像されます（ここで発生する所得税を会社が負担した場合、負担した所得税相当額は本人に支払った経済的利益として、これに対しても所得税が課されます）。

2　任地の所得税

1年以上日本に滞在しているということは、逆にいうと赴任国を1年以上離れていることになります。このような状況において、赴任国側で、居住者として取り扱われるのか、非居住者として取り扱われるかは各国の所得税法によります。

また、日本滞在中に支払われる現地払い給与が赴任国側で「国内源泉所得」か「国外源泉所得」に該当するかは国により異なります。

いずれの国においても所得税を語る際、居住者・非居住者・国内源泉所得・国外源泉所得といった概念は必ず出てきますが、定義は国によりさまざまです。各国における定義は日本とは異なる場合も多いため、「日本が××と考えるから、A国も同様だろう」という考え方は間違いのもとです。

必ず現地の所得税法を確認する必要があります。コロナ禍のようなイレギュラーな事態に対する特別措置を提供している国もありますので、その点についても確認が必要です。

Q35 日本にいたまま、海外出向先の業務を始める場合の留意点

今年の4月からA国現地法人に出向するため、当社のX氏をA国に赴任させる予定でしたが、任地で蔓延している感染症の影響等により、まだA国に移動できない状況です。

そのため日本にいながらにして、海外出向先の業務を始めなければならない場合、留意しなければならない点や他社事例を教えてください。

> **A** 「報酬体系」「日本の所得税」「現地法人からの対価の回収」「赴任予定国の所得税の取扱い」「会社法等での取扱い」等について検討が必要です。
> また、これらの判断基準は現地法人所在地国によってさまざまです。必ず各国ごとに確認が必要です。

本件に関して検討すべきポイントは以下の7つに分類されます。順番に説明していきます。

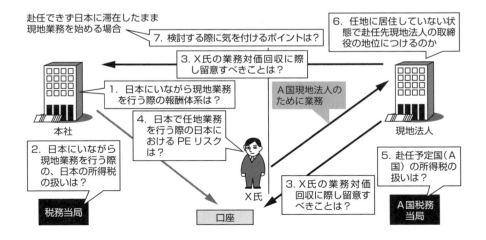

第2章 海外勤務者の日本における税務

1 日本にいながら現地業務を行う際の報酬体系
～国内給与のままの会社が大半、ただし役職に見合う手当は海外給与体系に準じて支払うケースもある～

通常の海外現地法人への出向の際は、出向とともに海外に赴任しますから、日本本社の海外勤務者規程に基づき、「海外給与体系」が適用されます。

しかし今回のケースは、出向とともに現地法人のための業務を行いますが、あくまで働いている「場所」は日本です。そのため、多くの企業においては海外現地法人に出向し、現地業務を行っているものの、任地に実際に赴任するまでは、国内給与体系のままのケースが多いようです。

この理由としては、海外給与体系においては、①日本の所得税は課税されず、任地の所得税の対象になることが前提になっていること、②異国の地での勤務に対する慰労や生活上の不便を行うための各種手当や福利厚生を提供するという建付けになっているため、日本にいる状況であれば、これらの手当の支給対象にはならないと考えるのが自然であること、などが考えられます。

確かに「異国の地に滞在する」ことに対する手当は支給されないのはわかるものの、企業によっては海外勤務時の手当の一つとして、「海外での役職に応じた手当」が存在することもあります。

通常、海外赴任すれば、赴任する以前より2ランク程度、上の職位の仕事を任されることになります。そのため、高くなった責務に応じた手当を支払うことへの意義はありますが、「物理的に海外に滞在していないので、海外勤務時の手当は一切払わない」とすれば、不公平が生じます。

特に一時帰国している赴任者については、海外給与体系を維持したままの場合、その方たちには日本で赴任国の業務を行う場合も海外での役職に応じた手当が支給されています。そのため、任地に赴任できないまま任地の業務を行う人との間で、不公平が生じる可能性があります。

2　日本にいながら現地業務を行う際の日本の所得税の取扱い
　～国内勤務者と同様だが、現地払報酬がＸ氏に直接支給されている場合は確定申告が必要～

　1年以上の予定で海外赴任する場合はその出国の翌日から非居住者になります。そのため、物理的に日本を出国するまでは日本の居住者です。

　居住者は国内源泉所得、国外源泉所得ともに日本で課税の対象になります。なお国内源泉所得は「国内で行った勤務の対価」を意味しますので、Ａ国現地法人のために行った業務も日本では「国内源泉所得」に該当します。

　日本本社から支給されている給与は出向前と同様に源泉徴収を行います。仮に現地法人からＸ氏に給与が支払われている場合は、日本で源泉徴収が行えませんので、日本で居住者として確定申告が必要になります。

3　Ｘ氏の業務の対価の回収に際し留意すべき点
　～回収額をいくらに設定するかの設定、回収方法の検討、及び契約書の作成が必要～

　Ｘ氏は現地法人のために業務を行っています。一方Ｘ氏は日本国内にいるため、多くの場合は日本本社から国内給与体系に基づいた給与が支給されている可能性があります。企業の中には、本人が実際に海外に赴任してから海外給与体系に切り替えを行い、そのタイミングで赴任者の人件費を現地法人に負担させる場合も少なくありません。

　一方、今回のようなケースの場合は、出向後も物理的に赴任できないため、日本にとどまることから海外給与体系を適用しないこともあります。つまりこの場合、赴任者のコストを現地法人に請求するタイミングを失います。そのため現地法人に赴任者コストを請求しないまま、日本で出向先の業務を行っている場合もあります。

　しかしこのように出向者のコストを日本本社が負担していると、税務調査において「国外関連者への寄附金」として指摘・課税されるリスクがあ

ります。

X氏の対価を現地法人に負担させる方法としては、①物理的に海外赴任している社員と同様に、現地法人から本人に直接給与を支給する、②会社間で出向負担金に関する契約書を締結し、それに基づき現地法人から対価を回収する、等の方法が考えられます。

①は通常の海外赴任者と同様の方法で比較的シンプルですが、後述のとおり現地での所得税の課税関係を確認する必要があります。また、赴任前のため、現地口座がない可能性が高いことから、現地法人から日本に送金する必要があります。また②については回収する対価をいくらに設定するかが難しいところです。

仮に日本勤務時の報酬が1,000万円であるのに対し、海外赴任時の総報酬が家賃や所得税相当額を含めて総額3,000万円であるとします。現地法人にとって負担すべき金額は少ない方がよいですから、任地に実際に赴任するまでの期間の報酬を1,000万円だけを負担させる形をとっていると、実際に赴任した際に、3,000万円を請求しようとしても、応じてくれない可能性もあります。

また、「これまでリモートで業務していて問題ないのだから、（現地法人が支払うべき報酬も少なくて済むし）リモートのままでよいのではないか」といった議論に発展する可能性もあります。実際、それで済むならそれも一つですが、物理的に赴任しないとわからないことは多々あります。現地法人側が赴任者を送り込まれることを避けるようなきっかけにならないように注意する必要があります。

一方、赴任国（A国）側から見た場合、「日本にいるのであれば、日本の業務を行っているのではないか、にもかかわらずなぜA国現地法人が費用負担しなければならないのか」といった指摘を受けるかもしれません。その点も実態をきちんと説明できる体制が必要です。そうでないと現地法人側の税務当局から、赴任者コストを損金不算入とされるなどのリスクがあります。

4　日本で任地業務を行う際の日本におけるPEリスク
　〜日本と現地法人所在地国との租税条約におけるPEの定義の確認、日本のPE課税の執行状況を確認することが必要〜

　A国法人の業務を、日本で行うことにより理論上はPEリスクが生じますが、どの国の法人の業務を行っているかによって適用される租税条約も異なり、それに伴い「PEの定義」も異なります。そのため「××という業務はPEになりえるが、〇〇という業務なら問題ない」とは一概にはいえず、個別検討が必要になります。

　ですが6か月を超えて引き続き日本で任地の業務を行う場合は、どのようなケースがPEと認定されるのかなど、日本と居住地国の租税条約はもちろん、日本及び赴任国におけるPE課税の現状について確認しておくことをお勧めします。

5　赴任予定国（A国）の所得税の取扱い
　〜日本に滞在している出向者の報酬等を何らかの形で支払う場合、任地で所得税の課税対象にならないかの確認が必要〜

　物理的にA国に滞在していないので、A国の非居住者になる可能性が高いと考えられます。

　一方、X氏への報酬を現地法人からX氏に直接支払う場合は、X氏が現地法人の役員である場合、役員報酬としてA国で課税対象になる可能性が濃厚です（日本が各国と締結している租税条約における「役員報酬条項」においては、役員報酬は、報酬の支払地国が第一次課税権を持つことになっています）。

　また、現地法人がX氏の報酬をX氏に直接支払うのではなく、日本本社に支給する場合も、役員報酬として所得税の課税対象になる可能性があります。さらに役員でなくとも、その国の法人のための仕事を行っている以上は、それに対して支払う報酬は、その国で課税対象となることもあり得ます。

この点についても、任地の所得税法及び、何らかの救済措置などが出ていないかを確認する必要があります。

「現在、Ａ国に赴任していないのでＡ国非居住者であるし、Ａ国で勤務を行っていないからＡ国源泉所得が発生しないだろう」と考えるのはリスクがある可能性がありますので、念のため事前に確認されることをお勧めします。

6　任地に居住していない状態で赴任先現地法人の取締役の地位につけるのか
～任地の会社法の確認が必要。現時点において救済措置が発表されている可能性もあるので合わせて確認～

国によっては「企業の取締役は、その国の居住者でなければならない」等、条件を設けていることがあります。通常の海外赴任時には、赴任国で取締役になる場合は、赴任国に居住する場合が大半であることから、この点について特に懸念が生じることはありません。

一方、今回のケースのように、Ａ国にある現地法人の取締役の立場でありながら、赴任地に滞在していない場合、Ａ国における会社法で定める「取締役の要件」を満たさない可能性があります。

もしそのような要件を満たさないといけない場合は、赴任国のローカル人材を取締役にすることや、帰任していない赴任者がいる場合、その人を取締役にするなどの対応も検討が必要です。ただしこういった都合で便宜的に取締役の肩書を与えてしまえば、それに見合う報酬を要求される可能性もあります。

また、本来、取締役になるべき人が無事にＡ国に赴任したからといって、お役御免、とその役割を外すことは、本人が心情的に納得できず、トラブルになることも考えられます。

7 上記について検討する際に気を付けるべきポイントは？
〜どのような業務を日本で行うのか、事業部門によく確認してから検討すること〜

これまで見てきたとおり、海外に赴任できず、日本に居ながらにして、出向先の業務を実施しているケースについては、さまざまな観点で考慮が必要になります。

今回のコロナ禍のような事態は、企業にとって初めてであるだけでなく、日本及び各国の当局にとっても経験がないことです。過去の災害などの際に多少の経験があっても、確固とした取扱い規定や解釈が定まっていません。

そのため企業の管理部門としてするべきことは、①具体的にどのような形で現地業務を日本で行うことを各事業部門が考えているのかの確認、②「①」を前提と置いた場合の現行法に照らした解釈の確認(税務、イミグレーション、法務、対価の支払、回収方法)、③「②」に関して、現行法以外にコロナ禍における救済措置が出ていないかの確認、が必要です。

特に①についてのヒアリングが不十分だと、②③を進める際に本来確認すべきことができていなかったり、新たな事実が途中で判明、せっかく②や③のステップに進めて調査を開始したのに、また①からやり直し、ということもあります。そのため、①の段階から社内外の専門家を含めてヒアリングを行った方が結果としてスムーズに事が運びます。

また、考慮するべき事項は、赴任国ごとに異なります。そのため「Ａ国は〇〇だったから、Ｂ国も××と考えるだろう」とＡ国で調べた結果をそのままＢ国でも使えると考えるのは間違いのもとです。必ず、赴任国ごとに詳細の確認が必要になります。

Q36 海外からリモートワークで日本の業務を行う場合（配偶者の海外赴任に帯同）

当社の社員Ａ氏をＸ国に赴任させることになりました。Ａ氏の配偶者であるＢ氏も当社で勤務していますが、Ａ氏の海外赴任に帯同家族として赴任しつつ、日本本社の業務も継続したいということです。この場合、会社として検討すべきことを教えてください。

> **A** 検討すべき留意点としては「日本の所得税」「任地のビザ」「帯同先の所得税」「帯同先の法人税」等が挙げられます。このようなケースを認めた場合、これが前例になりますので、まずは「パイロットケース」としての位置づけで実験的に実施することをお勧めします。

リモートワークが進む中、配偶者の転勤先が国内であれば特段大きな問題はないと思われます。しかしリモートワーク先が海外だと話は異なり、いろいろと検討しなければならない問題があります。

上記前提において検討すべき点は以下のとおりです。

【図表36-1】検討すべき留意点

1．日本の所得税
2．帯同先のビザ
3．帯同先の所得税
4．帯同先の法人税

1　Ｘ国でのＢ氏のビザ

Ｂ氏はＡ氏の「配偶者」としてＸ国に滞在します。そのため、「配偶者としてのビザ」を取得することが考えられます。

配偶者としてのビザでの就労を認めている国と認めていない国がありますが、「日本の仕事をX国に持ち込んで働くこと」は赴任国側でどのようにとらえられるのでしょうか。
　一般的に海外赴任の場合、海外現地法人や支店・駐在員事務所で勤務することになりますから、滞在先に「受け入れ企業」があり、その企業がスポンサーとなり就労ビザが発給されることになります。それに対し、今回のケースは雇用主や受け入れ企業は滞在国ではなく、日本にいます。そのため、就労に関するビザが必要な場合、スポンサーが赴任国にいないことになってしまいます。
　つまり、「就労＝滞在先の企業に雇用されている」という前提ですと、この件のような働き方についてどう考えればよいのでしょうか。
　一般に外国人が自国で就労することは、自国民の就労機会を減らすことにもなるため、警戒されることもありますが、今回のように海外の企業に対して業務を行うリモートワークの場合は、自国民の就労機会を減らすことには必ずしも直結しません。
　また、このようなケース自体がこれほど顕在化していなかったこともあり具体的な取扱いが決まっておらず、「合法かと言われると何とも言えないが、違法とも言えない」という状況のケースもあるようです。
　しかし、そのような場合でも、今後、このように就労の資格を保有していない配偶者ビザ保有者のリモート勤務が増えていることについて、何らかの基準や制約がされる場合もありえます。
　そのため、このような働き方を行う場合は、事前に関係当局に対し、書面による確認を行ってから進めることをお勧めします。また仮に滞在中に、そのような働き方が認められないとなった場合は速やかに帰国する、または現地で業務することをストップすることに同意することを本人（B氏）との間で約束しておくことも重要になります。

2 日本の所得税

　1年以上の予定で日本を離れる場合、Ｂ氏は出国の翌日から日本の非居住者になります。

　非居住者については、日本では「国内源泉所得」しか課税されません。そのため、Ｂ氏に日本から支払う給与はその仕事が貴社のためであったとしても、働いている場所は日本ではなく海外になることから、当該給与は「国外源泉所得」に該当します。

　そのため、支払い時に貴社は源泉徴収をする必要はなくなります。その点が日本国内で日本本社の仕事をしている人への取扱いとは大きく変わります（ただしＢ氏が日本本社の役員に該当する場合はこの限りではありません）。

　つまり日本の税務上のステイタスは、貴社が会社命令で赴任させる「海外勤務者」と同じで、出国する前のＢ氏の給与等についても年末調整が必要になります。

　一方、Ｂ氏が業務や本人の都合で日本に一時的に戻り、日本で勤務することもあるでしょう。この場合、その間の給与については非居住者の国内源泉所得として20.42％の税率で源泉徴収が必要です。この点も会社命令で赴任した社員と同じです。

　ただし今回のコロナ禍のように、会社命令で一時帰国しているという状況とは異なります。そのため、一時帰国中にＢ社から支払う給与について発生する日本での所得税は、Ｂ氏が本人負担するかどうかは、事前に決めておくことをお勧めします。

　一方、日本に一時帰国している期間に相当する賞与についても、日本で源泉徴収が必要です。

　このように、海外でリモート勤務する社員についても、海外勤務者同様、いつ日本に帰国しているかについて、会社側がタイムリーに把握することが必要になります。

3　帯同先の所得税

　上記のとおり、配偶者の海外勤務先（X国）に長期で滞在することになるため、X国の居住者になると考えられます。X国の居住者であれば、（X国における居住者の課税所得の範囲次第ですが）全世界所得課税、または国内源泉所得が課税対象になります。

　X国で働いていれば、日本から支払う給与もX国にとっては「国内源泉所得」として課税対象になると考えられます。つまり、X国で個人所得税がかかることになります。この場合、税率や課税方法は日本と異なるため、本人の手取り所得は日本にいる時より多くなる、または少なくなる可能性があります。この点についても、事前にきちんと伝えておく必要があります（「会社からの海外勤務ではないから会社は関与しない」としても仮に本人がきちんと納税していなければ、コンプライアンス上問題です）。

　仮に配偶者としてのビザの保有者が、リモートワークすることは問題ないとX国で判断されても、X国での申告・納税漏れが発生すれば現地での法令違反として、配偶者ビザに紐づいているA氏のビザにも影響するかもしれません。

　また、X国でのA氏にかかる所得税については会社が全額負担すると考えられます。仮にX国が夫婦合算で申告する方式を採用している場合、B氏にかかる所得税は自己負担とするのであれば、タックスアロケーションを行わなければなりません。この場合、このアロケーションを行うための追加コストは、誰が負担すべきか、といった議論も生じる可能性があります。

4　帯同先でのPEリスク

　B氏が日本本社の業務をX国で行う場合、貴社がX国内にPEを保有しているとみなされる可能性もゼロではありません。この点についても一度検討する必要があるでしょう。

5　最後に

　B氏は会社命令で海外赴任する社員ではありません。しかし、海外において日本本社の仕事をしているという点で税務上は「海外赴任者」のような位置づけにもみえます。

　このようなケースについては、会社命令での赴任ではないため、海外勤務手当等海外給与体系に基づく報酬支給の対象にはならないものの、海外に居住するという点で、ある意味海外赴任者と同じです。

　海外勤務者であれば労災保険の特別加入制度などに加入していますが、B氏についても加入を検討する必要があるかもしれません。また、介護保険についても海外に1年以上居住する場合は通常、除外になります。そのためには介護保険適用除外届を提出する必要があるなど、海外勤務者と同様の手続が必要になります。

　さらに、海外でリモートワーク中の労働時間や休日の取扱いなども明確にする必要があるでしょう。

　つまり「海外で日本本社の仕事をリモートワークで実施する」という体制は、国内勤務者と海外勤務者のミックスのような取扱いが必要です。そのため、まずはこのような選択肢をとるに際して、本人としっかりと決めごとをする必要があります。

　具体的には、「会社としては（このような働き方をせず）、日本に残って勤務するか、または海外についていきたいなら、退職や休職をしてもらった方が助かるが、本人の強い希望でこのような勤務を行うことを『認める』」形をとるのか、「どうしても退職、休職してほしくないので、会社から『お願い』してこのような勤務の仕方をとってもらうのか」で対応が異なる面も多々出てきます。

　前者であれば、会社が提示する条件を記載し、それに応じられる場合はこのような勤務を認め、応じられないなら認めないというだけのことになります。

　一方、本人は休職してもよいと思っているものの、会社側の意向で勤務

継続を望んでいる場合は、海外赴任者とまではいかないまでも、会社側が前者のケースよりも譲歩したり、検討しなければならない点が多く出てくるのではないかと考えられます。

　また前者、後者いずれのケースであっても、B氏がどこの国に滞在するかによって、現地の所得税、ビザ、法人税のリスク等の有無や度合いは異なります。

　必ず各国ごとに検討する必要があり、「前回、〇〇さんがX国に滞在するために調べた場合は特段問題なかったから、同じような理由で××さんがY国に滞在する場合も特段問題ないだろう」という考え方はリスクが高いといえるため、都度、最新情報を基に、検討が必要です。

第2章 海外勤務者の日本における税務

Q37 海外勤務者の帰宅旅費への課税

当社では海外勤務者のうち、海外勤務期間が長期間にわたり、今後も引き続き1年以上海外勤務が見込まれる社員については、年に一度、日本へ帰国のための1週間程度の休暇を与え、本人及び同居家族についても、勤務地国と日本との間の往復航空運賃を支給することを検討しています。この場合、この帰宅旅費は、給与として課税されるでしょうか。

> **A** 海外勤務者の帰宅旅費は、法人が給与として経理しない限り、給与として課税されることはなく、旅費として損金算入が認められます。

1 原則的な考え方
～個人的事情で旅行した費用を支給した場合は非課税にはならない～

非課税とされる旅費は、原則的には給与所得者が職務を遂行するための旅行をし、その旅行に必要な支出に充てるため、会社が実費相当額を支給するものに限られますので、個人的な事情で旅行をした場合に支給を受けるものは、非課税とはなりません（所法9①四、所基通9-3）。

2 海外勤務者の場合の取扱い
～国内に勤務する外国人に準じた取扱い～

しかし、国内に勤務する外国人の休暇のための帰国旅行については、その労働環境の特殊性（異国での勤務）に対する配慮として、この帰国旅行に際して会社が支給する旅費については、その旅費が経済的、合理的に考えて適当な範囲と認められる等、一定の条件を満たしていれば、非課税とする特例があります（昭和50年直法6-1通達）。

一方、海外勤務者についても、実質的にはこの「外国人に対する特例」

が準用されると考えられます（そのため、海外勤務者の帰宅旅費は、法人が給与として経理しない限り、課税されることはないと考えられます）。

　そもそも、非居住者である海外勤務者の給与については、一般の使用人であれば、国内勤務に基因する部分だけが課税対象となり、国内勤務がなければ日本で課税の対象となりません。その意味で、仮にその旅費が給与に該当するとしても、日本において課税されることはありません（ただし、勤務地国で課税の対象になる場合もあります。詳細は、勤務地国において、これらの一時帰国費用が課税対象と解釈されるか否かについてご確認ください）。

第2章 海外勤務者の日本における税務

Q38 海外で退職を迎える社員の退職金の取扱い

このたび、海外勤務中のA氏が海外で退職を迎えることになり、日本から退職金を支払うことになりました。この退職金に対する日本及び海外での課税上の取扱いについて教えてください。

A 会社側は海外勤務期間中に、海外勤務社員に対して支給する退職金のうち、国内勤務期間に対応する金額（国内源泉所得）には、支払時に20.42％の税率で所得税を源泉徴収します。一方、海外勤務中に退職金を受け取るA氏は、「選択課税」制度を利用することで、居住者として当該退職金の支給を受けたものとみなして、会社側で源泉徴収された所得税から、居住者として退職金を受け取った場合の税額を引いた差額について還付請求をすることができます。一方、A氏が勤務地国の居住者として退職金を受け取れば、当該退職金に対して当該国でも課税されます。

1　会社側の処理
～国内源泉所得部分について20.42％源泉徴収～

　海外勤務中の社員に対して支給する退職金については、国内勤務期間に対応する金額（国内源泉所得）について、支払時に20.42％の税率により所得税を源泉徴収する必要があります（所法169、170、212、213）。

　ちなみに海外勤務期間に対応する金額については、日本では課税されません。

　また、退職金を収入として取り扱う時期については、所得税基本通達36-10において「退職所得の収入金額の収入すべき時期はその支給の基因となった退職の日」と定められています（つまり、海外赴任中に退職の日を迎えた場合、仮に退職金の支給が帰任後に行われても「非居住者」とし

て退職金を受け取ったとみなされますので、国内源泉所得（国内勤務期間分の退職所得）については20.42％で課税されます）。

ただし、役員に支払われる退職金や、新旧退職手当金の差額に相当する退職手当等については取扱いが多少異なります。

詳細は同通達をご参照ください。

2　退職者側の処理

(1)　日本での取扱い

退職金の支払を受けたのが、たまたま非居住者である海外勤務期間中であったため、20.42％の税率により源泉徴収された場合、海外勤務者であるA氏は、本来、居住者として退職金を受けた場合と比較して、高い所得税の負担を強いられる場合が多々あります（居住者として退職金を受け取れば、「退職所得」として取り扱われるため、税負担が相当軽減されます）。

そこで、この不利益を解消するために、非居住者期間に退職金の支給を受けた場合は、納税者の選択により、居住者として当該退職金の支給を受けたものとみなして、確定申告書を提出し、20.42％の税率で源泉徴収された税額との差額を還付してもらうことができます。これを「選択課税の適用」といいます（所法171、172②、173①）。

【図表38-1】退職金の選択課税の手続方法

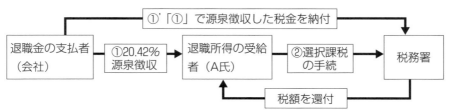

「退職所得の選択課税の申告」については、特別の申告書はありません。そのため、確定申告書の一表の表題を「退職所得の選択課税申告書」に書き換えます。

第一表の左段に書き込むべき事項はありませんが、第三表に退職所得を

計算する欄があるので、この欄で計算を行います。

仮に、退職金が38年分の勤務に対するものであり、そのうち海外赴任期間が10年だったとします。この場合でも選択課税の適用を受ける際には「その年中に支払を受ける退職金総額を居住者として受けたもの」とみなして、所得税額を計算します。

そのため、退職金に占める国内勤務期間の割合が小さい場合（つまり日本で20.42%課税される部分が小さい場合）は、選択課税を行うのが得になるか検討が必要です。

また、選択課税の手続申請期間は5年間です。つまり、2021年（令和3年）中の退職金の場合は、2022年（令和4年）4月1日から以後5年以内、つまり2026年（令和8年）12月31日までが選択課税の手続の提出期間となります。

(2) 勤務地国での取扱い
〜日本から受け取った退職金についても勤務地国で申告・納税義務が生じる可能性〜

A氏の勤務地国の税法にもよりますが、通常、その国に1年以上滞在する場合は、その国の居住者となります。

その国の居住者となれば、通常、全世界所得について当該国で課税されることが多いので、A氏が日本から受け取った退職金も、当該国で申告・納税する義務が生じる可能性があります（もちろん、当該退職金のうち、勤務地国で期間に対応する部分の退職金は、当然ながら勤務地国で申告・納税義務があります）。

世界的に見て、日本のように退職金に優遇措置を設けている国は、少数であり、また優遇措置があったとしても、日本での退職所得に対する取扱いには及びません。

海外にいる社員に退職金を支払う場合は、当該社員に多大な税負担が発生することを念頭に置かれる必要があるでしょう。

Q39 帰国後の年末調整と確定申告

海外に出向させていた社員Ａ氏がこのたび、帰任することになりました。海外勤務から帰国した社員の本年分の年末調整と確定申告について教えてください。

> **A** 帰国した年を通じて給与所得以外の所得が20万円超ある場合は、帰国年の翌年2月16日から3月15日までの間に、確定申告を行う必要があります。
> しかし、給与所得のみの場合又は給与所得以外の所得が一定額未満の場合には、確定申告は必要なく、年末調整のみとなります。

1 確定申告の必要があるか、年末調整のみでよいか？

当該帰任者が、帰任した年の所得について確定申告の必要があるか否かは【図表39-1】から判断します。

【図表39-1】帰国後の年末調整と確定申告

1/1	2021年		12/31	1/1	2022年	12/31
非居住者			居住者			
海外にて勤務		帰国	日本にて勤務			
Ⓐ：給与以外の所得	＋		Ⓑ：給与所得以外の所得	2/16〜3/15 確定申告を行う。		
			Ⓒ：給与所得			
			↑ Ⓒについて年末調整	↑ Ⓐ＋Ⓑ＋Ⓒ （Ⓐ＋Ⓑが20万円超の場合）		

① 🄰+🄱 が 20 万円以下の場合……確定申告不要・年末調整のみ
→「2．年末調整」参照
（※ 帰国後その年 12/31 までの給与総額が 2,000 万円を超える場合又は 2 か所以上から給与を受けている場合は確定申告の義務がある。ただし、2 か所以上から給与を受けていても、年末調整されていない人の給与所得が一定額以下の場合は確定申告の義務はない。）
② 🄰+🄱 が 20 万円超の場合……確定申告要・年末調整要
→「2．年末調整」「3．確定申告」参照

2　年末調整について

～すべての帰任者に必要～

年の中途で国内勤務となって帰国した場合のように、年の中途で非居住者から居住者となったときは、その居住者となった日以後に支給期の到来する給与について年末調整を行うことになります。年末調整に当たり諸控除の取扱いは【図表 39-2】のとおりです。

【図表 39-2】帰国した年の年末調整の対象になる所得控除

所得控除		概　　要
物的控除	社会保険料控除 生命保険料控除 地震保険料控除 小規模企業共済等 掛金控除	その者が居住者であった期間内に支払った金額が控除の対象になる。 （すなわち、帰国してから年末までに支払った金額が控除の対象になる。） ★なお、外国の社会保険料及び外国保険事業者の締結した生保契約又は損保契約のうち、国外で締結したものにかかるものは、控除の対象とはならない。
人的控除	控除対象配偶者 扶養親族等の判定	その年の最後に給与の支払をする日の現況において判定。

3　確定申告について
　～給与以外の所得が一定額以上ある帰任者等のみ必要～

(1)　給与以外の所得が一定額以上ある場合

　帰国した日の翌日から居住者となりますので、その日からその帰国した年の12月31日までの期間が居住者期間となります。その間に確定申告をすべき所得を有する場合には、【図表39-1】の「Ⓐ＋Ⓑ＋Ⓒ」の金額を翌年2月16日から3月15日までの間に確定申告する必要があります（所法120）。

(2)　その他確定申告の必要がある場合

① 　過去3年間に純損失・雑損失の繰越控除の適用を受けている場合

　その年の前年以前3年以内の各年において生じた純損失の繰越又は雑損失の繰越控除の規定の適用を受けている場合においては、当該損失の繰越控除を継続して適用するために確定申告書（損失申告用）（第四表）の提出が必要となります（所法71、123）。

② 　青色申告者の場合

　不動産所得、事業所得等について赤字が生じる場合には、確定申告書（損失申告用）を提出することにより、当該損失の金額について、その年の翌年以降3年間の期間、連続して確定申告書を提出することを条件に、損失の繰越控除の適用を受けることができます（所法70、71）。

③ 　住宅借入金等特別控除の再適用を受ける場合

　住宅借入金等特別控除の再適用を受けるためには、帰国後、確定申告をする必要があります（中には会社側で、赴任前と同様に年末調整にて対応しているケースもあります）。

(3) 確定申告の際に適用される所得控除は？

　帰国した年分の確定申告の際に適用される所得控除は【図表39-3】のとおりです。

【図表39-3】帰国した年分の確定申告の際に適用される所得控除

所得控除		
物的控除	医療費控除 社会保険料控除 小規模企業共済等掛金控除 生命保険料控除 地震保険料控除	居住者期間内（すなわち帰国した翌日から年末まで）に支払った金額をもとにして計算を行う。
	雑損控除	非居住者期間（年初から帰国するまで）と居住者期間（帰国した翌日から年末まで）を通算して、その年分の控除額を計算する。
人的控除	配偶者控除 扶養親族控除 寡婦（夫）控除 勤労学生控除	帰国した年の12月31日の現況により判定して計算する。

Q40 帰国後の仮住居費及び引越費用の課税関係

　当社の社員（A氏）は、3年間の予定で海外勤務をしていたのですが、今般やむをえない事情により急遽帰国することになりました。急な帰国のため、帰国後の一時住まいの住居や引越費用はすべて会社が負担することとなりました。

　この場合、当社が負担することとなる家賃、引越費用は社員に対する現物給与として課税されるのでしょうか。

やむを得ない事情による一時的な仮住まいのための費用及び引越しに要した費用（実費相当額）は、非課税と考えられます。

1　非課税とされる旅費の範囲
　〜その旅行に必要な支出に充てるため支給される金品〜

　所得税法上、「非課税とされる旅費」は、勤務地を離れてその職務を遂行するため旅行をし、その旅行に必要な支出に充てるため支給される金品（つまり実費相当額）で、その旅行について通常必要であると認められるものとされます。

　なお、通常必要と認められる金額かどうかの判断は、「その支給額が、その支給する使用者の役員及び使用人の全てを通して適正なバランスがとれているか（特定の人にのみ特別なとりはからいがされていないか）」「その支給額がその支給する使用者等と同業種、同規模の他の使用者等が一般的に支給している金額に照らして相当と認められるか（同業他社比較した際、その水準から逸脱していないか）」という観点から判断されます（所基通9-3）。

　また、非課税の範囲を超える旅費としては、「給与所得者が勤務場所を

離れて職務遂行するためにした旅行(給与所得扱い)」「給与所得を有する者が転任に伴う転居のためにした旅行(給与所得)」「退職した者がその退職に伴う転居のためにした旅行(退職所得)」「死亡による退職をした者の遺族が、その死亡による退職に伴う転居のためにした旅行(退職所得)」は非課税とはされませんので、注意が必要です(所基通9-4)。

2　やむを得ない事情による発生する費用
　〜非課税と考えられる〜

　このケースの場合、帰国に要する費用については、業務の遂行上、「非課税とされる旅費」として課税されないと考えられます。ただし、非課税として取り扱うことができる金額の範囲は、その実費相当額を会社が航空会社、ホテル、旅館等に対して直接支払った場合で、かつ、通常必要と認められる金額の判断については、帰国した従業員が帰国後速やかに住まいを定めるまでの期間とします。

Q41 帰国後最初に支払う給与・賞与の課税

海外子会社に3年間出向させていたA氏がこのたび、日本に帰国することになりました。

帰国後、初めて支払う給与と賞与の取扱いについて教えてください。

A 帰国した時点で日本の居住者になります。居住者は全世界所得に対して課税されるため、赴任時のように国内勤務分だけが課税対象になるような措置はなく、支払った給与・賞与の全額が課税されることになります。

1 帰任後（日本帰国後）最初に支払う給与・賞与

帰国後最初に受け取る給与、賞与について以下の前提条件を置いて考えてみます。

【図表41-1】日本帰任後最初に受け取る給与・賞与（前提条件）

従業員A氏：10月10日に海外を出国し、同日に日本に帰国。
・給与支給日：10月25日　給与計算期間：10月1日～10月31日
・賞与支給日：12月15日　賞与計算期間：5月1日～10月31日

(1) 給与について

〜全額課税〜

日本では、1年以上の予定で日本に居住する場合は入国の日から居住者という取扱いになります（所法2①三）。

10月25日に給与が支払われる時点では、A氏は日本の居住者になります。よって、10月1日〜10月9日までの海外源泉所得は「居住者の国外源泉所得」となります。そのため10月25日に支給される給与については、

その全額（＊）が日本での課税対象になります（所法7①一）。
（＊）居住者については国内源泉所得だけでなく、国外源泉所得についても課税の対象になります。

【図表41-2】帰任後最初に受け取る給与の取扱い

事実関係	給与計算期間（10月1日～10月31日）						10/25支払給与についての日本及び海外での課税関係
			海外出国／日本入国		給与支給日		
日付	10/1		10/10		10/25	10/31	
日本	非居住者（～10/10）			居住者（10/11～）			10/1～10/31分給与 →課税
海外（＊）	居住者(～10/9)		非居住者（10/10～）				10/1～10/9分給与 →課税 10/10～10/31分給与 →非課税

（＊）各国ごとに税制は異なるため、ここで記載している海外での取扱いはあくまで一例とご理解ください。

(2) **賞与について**

～全額課税～

12月15日に賞与が支払われる時点では、A氏は日本の居住者に該当します。よって5月1日～10月9日までの国外源泉所得についても「居住者の国外源泉所得」ということで、12月15日に支給される賞与については、その全額が日本での課税対象になります。

【図表 41-3】帰任後最初に受け取る賞与の取扱い

事実関係	賞与計算期間（5/1〜10/31）					12/15 支払給与についての日本及び海外での課税関係
		海外出国/海外入国			賞与支給日	
日付	5/1	10/10		10/31		12/15
日本	非居住者（〜10/10）		居住者（10/11〜）			5/1〜10/31分 →全額課税
海外 （＊）	居住者（〜10/9）		非居住者（10/10〜）			5/1〜10/9分 →課税 10/10〜10/31分 →非課税

（＊）各国ごとに税制は異なるため、ここで記載している海外での取扱いはあくまで一例とご理解ください。

Q42 短期滞在者免税（183日ルール）とは

当社社員A氏をB国に頻繁に出張させています。海外に出張ベースで滞在するに当たり、「出張先国（B国）での滞在期間が183日を超えてはいけない」と聞きましたが、これはどういうことですか。

A いわゆる「183日ルール」の正式名称は「短期滞在者免税」で、日本と包括的租税条約を締結している国に出張する場合は、必ずこのルールが存在します。この短期滞在者免税は租税条約に定められている条項で、日本から租税条約の締結相手国へ出張する場合、相手国での滞在日数が183日以内であるなど、一定の条件を満たしている場合には相手国での個人所得税課税が免除されるという制度です。

1 「短期滞在者免税（183日ルール）とは
～租税条約相手国に出張する場合に適用される～

　一般に給与に対する第一次課税権は、給与を支払った企業が居住する国ではなく、給与の対価となる役務を提供した国（勤務を行った国）にあります。そのため、貴社の社員がB国（租税条約締結相手国）で勤務したことに対する報酬は、その報酬がどこの国（たとえば日本）から支払われていようと、B国で課税されることが原則です（もちろん、貴社の社員が日本の居住者である限り、当該報酬に対しては、日本にも課税権があります）。

　しかし、B国での勤務日数が183日以下等、一定の条件を満たした場合は、B国での課税は免除されるという制度が「短期滞在者免税」という租税条約上で定められたルールなのです（各国との短期滞在者免税の概要は「Q75：給与所得条項について」をご参照ください）。

2　短期滞在者免税適用の要件
〜3つの要件を全て満たすことが必要〜

「短期滞在者免税」というと、とかく「日数要件」だけが注目されますが、それ以外にも要件があり、日数要件をあわせた3つの要件を全て満たして初めて「短期滞在者免税」の適用が受けられることになります（ただし「非課税」ではなく「免税」です。そのため、出張先国が免税適用のための書類の提出や作成を要求している場合、その要求に従わないと免税は適用されず、所得税支払を求められる可能性がありますので、注意してください）。

【図表42-1】のとおり、たとえば日本の居住者が米国に出張する場合、米国滞在日数が継続する12か月のうち、合計183日以下で、かつ、当該出張者の給与が全額日本から支払われていれば、短期滞在者免税の要件を満たすことができるといえます。

逆にいうと、米国滞在日数が183日以内であっても、米国国内企業から当該出張者に対し、給与や出張手当が一部でも支給されていれば、「短期滞在者免税」の適用は受けられません。よって米国内企業から支払われた給与や出張手当相当額について、米国で所得税の支払が必要になります。

【図表42-1】日米租税条約第14条：給与所得

〜第2項　短期滞在者免税〜
［例］米国に出張ベースで勤務するAさん（日本の居住者）の場合
　日本の居住者のAさんが、出張等で米国勤務することに対して受け取る報酬（給与・賞与等）については、以下3つの条件を全て満たせば、当該所得については、米国では課税されない。
① 滞在日数基準
　Aさんの米国での滞在期間が継続する12か月において、合計183日以内であること。
② 支払地基準
　Aさんに支払われる報酬が、米国の居住者（たとえば米国現地法人）又はこれに代わる者から支払われていないこと。

(つまり、報酬が全て日本本社から支払われていれば、この条件はクリアできる。)
③　ＰＥ負担基準
　Ａさんに支払われる報酬が、日本の企業が米国内に保有するＰＥ（恒久的施設）によって、負担されていないこと。
　（つまり、報酬が全て日本本社から支払われていれば、この条件はクリアできる。）

Q43 出張者に支払う外貨払い手当の円換算

当社では、短期間（1年未満）の海外勤務社員に対しても、国内払いの給与以外に、海外勤務手当等の諸手当を現地通貨建てで支払っています。

この場合、外貨払分の諸手当に対して源泉徴収を行うに際し、当該諸手当を円換算する必要がありますが、具体的にはどのような方法で円換算を行ったらよいでしょうか。

A 外貨払いの諸手当を円換算する場合、その諸手当の支払日が海外出向規定書等の契約書に明記していれば、原則的にはその明記している支払日の外貨の電信買相場により日本円に換算した額について源泉徴収を行います。

また、支払日が契約書に明記されていない場合は、その実際の支払日の電信買相場により円換算した額について源泉徴収を行います。

1 外貨表示されている諸手当を外貨にて支払う場合

支払日が海外出向規定書等の契約書などに明記されているか否かによって、換算方法が異なってきます。

【図表43-1】外貨表示されている諸手当を外貨にて支払う場合の取扱い
　　　　　　（所基通213-1、213-2、213-3）

当該手当について規定している契約書（海外出向規定書等）に支払日が明記されている場合	明記してある支払日の電信買相場（TTB）（※1）により円換算した額（ただし、その支払が著しく遅延しない限り、当該諸手当を実際に支払った日の電信買相場を用いてもよい）

当該諸手当について規定している契約書（海外出向規定書等）に支払日が明記されていない場合	当該諸手当を実際に支払った日の電信買相場により円換算した額（※2）

（※1） 諸手当の支払者の主要取引銀行における対顧客直物電信買相場（諸手当の支払者がその外貨にかかる対顧客直物電信買相場を公表している場合には、その相場を使う（所基通213-2）。

（※2） 外貨の支払者が、その外貨を保有していない場合、支払者がこの諸手当等の支払を行うために銀行等でこの外貨を購入する際に使用した換算レートを使ってもよい（所基通213-3）。

※ この換算方法は本来非居住者や外国法人に対して支払う場合に適用されるものですが、居住者や内国法人に対して支払う源泉徴収の対象となる所得でその支払うべき金額が外貨で表示されているものに対する円換算方法としても準用されることになっています（所基通213-4）。

Q44 現地で発生した個人所得税を会社が負担した場合

当社社員のＡ氏をＢ国に長期出張させていましたが、Ｂ国滞在期間が183日を超えてしまったので、Ｂ国で個人所得税の納税義務が発生しました。

当該個人所得税は、日本本社が負担することになりましたが、この場合、何か問題が発生するでしょうか。

> **A** Ｂ国での個人所得税は、本来はＡ氏が支払うべきものです。それを会社が肩代わりして負担する場合は、当該負担金は本人の給与としてみなされます。よって、当該負担金はＡ氏の国外源泉所得として、日本で所得税の課税対象となります。

1 出張者の現地所得税を会社が負担した場合

社員を海外に長期出張させた結果、出張先の国（Ｂ国）で個人所得税の納税義務が発生してしまい、当該所得税相当額は日本本社が負担する、というケースは珍しいことではありません。

たしかに会社の命令で出張した結果、個人所得税が発生してしまったのですから、それをＡ氏本人に負担させるのは気の毒な話であり、会社が負担するのは、ある意味当然ともいえるでしょう。

しかし、個人所得税は本来はＡ氏が支払うべきものです。それを会社が肩代わりして負担する場合は、当該負担金は、Ａ氏の給与としてみなされます。よって、当該負担金はＡ氏の国外源泉所得として日本で課税の対象となります。

よって、海外で納税する際、当該追加納税額をグロスアップした金額を給与として支給する必要があります。このように出張先で納税義務が発生した場合には、日本の所得税増加につながるだけでなく、翌年度の住民税・

社会保険料にも影響が出てきますので注意が必要です。

　会社が本人に代わって負担した所得税は、本人に払った給与とみなされます。そのため、本人の見かけの所得が増えることにより、自治体等が給付する手当等の所得制限にひっかかり、昨年まで受け取れていた各種手当や補助金が受け取れなくなることもあります。

2　出張先の国で納税義務が生じないようにするために…

　中には、長期出張者で現地で納税義務が発生するのをわかっていながら、「滞在日数を調べてまで、申告漏れを指摘されることはないだろう」と現地で申告していないケースも少なくありません。しかし、法律的には納税義務が生じているのは事実であり、また故意に申告していないことが発覚すれば、現地でペナルティが課されたり、次回の入国を拒否されることにもつながります。

　よって、出張先で納税義務が発生しないように、出張者の現地での滞在日数の計算は、本社の人事部等がしっかり管理する必要があります（本人に任せていると、日数の計算の仕方を間違えているケースも存在します）。

　また、そのための管理ツールもありますので、そういったツールを活用しながら、税務リスクをコントロールする方法もあります。

Q45 日本と海外で二重に所得税が課税された場合の外国税額控除

当社社員Ａ氏は、海外（Ｂ国）での出張ベースの滞在期間が183日を超えたので、今般、海外勤務期間相当分の給与につき、Ｂ国で納税することになりました。一方、Ａ氏は日本の居住者であることから、Ａ氏の給与については日本でも所得税が課税されているので、海外勤務期間に相当する給与については日本及びＢ国の両方で課税されることになります。このような場合、二重課税を救済する措置はあるのでしょうか。

> **A** Ａ氏は日本の居住者ですので、日本において、日本及びＢ国の双方で課税された部分について、「外国税額控除（日本で納めるべき税金から、外国で納めた税金分を差し引けるという制度）」の適用を受けることができます。具体的にはＡ氏が、確定申告を行うことで、外国税額控除の適用を受けられますが、必ずしも海外で納めた個人所得税全額が控除されるわけではありません。

1　外国税額控除とは
～個人の所得について、日本と海外の両方で課税された場合に適用～

　日本で課税対象となる所得の中に、外国で生じた所得があり、その所得に外国の法令で所得税に相当する税金が課税されている場合、この外国所得税のうち、一定額を日本の所得税から差し引くことができる制度を「外国税額控除」といいます。たとえば、日本の居住者Ａ氏が、Ｂ国に２月１日から９月末まで出張した場合、Ｂ国滞在期間が183日を超えるので、短期滞在者免税の適用は受けられません。よってＢ国勤務日数相当分の給与についてＢ国で納税義務が生じます。

　一方、Ａ氏は、日本の居住者ですから、Ｂ国出張期間中の給与についても当然、日本で課税（源泉徴収）されています（居住者は全世界所得に対

して課税されます。詳細は「Q18：日本での居住者・非居住者の定義と課税所得の範囲」をご参照ください）。

　すると、A氏の給与のうち、2月1日〜9月末分については日本でも海外でも課税されるという二重課税の状態にあります。そこでこの二重課税を排除するために、A氏は居住地国である日本で外国税額控除の適用を受けることになります。

2　外国税額控除額の計算方法
　〜控除額は、外国所得税の額と、控除限度額のいずれか少ない額〜

　外国税額控除額は【図表45-1】のとおり、その年に納付することとなる一定の外国所得税の額と、次の算式によって計算した額（以下「控除限度額」といいます）のうち、いずれか少ない金額を、その年分の所得税の額から控除することができます。

【図表45-1】外国税額控除額の計算方法

・外国税額控除額は、以下「1」「2」のうち、いずれか少ない額とする。
1　その年に納付する外国所得税の額
2　控除限度額：その年分の所得税の額　×（その年分の調整国外所得（＊）総額／その年分の所得総額）
（＊）国外所得金額とは、次に掲げる国外源泉所得の金額の合計額を指します（ただし、租税条約の適用を受ける居住者については、その租税条約において、次の国外源泉所得に関して異なる定めがある場合には、その異なる定め（つまり租税条約上の取り決め）に従うことになります）。
　(1)　国外事業所等帰属所得
　(2)　その他の国内源泉所得
　　上記(2)として、16種類の所得が挙げられており、その中に「給与、賃金、賞与又はこれらの性質を有する給与その他人的役務の提供に対する報酬のうち、国外において行う勤務その他の人的役務の提供（内国法人の役員として国外において行う勤務等を除く）に基因するもの」との記載があります。

〈外国税額控除額の計算例〉

（単純化するため、地方税はないものとしました。実際の計算方法はもっと複雑なので、詳細は管轄の税務署にお問い合わせください。）

［具体例①］外国所得税額が控除限度額に満たない場合
　2021年に200日、海外出張した田中さんの場合
　（2021年に納付する外国所得税の額：15万円、2021年の所得税額：20万円
　2021年の国外所得総額：400万円、2021年の所得総額：500万円）
　　1　外国所得税の額：15万円
　　2　控除限度額：20万円　×　（400万円／500万円）　＝16万円
⇒「1＜2」より、外国税額控除は15万円
⇒控除限度額より外国所得税額の方が小さい。つまり本年分の控除限度額の枠がまだ残っているため、前年以前3年以内に、控除しきれなかった外国所得税の繰越控除がある場合は、一定の範囲内で、本年分の控除枠を使って控除することができる。

［具体例②］外国所得税額が控除限度額を超える場合
　2021年に250日、海外出張した山田さんの場合
　（2021年に納付する外国税の額：19万円、2021年の所得税額：20万円
　2021年の国外所得総額：450万円、2021年の所得総額：500万円）
　　1　外国所得税の額：19万円
　　2　控除限度額：20万円×（450万円／500万円）　＝　18万円
⇒「1＞2」より、外国税額控除額は18万円
⇒控除できなかった1万円分は、繰越控除額として翌年に持ち越し。
　翌年度以降3年間のうちに国外所得があり、かつ控除限度額に余裕があれば、2021年に控除し切れなかった額（1万円）を一定の範囲内で翌年度以降3年間の所得税額から差し引くことができる。

【図表45-1】の具体例①②では、海外出張した年に実際の海外所得税が発生した場合として説明しています。しかし実際には、2021年の海外出張の結果、発生する海外所得税は翌年に納付する場合も少なくありません。この場合、どうすればよいでしょうか。

具体的には、2021年（出張した年）には、納付した外国所得税はあり

ません。そのため、実際の外国所得税の納付がないため、外国税額控除を受けることはできません。しかし翌年、実際の外国所得税を納付した後に、外国税額控除が受けられるよう、外国税額控除の控除枠を作るために、2021年度に確定申告書を提出します（給与所得しかない場合で、年末調整で全て納税が完了している場合は、納付する所得税はありません。単に申告書と計算明細書を提出するのみとなります）。

そして、実際に外国所得税が発生した2022年に再び確定申告を行い、2021年度の確定申告において作った「外国税額控除枠」を繰り越して利用することで、外国税額の適用を受けることになります。

そのため、このように海外出張の翌年に外国所得税を支払う場合で、2021年度の外国所得税について外国税額控除の適用を受けるためには、2021年と2022年の2回、確定申告が必要になります。

3　外国税額控除を受けるための手続
～確定申告書に外国税額控除に関する明細書、外国所得税納付の証憑を添付～

外国税額控除を受けるためには、確定申告書に控除を受ける金額の記載をし、かつ、「外国税額控除に関する明細書」、及び外国所得税を課されたことを証する書類などを添付する必要があります（「外国税額控除に関する明細書」は国税庁ウェブサイトより入手できます）。

4　外国税額控除により還付された所得税は誰のものか
～外国税額を会社が負担した場合は、還付された所得税も会社に返納すべき～

海外出張者が、海外で個人所得税を納付した場合、その税額は、日本本社が負担するケースがほとんどです。この場合、本人が外国税額控除の適用を受け、所得税の還付を受けた場合は、当該還付金は、本人が会社に返すのが原則でしょう（もちろん、返さないと法律的に問題があるというわ

けではなく、税金を負担したのが会社であるのなら、還付金も会社に返すのが道理であるという理由からです）。

また、海外での個人所得税を、会社が負担した場合、当該負担金は本人の給与として課税対象となります。よって、当該負担金に対しても、所得税がかかるため、それを見越した額の負担金を本人に支給する必要があります。

5　日本の役員が海外で出張ベースで勤務した場合
〜日本の役員報酬は「国外源泉所得」とは認められないが〜

外国税額控除の計算方式は【図表45-1】のとおり、控除限度額の計算の分子に「国外所得金額」がありますが、日本の所得税法上「役員報酬」は「国外源泉所得」にはなり得ません（所得税法施行令第285条より、「内国法人の役員としての勤務で国外において行う者については国内源泉所得」扱いとなります）。

しかし、日本の役員が日本と租税条約を締結している国に出張し、日本から支払う役員報酬に対して、日本と出張先国で課税された場合は、日本側でこの役員報酬が外国税額控除の控除限度額を計算する際の「国外所得」として取り扱われ、外国税額控除の適用余地があります（言い方を変えると、当該役員報酬が租税条約の規定により、条約相手国（出張先国）で課税できる所得と認められる場合は、当該役員報酬は外国税額控除の控除限度額を計算する際の「国外所得」に該当します）。

第2章 海外勤務者の日本における税務

Q46 海外出張者を多く抱える企業が留意すべきポイント

当社では経費削減のため、海外赴任者を帰国させ、代わりに海外に長期出張させる形に切り替えています。出張者を多数抱える当社のような企業が気をつけるべきポイントがあれば教えてください。

> **A** 税務上の留意事項としては、現地での個人所得税、PE認定の問題のほか、出張者にかかる経費の大半を日本側が負担していると、日本で寄付金課税されるリスクがあります。また、危機管理・安全管理の問題からは、出張者の居場所の把握、海外で緊急事態が発生した際、どのように対応するか等、事前に検討しておく必要があります。

1 税務上の留意事項

(1) 出張者の滞在日数管理
〜租税条約相手国であっても、滞在日数が183日を超えれば現地で課税される〜

「Q42：短期滞在者免税とは」でも説明しましたが、租税条約相手国に出張する場合は、日本の本社から全額給与が支給されており、かつ現地での滞在期間が183日以内（タイは180日以内）であれば現地では課税されません。しかし、出張の日数が多いと、滞在日数のカウントを間違えてしまい、結果的に滞在日数が183日を超えてしまったという事態も発生しています。そのため、社員の海外出張日数は、本社の経理部・人事部等で厳格に管理し、183日を超えそうな出張者については、可能であれば、出張業務を別の人に担当させる等、考慮することも必要になってきます。

（また、短期滞在者免税の条件を満たしていても、事前にその国が求める免税のための必要な手続を行っていないと、免税扱いにならないことが

あります。出張先国において、そのような書類の準備や提出が必要でないか否かの確認が必要です。)

(2) 出張先国でのＰＥリスク
　～出張者の業務内容次第では、日本本社が現地で法人税を支払う羽目になることも～

　たとえば、日本の企業Ａ社からＢ国に出張者を送り込み、現地で建設工事の監督業務などを行わせ、当該業務により日本本社が利益を得ているとします。この場合、当該出張者の業務が、現地税務当局から、「Ａ社はＢ国内に恒久的施設を保有している」とみなされ、Ａ社が当該業務から受け取る報酬について、Ｂ国で法人税が課されることになります。

　どのような業務を行っていると「恒久的施設」に該当するかは、国によって「恒久的施設」の定義が異なるため一概にはいえませんが、日本と租税条約を締結している国については、当該租税条約の「恒久的施設条項」を把握しておく必要があります（詳細は「**Q72：恒久的施設条項について**」をご参照ください）。

　また、PEについてはその国におけるPE課税のアグレッシブさにより、そのリスクは大きく異なります。租税条約におけるPEの定義が仮に全く同じでも、実際の運用体制は大きく異なる場合もあることから、必ず現地事情を確認する必要があります。

(3) 出張者にかかる費用負担
　～出張者の費用は誰が負担しているのか～

　自社の社員を海外にある関連会社の業務支援のため出張させる場合、当該費用を全額日本側が負担すると、日本の税務当局から「国外関連者に寄附を行っている」とみなされ、当該出張経費は、損金算入できず、寄附金として取り扱われる可能性があります（海外出張申請書の出張目的欄に「海外子会社への技術指導」等の記載がある場合は要注意です）。

海外の関連会社の業務に従事させるために社員を出張させる場合は、当該費用を関連会社にも負担させることが必要になってきます（ただし、現地に当該出張者の費用を負担させると、短期滞在者免税の第二、第三要件を満たせなくなる可能性があります）。

2　安全面での留意事項

(1) 出張者の居場所の把握

出張者が多く、また各出張者の海外滞在期間が長いと、「誰がいま、どこにいるのか」の把握が非常に難しくなります。海外出張者には必ず携帯電話を持たせ、何かあれば、すぐ連絡が取れるような状況にしておくことが不可欠です（単に電話を持たせておけばよいのではなく、実際にその国際電話に連絡がつくかも、あらかじめチェックしておく必要があります）。

(2) 予防接種の必要性

海外勤務者に対しては、予防接種を推奨又は義務付けしている企業でも、海外出張者については、予防接種を行っていない企業も少なくありません。日本では絶滅している狂犬病も海外ではいまだに存在し、たとえば、中国では狂犬病で死亡する人が年間数千人以上存在するといわれています。また、食べ物から感染するＡ型肝炎は、予防接種を受けておけば予防できますので、出張者についても予防接種の導入を検討する余地はあるといえます（予防接種については「Ｑ110：赴任前健康診断・予防接種」をご参照ください）。

(3) 労災保険の特別加入の必要性を吟味

通常、海外出張中は、日本の労災保険が適用されますが、労災保険でいう「海外出張」とは、海外滞在期間の長短ではなく、現地での業務内容によって判断されます。

よって、海外出張期間が１か月であっても、現地の事業主の支配下に入っ

て業務を行う場合は、労災保険の海外派遣者特別加入制度の申込みをしておかないと、現地で万が一の事態が発生しても、労災保険の適用が受けられなくなりますので注意が必要です（詳細は「**Q16：労災保険の特別加入制度**」をご参照ください）。

(4) 出張手当の支給方法の検討も

　国内での宿泊費用は低めでも、海外については安全配慮の観点から、宿泊費の金額をかなり高め（１泊200ドル等）に設定している企業も存在します。

　「高い宿泊費を支払うから安全なところに宿泊してほしい」という会社側の配慮の表れでもありますが、海外出張者は少しでも当該宿泊費を浮かせようと、安全面の配慮が行き届いているとは思えないような安価なホテルに泊まり、差額を自分のポケットマネーにしているケースもあります。

　これでは高い宿泊費を設定した意味がありませんので、同じ「１泊200ドル」であっても、渡し切りにするのではなく、「上限200ドルで実費支給」とした方が、効果的といえます。

※　上記の海外出張者についての留意点はあくまで一例に過ぎません。海外出張者は、国内出張の延長のような形で取り扱っている企業もありますが、特に安全面では海外勤務者と同等の取扱いを心がける必要があります。

【図表46-1】海外出張者の取扱いに関する留意点チェックリスト

1．税務面での配慮事項
☐ 出張者の滞在日数は把握しているか？
→租税条約相手国に滞在している場合は、給与が全額日本から支給されており、相手国の滞在期間が183日以内であれば、相手国では課税されないが、それを超えると相手国で個人所得税の申告・納税義務が生じる。
☐ 出張者の業務内容は、相手国でPE認定されないか？
→出張者の相手国での業務内容次第では、当該業務が、自社が相手国内に保有するPE（恒久的施設）認定され、当該業務から生じた所得について、相手国で法人税が課税される可能性あり。
☐ 出張者の費用負担（本社が負担するか？ 現地が負担するか？）
→現地のために当社から社員を出張させているにもかかわらず、当該費用を日本側が多額に負担していると、日本の税務上、「国外関連者への寄附金」とみなされ、出張者にかかる経費が損金不算入になる可能性がある。

2．安全面での配慮事項
☐ 出張者の居場所の把握
→出張者の居場所を本社がしっかり把握していないと、万が一の事態が発生した際、連絡がとれず、その結果不幸な事態になれば、会社の責任を問われる可能性が高い。
☐ 予防接種の必要性は？
→狂犬病、A型肝炎等、海外で感染する可能性がある疾病については、赴任者同様、出張者にも予防接種をさせておく必要がある。
☐ 労災保険の特別加入の必要性の検討は？
→たとえ短期間であっても、現地の事業主の命令の下で仕事をする場合は、「海外派遣者特別加入制度」の申込みをしないと、海外での労災事故の際、補償がおりない。
☐ 出張手当の支給方法の検討は？
→宿泊費等は、上限を高めにした実費支給方式の方が、安全性の高いホテルを選択する可能性が高い。

Q47 海外勤務期間の変更（短縮になった場合）

　本年、4月1日から3年間の予定で海外に赴任していたA氏が、健康上の都合でやむを得ず、赴任後半年に当たる9月末日で日本に帰国することになりました。

　この場合、本年4月1日から日本の非居住者として、日本で非課税扱いとしてきたA氏の給与・賞与について、もう一度、本年4月1日にさかのぼって、居住者に対する給与・賞与として課税し直さなければならないのでしょうか。

A　1年以上の海外勤務を予定して出国した人については、たとえその後の事情変更により1年未満で帰国しても、海外勤務期間中は非居住者として取り扱われます。そのため、過去の課税関係を訂正する必要はありません。

　つまり、出国した日の翌日から、赴任期間の短縮が決まる日までは、所得税法上、「非居住者」となります（なお、この事例については帰国した日までを「非居住者」とし、その翌日（10月1日）より、「居住者」として扱います）。

1　一般的な考え方
　～所得税基本通達3-3より～

　海外勤務者として出国した人が居住者に該当するか非居住者に該当するかは、その人の出国時における海外滞在期間があらかじめ1年以上となる業務に従事することとなるか否かによって判断されることとなります（所令15）。

　つまり海外に勤務する期間が契約などによりあらかじめ1年未満であることが明らかな場合を除き、出国の日の翌日より非居住者として取り扱わ

れることになります（所基通3-3）。

2　海外勤務期間に変更が生じた場合
～1年以上の予定が1年未満に変更になった場合～

「海外勤務期間が1年以上」と予定されるなど、出国の翌日から「非居住者」となった場合でも、その後のやむを得ない事情（事故、病気、現地法人閉鎖、現地政情不安等）で結果的に海外勤務期間が1年未満になった、という事態も当然考えられます。

しかし、このような場合でも「居住者」「非居住者」の判定は「出国時の海外勤務期間の見込みがどうであったか」が基準となります（所令15）。

ですので、この場合、A氏の出国時の海外勤務予定期間は3年間（すなわち「1年以上」）であったことから、その後たとえ1年未満の間に（やむを得ない事情で）帰国した場合でも、その海外勤務期間中は当初の見込みどおり「非居住者」として取り扱われます。

つまり、結果的に1年未満の海外勤務期間であっても、その期間中は「非居住者」として取り扱われるため、A氏の出国時にさかのぼって過去の処理を訂正する必要はありません。

Q48 海外勤務期間の変更(延長になった場合)

当社の社員Ｃ氏は、当初５か月間の予定で海外赴任者として、海外の駐在員事務所に勤務していましたが、その勤務期間後に発生した特別事情により、さらに３年間、海外勤務を継続することになりました。この場合、当初の予定では、１年未満の海外勤務であったため、当社は社員Ｃ氏を日本の居住者として取り扱っていましたが、海外勤務期間の延長に伴い、結果的に１年以上の海外勤務となります。この場合、出国時にさかのぼって、非居住者として判定替えする必要があるのでしょうか。

A 勤務期間の延長が明らかになった日以降は、非居住者としての処理を行わなければなりませんが、出国時にさかのぼって、非居住者として判定替えを行う必要はありません。

1　一般的な考え方
～所得税基本通達３－３より～

Ｃ氏の場合、当初出国時においては現地での勤務期間があらかじめ５か月と定められていますので、「国内に住所がないもの」、つまり「非居住者」には該当せず、「居住者」として取り扱われます（所基通３－３）。

しかし、海外勤務期間の延長が行われ、出国時より起算して１年以上海外に滞在することとなった場合には、その事実が明らかになった日以降は、日本国内に住所を有しないものと推定され、その日以降は「非居住者」として取り扱われることとなります（所令15）。

したがって、その日以降に支払われる給与については日本国内における勤務がない限り、日本での課税は行われません。

2　年末調整はいつ行うか
　〜非居住者に判定替えしてから速やかに行う〜

　海外勤務期間の延長が決まるまでの居住者期間の給与については、居住者が出国して非居住者となる場合と同様に年末調整を行って税額の精算を行い、非居住者になった後に支給期の到来する給与については、国内勤務に基因する部分がない限り、非課税扱いとすればよいことになります。

Q49 出国時期と住民税の関係

住民税は前年度の所得に対してかかる税金と聞いていますが、例えば、出国予定時期が年末か、年始かによって、翌年度の住民税の課税の有無が変わると聞きました。出国時期によって、翌年度の住民税がどのように異なるかを教えてください。

> **A** 住民税は「前年度の所得」に対し課税される税金で、毎年1月1日に日本に居住しているか否かで、その年の住民税の納税義務が決まります。そのため、出国時期を年末から年始の間で考えている場合は、年末までに出向した方が有利です。

1　住民税の計算期間と納付期間
～前年度の所得に対して課税される～

住民税とは、「道府県民税と市町村税」の総称のことです。

この住民税は、所得税等とは違い、「前年所得課税主義」といって、「前年度の所得」に対して課税される税金です（大学等を卒業したばかりの新入社員の給与から住民税が差し引かれていないのはこのためです）。

ただ、「前年度の所得に対して課税される」といっても、給与所得者の場合、厳密には【図表49-1】のような支払方法になっています。

【図表49-1】給与所得者の住民税の計算期間と納付期間

	2021年		2022年		2023年		2024年		2025年	
	1～5月	6～12月	1～5月	6～12月	1～5月	6～12月	1～5月	6～12月	1～5月	6～12月
		2021年度住民税（ただし2021年1月1日に日本に住所を有していなければ課税されない。)	2022年度住民税（ただし2022年1月1日に日本に住所を有していなければ課税されない。)		2023年度住民税（ただし2023年1月1日に日本に住所を有していなければ課税されない)		2024年度住民税（ただし2024年1月1日に日本に住所を有していなければ課税されない)			
計算期間	2020年1/1～12/31までの所得に対して課税		2021年1/1～12/31までの所得に対して課税		2022年1/1～12/31までの所得に対して課税		2023年1/1～12/31までの所得に対して課税			

2　年末年始をはさんだ出国に際しての住民税の有利・不利
～年初よりは年末に出国した方が有利～

　年をまたがった出国の場合、その年末に出国するか翌年初に出国するかで、【図表49-2】のとおり住民税の負担額が大きく異なってきます。

　もちろん、住民税支払の多寡だけで、出国の日を決定することは一般的ではないとは思いますが、念のため、出国日のわずかな違いで、どれだけ住民税負担額に差が生じるのかを以下に説明してみました（市区町村は、居住者であるか非居住者であるかの判断を、会社から受ける「給与支払報告書」により行います。したがって、出国までに転出届ができず、本人の住民票が残っていたとしても、そのために住民税が徴収されるということは考えにくいです）。

【図表49-2】年末年始をはさんだ出国に際しての住民税の有利・不利

① 年度内に出国した場合
　　例：2021年12月31日に出国した場合
　　　　→ 2022年1月1日には日本に住所がないので
　　　　→ 2022年度住民税は支払わなくてよい。

② 年明けに出国した場合
　　例：2022年1月2日に出国した場合
　　　　→ 2021年1月1日には日本に住所があるので
　　　　→ 2021年度住民税は支払義務あり。

第2章 海外勤務者の日本における税務

Q50 消費税の輸出免税

海外赴任予定の者が、海外で使う商品や海外で手渡すお土産については、消費税が免除される制度があると聞きましたが、本当でしょうか。

また、実際にそのような制度が存在するのであれば、具体的な手続方法について教えてください。

> **A** 海外へ持っていくお土産等帰国もしくは再入国に際して携帯しないことが明らかなもの又は渡航先において2年以上使用若しくは消費するもので、輸出物品販売場で購入する一定の物品については、所定の要件を満たした場合には、消費税が免除されます（消基通7-2-20）。

1 居住者（海外勤務予定者・海外旅行者）の新規購入物品の輸出免税手続　～一定の手続を行えば消費税が免税に～

消費税は、国内においての消費あるいは使用される物品について課税することとされているため、国内で消費又は使用されない輸出物品等については課税されません。

これは、内国消費税である消費税は、外国で消費されるものには課税しないという考えに基づくもので、この制度を輸出免税といいます。

そのため、これから海外に長期滞在する人、海外出張に行かれる人又は海外からの一時帰国者が物品を購入する際、「その物品が日本ではなく海外で使用されるもの」と認められる場合、一定要件を満たせば、それらの物品に対する消費税は免除されます。

2 輸出免税の要件
～海外で2年以上使用し、1点1万円超する商品であること～

海外勤務や海外旅行のため出国する居住者が購入した物品のうち、【図表50-1】で示す要件を全て満たせば、輸出免税の対象となります。

【図表50-1】居住者の輸出免税の要件（全て満たす必要あり）

① 輸出物品販売場（免税店）で購入したものであること
② 渡航先での贈答用として出国時に携帯し、帰国又は再入国に際して持ち込まないことが明らかなもの、又は本人が2年以上海外で使用又は消費するものであること
③ 1点1万円超であること
④ ②の要件を満たすものについて、購入者が作成した誓約書（海外旅行者が出国に際して携帯する物品の購入者誓約書）を、輸出物品販売場を営む業者が保存すること
⑤ 購入者が輸出したことにつき税関長が証明した「輸出証明書」を、輸出物品販売場を営む業者が保存すること

なお、輸出物品販売場とは、非居住者や海外渡航者に対して、一定の方法により、免税で物品を販売することについて、その事業者の所轄の税務署長から許可を受けた販売場のことを指します（消基通8-2-1）。

海外からの旅行者（非居住者）が日本にて購入する物品についても、一定要件を満たせば輸出免税が適用されます。ただし、適用要件は居住者の輸出免税とは少し異なります。詳細は国税庁ウェブサイトをご参照ください。

3 輸出免税の手続
～店舗により手続方法が多少異なるので注意が必要～

【図表50-2】では輸出物品販売場として各税務署から認可されている、百貨店や総合電器店などの大型店舗にて輸出免税の対象となる物品を購入

した場合、輸出免税を受けるための物品の購入から出国までの一連の手続例を紹介します（あくまで一例です。消費税相当額の払戻し方法は店舗によって異なる場合がありますので、詳細は物品を購入される店舗にて事前にご確認ください）。

【図表50-2】消費税の輸出免税手続の方法（一例）

1　輸出物品販売場（以下「店舗」）での手続
　購入した物品のレシートを、購入日当日に店舗の免税カウンターに持参。
　店舗側で用意してある「輸出証明申請書（3部）」「購入者誓約書」にサインする。

2　空港税関カウンターでの手続
　出国の際、店舗側から受け取った輸出証明申請書と、輸出免税の対象となる物品を税関カウンターに提出。税関は確認後、輸出証明申請書に認印を押し、当該証明書を店舗を管轄する税務署に送付）

3　店舗側はこの段階で、購入者に対し、消費税の払戻しを行う。
　（店舗によっては、上記「1」の段階で、消費税を購入者に払い戻すケースもある。）

第3章

各国の個人所得税概要

　海外赴任者は、数年間の勤務期間中、赴任国の居住者となるのが一般的で、赴任国での個人所得税が課税されることになります。
　赴任国での税務については、現地の経理担当者、会計事務所に処理を依頼されることになるかと思いますが、赴任国の個人所得税について、概略だけでも知っておけば、何かと便利なこともあるものです。
　そこで本章では、日本企業が多く進出又は現在注目を集めている国々などを中心に、アジア・北米・欧州等27か国の個人所得税の概略についてまとめてみました。
＜注意事項＞
　本章での各国の個人所得税・社会保険料の概要は、できるだけ新しい情報を入手していますが、最新の情報ではありません。そのため、参考資料としてのご利用にとどめていただく必要がある点にご留意ください。実際の適用に当たっては、必ず現地会計事務所などに最新の情報を確認のうえ、慎重に検討されることをお勧めします。
※　以下、引用先です。
　社会保険料率…日本貿易振興機構（ジェトロ）
　「投資コスト比較」（https://www.jetro.go.jp）

Q51 海外赴任者の赴任先の個人所得税について留意すべきこと

当社では現地法人が契約している会計事務所に海外赴任者の所得税申告を任せています。今般、任地の税務調査において赴任者の所得税の申告漏れが見つかり、多額の罰金や延滞税等を取られることになりました。

最近の動きとして、日本の本社が日本の会計事務所を活用し、海外赴任者の所得税の一元管理をするケースも増えていると聞いていますが、海外赴任者の任地個人所得税を本社側が関心を持つべき理由について教えてください。

A 現地任せにしていると日本払の給与や手当・福利厚生をはじめとした申告漏れが生じて罰金や延滞金が発生します。また、赴任前にきちんと情報収集していればできたはずの節税策をとることが難しくなる場合があります。

1 日本の税務リスクには関心があっても現地の所得税に関心がない理由

海外赴任者の税務問題について日本本社が最も頭を悩ませているのが、日本本社が海外現地法人に勤務する出向者にかかるコストを負担すると、日本の税務調査において「寄附金」として指摘され、課税されるリスクが高いことです。

この問題については海外に社員を出向させている企業であればどこも非常に関心度が高く、何らかの改善策を検討するなど対応策がとられていることも少なくありません。

しかし、この問題と同じかそれ以上に重要ながら日本の経営者の関心が非常に薄く、そのリスクすらあまり認識されていないことが多いのが、海

外赴任者の「赴任先での個人所得税の申告・納税漏れのリスク」です。

この点を指摘すると、「仮に申告漏れがあっても見つかることはないだろう」という意見は論外ですが、「赴任者の申告は現地法人がきちんと行っているはずだから」「会計事務所に頼んでいるから」「赴任者から正しく納税していると聞いているし、本社で管理する余力はない」「所詮、個人の所得税で大した金額ではない」と真剣にとらえておらず、実際に正しく申告・納税が行われたかの確認を本社側で実施していない企業が多いことに驚かされます。

2 任地の所得税申告漏れは日本の税務リスクにつながることも

しかし、いったん赴任先で個人所得税の申告・納税漏れが発覚すると、過去にさかのぼり課税されることがあります。

海外赴任者には海外勤務に関する各種手当が支払われているため日本勤務時より給与がかなり高いうえ、会社が負担した家賃や子女教育費なども赴任国で現物給与として課税対象にされていることも多く、さらに任地でかかる所得税等は実質的に会社が負担しています。そのため、社員一人当たりのコストは、日本勤務時の2倍から3倍に上るため、若手～中堅社員でも海外赴任中のみかけの年収は2,000万円から3,000万円のことも珍しくなく、幹部～役員クラスが赴任すればその額はさらに高額になります。そのため、正しく申告していなかった時の追徴税額も大きくなります。

このように高給である赴任者に申告漏れが生じた場合、累進税率も高いため、非常に高額になります。赴任者の所得税は会社負担とされていれば、この申告漏れによる追徴税額や罰金も会社が負担せざるを得ません。しかし、現地法人で負担が難しい場合は、最終的には本社が負担せざるを得なくなります。

そうすると、冒頭に記載した「出向者にかかるコストを日本本社が負担している」として、寄附金課税の問題に行き着くため、任地個人所得税の

申告漏れは、任地だけの問題では済まず、日本側にも大きな影響を与えます。

3　日本本社でコントロールすることが節税につながることも

　海外赴任者の所得税ですが、国によっては海外から一時的に業務で赴任・出張する外国人については税の優遇策が提供されている場合があります。

　しかしこれらの優遇策は、赴任者であればだれでも適用されるわけではなく、ある一定の条件を満たした者、または優遇税制の対象になる給与や福利厚生の提供の仕方をされた場合のみ適用されます。

　そのため、それら条件に見合うための準備が必要ですが、その準備は赴任では間に合わないこともあります。つまり、日本側で一元管理を行うことで、現地の最新の優遇税制に関する情報の有無等について早めの情報収集を行い、赴任に際して準備を行うことが重要になります。

　そこで以下のQでは、海外赴任者の任地での申告漏れが生じるパターンを実例を用いて説明しながら、その問題について日本本社、出向者本人、現地法人が留意しなければならないことを説明してきます。

Q52 海外赴任者の任地での個人所得税申告漏れ（1. 違法性を知りながら申告・納税していない）

一般に、海外赴任者の任地での個人所得税の申告漏れとしてはどのようなパターンがあるのでしょうか。

> **A** 申告漏れの累計としては「1. 違法であると知りながら、任地で申告・納税していないケース」「2. 任地での申告・納税の必要性を理解していないケース」「3. 任地で申告・納税していると思っていたら、実はしていなかったケース」に分けられます。

長期（おおむね1年以上の予定）で海外に赴任している場合、海外赴任者の給与は、一般に日本払い給与、赴任国払い給与にかかわらず、全て赴任国で納税する必要があるのが通常です。しかしながら、冒頭に記載したとおり、一部の企業においては、日本払い給与・賞与及び現物給付について、赴任国で正しく納税を行っていなかったことを任地の税務調査等で指摘され、多額の罰金等を支払わなければならないケースが見られます。

では、なぜこのようなケースが起きるのでしょうか。

申告漏れの累計としては「1. 違法であると知りながら、任地で申告・納税していないケース」「2. 任地での申告・納税の必要性を理解していないケース」「3. 任地で申告・納税していると思っていたら、実はしていなかったケース」に分けられます。

「違法であると知りながら、申告・納税していない」としては、以下のようなケースが挙げられます。

> **違法であると知りながら任地で申告・納税していないケース**
> 1．現地社員に日本払い給与・賞与を知られたくない。
> 2．周辺企業も日本払い給与・賞与は申告していないので足並みをそろえたい。
> 3．日本払い給与・賞与まで申告すると、任地の税負担がその分、大きくなる。
> 4．申告しないといけないのはわかっているが、いったん申告すると、過年度の申告漏れまで指摘される可能性があるため、申告できない。

以下、順番に説明していきます。

1　現地社員に日本払い給与・賞与を知られたくない

　日本払い給与・賞与の申告を現地法人を通じて行うと、現地法人の経理担当者（通常、現地社員の場合が多い）に、その内容や金額を知られることになります。

　「知られても問題ない」と考える企業もある一方、「現地法人のコスト削減のため、現地社員の昇給をできるだけ抑えている中、日本人海外赴任者には日本本社から多額の給与・賞与が支給されていることを現地の社員が知ってしまうと、彼らのモチベーションに影響する」「金額を知られると命を狙われる可能性がある」等として、日本払い給与・賞与をあえて申告していない事例もみられます。

　このように「現地社員に知られたくない」ことが申告しない理由であれば、海外赴任者の給与計算の一切を会計事務所に依頼することで、現地社員に日本払い給与等の存在を知られないようにする手もあります。

　ただし、日本払い給与等にかかるＸ国の個人所得税相当額を現地法人が負担すると、「これだけの税金を払うということは、かなりたくさんの給与が支払われているのだろう」と推測され、結局、給与を知られるのと同じことになってしまいます。これを防ぐために、現地の所得税相当額を日本本社が負担する方法もあります。

　しかし、この方法だと日本の法人税法上、「なぜ出向者にかかるコストを、出向先であるＸ国現地法人が負担せず、日本本社が負担するのか。日本本

社が負担するなら、その負担した額は、経費として処理せず寄附金として処理するべき」として日本本社の税務調査の際に指摘され、課税対象にされる可能性があります。

2 周辺の日系企業も日本払い給与・賞与等は申告していないので足並みをそろえたい

申告しなければならないことはわかっているものの、周辺の日系企業から、日本払い給与等は申告していないと聞いたので、横並び意識から同様に申告していないというケースです。

「周りがしていないから……」という理由で申告していないと、「いつの間にか周辺の企業は正しく納税しており、していないのは自社だけ……」という事態に陥っている場合も実際にあります。

周辺企業に合わせるというのは、良いことはともかく、悪いことについてはやめておいたほうがよいでしょう。

3 日本払い給与・賞与まで申告すると、任地の税負担がその分、大きくなる

たとえばタイに赴任しているY氏は、日本払い給与を申告せず、現地払い給与のみを申告していたとします。

現地払い給与のみを申告している際、課税所得は年間60万バーツとしていたため、累進税率は15％でした。しかし、日本払い給与を含めて申告すると、課税所得は年間500万バーツになり、累進税率は35％になります。

このように、所得が多くなれば累進税率も高くなり、会社負担すべき税金は飛躍的に高くなってしまいます。

通常、海外赴任者にかかる赴任国の個人所得税は、実質的に会社が負担していますから、申告する所得が大きくなればなるほど、その国で支払うべき個人所得税は大きくなり、その分、会社の負担が大きくなります。そ

のような理由から、本払い給与・賞与は申告していないことがあります。

4　申告しないといけないのはわかっているが、いったん申告すると過年度の申告漏れまで指摘される可能性があるため、申告できない

　上記3のような理由で、これまで現地払い給与のみ申告していたものの、やはり正しい納税が必要と認識を改め、日本払い給与も合わせて申告しようとしたとします。

　しかし、去年までは課税所得は60万バーツと申告したにもかかわらず、今年から急に500万バーツと申告すれば、「昨年までの報酬は本当に正しかったのか」と勘繰られる可能性も十分に考えられます。

　そのような理由から、「本当は正しく申告したいのだけれど、正しく申告したことで、過年度の申告漏れを指摘されるきっかけになってしまうのでは」と心配し、この問題に直面した役員も、「自分の代でこの問題の蓋を開けたくない」と正しい納税を行えないまま何年にもわたって放置しています。しかし、その間にも申告漏れの累計額は増えていますから、そのリスクはますます大きくなっていく悪循環に陥っています。

　上記のような事情から、申告・納税の必要性を知りながら、実施していないという事例は少なからず見受けられます。

Q53 海外赴任者の任地での個人所得税申告漏れ（2. 申告・納税の必要性を理解していない）

申告・納税の必要性を理解しておらず、申告漏れが起きるとはどのような場合が考えられるのでしょうか。

A 「法定社会保険料会社負担分を所得に含めていない」「現物給与を所得として申告していない」「会社負担した個人所得税を給与に上乗せしていない」等があります。

「任地での申告・納税の必要性を感じておらず、申告・納税漏れが起きたケース」としては以下が挙げられます。

任地での申告・納税の必要性を理解していないケース
1. 法定社会保険料会社負担分を所得に含めていない。
2. 現物給与を所得として申告していない。
3. 会社負担した個人所得税を給与に上乗せしていない。
4. 日本払い報酬等は源泉徴収しているため、赴任国で申告しなくてよいと勘違いしている。
5. 赴任国は国内源泉所得のみ課税と聞いていたので、日本払い給与・賞与は申告していない。
6. 日本での家賃収入等が赴任国で申告・納税対象になることを知らなかった。
7. 海外赴任中に受け取った退職金が赴任国で課税されるとは知らなかった。

では、以下に順番に説明していきます。

1 法定社会保険料会社負担分を所得に含めていない
(1) 具体的事例
中国現地法人Y社は、中国の通達「国税発［1998］101号」に基づき、法定社会保険料の会社負担分を免税扱いとし、赴任者の個人所得税の対象にしていませんでした。

しかし、昨年の中国での税務調査において、「法定社会保険料会社負担分を個人所得税に含めていない」と指摘され、過年度にわたり追徴課税されてしまいました。
　理由を聞くと、上記通達は 2011 年にすでに失効していたにもかかわらず、現地法人側はそのことを知らず、この通達が現在も有効だと勘違いして所得税の計算を行っていましたが、本社は現地法人が正しく計算しているだろうと信じ込んでいたため、この問題に全く気が付いていませんでした。

(2)　この事例から学ぶこと
　以前の通達が失効しているにもかかわらず、そのことに気が付かずに税務処理を行っていたことによるものです。「中国は頻繁に法律が変わるからこのようなことが起きる」と思われるかもしれませんが、中国に限らず、他の国においても、細部の取扱いは常に変わると思っておいた方がよいでしょう。
　正しい知識を常にインプットする習慣をつけるか、信頼できる会計事務所やコンサルタント会社から定期的に最新情報を得られる体制を作っておく必要があります。

2　現物給与を所得として申告していない
(1)　具体的事例
　B氏は家族帯同で赴任し、子女を現地の日本人学校に通わせていました。学費は全額会社（日本本社）が支払っています。
　以前、中国に赴任した際は、子女教育費を会社が負担する場合は、個人所得税の課税対象とならなかったので、今回赴任した国においても、非課税扱いだろうと思っていました。
　一方、この国では全ての現物給与は全額課税対象になっていたのですが、会社が負担した子女教育費を個人の所得として申告していませんでした。

すでに申告漏れになってから数年が経過しています。自ら申告するべきか、このまま気が付かなかったこととして放置するか悩んでいます。

(2) この事例から学ぶこと

「中国では非課税扱いだったので、次の赴任国でも同じだろう」と以前の赴任国での取扱いを基準として次の赴任国で物事を進めると、大きな間違いをすることがあります。

特に、現物給与の取扱いは国によりさまざまです。たとえば家賃一つとっても、「会社負担した場合は非課税」「一定の比率に基づき課税対象」「全額課税対象」「個人の所得とは認識されないが、支払った会社側にフリンジベネフィットに対する課税がされる」等です。

よって、現物給与の取扱いが確実でなければ、専門家に確認するなど、自分で勝手に判断しないことが重要です。

3　会社負担した個人所得税を給与に上乗せしていない

(1) 具体的事例：「手取り補償」の意味を正しく理解していなかった

Z社では他社と同様、海外赴任者にかかる個人所得税は会社負担としていました。

赴任者C氏の手取り報酬が100、税率が20％だったので、会社が個人所得税を20支払っていましたが、「会社が負担した赴任者の税金20は、本来、個人が支払うものであるため、所得として上乗せし、所得税の課税対象にしなければならない。」と専門家から指摘を受けました。

(2) この事例から学ぶこと

本来、個人所得税は本人が負担するべきものですから、個人所得税を会社負担した場合、当該個人所得税相当額も個人の所得に含めなければなりません。

4 日本払報酬等は源泉徴収しているため、赴任国で申告しなくてよいと勘違いしている

(1) 具体的事例

　　C氏はX国にある海外現地法人の社長であると同時に、日本本社の取締役でもあります。日本本社からC氏に支払われる役員報酬は、日本で20.42％の税率で所得税が課税されています。

　　「日本とX国は租税条約を締結しているので、二重課税は発生しないから、日本で課税された役員報酬はX国では申告しなくてよいだろう」と判断していたところ、赴任国で申告漏れを指摘されてしまいました。

(2) この事例から学ぶこと

　　「租税条約が締結されている＝二重課税は発生しない」とは限りません。日本本社が日本の取締役に支払う報酬は、日本から見ると（日本）国内源泉所得である一方、C氏がX国にずっと滞在し、X国の現地法人のために働いているのであれば、日本本社から支払われる役員報酬は、X国から見ても「国内源泉所得」に該当するでしょう。

　　日本で課税されたからといって、赴任国で課税されないとは限りません。勝手に課税対象から外すことは避けた方がよく、確実に非課税とわかっている場合以外は課税対象となると思っていた方が安全です（ただし赴任国において外国税額控除の適用を受けられる場合があります）。

5 赴任国は国内源泉所得のみ課税と聞いていたので、日本払い給与、賞与は申告してない

(1) 具体的事例

　　E氏は台湾に赴任していました。給与は日本本社と台湾現地法人から受け取っていましたが、台湾では居住者であっても「国内源泉所得のみ課税」と聞いていたため、E氏の給与について、台湾では、台湾現地法人から支給された給与のみ申告し、日本払いの給与や手当、賞与については一切申

告していませんでした。

(2) この事例から学ぶこと

「国内源泉所得」は、たとえ国外から払われていたとしても、その国で勤務した所得であれば、一般に国内源泉所得に該当します。

この事例は、会社側や赴任者が基本的な知識を身につけていなかったことで生じる間違いですが、同様の勘違いをされているケースは意外と多いので注意が必要です。

6 日本での家賃収入等が赴任国で申告・納税対象になることを知らなかった

(1) 具体的事例

F氏は海外赴任中、空き家になった自宅を賃貸に出しており、それにより発生する不動産所得は日本で確定申告を行っていました。F氏が赴任するG国の所得税法では、居住者は全世界所得に対して課税されます。

つまり、その人が受け取った所得であれば、それが国内で生じたものでも、国外で生じたものでも、全てその人の居住地国（ここでいうG国）で課税対象となります（※）。

つまり、日本で生じた不動産所得についてもG国で申告・納税する必要があります。しかし、日本本社側は、F氏が自宅を賃貸に出していることは知っていましたが、その所得がどのくらいあるのかはもちろん、G国で申告しなければならないことまで把握していなかったので、F氏の不動産所得については、G国で申告・納税していませんでした。

現時点ではG国から申告漏れを指摘されていませんが、同様に日本で不動産所得のある他社の赴任者が、税務調査の際、個人所得について徹底的に調べられた際に不動産所得を申告していないことを指摘され、追徴課税されたことを聞き、会社として今後どのように対応すべきか悩んでいます。

（※）居住者であれば全世界所得が課税対象となる国が多いですが、シ

ンガポール、香港、台湾、マレーシア等は居住者であっても国内源泉所得のみ課税対象となります。

　タイについては、居住者はタイ国内源泉所得とタイ国外源泉所得のうち、タイ国内に持ち込まれた所得が課税対象になります。

　また、国によっては外国人については、滞在期間が一定期間以内であれば、税法上の居住者に該当しても課税される所得の範囲が異なることがあります。

(2)　この事例から学ぶこと

　会社側は、「海外赴任者には会社が支払う給与・手当・賞与・その他現物給与しか所得がない」と思い込んでいる節がありますが、実際は海外赴任中に自宅を賃貸に出していたり、赴任中に自宅を売却したり、また、赴任者が資産家で、生前贈与などを受けているケースもあります。

　日本で勤務しているときは、報酬は税込みで給与を支給していたので、本人の個人的所得である不動産所得等は本人が確定申告するだけであり、会社がその存在を知る必要性もなかったのですが、手取り補償方式の場合、「本人の手取り給与を保証し、赴任国で発生する所得税等は会社が負担する」としています。このように規定している場合、海外赴任者の個人的な収入にかかる赴任国の所得税も、会社が負担するともとれます。

　そのため企業によっては、「会社が負担する海外赴任者の赴任国での所得税は、会社の定める規程に基づき支払われる給与・手当・賞与・現物給与にかかるものだけに限定し、本人の個人的収入に関して現地でかかる所得税は、（会社負担ではなく）個人負担とする」と規定している企業もあります。

　会社の立場からは当然の取扱いでもある一方、赴任者の立場からは、「会社の命令で海外赴任した結果、現地で発生する税金をなぜ個人負担とさせられるのか」と憤りを感じるかもしれません。

　もっとも、会社からの給与等しか収入がない大半の方にとっては関係の

ない話ではありますが、給与以外の所得がある場合、正しく申告する際には、当該税金を誰が負担するかについて、あらかじめ規程等に考え方を明記する必要があります。

7　海外赴任中に支払った退職金が赴任国で課税対象になることを知らなかった

(1)　具体的事例

　H氏は米国に10年間赴任していますが、このたび、米国現地法人での多大な貢献が認められ、日本本社の取締役に就任することになりました。取締役就任後も米国での勤務は継続するため、従業員から役員に昇格する際に支給される従業員としての退職金2,500万円を米国赴任中に受け取ることになりました。

　退職金を支給する段階になり、日本本社が調べたところ、退職金を支給する際に、日本勤務期間分に相当する部分について、20.42％の税率で課税が必要であること（ただし、本人が確定申告時に選択課税の適用を受けることで、支払った所得税の大部分が還付される）がわかりました。一方、このたび支給される退職金には、米国で勤務した期間分も含まれています。

　米国では、居住者は全世界所得に対して課税されるため、この退職金に対して米国でも申告・納税が必要なことがわかりました。簡単に計算したところ、退職金を米国で申告すると、退職金の3分の1以上が所得税として徴収されてしまいます。

　そのため、赴任者にとって不利益が大きいことから、当初は退職金についても手取り補償方式で退職金を支給し、退職金にかかる米国での税額は日本本社が負担するつもりでした。

　しかし、日本本社の顧問税理士から、「長年、米国で勤務していた社員の退職金にかかる税額まで日本本社が負担すると、日本の税務調査において寄附金として課税される可能性がある」と指摘を受けました。

　そのため、米国現地法人で退職金にかかる税額を負担してもらおうとし

ましたが、米国現地法人は当社の100％子会社ではなく、米国企業との合弁会社です。それもあってか、「日本の退職金制度に基づき支給される退職金にかかる米国の所得税を、合弁会社側が支払う根拠がない」と却下されてしまいました。

(2) この事例から学ぶこと

　海外赴任中に退職金を受け取ると、日本と赴任国の両方で課税されてしまいます。退職金は金額が非常に大きいことから、課税されてしまった時の影響も非常に大きくなります。

　退職金は日本に帰任してから支給する形をとることが望ましいですが、今回のケースのように、海外赴任中に退職金が支給された場合は、退職金の課税の問題は免れられません。

　そのため、海外赴任中に退職金を受け取ることが予想され、かつ赴任国で所得税が課税される可能性があれば、その赴任国で発生する所得税はだれが（会社なのか、個人なのか）負担するのか、会社側と赴任者側であらかじめ決めておく必要があります。

　そのため、赴任中に退職を迎える可能性のある人はできるだけ赴任させない、又は支給のタイミングを検討する等の対応策が必要になります。

Q54 海外赴任者の任地での個人所得税申告漏れ（3. 申告・納税しているつもりだがしていなかった）

申告・納税しているつもりが実はしていなかったとは、どのような場合が考えられるのでしょうか。

A 「現地法人が日本払い報酬を申告していなかった」「現地法人が税額計算を間違っていた」「会計事務所が計算を間違っていた」「会計事務所からの質問状に正しく回答していなかった」「本人任せにしていたら申告・納税していなかった」等があります

「任地での申告・納税していると思っていたら実はしていなかったケース」としては、以下が挙げられます。

申告・納税しているつもりだがしていなかったケース
1. 現地法人が日本払い報酬を申告していなかった。
2. 現地法人が税額計算を間違っていた。
3. 会計事務所が計算を間違っていた。
4. 会計事務所からの質問状に正しく回答していなかった。
5. 本人任せにしていたら納税していなかった。

---

1 現地法人が日本払い報酬を申告していなかった

(1) 具体的事例

M社は海外に多数の現地法人を持つ大企業です。各現地法人には、日本からの赴任者を送りこみ、日本払い給与を含めて赴任国で正しく納税すること、納税資金は現地法人が負担することを現地法人の経理担当者に伝えていました。

各現地法人は、本社からの指示に従って正しく納税していたのですが、ある現地法人のみ、本社からの指示が正しく伝わっておらず、現地法人払

いの給与のみ申告しており、本社払いの給与・賞与・手当などは全く申告していないことが判明しました。

これら日本払いの報酬が正しく申告されてない状況はすでに10年以上前から継続しており、過去の過少申告分にかかる税金や延滞税などを計算すると、億単位の金額になることが判明しました。

(2) **この事例から学ぶこと**

現地法人側に赴任国での納税一切を任せるのはよいのですが、このケースと同様に、現地法人側での計算ミスや勘違い、本社から必要な情報が得られないため正しく申告・納税が行われていない場合があります。よって、手取り補償方式の海外赴任者の所得税額計算に現地法人が慣れていないのであれば、会計事務所に依頼するのが安心です。

実際に、現地法人の経理担当者に赴任者のグロスアップ計算を依頼していると、低くない確率で計算方法が間違っていたり、課税所得に含めなければならないフリンジベネフィットを課税対象に入れていない、外国人赴任者に限り適用される所得税の優遇措置等を反映しないで税額計算を行っている等、計算が間違っていることもあります。

また、本社側も、「正しく納税されているか否か」について、日本本社側で"正しく"確認しているのかをチェックするべきでしょう（細かい税金の計算は無理でも、「支払った報酬と税額を対比すれば、税率から考えて税額が少なすぎるのではないか」と気が付くこともあるでしょう）。

単に現地法人に対して、「日本払い給与・賞与は正しく申告しているか」と確認し、大丈夫と答えたからといって安心していてはいけません。

2 現地法人が計算を間違っていた

(1) **具体的事例**

P社では、中国に赴任している海外赴任者の個人所得税処理を中国現地法人に任せていました。現地法人は、日本本社からの海外赴任者M氏の日

本払い給与を含めて申告・納税していました。

しかし、M氏の赴任期間中に、中国の個人所得税の税率表が変更になったにもかかわらず、それに気が付かず以前のままの税率表を用いて税額計算をしていました。

日本本社の経理担当者が中国に出張した際、M氏の所得税計算にかかる資料を見てそのことに気付いたのですが、すでに間違って処理してから数年が経過していました。

(2) この事例から学ぶこと

現地法人任せにしていたため、間違っていたことに気が付かなかったケースです。もし、この経理担当者が中国に出張していなければ、間違った計算をそのまま継続していた可能性が非常に高いでしょう。

上記1(2)と重複しますが、現地法人に任せる場合、申告した結果を必ず本社に連絡し、本社側がその内容をチェックできる体制をとることが重要です（ただし、この経理担当者のように間違いを発見できるだけの知識があればよいのですが、そうではない場合、申告・納税書類を見ても、それが正しいか間違っているかの判断は難しいかもしれません）。

3　会計事務所が税額計算を間違っていた

(1) 具体的事例

N社では、海外赴任者S氏の赴任国での所得税の計算はとても複雑であるため、出向先の合弁会社に頼むと間違える可能性があると判断し、合弁会社から紹介された会計事務所に依頼していました。

しかし、この会計事務所は地元の企業が顧客の中心であり、N社のような外資企業はもちろん、海外赴任者のグロスアップ計算等に慣れていません。そのため所得税の計算ミスをしていたのですが、そのことに誰も気が付かず、数年が経過していました。

結局数年後に申告・納税漏れが見つかったのですが、すでに会計事務所

の担当者は退職しており、申告・納付漏れの経緯はわかりません。結局、申告漏れの税額と罰金を現地法人が払うことになりました。

(2) この事例から学ぶこと
　社内で海外赴任者の税額計算を行うのではなく、会計事務所に依頼したからといって、適切な先に依頼していないと、計算ミスなどが起きる可能性があります。
　よって、会計事務所に依頼する場合は、海外赴任者の税額計算について多数取り扱った経験のある事務所、また、自社の税務に関する考え方を理解してくれる事務所に依頼するのがよいでしょう。

4　会計事務所からの質問状に正しく回答していなかった
(1) 具体的事例
　A社は、海外赴任者の税額計算についての経験豊富な会計事務所に海外赴任者の所得税計算を依頼していました。そのため、海外赴任者の所得税はすべて正しく申告・納税していると安心していました。
　しかし、赴任者が会計事務所から依頼された所得税申告に必要な情報を入手するための質問書への記入を怠っていたことから、一部の所得に対して申告漏れがありました。

(2) この事例から学ぶこと
　経験豊富な会計事務所に依頼したにもかかわらず、なぜこのような事態が生じたのでしょうか。
　会計事務所は正しい計算を行うことは可能ですが、会社とは異なる外部組織ですので、会社の給与支給方法や、本人の個人的収入までは把握していません。そのため、会計事務所は正しい計算を行うために、赴任者の所得等について正確な情報が必要です。そのため、海外赴任者や会社側に対して、所得税計算に必要な情報収集を行います。

これらの情報をそろえて初めて正しく計算することができるのですが、海外赴任者や会社の中には、多忙等の理由で、その質問状に回答するのを忘れてしまったり、よくわからないからという理由で適当に書いて提出しているケースもあります。

会計事務所は顧客から得た情報を基に計算を行いますから、提供された情報自体が間違っていれば、その計算結果も当然ながら正しいものにはなりません。

5 本人任せにしていたら納税していなかった
(1) 具体的事例

A社では、ベトナムに海外現地法人を設立しました。社内にベトナムに知見のある人がいないので、ベトナムで長期で赴任経験のあるE氏を採用することになりました。

日本本社は「E氏はベトナムのことなら何でも知っているから、ベトナムでの個人所得税に関する処理も本人がきちんと行うだろう」と思い込んでいました。ところが数年経ち、日本払い給与の申告が漏れていることが発覚、E氏に問いただしたところ、税金は支払っていると主張します。

よく聞いてみると、現地法人が支給した給与にかかる明細表に「TAX」と書かれた項目があったことから、てっきり自分の給与にかかる所得税はベトナムにおいて正しく納税できていると思い込んでいたのです（しかし、この「TAX」は、現地法人から支給された給与にかかる税金のみで、日本本社で支給された報酬にかかる税金は含まれていなかったことを知りませんでした）。

E氏は「私はベトナムでのビジネスの専門家だが、ベトナムの個人所得税の処理までは詳しくない。そもそも、以前の会社ではそういった税務処理は本社側が会計事務所に頼んで適切に処理してくれており、所得税に関する処理には全く関与していなかった。（日本でもする必要のない）個人所得税の納税手続まで任されても困る」と憤慨していました。

R社では外国人を採用し、本人の母国に赴任させていました。「母国に赴任するのだから、母国のことはなんでも詳しいだろうから納税も本人に任せよう」と、税込みで給与を渡していました。
　数年後、他の拠点で海外赴任者の日本払い給与の申告漏れが発覚したことがきっかけで、海外全拠点において納税漏れがないかチェックしたところ、この拠点においても納税漏れが発覚しました。
　本人に対し、なぜ納税していなかったのかを問い詰めると、「給与は手取りでもらっていると思っていた。総額支給とは聞いていない」と言い張ります。確かに「総額支給」と約束したことは当時の担当者には記憶があるのですが、本人との間に合意文書を交わしていたわけではないため、いくら話し合っても平行線です。かといってこのまま放置して、申告漏れが発覚し、支払漏れをしていた税金や罰金を払う段階になれば赴任者との間でもめ事に発展するのは明らかです。
　そのリスクや労力を検討した結果、最終的に会社側が折れて、納税漏れだった金額を支払うことになりました。

(2) **この事例から学ぶこと**
　いずれのケースも「赴任者は現地事情に詳しいから、個人所得税の納税にも詳しいだろう。正しく処理しているだろう」と本社側が思い込んでいた結果、生じたケースです。
　この例のように、現地での滞在が長いからといって、赴任国の所得税法や、自らの給与や手当などの課税方法まで知っているとは限りません。赴任者自らが所得税の計算に関わっているごく少数の方を除いては、そのような知識がある方はほとんどいないと考えた方がよいでしょう。
　しかしながら、本社側が「A国に長く赴任していた人＝A国の"すべて"について詳しい人」と思い込んでしまうと、このような事態が生じることになりますので注意が必要です。

Q55 申告・納税漏れが起きる根本的原因

海外赴任者の任地所得税の申告・納税漏れは、故意によるもの、知識がないことによるもの、思い込みによるものから起きることがわかりました。そもそもなぜこのようなことが起きるのでしょうか。

A 「発覚しないと軽く考えている」「発覚した時のリスクを考慮していない」「任地における最低限の税務知識がない」「個人所得税について誰も関心がない」ことがわかりました。

1 発覚しないと思っている

「日本本社から、日本の口座に支払われている給与・賞与等まで、現地の税務当局に見つからないだろう」と安心している方もいるのではないでしょうか。しかし、実際に見つかっているケースもあります。ではなぜ見つかるのでしょうか。

考えられるのが「(1)(元)従業員からの密告」「(2)税務当局間での情報交換・税務調査」等があります。

(1) (元)従業員からの密告

「退職した従業員が、赴任者の日本払い給与や賞与の存在を知っていて密告した」などです。国によっては密告を奨励しているケースもあります。

発覚は、税務調査だけでなくこのようなケースも多いのではないかと考えられます。

(2) 税務当局間での情報交換・税務調査

2国間の所得税等の二重課税に関しての取り決めを行っている「租税条

1 個人所得税申告に関して必ず知っておきたいこと 197

約」においては、「情報交換」という規定があります。

この規定によりますと、「一方の国が調査などの過程において知りたいと思った情報を、租税条約の相手国に対して要求することができる」ことになっています。

たとえば、赴任国の税務当局が必要と判断すれば、日本側の税務当局に対して税務関連情報を求め、それがきっかけで納税漏れが見つかる、というケースも少なからず存在します。

2 発覚した時のリスクを考慮してない

「多額のペナルティが発生する可能性」や「会社の信用に傷がつく」ことなどをまったく考慮していないということです。

(1) 多額のペナルティが発生する可能性がある

通常、海外勤務中はその国で勤務していますので、日本から受け取る給与・賞与なども全て、「その国で勤務した対価」といえます。

つまり、日本からA国に赴任した社員が、赴任中、日本から受け取る所得は、A国から見ると、「国内源泉所得（A国内での勤務の対価に基づき支払われる所得）」です。よって、日本払い給与・賞与などは、A国で申告・納税義務がありますので、仮に申告漏れが見つかれば、罰金等の対象になります。

中には、「現時点で見つかっていないのだから、今後も大丈夫だろう」と考える方もいるかもしれません。しかし今年見つからなかったからといって、来年以降も見つからないとは限りません。

納税漏れが見つかった場合、その年度だけでなく、過年度にさかのぼって課税されることもあります。過年度分は、延滞税などの対象にもなります。そのように考えると、「今見つかっていないから大丈夫」ではなく、「今見つかっていないということは、将来まとめて調査され、ごっそり罰金を払わなければならないリスクがある」と認識した方がよいでしょう。

また、申告漏れが見つかったことで、税務調査の頻度が高くなれば、会社の手間もその分増えることになります。

(2) 発覚すれば会社の評判を落とすことにもなりうる

海外赴任者の個人所得税の申告漏れについて、会社が真剣に取り組んでいない理由の一つには、「所詮個人の所得税の申告漏れだから会社には影響ないだろう」という考えが根底にあるからと思われます。

確かに個人所得税の申告漏れは、一義的には個人の問題かもしれません。しかし企業から赴任させている以上、「個人の所得税だから知らない」とはいえません。また、日本払い給与を含めて、会社（現地法人）に源泉徴収義務を課している国もあります。

この場合、責任は個人よりもむしろ会社にあるといえます。

また、メディアなどで申告漏れを公表されたら、会社のイメージも悪化します。

(3) 申告漏れのペナルティ等を日本本社が支払った場合、日本の税務調査において「寄附金」として課税される

仮に海外赴任者の任地での申告漏れが見つかった場合、そのペナルティは通常、赴任者個人が負担するのではなく、最終的に会社が負担することがほとんどです（なぜなら海外赴任者にかかる現地税等は「会社が実質的に負担する」という約束事になっているケースがほとんどだからです）。

では、このペナルティを負担する「会社」とはどこでしょうか。

海外出向しているのだから、出向先である現地法人が支払ってくれればよいのですが、規模が小さく利益の出ていない現地法人であれば、それらのペナルティを現地法人が負担できる余力はありません。その結果、日本本社が負担すると、日本の税務調査において「寄附金」として課税されることにつながります。

こうやって考えると、申告漏れを放置していることが、あらゆる観点か

らもいかにリスクが大きいかということがわかります。

3　任地における最低限の税務知識がないとは？

海外拠点すべての所得税について把握するのは無理ですが、最低でも以下のポイントは知っておく必要があります。

最低限の税務知識があれば、「この報酬水準であれば、累進税率は××％が適用されるであろう。そう考えると、この税額は少なすぎる」「そろそろ申告時期だが海外赴任者の個人所得税申告に関して現地法人から何の連絡もないが大丈夫だろうか」等の勘が働きますし、会計事務所との意思疎通もスムーズになるでしょう。

4　個人所得税について誰も関心がない

海外赴任者の給与・賞与・手当などの申告漏れが起きるのは、責任の所在がはっきりしていないからです。

以下では、それぞれの立場で説明していきます。

(1)　日本本社の立場

通常、海外赴任者の給与・手当等については手取りを補償しているケースがほとんどです。そのため、規程においても、「海外赴任者の現地税・社会保険料は会社が負担する（又は、会社がそれら金額を計算し、給与に上乗せして支給する）」という書きぶりになっています。

つまり、「実質的に会社が支払う」ということは決まっているのですが、ここでいう「会社」とは、日本本社を指しているのか、現地法人を指しているのか、明確でない場合がほとんどです。

多くの会社は、所得税の申告漏れなど起こしてはならないと考えていますから、当然ながら正しい納税をしようと考えています。しかし、日本側で現地の赴任国の所得の申告を行うことができないので、現地法人や会計事務所に依頼します。そして、依頼すれば、「正しく処理してくれている」

とすっかり安心してしまい、「本当に申告が正しく行われているか」まで確認していないケースがほとんどです。

おそらくその背景には、「現地法人は正しく処理してくれているもの」「正しく処理していると言っているから、きっとそうであるに違いない」「赴任者も自分の個人所得税のことだから、正しい情報を現地側に伝えて現地でうまく処理しているだろう」という思い込みがあるからです。

海外赴任者にかかる業務は非常に煩雑であり、また、赴任者数が100名以下であれば、日本本社側で海外赴任者の実務に関する専任の担当者を置くことはまれです。海外赴任者に関する事項は人事担当者が他の業務と兼任で担当しています。ですから、非常に忙しいので、そこまできちんと管理する余裕はありません。

(2) 海外赴任者の立場

(1)で記載したとおり、赴任者の現地でかかる個人所得税は会社が負担しています。つまり、赴任者は「手取り」で給与が補償されていますので、「税金は会社が正しく処理してくれている」と認識しています。

そもそも日本では源泉徴収と年末調整という形式で給与に関する税金の処理は全て会社がしていた状況では、給与以外に所得がない一般的なサラリーマンであれば、税金について関心があることといえば「住宅ローン控除」「ふるさと納税」「医療費控除」くらいであり、税金について深く考える必要がないというのが一般的でしょう。

日本にいたときから「税金の処理は会社がしてくれるもの」と考えている方が、「海外赴任中は手取り補償方式ですよ。税金は会社が払いますよ」と日本本社の規定や赴任説明会で説明を受けていれば、当然ながら現地の個人所得税について関心を持つ理由がありません。

「本社がきちんと処理してくれているだろう（もしくは、本社が現地法人や会計事務所に手を回して、正しく処理してくれているだろう）」と判断し、赴任中の任務に追われて、所得税のことなど頭にないと考えた方が

よいでしょう。

よって、赴任前から赴任国の個人所得税について、本社側から何らかの指示を受けていない限り、赴任者本人がよほど税金に関心があるケースを除いては、申告漏れに自ら気が付くことはまずありません。

(3) 現地法人の立場

国にもよりますが、給与にかかる税金は支払い時に源泉徴収するケースが多くなっています。そのため、現地法人は現地法人払いの給与については正しく源泉徴収している場合が大半です。

しかし、事前に本社から指示がない限り、日本本社から支払った給与や福利厚生にかかる税金まで正しく申告できているとは限りません。中には日本で払っている給与・手当額等は知らされていない現地法人もあり、そのような場合は、日本払い給与等について正しく申告する余地がありません。

また、日本払い給与等を把握していても、日本のように年末調整の形で、最終的な税金の計算を会社が行ってしまう国は珍しく、毎月の給与が源泉徴収されていても、年度終了後に、個人が自ら確定申告を行うため、現地法人の経理担当者が日本からの赴任者など、赴任者の税務に詳しくない限り、気を利かせて申告漏れが発生しないよう配慮してくれるケースはまれといえます。

5 本社の管理不足

本社の管理不足とはどのようなことでしょうか。

日本払い給与が正しく納税されているか、確認作業を行っていない、つまり、赴任者の所得税の申告が正しく行われているか管理していないということです。

先にご説明したとおり、この問題は社内における最終的な責任の所在がはっきりしていません。なぜなら、「海外赴任者個人の所得税の問題」と

して、きわめて個人的なこととらえがちであり、経営者の方たちにとっては問題が発覚するまで特に気にも留めないテーマだからです。

　しかし、「海外赴任者の任地の所得税相当額は会社が負担する」と約束したり、国によっては国外払いの所得についても雇用元（この場合、現地法人）に源泉徴収義務がある場合は、申告・納税漏れがあれば「個人の所得税だから会社は関係ない」とはいえません。

　そのため、個人所得税の申告漏れは、個人の問題だけではなく、会社が対応すべき事項であるため、「海外赴任者の個人所得税が正しく納税できているのか」について本社側で取りまとめを行い、その実情を把握できる人が必要になってきます。

　そのような意味で、本社側の管理が必須ですが、現状ではそのような管理体制がとられている会社は少なく、海外赴任者の個人所得税の納税漏れが起きる根本的な原因は、「本社側の管理不足」にあるといえます。

Q56 日本払い給与・賞与の申告漏れ等を起こさないためにできること

申告・納税漏れが発覚すれば、後日大変面倒なことになります。では、日本本社、海外赴任者は何をするべきなのでしょうか。

> **A** 日本本社、海外赴任者のそれぞれが、個人所得税について関心を持ち、最低限の税務知識を持ち、それぞれの役割を果たすことが大切です。

「現地の個人所得税は会社負担だから、全部会社がやってくれるだろう」「赴任者本人の個人所得税だから、申告漏れがあっても、その責任は本人にあり、会社は関係ないだろう」「本社から来ている赴任者だから、現地法人は現地法人払い給与のみ源泉徴収しておけばよい」といった考え方では、申告漏れなどが起きる可能性があります。

とはいえ、海外赴任中は現地法人の経営や技術指導、営業活動等の任務が中心であり、自らの個人所得税についてあれこれ考えている時間はありません。よって、まずは以下の点から取り組んでいただければと思います。

日本本社・海外赴任者がすべきこと

1. 日本本社がすべきこと
   - 海外赴任者の個人所得税に関する日本側の責任者を定める（又はその作業を委託できる外部専門家を探す）
   - できるだけ日本側で一元管理を行う
   - 個人所得税が正しく納税できているのかどうか、確認できるスキームを作る
   - 海外赴任者を任地に送り出す前に、赴任国の税務の概要を説明し、申告・納税漏れが起きるとどんな問題が起きるかをきちんと説明する（人事研修などにおいて、海外赴任を明示されたら知っておかなければならないことの一つとして説明しておく方が、赴任前の忙しい中、慌てて説明するよりも有効。海外赴任候補者向け研修などに、国別でなくてもよいので説明する機会を設けておくとよい）
2. 海外赴任者がすべきこと
   - 本社からの指示に正しく従うとともに、不明点は確認し、会社や会計事務所・現地法人任せにしない
   - 自らの所得税が正しく払われているか関心を持つ
   - 根拠不明の甘い話には耳を貸さない（その話に乗って正しく申告・納税を行わなかった場合、赴任者にもその責任の一端が及ぶことになる）
   - 給与以外の所得がある場合（不動産所得等）は、その存在を日本本社にできるだけ早く伝え、どのように対応するか検討する

Q57 アジア各国の個人所得税概要（中国、香港、台湾、韓国、タイ、マレーシア、フィリピン、インド、ベトナム、シンガポール、インドネシア、カンボジア、ミャンマー）

アジア各国の個人所得税の概要について教えてください。

アジア各国の個人所得税について、それぞれの国ごとに概要をまとめてみました。

アジア各国の個人所得税について、それぞれの国ごとにその概要を次のようにまとめてみました。

1 中 国（2022年1月24日時点の為替レート：1人民元（RMB）＝ 18.00円）

(1) 概 要

課税年度	暦年（1/1～12/31）	
居住者・非居住者の定義と課税対象所得		定　義	課税対象所得
	居住者	・中国に住所がある者 ・中国に住所はないが暦年で183日以上中国に居住する者	全世界所得 （ただし外国人の場合、中国居住期間が6年以下の場合は、中国国外から支払われた国外源泉所得は非課税扱いとなる。）
	非居住者	上記以外	中国国内源泉所得
居住者の主な所得控除の種類	・基礎控除：60,000元／年 ・子女控除：1,000元／月 ・教育控除：400元／月 ・高度人材者のための教育控除：3,600元／月 ・重病のための医療費控除：最大80,000元／年	

		・住宅ローン利息控除：1,000元／月			
		・家賃控除：800元・1,100元・1,500元／月			
		・高齢者控除：2,000元（一人っ子）・1,000元（一人っ子以外）／月			
		※ 2021年12月31日、中国財政部と税務総局は、中国個人所得税の優遇政策の延長を発表。これにより、外国籍個人に対する非課税福利制度は2023年12月末日まで延長となった。			
個人所得税率（給与に関する）(2021年)		年度課税所得（元）		税率	速算控除額
		超	以下		
		0	36,000	3％	0
		36,000	144,000	10％	2,520
		144,000	300,000	20％	16,920
		300,000	420,000	25％	31,920
		420,000	660,000	30％	52,920
		660,000	960,000	35％	85,920
		960,000		45％	181,920
社会保険	外国人の加入義務	あり（2011年7月～） ※ 2019年9月1日に日中社会保障協定発効。中国滞在期間が5年以内の場合は、日本の年金制度への加入条件に中国の年金保険料が免除になる。			
	社会保険料率(上海)	雇用者負担：32.16％～35.52％ 被雇用者負担：15.5％～17.5％			
給与所得の納税方法		雇用主が源泉徴収→年間所得が12万元超の場合、翌年3／31までに確定申告			

(2) 日本の居住者が中国に出張する場合

日本の居住者A氏が中国に出張する場合、日本と中国の租税条約第15条第2項に基づき、以下3つの要件を全て満たせば、出張期間中の中国での個人所得税が免税になります。

ただし「非課税」ではなく「免税」です。そのため、中国が短期滞在者免税適用のために事前の資料の提出や書類の作成を要求している場合は、

それらを提出しないと免税が認められない可能性があります。

　詳細は専門家にご確認ください。

短期間滞在者免税適用のための3つの要件
①　A氏の中国での滞在期間が暦年で183日以内であること
②　A氏の報酬が中国の居住者でない者又はこれに代わる者から支払われるものであること
③　A氏の報酬がA氏の雇用者の中国内に保有する恒久的施設又は固定的施設によって負担されるものではないこと

　（詳細は「Q42：短期滞在者免税とは」及び「Q75：給与所得条項について」をご参照ください。）

2　香　港（2022年1月24日時点の為替レート：1香港ドル（HKD）＝14.63円）

(1)　概　要

課税年度	4/1～3/31			
居住者・非居住者の定義と課税対象所得		定　義	課税対象所得	
	居住者	香港滞在期間が180日超	香港源泉所得	
	非居住者	上記以外	香港源泉所得	
主な所得控除の種類	基礎控除（132,000HKD）、婚姻者控除（264,000HKD）、子供控除（誕生年240,000HKD、その他の年120,000HKD）などあり。			
個人所得税率（給与に関する）(2021年)	課税所得（HKD）		税率	控除額
	超	以下		
	0	50,000	2％	
	50,000	100,000	6％	1,000
	100,000	150,000	10％	5,000
	150,000	200,000	14％	14,000
	200,000		17％	30,000

社会保険	外国人の加入義務	なし
	社会保険料率	雇用者負担：5.00% 被雇用者負担：5.00%
給与所得の納税方法		源泉徴収制度は採用されていないので、5月初旬に税務当局より送られる申告書を発行日より1か月以内に提出。

（表上部）税率は上記のテーブルに基づき算出した金額と、給与の総収入の15%のいずれか低い金額となる。

(2) 日本の居住者が香港に出張する場合

日本の居住者A氏が香港に出張する場合、日本と香港の租税条約第14条第2項に基づき、以下3つの要件を全て満たせば、出張期間中の香港での個人所得税が免税になります。

ただし「非課税」ではなく「免税」です。そのため、香港が短期滞在者免税適用のために事前の資料の提出や書類の作成を要求している場合は、それらを提出しないと免税が認められない可能性があります。

詳細は専門家にご確認ください。

短期間滞在者免税適用のための3つの要件

① A氏の香港での滞在期間が継続する12カ月間のうち183日以内であること
② A氏の報酬が香港の居住者でない者又はこれに代わる者から支払われるものであること
③ A氏の報酬がA氏の雇用者の香港内に保有する恒久的施設によって負担されるものではないこと

（詳細は「Q 42：短期滞在者免税とは」及び「Q 75：給与所得条項について」をご参照ください。）

3 台湾（2022年1月24日時点の為替レート：1台湾ドル（TWD）＝4.11円）

(1) 概要

課税年度		暦年（1/1～12/31）	
居住者・非居住者の定義と課税対象所得		定　義	課税対象所得
	居住者	台湾内に住所を有しないが、1課税年度内に台湾内に183日以上居留していた者。	台湾源泉所得
	非居住者	上記以外	台湾源泉所得
主な所得控除の種類		1人につき：88,000TWD	
個人所得税率（給与に関する）(2021年)		課税所得（TWD）	税率
		超　　　　　以下	
		—　　　　　540,000	5%
		540,000　　1,210,000	12%
		1,210,000　2,420,000	20%
		2,420,000　4,530,000	30%
		4,530,000　10,310,000	40%
		10,310,000	45%
		非居住者である個人の給与所得のうち、台湾源泉所得について一律18%課税。	
社会保険	外国人の加入義務	あり	
	社会保険料率	雇用者負担：12.49% 被雇用者負担：3.71%	
給与所得の納税方法		雇用主による源泉徴収　→　確定申告（5/1～5/31）	

(2) 日本の居住者が台湾に出張する場合

日本の居住者A氏が台湾に出張する場合、日本と台湾の租税取り決め第15条第2項に基づき、以下3つの要件を全て満たせば、出張期間中の台湾での個人所得税が免税になります。

ただし「非課税」ではなく「免税」です。そのため、台湾が短期滞在者免税適用のために事前の資料の提出や書類の作成を要求している場合は、それらを提出しないと免税が認められない可能性があります。

詳細は専門家にご確認ください。

短期間滞在者免税適用のための3つの要件

① A氏の台湾での滞在期間が継続する12カ月間のうち183日以内であること
② A氏の報酬が台湾の居住者でない者又はこれに代わる者から支払われるものであること
③ A氏の報酬がA氏の雇用者の台湾内に保有する恒久的施設又は固定的施設によって負担されるものではないこと

4　韓　国（2022年1月24日時点の為替レート：100ウォン（KRW）＝9.54円）

(1)　概　要

課税年度	暦年（1/1～12/31）	
居住者・非居住者の定義と課税対象所得		定　義	課税対象所得
	居住者	韓国内に住所を有し、又は183日以上居所を有する個人。	全世界所得 ※　外国人居住者については、韓国滞在期間が過去10年間のうち5年以内であれば、国外源泉所得については、韓国内に送金されたもののみが課税となる。
	非居住者	上記以外	韓国源泉所得
主な所得控除の種類	勤労所得控除、個人控除、追加控除	

個人所得税率（給与に関する）	課税所得（KRW　million）		税率	控除 (1,000KRW)
※ 外国人赴任者で一定の条件を満たした場合は一律19%の税率が適用（注）別途住民税も課税される。(2020年)	超	以下		
	―	12	6%	
	12	46	15%	720
	46	88	24%	5,820
	88	150	35%	15,900
	150	300	38%	37,600
	300	500	40%	94,600
	500		42%	174,600

社会保険	外国人の加入義務	あり。ただし日韓社会保障協定が発効しているので、韓国滞在期間が5年以内と予定されている場合は、韓国の年金保険料が免除。
	社会保険料率	雇用者負担：9.83%～28.33% 被雇用者負担：8.98%
給与所得の納税方法		雇用主による源泉徴収　→　確定申告（5/1～5/31）

(2) 日本の居住者が韓国に出張する場合

　日本の居住者Ａ氏が韓国に出張する場合、日本と韓国の租税条約第15条第2項に基づき、以下3つの要件を全て満たせば、出張期間中の韓国での個人所得税が免税になります。

　ただし「非課税」ではなく「免税」です。そのため、韓国が短期滞在者免税適用のために事前の資料の提出や書類の作成を要求している場合は、それらを提出しないと免税が認められない可能性があります。

　詳細は専門家にご確認ください。

短期間滞在者免税適用のための3つの要件

① Ａ氏の韓国での滞在期間が暦年で183日以内であること
② Ａ氏の報酬が韓国の居住者でない者又はこれに代わる者から支払われるものであること
③ Ａ氏の報酬がＡ氏の雇用者の韓国内に保有する恒久的施設又は固定的施設によって負担されるものではないこと

（詳細は「Q42：短期滞在者免税とは」及び「Q75：給与所得条項について」をご参照ください。）

5　タイ（2022年1月24日時点の為替レート：1バーツ（THB）＝ 3.45円）

(1) 概　要

課税年度		暦年（1/1～12/31）	
居住者・非居住者の定義と課税対象所得		定　義	課税対象所得
	居住者	同一課税年度中に通算180日以上タイに居住する者。	タイ源泉所得及び国外源泉所得のうち、タイ送金分が課税。
	非居住者	上記以外	タイ源泉所得
主な所得控除の種類		本人控除（THB60,000）、配偶者控除（THB60,000）、児童控除（THB30,000、2人目はTHB60,000）等	
個人所得税率（給与に関する）(2020年)		課税所得（THB）	税率
		超　　　　　　以下	
		－　　　　　150,000	－
		150,000　　　300,000	5％
		300,000　　　500,000	10％
		500,000　　　750,000	15％
		750,000　　1,000,000	20％
		1,000,000　　2,000,000	25％
		2,000,000　　5,000,000	30％
		5,000,000	35％
社会保険	外国人の加入義務	あり	
	社会保険料率	雇用者負担：5.00％ 被用者負担：5.00％（政府負担率2.75％）	
給与所得の納税方法		雇用主により源泉徴収　→　確定申告（3月末）	

(2) 日本の居住者がタイに出張する場合

　日本の居住者Ａ氏がタイに出張する場合、日本とタイの租税条約第14条第1項に基づき、以下3つの要件を全て満たせば、出張期間中のタイでの個人所得税が免税になります。

　ただし「非課税」ではなく「免税」です。そのため、タイが短期滞在者免税適用のために事前の資料の提出や書類の作成を要求している場合は、それらを提出しないと免税が認められない可能性があります。

　詳細は専門家にご確認ください。

短期間滞在者免税適用のための3つの要件
①　Ａ氏のタイでの滞在期間が暦年で180日以内であること
②　Ａ氏の報酬がタイの居住者でない者又はこれに代わる者から支払われるものであること
③　Ａ氏の報酬がタイにおいて租税を課される企業によって負担されるものではないこと

　（詳細は「Q42：短期滞在者免税とは」及び「Q75：給与所得条項について」をご参照ください。）

6　マレーシア（2022年1月24日時点の為替レート：1リンギット（MYR）＝27.21円）

(1) 概　要

課税年度		暦年（1/1～12/31）	
居住者・非居住者の定義と課税対象所得	定　義		課税対象所得
	居住者	以下の要件のいずれかに該当する場合、当該個人は居住者とされる。 ①　課税年度（暦年）において、182日以上マレーシアに滞在する者 ②　課税年度におけるマレーシアでの滞在期間が182日未満であっても、直前もし	マレーシア源泉所得

		くは直後の課税年度において継続して182日以上マレーシアに滞在する者 ③ 課税年度におけるマレーシアでの滞在期間が90日以上で、直前4課税年度のうち3課税年度において、居住者に該当するか、もしくは90日以上マレーシアに滞在する者 ④ 直前3課税年度において、いずれも居住者に該当し、かつ翌課税年度においても居住者に該当すると認められる者。この場合、当該課税年度においてマレーシアでの滞在期間がなくても、居住者とされる。		
	非居住者	上記以外		マレーシア源泉所得
主な所得控除の種類		基礎控除（MYR9,000）、配偶者控除（MYR4,000）、扶養控除（MYR2,000）等		
個人所得税率（給与に関する）（2021年）		課税所得（MYR）	税率	税額
		超 / 以下		

課税所得（MYR）		税率	税額
超	以下		
0	5,000	0％	0
5,000	20,000	1％	0
20,000	35,000	3％	150
35,000	50,000	8％	600
50,000	70,000	13％	1,800
70,000	100,000	21％	4,400
100,000	150,000	24％	10,700
150,000	250,000	24％	22,700
250,000	400,000	24.5％	46,700
400,000	600,000	25％	83,450
600,000	1,000,000	26％	133,450
1,000,000	2,000,000	28％	237,450
2,000,000		30％	517,450

		非居住者の給与所得については一律30%で課税される。ただし雇用によるマレーシアでの就労が60日以内の場合は免税
社会保険	外国人の加入義務	なし
	社会保険料率	雇用者負担：13.95〜14.95% 被雇用者負担：11.7%
給与所得の納税方法		雇用主により源泉徴収　→　確定申告（4月末まで）

(2) 日本の居住者がマレーシアに出張する場合

　日本の居住者A氏がマレーシアに出張する場合、日本とマレーシアの租税条約第15条第2項に基づき、以下3つの要件を全て満たせば、出張期間中のマレーシアでの個人所得税が免税になります。

　ただし「非課税」ではなく「免税」です。そのため、マレーシアが短期滞在者免税適用のために事前の資料の提出や書類の作成を要求している場合は、それらを提出しないと免税が認められない可能性があります。

　詳細は専門家にご確認ください。

> **短期間滞在者免税適用のための3つの要件**
> ① 　A氏のマレーシアでの滞在期間が暦年で183日以内であること
> ② 　A氏の報酬がマレーシアの居住者でない者又はこれに代わる者から支払われるものであること
> ③ 　A氏の報酬がA氏の雇用者のマレーシア内に保有する恒久的施設又は固定的施設によって負担されるものではないこと

（詳細は「Q42：短期滞在者免税とは」及び「Q75：給与所得条項について」をご参照ください。）

7 フィリピン（2022年1月24日時点の為替レート：1ペソ（PHP）＝ 2.22 円）

(1) 概　要

課税年度		暦年（1/1 ～ 12/31）	
居住者・非居住者の定義と課税対象所得		定　義	課税対象所得
	居住者	即時に達成できる目的をもってフィリピンに入国した個人は居住者とは推定されないが、2年間を超える滞在が必要となる目的をもって、入国した個人は居住者として取り扱われることがある。フィリピンへ居住する外国人で永住の意思のある者は居住者とされる。フィリピン国内へ住居を取得する外国人は、その住居を処分する意図をもって、出国するまで居住者になる。	全世界所得
	非居住者	上記以外	フィリピン源泉所得
		永住の意思のない外国人（赴任者）は常に非居住者となる	
主な所得控除の種類		N.A	

個人所得税率（給与に関する）(2021年)	課税所得（PHP）		税率	控除額
	超	以下		
非居住者 非居住外国人でフィリピン滞在日数が年間180日以下の場合、フィリピン源泉所得は25%		250,000	0 %	0
	250,000	400,000	20%	0
	400,000	800,000	25%	30,000
	800,000	2,000,000	30%	130,000
	2,000,000	8,000,000	32%	490,000
	8,000,000		35%	2,410,000

社会保険	外国人の加入義務	あり（2018年8月より、日本とフィリピンの間で社会保障協定が発効。発効後はフィリピン滞在期間が5年以内と予定されている場合はフィリピンの年金保険料が免除。）

	社会保険料率	雇用者負担：10.0％＋100ペソ
		被雇用者負担：6.0％＋100ペソ
給与所得の納税方法		雇用主が源泉徴収　→　確定申告（4／15まで）

(2) 日本の居住者がフィリピンに出張する場合

　日本の居住者Ａ氏がフィリピンに出張する場合、日本とフィリピンの租税条約第15条第2項に基づき、以下3つの要件を全て満たせば、出張期間中のフィリピンでの個人所得税が免税になります。

　ただし「非課税」ではなく「免税」です。そのため、フィリピンが短期滞在者免税適用のために事前の資料の提出や書類の作成を要求している場合は、それらを提出しないと免税が認められない可能性があります。

　詳細は専門家にご確認ください。

短期間滞在者免税適用のための3つの要件
① 　Ａ氏のフィリピンでの滞在期間が暦年で183日以内であること
② 　Ａ氏の報酬がフィリピンの居住者でない者又はこれに代わる者から支払われるものであること
③ 　Ａ氏の報酬がＡ氏の雇用者のフィリピン内に保有する恒久的施設又は固定的施設によって負担されるものではないこと

（詳細は「Q42：短期滞在者免税とは」及び「Q75：給与所得条項について」をご参照ください。）

8 インド（2022年1月24日時点の為替レート：1ルピー（INR）＝1.53円）

(1) 概　要

課税年度		4/1～3/31	
居住者・非居住者の定義と課税対象所得		定　義	課税対象所得
	通常居住者（ROR）	以下のいずれかを満たす場合 ・課税年度において182日以上滞在 ・課税年度において60日以上滞在しており、かつ過去4年間の滞在期間が365日以上である。	全世界所得
	非通常の居住者（RNOR）	「通常の居住者」に該当しないが以下のいずれかに該当する場合 ・過去10年間のうち9年はインド非居住者 ・過去7年間のインド滞在が729日以下	①インドで受領した所得 ②インドで発生した又は発生したとみなされる所得 ③インドからコントロールされているビジネスから発生した所得 ④インドにおける専門的職業からの所得
	非居住者（NOR）	上記以外	上記①と②
主な所得控除の種類		N.A	

個人所得税率（給与に関する）（2020年）

課税所得（INR）		税率	控除額
超	以下		
	250,000	0％	0
250,000	500,000	5％	0
500,000	750,000	10％	12,500
750,000	1,000,000	15％	37,500
1,000,000	1,250,000	20％	75,000
1,250,000	1,500,000	25％	125,000
1,500,000		30％	187,500

社会保険	外国人の加入義務	あり（日本の厚生年金等加入を条件にインド年金への加入を免除）
	社会保険料率	雇用者負担：13% 被雇用者負担：12%
給与所得の申告・納税方法		雇用主が源泉徴収　→　確定申告（7/31まで）
備　　考		その他教育税（2%）及び高等教育税（1%）も別途課税される

(2) **日本の居住者がインドに出張する場合**

日本の居住者A氏がインドに出張する場合、日本とインドの租税条約第15条第2項に基づき、以下3つの要件を全て満たせば、出張期間中のインドでの個人所得税が免税になります。

ただし「非課税」ではなく「免税」です。そのため、インドが短期滞在者免税適用のために事前の資料の提出や書類の作成を要求している場合は、それらを提出しないと免税が認められない可能性があります。

詳細は専門家にご確認ください。

短期間滞在者免税適用のための3つの要件

① 　A氏のインドでの滞在期間が当該課税年度又は「前年度」を通じて合計183日以内であること
② 　A氏の報酬がインドの居住者でない者又はこれに代わる者から支払われるものであること
③ 　A氏の報酬がA氏の雇用者のインド内に保有する恒久的施設又は固定的施設によって負担されるものではないこと

（詳細は「Q42：短期滞在者免税とは」及び「Q75：給与所得条項について」をご参照ください。）

9 ベトナム（2022年1月24日時点の為替レート：100ドン（VND）＝ 0.50 円）

(1) 概　要

課税年度	暦年（1/1～12/31）		
居住者・非居住者の定義と課税対象所得		定　義	課税対象所得
	居住者	以下1～3のいずれかに該当すれば居住者になる。 1　日数基準 　ベトナムに1課税年度又は継続する12か月に183日を超えて滞在する個人又は恒久的住居を保有する個人 2　住居基準 　ベトナムに登録された恒久的住居を有する。 3　住居基準 　ベトナムで暦年183日以上賃貸契約に基づいた住居がある。	全世界所得
	非居住者	上記以外	ベトナム源泉所得
主な所得控除の種類	毎月1,100万VNDの基礎控除及び毎月440万VNDの扶養控除（ただし要求された書類を提出した場合のみ）		

個人所得税率（給与に関する）	月次課税所得（1000VND）		税率	控除（1,000VND）
	超	以下		
	―	5,000	5%	0
	5,000	10,000	10%	250
	10,000	18,000	15%	750
	18,000	32,000	20%	1,650
	32,000	52,000	25%	3,250
	52,000	80,000	30%	5,850
	80,000		35%	9,850
	非居住者は一律20%の税率が適用。			

社会保険	外国人の加入義務	外国人労働者の社会保険料については社内異動者は原則対象外
	社会保険料率	雇用者負担：17.5% 被雇用者負担：8%（外国人労働者）
給与所得の納税方法		1か月ごとに予納→翌年3/31もしくは契約終了から30日以内に申告

(2) 日本の居住者がベトナムに出張する場合

　日本の居住者A氏がベトナムに出張する場合、日本とベトナムの租税条約第15条第2項に基づき、以下3つの要件を全て満たせば、出張期間中のベトナムでの個人所得税が免税になります。

　ただし「非課税」ではなく「免税」です。そのため、ベトナムが短期滞在者免税適用のために事前の資料の提出や書類の作成を要求している場合は、それらを提出しないと免税が認められない可能性があります。

　詳細は専門家にご確認ください。

> **短期間滞在者免税適用のための3つの要件**
> ① A氏のベトナムでの滞在期間が暦年で183日以内であること
> ② A氏の報酬がベトナムの居住者でない者又はこれに代わる者から支払われるものであること
> ③ A氏の報酬がA氏の雇用者のベトナム内に保有する恒久的施設又は固定的施設によって負担されるものではないこと

（詳細は「Q42：短期滞在者免税とは」及び「Q75：給与所得条項について」をご参照ください。）

10 シンガポール（2022年1月24日時点の為替レート：1シンガポールドル（SGD）= 84.76円）

(1) 概要

課税年度	暦年（1/1～12/31）		
居住者・非居住者の定義と課税対象所得		定義	課税対象所得
	居住者	賦課年度の直前の暦年において、合計183日以上シンガポールに滞在する者は居住者。また、シンガポールでの勤務が3課税年度以上にわたる場合には、入国の年あるいは出国の年の滞在期間が183日未満であっても、実務上居住者とみなされる。	シンガポール源泉所得
	非居住者	上記以外	シンガポール源泉所得
主な所得控除の種類	給与所得控除（年齢に応じて異なる）、配偶者控除（配偶者の種類により異なる）、扶養控除（子女の数に応じて異なる）など		
個人所得税率（給与に関する）	課税所得（SGD）	税率	控除額
	超 / 以下		
	/ 20,000	0%	0
	20,000 / 30,000	2%	0
	30,000 / 40,000	3.5%	200
	40,000 / 80,000	7%	550
	80,000 / 120,000	11.5%	3,350
	120,000 / 160,000	15%	7,950
	160,000 / 200,000	18%	13,950
	200,000 / 240,000	19%	21,150
	240,000 / 280,000	19.5%	28,750
	280,000 / 320,000	20%	36,550
	320,000 /	22.5%	44,500

		非居住者に適用される税率は、給与所得者の場合、以下のとおり。 →給与収入の15%か、又は居住者と同様に計算した税額とのいずれか高い税額（非居住者である取締役の報酬については22%の税率で源泉徴収）
社会保険	外国人の加入義務	なし
	社会保険料率	雇用者負担：17.00% 被雇用者負担：20.00%
給与所得の納税方法		源泉徴収制度はなく、電子申告の場合は翌年度4/18までに申告。

(2) 日本の居住者がシンガポールに出張する場合

　日本の居住者A氏がシンガポールに出張する場合、日本とシンガポールの租税条約第15条第2項に基づき、以下3つの要件を全て満たせば、出張期間中のシンガポールでの個人所得税が免税になります。

　ただし「非課税」ではなく「免税」です。そのため、シンガポールが短期滞在者免税適用のために事前の資料の提出や書類の作成を要求している場合は、それらを提出しないと免税が認められない可能性があります。

　詳細は専門家にご確認ください。

短期間滞在者免税適用のための3つの要件
① 　A氏のシンガポールでの滞在期間が継続する12か月の間で合計183日以内であること
② 　A氏の報酬がシンガポールの居住者でない者又はこれに代わる者から支払われるものであること
③ 　A氏の報酬がA氏の雇用者のシンガポール内に保有する恒久的施設又は固定的施設によって負担されるものではないこと

　（詳細は「Q42：短期滞在者免税とは」及び「Q75：給与所得条項について」をご参照ください。）

11 インドネシア（2022年1月24日時点の為替レート：100ルピア（IDR）＝0.80円）

(1) 概　要

課税年度	暦年（1／1～12／31）	
居住者・非居住者の定義と課税対象所得		定　義	課税対象所得
	居住者	12か月の間に183日以上滞在もしくは、インドネシアに居住する意思（居住証を取得した場合等）のある場合	全世界所得。雇用創出法における所得税法の改正により、税務上のインドネシア国内居住者のうち特定の専門性を有する外国人は、インドネシア居住開始から4年間は、インドネシア国内の所得のみ課税（特定の専門性の内容は要確認）
	非居住者	上記以外	インドネシア源泉所得
主な所得控除の種類	給与所得控除（給与収入の5％。ただしIDR6,000,000まで）、本人控除（IDR54,000,000）、扶養控除（IDR4,500,000）など	
個人所得税率（給与に関する）	課税所得金額（IDR）		税率
	超	以下	
	—	50,000,000	5％
	50,000,000	250,000,000	15％
	250,000,000	500,000,000	25％
	500,000,000		30％
	納税者番号（NPWP）を有しない者に対しては一律20％（PPH21）の税率で課税		
社会保険	外国人の加入義務	実質的にはなし	
	社会保険料率	雇用者負担：7.7254～7.7404％ 被雇用者負担：4％	

給与所得の納税方法	雇用主による源泉徴収　→　確定申告（3/25まで）
備　　考	外国人赴任者の所得給与基準標準ガイドライン（国別、業種別、役職別に定められている）があり、ガイドラインに達していない企業は、税務上、否認項目となる可能性がある。

(2)　日本の居住者がインドネシアに出張する場合

　日本の居住者Ａ氏がインドネシアに出張する場合、日本とインドネシアの租税条約第15条第2項に基づき、以下3つの要件を全て満たせば、出張期間中のインドネシアでの個人所得税が免税になります。

　ただし「非課税」ではなく「免税」です。そのため、インドネシアが短期滞在者免税適用のために事前の資料の提出や書類の作成を要求している場合は、それらを提出しないと免税が認められない可能性があります。

　詳細は専門家にご確認ください。

短期間滞在者免税適用のための3つの要件

① 　Ａ氏のインドネシアでの滞在期間が暦年で合計183日以内であること
② 　Ａ氏の報酬がインドネシアの居住者でない者又はこれに代わる者から支払われるものであること
③ 　Ａ氏の報酬がＡ氏の雇用者のインドネシア内に保有する恒久的施設又は固定的施設によって負担されるものではないこと

（詳細は「Q42：短期滞在者免税とは」及び「Q75：給与所得条項について」をご参照ください。）

12 カンボジア（2022年1月24日時点の為替レート：1リエル（KHR）= 0.027円）

(1) 概要

課税年度	暦年（1/1～12/31）	
居住者・非居住者の定義と課税対象所得	居住者	・カンボジアに住居を持つ者 ・カンボジアに主要居住地を持つ者 ・現在の課税年度終了までのいずれかの12か月のうちに合計182日超カンボジアに滞在する者	全世界所得
	非居住者	上記以外	国内源泉所得

個人所得税率	課税所得（KHR）（月額）		税率
	超	以下	
	—	1,300,000	0
	1,300,000	2,000,000	5
	2,000,000	8,500,000	10
	8,500,000	12,500,000	15
	12,500,000		20

※ 非居住者の給与所得者は20%の税率で源泉徴収

主な所得控除の種類	配偶者控除：KHR150,000 子供控除：KHR150,000	
社会保険	外国人の加入義務	あり
	社会保険料率	雇用者負担：3.4% 被雇用者負担：0%
個人所得税申告期限	翌月15日までに源泉徴収を行うが、年次の確定申告は求められていない	

(2) 日本の居住者がカンボジアに出張する場合

　日本とカンボジアの間には租税条約が存在しません。そのため、日本か

らの出張者には他国との間で活用できる短期滞在者免税が適用されません。そのため、カンボジアの税法に基づき課税されることになります。

詳細は専門家にご確認ください。

13　ミャンマー（2022年1月24日時点の為替レート：1チャット（MMK）＝ 0.064円）

(1)　概　要

課税年度		暦年（10/1～9/30）	
居住者・非居住者の定義と課税対象所得		定　義	課税対象所得
	居住者	課税年度内に183日以上滞在している場合は居住外国人	全世界所得課税（ただし外国人赴任者は国内源泉所得のみ課税）
	非居住者	上記以外	国内源泉所得
個人所得税率（外国人）		課税所得（MMK）	税　率
		超　　　　　以下	
		―　　　　　2,000,000	0％
		2,000,000　　5,000,000	5％
		5,000,000　　10,000,000	10％
		10,000,000　　20,000,000	15％
		20,000,000　　30,000,000	20％
		30,000,000	25％
主な所得控除の種類		標準控除：所得の20％（上限MMK10百万） 配偶者控除：MMK1,000,000 子供控除：MMK500,000	
社会保険	社会保険料率	雇用者負担：a.　7％ 　　　　　　b.　7.5％ 被雇用者負担：a.　6％＋社会保障住宅基金（25％以上） 　　　　　　　b.　6.5％＋社会保障住宅基金（25％以上） 医療保険負担率は労働者の加入時の年齢により異なる。 　a. 60歳以下　b. 60歳を超える場合	

給与所得の納税方法	給与所得のみの場合個人所得申告は必要ない（雇用主が課税年度終了後の 10／1 ～ 12／31 に申告） 会社負担した家賃の全額が課税（会社所有の社宅を保有する場合で金額が明確である場合、給与の 10％又は 12.5％が課税所得になる。）

(2) 日本の居住者がミャンマーに出張する場合

　日本とミャンマーの間には租税条約が存在しません。そのため、日本からの出張者には他国との間で活用できる短期滞在者免税が適用されません。そのため、ミャンマーの税法に基づき課税されることになります。

　詳細は専門家にご確認ください。

Q58 北米・中米・南米4か国の個人所得税概要（米国、カナダ、メキシコ、ブラジル）

北米・中米・南米4か国の個人所得税の概要について教えてください。

 北米・中米・南米4か国の個人所得税について、それぞれの国ごとに概要をまとめてみました。

北米・中米・南米4か国の個人所得税について、それぞれの国ごとにその概要を次のようにまとめてみました。

1 米国（2022年1月24日時点の為替レート：1米ドル（USD）＝114.00円）

(1) 概　要

課 税 年 度	暦年（1/1～12/31）		
居住者・非居住者の定義と課税対象所得		定　義	課税対象所得
	居 住 者	(1) 次の①②の条件をいずれも満たす場合は居住者となる。 　① 当該暦年中の滞在期間が累計31日以上 　② 以下(a)～(c)の合計が183日以上 　　(a) 当該暦年中の滞在日数 　　(b) 前暦年中の滞在日数の3分の1 　　(c) 前々暦年中の滞在日数の6分の1 (2) (1)に該当しない場合でも、次の①～③のいずれも満たす場合は居住者となる。 　① 当該年度中に連続31日以上滞在した経験がある。 　② その滞在日数が連続31日以上滞在	全世界所得

		した期間の初日から12月31日までの合計日数の75％以上 ③ 翌年に(1)の要件を満たして居住者となる。 ※ ただし、グリーンカード保持者、A・G・F・J・M・Qビザ保持者は上記(1)(2)の要件は適用されず、ビザの種類により居住者か非居住者か判断される。				
	非居住者	上記以外				米国源泉所得
主な所得控除の種類		申告方法により2種類に分かれる。				

個人所得税率（給与に関する）(2021年)	課税所得（単身）		課税所得（夫婦合算）		税率
	超	以下	超	以下	
		9,875		19,750	10%
	9,875	40,125	19,750	80,250	12%
	40,125	85,525	80,250	171,050	22%
	85,525	163,300	171,050	326,600	24%
	163,300	207,350	326,600	414,700	32%
	207,350		414,700	622,050	35%
			622,050		37%

社会保険	外国人の加入義務	あり。ただし日米社会保障協定が発効しているため、米国での勤務期間が5年以内と予定される場合は、米国の年金保険料・医療保険料が免除される。
	社会保険料率	雇用者負担：（連邦）8.25～13.65％、（州）1.3～9.1％ 被雇用者負担：（連邦）7.65％、（州）なし
給与所得の納税方法		雇用主による源泉徴収　→　確定申告（4/15まで）
備　　考		個人所得税のほかに州税がかかる。（州税は州により異なる）

(2) 日本の居住者が米国に出張する場合

　日本の居住者A氏が米国に出張する場合、日本と米国の租税条約第14条第2項に基づき、以下3つの要件を全て満たせば、出張期間中の米国での個人所得税が免税になります。

ただし「非課税」ではなく「免税」です。そのため、米国が短期滞在者免税適用のために事前の資料の提出や書類の作成を要求している場合は、それらを提出しないと免税が認められない可能性があります。

詳細は専門家にご確認ください。

> **短期間滞在者免税適用のための 3 つの要件**
> ① A氏の米国での滞在期間が継続する 12 か月の間で合計 183 日以内であること
> ② A氏の報酬が米国の居住者でない者又はこれに代わる者から支払われるものであること
> ③ A氏の報酬がA氏の雇用者の米国内に保有する恒久的施設によって負担されるものではないこと

（詳細は「Q42：短期滞在者免税とは」及び「Q75：給与所得条項について」をご参照ください。）

2 カナダ（2022年1月24日時点の為替レート：1カナダドル（CAD）＝ 90.62円）

(1) 概　要

課税年度		暦年（1/1～12/31）	
居住者・非居住者の定義と課税対象所得		定　義	課税対象所得
	居住者	カナダに居住している者は居住者とされているが、特に税法で定義があるわけではなく、住居、配偶者、扶養家族及び個人的な資産の場所、経済的な利害ならびに特別な結びつき等を総合して居住者かどうか判断されるが、暦年で183日以上カナダに滞在する者は居住者とみなされる。1998年2月24日後については、租税条約について非居住者とされる者は、カナダ税法上も非居住者とみなされることになった。	全世界所得
	非居住者	上記以外	カナダ源泉所得

主な所得控除の種類	基礎控除、子供控除（年齢に応じて 7,000CAD まで）			
個人所得税率（給与に関する）(2020 年)	連邦課税所得（CAD）			
	超	以下	税率	控除
	—	48,535	15%	0
	48,535	97,069	20.5%	7,280
	97,069	150,473	26%	17,229
	150,473	214,368	29.22%	31,114
	214,368		33%	49,784
社会保険　外国人の加入義務	あり。ただし日加社会保障協定が発効しているため、カナダでの勤務期間が5年以内と予定される場合は、カナダの年金保険料が免除される。			
社会保険料率	雇用者負担：7.662% 被雇用者負担：7.03%			
給与所得の納税方法	雇用主による源泉徴収 → 確定申告（4／30 まで） ※ 源泉徴収されない所得（日本払給与など）が一定額を超える場合は、予定納税が必要			
備　　考	個人所得税のほかに州税がかかる。			

(2) 日本の居住者がカナダに出張する場合

　日本の居住者Ａ氏がカナダに出張する場合、日本とカナダの租税条約第15条第2項に基づき、以下3つの要件を全て満たせば、出張期間中のカナダでの個人所得税が免税になります。

　ただし「非課税」ではなく「免税」です。そのため、カナダが短期滞在者免税適用のために事前の資料の提出や書類の作成を要求している場合は、それらを提出しないと免税が認められない可能性があります。

　詳細は専門家にご確認ください。

> **短期間滞在者免税適用のための3つの要件**
> ① A氏のカナダでの滞在期間が暦年で183日以内であること
> ② A氏の報酬がカナダの居住者でない者又はこれに代わる者から支払われるものであること
> ③ A氏の報酬がA氏の雇用者のカナダ内に保有する恒久的施設又は固定的施設によって負担されるものではないこと

（詳細は「Q42：短期滞在者免税とは」及び「Q75：給与所得条項について」をご参照ください。）

3　メキシコ（2022年1月24日時点の為替レート：1メキシコペソ（MXN）＝5.57円）

(1) 概　要

課税年度	暦年（1/1〜12/31）	
居住者・非居住者の定義と課税対象所得	定　義	課税対象所得
	居住者：メキシコに住居がある場合、もしくはメキシコに重要な利害関係がある場合	全世界所得
	非居住者：上記以外	メキシコ源泉所得
主な所得控除の種類	N.A	

個人所得税率 （給与に関する） （2020年）	課税所得（MXN）		累進税率
	超	以下	
	0.00	578.52	1.92%
	578.52	4,910.18	6.40%
	4,910.18	8,629.20	10.88%
	8,629.20	10,031.07	16.00%
	10,031.07	12,009.94	17.92%
	12,009.94	24,222.31	21.36%
	24,222.31	38,177.69	23.52%
	38,177.69	72,877.50	30.00%
	72,877.50	97,183.33	32.00%
	97,183.33	291,550.00	34.00%
	291,550.00		35.00%
	居住者とは異なる税率（0％、15％、30％）が適用される。		
社会保険	外国人の加入義務	あり	
	社会保険料率	雇用者負担：26.1% 被雇用者負担：2.375%	
給与所得の納税方法		翌年4月30日までに申告	

(2) 日本の居住者がメキシコに出張する場合

日本の居住者A氏がメキシコに出張する場合、日本とメキシコの租税条約第15条第2項に基づき、以下3つの要件を全て満たせば、出張期間中のメキシコでの個人所得税が免税になります。

ただし「非課税」ではなく「免税」です。そのため、メキシコが短期滞在者免税適用のために事前の資料の提出や書類の作成を要求している場合は、それらを提出しないと免税が認められない可能性があります。

詳細は専門家にご確認ください。

短期間滞在者免税適用のための3つの要件
① A氏のメキシコでの滞在期間が継続する12か月の間で合計183日以内であること
② A氏の報酬がメキシコの居住者でない者又はこれに代わる者から支払われるものであること
③ A氏の報酬がA氏の雇用者のメキシコ内に保有する恒久的施設又は固定的施設によって負担されるものではないこと

(詳細は「Q42：短期滞在者免税とは」及び「Q75：給与所得条項について」をご参照ください。)

4 ブラジル（2022年1月24日時点の為替レート：1レアル（BRL）＝20.89円）

(1) 概　要

課税年度	暦年（1/1～12/31）	
居住者・非居住者の定義と課税対象所得	定　義	課税対象所得
	居住者	ブラジル国内に住所を有する者 （ブラジル居住者と雇用関係を持つ場合は、入国した日からただちに居住者とみなされる）	全世界所得
	非居住者	上記以外	ブラジル国内源泉所得
主な所得控除の種類	簡易所得控除（課税対象所得×20%）と標準所得控除が存在するが、赴任者の場合は簡易所得控除を利用する場合が多い	

個人所得税率(給与に関する)(月次の場合)	課税所得(BRL 月次)		税率	控除額
	以上	以下		
	—	1,903.98	0%	0
	1,930.99	2,826.65	7.5%	142.80
	2,826.66	3,751.05	15%	354.80
	3,751.06	4,664.68	22.5%	636.13
	4,664.69		27.5%	869.36
社会保険	外国人の加入義務	あり。ただし日本ブラジル社会保障協定が発効しているため、ブラジルでの勤務期間が5年以内と予定される場合は、ブラジルの年金保険料が免除される。		
	社会保険料率	雇用者負担:34.8~36.8% 被雇用者負担:7.5%、9%、12%、14%		
給与所得の納税方法		雇用主が源泉徴収→翌年4/30までに確定申告		

(2) 日本の居住者がブラジルに出張する場合

日本の居住者A氏がブラジルに出張する場合、日本とブラジルの租税条約第14条第2項に基づき、以下3つの要件を全て満たせば、出張期間中のブラジルでの個人所得税が免税になります。

ただし「非課税」ではなく「免税」です。そのため、ブラジルが短期滞在者免税適用のために事前の資料の提出や書類の作成を要求している場合は、それらを提出しないと免税が認められない可能性があります。

詳細は専門家にご確認ください。

短期間滞在者免税適用のための3つの要件

① A氏のブラジルでの滞在期間が暦年で183日以内であること
② A氏の報酬がブラジルの居住者でない者又はこれに代わる者から支払われるものであること
③ A氏の報酬がA氏の雇用者のブラジル内に保有する恒久的施設又は固定的施設によって負担されるものではないこと

(詳細は「Q42:短期滞在者免税とは」及び「Q75:給与所得条項につ

いて」をご参照ください。）

Q59 欧州6か国の個人所得税概要(英国、ドイツ、オランダ、フランス、イタリア、ベルギー)

英国やドイツなど欧州6か国の個人所得税の概要について教えてください。

 欧州6か国の個人所得税について、それぞれの国ごとに概要をまとめてみました。

欧州6か国の個人所得税について、それぞれの国ごとにその概要を次のようにまとめてみました。

1 英国(2022年1月24日時点の為替レート:1ポンド(GBP)=154.30円)

(1) 概 要

課税年度	4/6〜翌年4/5	
居住者・非居住者の定義と課税対象所得		定 義	課税対象所得
	居住者	1 永住者 　個人が最終的に永住を考えている恒久的な生活の根拠地を英国におく場合 2 非永住者 A:通常の居住者 　英国に常態的に居住する場合(当初から3年以上滞在する目的で入国した場合等) B:通常の居住者以外の居住者 ① 1税務年度中、183日以上英国に滞在する場合 ② 過去4税務年度連続して英国に滞在して、その平均滞在日数が1年当たり	1の人及び2のAの人のうち、英国居住者が雇用者の場合…全世界所得課税 2のA(英国非居住者が雇用者の人)及び2のBの人…英国源泉所得及び英国国外源泉所得のうち英国に送金があった所得

4 欧州6か国の個人所得税概要 239

		91日以上 ③ 英国に持ち家を有している場合 ④ 当初より2年以上就労する目的で入国する場合、また就労以外の目的で3年以上滞在する予定で入国する場合	
	非居住者	上記以外	英国源泉所得
主な所得控除の種類		個人控除：GBP12,500（ただし、年収12万ポンド超は適用されない）	
個人所得税率（給与に関する）(2021年)		課税所得　（単身・独身）(EUR)		

超	以下	税率
―	37,500	20%
37,500	150,000	40%
150,000		45%

社会保険	外国人の加入義務	あり。ただし日英社会保障協定が発効しているため、英国での勤務期間が5年以内と予定される場合は、英国の年金保険料が免除される。
	社会保険料率	雇用者負担：13.8% 被雇用者負担：12%
給与所得の納税方法		雇用主が源泉徴収　→　確定申告（課税年度終了後の10月31日（電子申告は1月31日まで））

(2) **日本の居住者が英国に出張する場合**

日本の居住者Ａ氏が英国に出張する場合、日本と英国の租税条約第14条第2項に基づき、以下3つの要件を全て満たせば、出張期間中の英国での個人所得税が免税になります。

ただし「非課税」ではなく「免税」です。そのため、英国が短期滞在者免税適用のために事前の資料の提出や書類の作成を要求している場合は、それらを提出しないと免税が認められない可能性があります。

詳細は専門家にご確認ください。

短期間滞在者免税適用のための3つの要件
① A氏の英国での滞在期間が継続する12か月の間で合計183日以内であること
② A氏の報酬が英国の居住者でない者又はこれに代わる者から支払われるものであること
③ A氏の報酬がA氏の雇用者の英国内に保有する恒久的施設によって負担されるものではないこと

（詳細は「Q42：短期滞在者免税とは」及び「Q75：給与所得条項について」をご参照ください。）

2 ドイツ（2022年1月24日時点の為替レート：1ユーロ（EUR）＝129.00円）

(1) 概　要

課税年度	暦年（1/1～12/31）		
居住者・非居住者の定義と課税対象所得		定　義	課税対象所得
	居住者	個人の住居あるいは通常居住地がドイツにある場合。（個人が実質的に継続して6か月以上ドイツに滞在する場合は、ドイツに「通常居住地がある」と判断される。この6か月の期間は、同一暦年内である必要はない。6か月の期間が過ぎると、居住開始の日は滞在の最初の日にさかのぼる。）	全世界所得
	非居住者	上記以外	ドイツ源泉所得
主な所得控除の種類	標準控除（EUR 1,000）等		
個人所得税率（給与に関する）(2020年)	課税所得（単身・独身）(EUR)		
	超	以下	税率
	0	9,744	0％
	9,744	57,918	14～42％
	57,918	274,612	42％
	274,612		45％

社会保険	外国人の加入義務	あり。ただし日独社会保障協定が発効しているため、ドイツでの勤務期間が5年以内と予定される場合は、ドイツの年金保険料が免除される。
	社会保険料率	雇用者負担：20.625% 被雇用者負担：19.325%
給与所得の納税方法		雇用主が源泉徴収　→　5月末までに申告。

(2) 日本の居住者がドイツに出張する場合

　日本の居住者A氏がドイツに出張する場合、日本とドイツの租税条約第14条第2項に基づき、以下3つの要件を全て満たせば、出張期間中のドイツでの個人所得税が免税になります。

　ただし「非課税」ではなく「免税」です。そのため、ドイツが短期滞在者免税適用のために事前の資料の提出や書類の作成を要求している場合は、それらを提出しないと免税が認められない可能性があります。

　詳細は専門家にご確認ください。

短期間滞在者免税適用のための3つの要件

① A氏のドイツでの滞在期間が継続する12か月の間で合計183日以内であること
② A氏の報酬がドイツの居住者でない者又はこれに代わる者から支払われるものであること
③ A氏の報酬がA氏の雇用者のドイツ内に保有する恒久的施設によって負担されるものではないこと

（詳細は「Q42：短期滞在者免税とは」及び「Q75：給与所得条項について」をご参照ください。）

3 オランダ（2022年1月24日時点の為替レート：1ユーロ（EUR）＝ 129.00円）

(1) 概 要

課税年度		暦年（1/1〜12/31）	
居住者・非居住者の定義と課税対象所得		定 義	課税対象所得
	居住者	居住という用語はオランダの税法では定義されておらず、個人の居住性はその実体により決定されている。	全世界所得
	非居住者	上記以外	ドイツ源泉所得
主な所得控除の種類		なし	
個人所得税率（給与に関する）		課税所得（EUR）(Employment Income)	税率
		超　　　　　　　以下	
		—　　　　　　　35,129	9.45%
		35,129　　　　　68,507	37.1%
		68,507	45.1%
		※ 外国人赴任者の個人所得税を減免する30％ルーリング制度あり（給与所得の30％相当額を非課税所得とみなす。適用期間は2019年1月1日の税制改正により最長5年。ただし移行期間あり）	
社会保険	外国人の加入義務	あり。ただし、日蘭社会保障協定が発効しているため、オランダでの勤務期間が5年以内と予定される場合は、オランダの年金保険料、医療保険料、雇用保険料が免除される。	
	社会保険料率	雇用者負担：21.01% 被雇用者負担：27.65%	
給与所得の納税方法		雇用主が源泉徴収　→　確定申告（4/1までに）	

(2) 日本の居住者がオランダに出張する場合

日本の居住者A氏がオランダに出張する場合、日本とオランダの租税条約第14条第2項に基づき、以下3つの要件を全て満たせば、出張期間中

のオランダでの個人所得税が免税になります。

ただし「非課税」ではなく「免税」です。そのため、オランダが短期滞在者免税適用のために事前の資料の提出や書類の作成を要求している場合は、それらを提出しないと免税が認められない可能性があります。

詳細は専門家にご確認ください。

短期間滞在者免税適用のための3つの要件

① A氏のオランダでの滞在期間が継続する12か月の間で合計183日以内であること
② A氏の報酬がオランダの居住者でない者又はこれに代わる者から支払われるものであること
③ A氏の報酬がA氏の雇用者のオランダ内に保有する恒久的施設によって負担されるものではないこと

（詳細は「Q42：短期滞在者免税とは」及び「Q75：給与所得条項について」をご参照ください。）

4　フランス（2022年1月24日時点の為替レート：1ユーロ（EUR）＝129.00円）

(1) 概　要

課税年度		暦年（1/1～12/31）	
居住者・非居住者の定義と課税対象所得		定　義	課税対象所得
	居住者	以下のいずれかに該当する場合 ① 個人の住居ないし主たる居所がフランスにある場合 ② 1課税年度に通算183日以上フランスに滞在する場合 ③ 個人の職業、雇用がフランス国内にある場合 ④ 個人の経済的利害関係の中心がフランスにある場合	全世界所得

	非居住者	上記以外	フランス源泉所得
主な所得控除の種類		ネット課税所得の10%（EUR12,627）まで実際の使用額が控除	
個人所得税率（給与に関する）(2021年)		課税所得（EUR）	税率
		超（以上）　　UP TO	
		―　　　　　　10,084	0%
		10,084　　　　25,710	11%
		25,710　　　　73,516	30%
		73,516　　　　158,122	41%
		158,122	45%
		※ 非居住者のフランス源泉所得は0〜20%の税率で課税 ※ 課税所得がEUR25万を超える高額所得者に対しては超えた額に対して特別課税が課される	
社会保険	外国人の加入義務	あり。ただし、日仏社会保障協定が発効しているため、フランスでの勤務期間が5年以内と予定される場合は、フランスの年金・医療・労災保険料が免除される。	
	社会保険料率	雇用者負担：44.14% 被雇用者負担：20.53%	
給与所得の申告・納税方法		給与所得に対する源泉徴収制度がないため、課税年度終了後の2月末までに確定申告書を作成。	
備　考		多国籍企業のフランスHQに赴任した者は6年間までのTax reliefが受けられる余地がある。	

(2) 日本の居住者がフランスに出張する場合

日本の居住者A氏がフランスに出張する場合、日本とフランスの租税条約第15条第2項に基づき、以下3つの要件を全て満たせば、出張期間中のフランスでの個人所得税が免税になります。

ただし「非課税」ではなく「免税」です。そのため、フランスが短期滞在者免税適用のために事前の資料の提出や書類の作成を要求している場合は、それらを提出しないと免税が認められない可能性があります。

詳細は専門家にご確認ください。

> **短期間滞在者免税適用のための3つの要件**
> ① Ａ氏のフランスでの滞在期間が継続する12か月の間で合計183日以内であること
> ② Ａ氏の報酬がフランスの居住者でない者又はこれに代わる者から支払われるものであること
> ③ Ａ氏の報酬がＡ氏の雇用者のフランス内に保有する恒久的施設によって負担されるものではないこと

（詳細は「Q42：短期滞在者免税とは」及び「Q75：給与所得条項について」をご参照ください。）

> **改正・日仏租税条約の注目ポイント**
> ～フランス赴任者の支払う日本の社会保険料がフランスの個人所得税の控除対象に～
>
> 　2007年1月11日に署名された改正・日仏租税条約では、第18条第2項に「社会保険料」に関する規定が加わりました。
> 　同規定では、日仏社会保障協定（2007年度中に発効予定）のもと、日本人赴任者がフランスで居住者となり、フランスに5年未満の予定で勤務する場合に、日本で支払っている社会保険料をフランスの個人所得税法上、控除できるという内容が盛り込まれています（フランス人が日本に赴任する場合も同じことがいえます）。この点は、他の租税条約にはない画期的なポイントといえます。

5 イタリア（2022年1月24日時点の為替レート：1ユーロ（EUR）＝ 129.00円）

(1) 概　要

課税年度	暦年（1/1～12/31）		
居住者・非居住者の定義と課税対象所得		定　義	課税対象所得
	居住者	・イタリアに常駐の住居、又は本拠地がある個人 ・イタリアにおいて居住登録されている人	全世界所得
	非居住者	上記以外	イタリア源泉所得
主な所得控除の種類	個人控除など		
個人所得税率（給与に関する）(2020年)	課税所得（EUR）		RATE ON EXCESS
	超	以下	
	—	15,000	23%
	15,000	28,000	27%
	28,000	55,000	38%
	55,000	75,000	41%
	75,000		43%
社会保険	外国人の加入義務	あり（イタリアとの社会保障協定は締結済だが2022年2月時点で未発効）	
	社会保険料率	雇用者負担：29.56% 被雇用者負担：9.49%	
給与所得の納税方法	雇用主による源泉徴収　→　翌年11/30までに申告		
備　考	・一定の条件を満たす赴任者に優遇税制の適用あり ・雇用を通じて受け取る報酬は雇用所得とみなされ、それらが親会社などの第三者から支払われる場合も同様		

(2) 日本の居住者がイタリアに出張する場合

日本の居住者A氏がイタリアに出張する場合、日本とイタリアの租税条約第15条第2項に基づき、以下3つの要件を全て満たせば、出張期間中

のイタリアでの個人所得税が免税になります。

　ただし「非課税」ではなく「免税」です。そのため、イタリアが短期滞在者免税適用のために事前の資料の提出や書類の作成を要求している場合は、それらを提出しないと免税が認められない可能性があります。

　詳細は専門家にご確認ください。

短期間滞在者免税適用のための3つの要件
① 　A氏のイタリアでの滞在期間が暦年で183日以内であること
② 　A氏の報酬がイタリアの居住者でない者又はこれに代わる者から支払われるものであること
③ 　A氏の報酬がA氏の雇用者のイタリア内に保有する恒久的施設又は固定的施設によって負担されるものではないこと

　（詳細は「Q42：短期滞在者免税とは」及び「Q75：給与所得条項について」をご参照ください。）

6　ベルギー（2022年1月24日時点の為替レート：1ユーロ（EUR）＝ 129.00円）

(1)　概　要

課税年度		暦年（1/1～12/31）	
居住者・非居住者の定義と課税対象所得		定　義	課税対象所得
	居住者	主たる住居又は経済的利害の中心がベルギー国内にある個人は居住者とみなされる。	全世界所得
	非居住者	上記以外	ベルギー源泉所得
主な所得控除の種類		基礎控除（EUR8,990）、子女控除（子女の数に応じて異なる。1人：EUR1,630、2人：EUR4,210、3人：EUR9,430、4人：EUR15,250）等	
個人所得税率（給与に関する）(2021年)※ 地方税が別途（～9%）かかる		課税所得（EUR）	税率
		超　　　　　　以下	
		―　　　　　　13,440	25%
		13,440　　　　23,720	30%
		23,720　　　　41,060	40%
		41,060　　　　―	50%
社会保険	外国人の加入義務	あり。ただし、日本ベルギー社会保障協定が発効しているため、ベルギーでの勤務期間が5年以内と予定される場合は、ベルギーの年金・医療・労災・雇用保険料が免除される。	
	社会保険料率	雇用者負担：25.39～27.13% 被雇用者負担：13.07%	
給与所得の納税方法		雇用主による源泉徴収→翌年6月末までに確定申告	
備　考		一時的にベルギーで勤務する外国企業社員に対しては特別優遇税制が適用可能となる	

(2)　日本の居住者がベルギーに出張する場合

　日本の居住者A氏がベルギーに出張する場合、日本とベルギーの租税条約第14条第2項に基づき、以下3つの要件を全て満たせば、出張期間中

のベルギーでの個人所得税が免税になります。

 ただし「非課税」ではなく「免税」です。そのため、ベルギーが短期滞在者免税適用のために事前の資料の提出や書類の作成を要求している場合は、それらを提出しないと免税が認められない可能性があります。

 詳細は専門家にご確認ください。

短期間滞在者免税適用のための 3 つの要件

① Ａ氏のベルギーでの滞在期間が継続する 12 か月の間で合計 183 日以内であること

② Ａ氏の報酬がベルギーの居住者でない者又はこれに代わる者から支払われるものであること

③ Ａ氏の報酬がＡ氏の雇用者のベルギー内に保有する恒久的施設によって負担されるものではないこと

（詳細は「Q42：短期滞在者免税とは」及び「Q75：給与所得条項について」をご参照ください。）

第3章 各国の個人所得税概要

Q60 中東欧3か国及びロシアの個人所得税概要（ハンガリー、チェコ、ポーランド、ロシア）

中東欧3か国及びロシアの個人所得税について教えてください。

中東欧3か国及びロシアの個人所得税について、それぞれの国ごとに概要をまとめてみました。

中東欧3か国及びロシアの個人所得税について、それぞれの国ごとにその概要を次のようにまとめてみました。

1　ハンガリー（2022年1月24日時点の為替レート：1フォリント（HUF）＝ 0.36円）

(1)　概　要

課税年度		暦年（1/1～12/31）	
居住者・非居住者の定義と課税対象所得		定　義	課税対象所得
	居住者	暦年で183日以上ハンガリーに滞在する場合	全世界所得
	非居住者	上記以外	ハンガリー源泉所得
主な所得控除の種類		Family tax allowance（HUF10,000／人／月）など	
個人所得税率（給与に関する）		15％の定率	
社会保険	外国人の加入義務	あり（ただし日本ハンガリー社会保障協定が発効しているため、ハンガリーでの勤務期間が5年以内と予定される場合はハンガリーの年金保険料等が免除される。）	
	社会保険料率	雇用者負担：15.5％ 被雇用者負担：18.5％	

5　中東欧3か国及びロシアの個人所得税概要　251

給与所得の申告・納税方法	雇用主が源泉徴収　→　確定申告（5/20）
備　　考	所得にかかるその他の税として、Solidarity Tax がある。

⑵　日本の居住者がハンガリーに出張する場合

　日本の居住者Ａ氏がハンガリーに出張する場合、日本とハンガリーの租税条約第 15 条第 2 項に基づき、以下 3 つの要件を全て満たせば、出張期間中のハンガリーでの個人所得税が免税になります。

　ただし「非課税」ではなく「免税」です。そのため、ハンガリーが短期滞在者免税適用のために事前の資料の提出や書類の作成を要求している場合は、それらを提出しないと免税が認められない可能性があります。

　詳細は専門家にご確認ください。

短期間滞在者免税適用のための 3 つの要件

①　Ａ氏のハンガリーでの滞在期間が暦年で 183 日以内であること
②　Ａ氏の報酬がハンガリーの居住者でない者又はこれに代わる者から支払われるものであること
③　Ａ氏の報酬がＡ氏の雇用者のハンガリー内に保有する恒久的施設又は固定的施設によって負担されるものではないこと

　（詳細は「Q42：短期滞在者免税とは」及び「Q75：給与所得条項について」をご参照ください。）

2 チェコ(2022年1月24日時点の為替レート:1コルナ(CZK) = 5.29円)

(1) 概　要

課税年度	暦年（1/1～12/31）	
居住者・非居住者の定義と課税対象所得	定　義	課税対象所得
	居住者：暦年で183日以上チェコに滞在する場合	全世界所得
	非居住者：上記以外	チェコ源泉所得
主な所得控除の種類	個人控除：CZK24,840　配偶者控除：CZK24,840	
個人所得税率（給与に関する）	15%の定率（所得額が平均賃金の4倍を上回る場合には所得額と平均賃金の差額の4倍との差額の7%相当分の連帯税が上乗せされる。）	
社会保険 外国人の加入義務	あり。ただし、日本チェコ社会保障協定が発効しているため、チェコでの勤務期間が5年以内と予定される場合は、チェコの年金・医療・雇用保険料が免除される。	
社会保険料率	雇用者負担：33.8% 被雇用者負担：11%	
給与所得の申告・納税方法	雇用主が源泉徴収　→　CZK15,000超の場合は確定申告（3/31）	

(2) 日本の居住者がチェコに出張する場合

　日本の居住者A氏がチェコに出張する場合、日本とチェコ（チェコスロバキア）の租税条約第15条第2項に基づき、以下3つの要件を全て満たせば、出張期間中のチェコでの個人所得税が免税になります。

　ただし「非課税」ではなく「免税」です。そのため、チェコが短期滞在者免税適用のために事前の資料の提出や書類の作成を要求している場合は、それらを提出しないと免税が認められない可能性があります。

　詳細は専門家にご確認ください。

> **短期間滞在者免税適用のための３つの要件**
> ① Ａ氏のチェコでの滞在期間が暦年で 183 日以内であること
> ② Ａ氏の報酬がチェコの居住者でない者又はこれに代わる者から支払われるものであること
> ③ Ａ氏の報酬がＡ氏の雇用者のチェコ内に保有する恒久的施設又は固定的施設によって負担されるものではないこと

（詳細は「**Q42：短期滞在者免税とは**」及び「**Q75：給与所得条項について**」をご参照ください。）

3 ポーランド（2022年1月24日時点の為替レート：1ズロチ（PLN）＝28.51円）

(1) 概　要

課税年度		暦年（1/1～12/31）	
居住者・非居住者の定義と課税対象所得		定　義	課税対象所得
	居住者	1課税年度中、183日以上ポーランドに滞在する場合	全世界所得
	非居住者	上記以外	ポーランド源泉所得
主な所得控除の種類		総所得金額の一定額を控除	
個人所得税率（給与に関する）(2020年)		課税所得（PLN）	税率
		超　／　以下	
		／　8,000	17%
		8,000　／　13,000	17%
		13,000　／　85,528	17%
		85,528　／　127,000	32%
		127,000　／	32%
社会保険	外国人の加入義務	あり	
	社会保険料率	雇用者負担：19.48～22.14%　被雇用者負担：13.71%＋健康保険料	
給与所得の申告・納税方法		雇用主が源泉徴収　→　翌年度の4月末までに確定申告	

(2) 日本の居住者がポーランドに出張する場合

日本の居住者A氏がポーランドに出張する場合、日本とポーランドの租税条約第15条第2項に基づき、以下3つの要件を全て満たせば、出張期間中のポーランドでの個人所得税が免税になります。

ただし「非課税」ではなく「免税」です。そのため、ポーランドが短期滞在者免税適用のために事前の資料の提出や書類の作成を要求している場

合は、それらを提出しないと免税が認められない可能性があります。

　詳細は専門家にご確認ください。

短期間滞在者免税適用のための3つの要件
①　A氏のポーランドでの滞在期間が暦年で183日以内であること
②　A氏の報酬がポーランドの居住者でない者又はこれに代わる者から支払われているものであること
③　A氏の報酬がA氏の雇用者のポーランド内に保有する恒久的施設又は固定的施設によって負担されるものではないこと

（詳細は「Q42：短期滞在者免税とは」及び「Q75：給与所得条項について」をご参照ください。）

4　ロシア（2022年1月24日時点の為替レート： 1ルーブル（RUB）＝1.48円）

(1)　概　要

課税年度		暦年（1/1～12/31）	
居住者・非居住者の定義と課税対象所得		定　義	課税対象所得
	居住者	継続する12か月間のうち183日以上ロシアに滞在	全世界所得
	非居住者	上記以外	ロシア国内源泉所得
主な所得控除の種類		標準控除として扶養子女について1人目及び2人目にはRUB1,400／月、3人目にはRUB3,000／月など	
税　率		所得の種類ごとに税率が異なり、給与所得については一律で13％。	
社会保険	外国人の加入義務	あり	
	社会保険料率	雇用者負担：30.2～38.5％ 被雇用者負担：なし	
給与所得の納税方法		雇用主が源泉徴収　→　4/30までに確定申告	

(2) 日本の居住者がロシアに出張する場合

日本の居住者Ａ氏がロシアに出張する場合、日本とロシアの租税条約第14条第2項に基づき、以下3つの要件を全て満たせば、出張期間中のロシアでの個人所得税が免税になります。

ただし「非課税」ではなく「免税」です。そのため、ロシアが短期滞在者免税適用のために事前の資料の提出や書類の作成を要求している場合は、それらを提出しないと免税が認められない可能性があります。

詳細は専門家にご確認ください。

短期間滞在者免税適用のための3つの要件
① Ａ氏のロシアでの滞在期間が継続する12か月の間に合計183日以内であること
② Ａ氏の報酬がロシアの居住者でない者又はこれに代わる者から支払われるものであること
③ Ａ氏の報酬がＡ氏の雇用者のロシア内に保有する恒久的施設によって負担されるものではないこと

（詳細は「Q42：短期滞在者免税とは」及び「Q75：給与所得条項について」をご参照ください。）

第4章

海外勤務者に関連する各国との租税条約

　この章では、日本が締結した租税条約のうち、海外勤務者に関連する事項について説明していきます。海外とのビジネスを行うに当たり、租税条約の理解は不可欠であり、それと同じく、海外勤務者の税務上の取扱いを考慮する場合にも租税条約の理解は欠かせません。

　本章は、2015年3月に清文社より発行された本庄資先生監修・筆者執筆の「三訂版　これならわかる！租税条約」を基に最新の情報を追加して作成しています。よって、本章で記載されていない租税条約の各条項及び租税条約の詳しい内容については、当該書籍をご参照ください（「これならわかる！租税条約」発行後に改定された条約については、本書においては改定後の情報を基に修正して記載しています）。

※　本章の解説は、アウトバウンド課税を前提としています。

Q61 租税条約とは

「第2章 海外勤務者の日本における税務」を読んでいると、「詳細は海外勤務者の勤務地国と日本の租税条約をご参照ください」という文言が多数出てきます。

租税条約とはいったい何でしょうか。

　租税条約とは国（又は地域）と国（又は地域）との間で結ばれる税金についての取決めのことです。

たとえば、日本の税法と租税条約での取決めが異なる場合は、租税条約での取決めが優先して適用されることになります。

1　租税条約とは
～国（又は地域）と国（又は地域）との間で結ばれる税金についての取決めのこと～

租税条約とは国（又は地域）と国（又は地域）との間で結ばれる税金上の取決めのことです。日本は2021年11月現在、146の国又は地域と81の条約を締結しています（国・地域数と条約数が一致していないのは、多国間条約である税務行政執行共助条約及び旧ソ連・旧チェコスロバキアとの条約の複数国への承継によるものです）。

租税条約といっても、①二重課税の回避、脱税及び租税回避等への対応を主たる内容とする条約（いわゆる包括的租税条約）、②租税に関する情報交換を主たる内容とする条約（情報交換協定）、③多国間条約である税務行政執行共助条約があります。

本書では、特に断りがない限り、「租税条約」と呼んでいるのは、上記のうち、①二重課税の回避、脱税及び租税回避等への対応を主たる内容とする条約（いわゆる包括的租税条約）を指します（通常、納税者が参照す

ると考えられているのは租税の優遇措置などが取り決められている①であり、②③を直接使用することは少ないと考えられるため、本書では、この包括的租税条約を「租税条約」として取り扱い解説しています）。

日本も今後、さらに多くの国・地域と租税条約が締結されることが期待されますが、いずれにせよ租税条約は世界各国をいわば網の目のようにつないでいるといえます。

2　租税条約と国内税法が異なる場合
～租税条約の取決めが優先適用～

租税条約と国内法の規定が異なる場合は、租税条約の規定が優先的に適用されます（日本においても憲法第98条第2項の規定により国内法よりも国際間で締結した条約が優先されると一般的に理解されています。また、法人税法第139条及び所得税法第162条において、租税条約が定める所得の源泉に関する規定が国内法の規定と異なる場合には、租税条約の規定によることが明記されています）。

このことを図解すると【図表61-1】のようになります。A国居住者であるａ社からB国居住者であるｂ社に配当が支払われる場合を考えてみましょう。

この配当は、配当が生じた国（これを「源泉地国」といいます）であるA国で課税されますが、A国の税法で配当に対する税率が20％、一方A・B国間の租税条約の配当に対する税率が5％の場合は、A国の税法ではなく、A・B国間の租税条約で定められた税率（5％）が適用されることになります（ただし、租税条約での制限税率より国内税法の税率の方が有利な場合は、国内税法での税率に従います。詳細は「**Q73：投資所得（配当・利子・使用料）条項について**」をご参照ください）。

【図表61-1】租税条約と国内税法が異なる場合

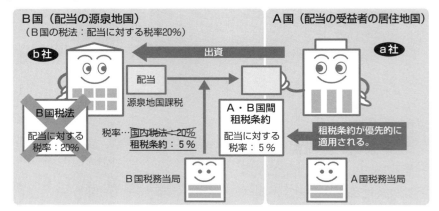

（注）日本の場合、租税条約は国内税法に優先します（憲法上に条約遵守の規定（第98条）があります）。ただし米国の場合は米国憲法の規定により、国内においては条約と法律が同位に置かれているため、法律上の一般原則としての後法優先の原則が適用されて、租税条約と異なる国内法が後法となる場合、国内法が適用されるケースもあります。だからといって国内税法上規定する租税の減免措置を租税条約によって制限されるものではありません（これを「プリザベーション・クローズ」といいます）。租税条約は納税者に有利に働くことはあっても不利に働くことはないということを常に念頭においてください。

第4章 海外勤務者に関連する各国との租税条約

Q62 租税条約の目的とは？

そもそも租税条約の目的とは何ですか。また、なぜ租税条約が存在する必要があるのでしょうか。

> A 租税条約を締結する目的はさまざまですが、その中でも一番大きな目的は、二重課税の排除と両国間での情報交換です。

1 そもそも二重課税はなぜ生じるのか？

国によって文化や習慣が異なるように、税金の種類や体系、税率はさまざまですが、基本的に多くの国では、自国の企業又は人（「居住者」といいます）については自国内で生じた所得だけでなく、自国以外で生じた所得についても課税します。一方、自国の居住者以外については、自国内で稼得した所得についてのみ課税するのが一般的です。

これをまとめてみると【図表62-1】のようになります。

【図表62-1】各国の課税権（一般的な考え方）

・A国税務当局による課税権
　A国居住者　　　　：A国内源泉所得　と　A国外で生じたすべての所得　に対して課税
　A国以外の居住者　：A国内源泉所得のみ課税
・B国税務当局による課税権
　B国居住者　　　　：B国内源泉所得　と　B国外で生じたすべての所得　に対して課税
　B国以外の居住者　：B国内源泉所得のみ課税

このことをA国居住者の a 社が、B国で所得を稼得した場合について考えてみましょう。

1 はじめに　263

① A・B国間に租税条約がない場合

A国にとってa社は自国の居住者です。ですからa社が稼得した所得は、それがA国以外で生じた所得であっても全てA国で課税しますから、当然a社のB国内で生じた所得についてもA国は課税を行います（【図表62-2】の課税①）。

一方、B国にとってa社は自国の居住者ではありませんが、a社のB国内で生じた所得についてはB国にも課税権があります（【図表62-2】の課税②）。

この場合、B国で生じた所得についてはa社の居住地国であるA国からも、所得の源泉地であるB国からも課税されてしまうといういわゆる二重課税の状態になります。

【図表62-2】A・B国間に租税条約がない場合

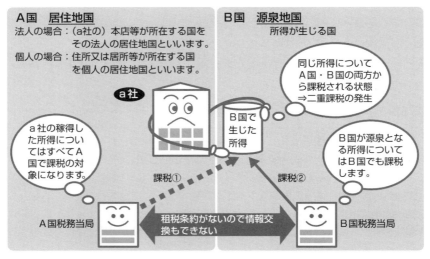

（注）居住地国に外国税額控除の制度がある場合は、この二重課税部分は居住地国で支払う税額から一部又は全部控除することができます。

② A・B国間に租税条約がある場合

国際的な経済活動が活発に行われている今日において、このような二重

第4章 海外勤務者に関連する各国との租税条約

課税は、両国間の資本・技術・人的交流の妨げになります。

そこで、国際間の二重課税を減らし、また両国間での情報交換等を進めるために租税条約が締結されているのです。

租税条約では通常、所得の源泉地国（この場合B国）における課税権の制限等を規定することで（＊）、2国間での二重課税をできるだけ排除しています。

（＊）OECDモデル条約では源泉地の課税権を大きく制限していますが、国連モデル条約では源泉地国の課税権をできるだけ残すよう配慮がされています。

【図表62-3】 A・B国間に租税条約がある場合

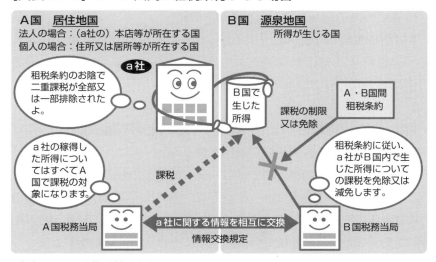

（注）A国での課税は減免されないのか？
　　租税条約は、相手国（A国）の居住者が自国（B国）内で生じた所得について、自国（B国）での課税を減免するというものです（これは租税条約の大原則であり、専門用語でいうと「セービング・クローズ」といいます）。
　　a社はA国の居住者ですから、租税条約においてA国のa社に対する課税権まで制限するものではありません。

1　はじめに　265

Q63 日本が締結した租税条約数

 日本は、どのくらいの数の国と租税条約を締結していますか。日本がビジネスを行っている国や地域とはすべて租税条約を締結していると考えてよいでしょうか。

　2021年11月現在、日本は146の国・地域と81の租税条約を締結しています。

1 　日本の租税条約締結相手国
〜81条約146の国・地域と租税条約を締結〜

 日本が租税条約（①包括的租税条約（いわゆる租税条約）、②情報交換協定、③税務行政執行共助条約）を締結している国・地域は、【図表63-1】のとおりです。

2 　租税条約が締結されていない国・地域との課税関係
〜所得の源泉地国の国内税法が適用される〜

 それでは租税条約が締結されていない国・地域との間の課税関係はどうなるのでしょうか。この場合は、それぞれの国の国内税法が適用されることになります。ですから、投資所得（配当・利子・使用料）に対する税率も、投資所得の源泉地（支払地国）の国内税法に従うことになります。

 例えば、租税条約を締結していない国から日本に利子が支払われた場合はその国の国内税法に基づき、この利子に対してその国で定められた割合の税率が適用されることになります（一方、韓国とは租税条約を締結しているため、韓国から日本に支払われる利子に対しては10％の税率ですむことになります）。

 また、相手国への滞在期間が183日以内であるなど一定の条件を満たし

第4章 海外勤務者に関連する各国との租税条約

財務省

【図表63-1】我が国の租税条約ネットワーク

《81条約等、146か国・地域適用／2021年11月1日現在》（注1）（注2）

欧州 (46)
アイスランド／ノルウェー
アイルランド／ハンガリー
イギリス／フィンランド
イタリア／フランス
エストニア／ブルガリア
オーストリア／ベルギー
オランダ／ポルトガル
クロアチア／ポーランド
スイス／ラトビア
スウェーデン／リトアニア
スペイン／ルクセンブルク
スロバキア／ルーマニア
スロベニア／ガーンジー（※）
チェコ／ジャージー（※）
デンマーク／マン島（※）
ドイツ／リヒテンシュタイン（※）
（執行共助条約のみ）
アルバニア
アンドラ
北マケドニア
キプロス
ギリシャ
グリーンランド
サンマリノ
セルビア
フェロー諸島
ボスニア・ヘルツェゴビナ
マルタ
モナコ
モンテネグロ

ロシア・NIS諸国 (12)
アゼルバイジャン／ベラルーシ
アルメニア／モルドバ
ウクライナ／ロシア
カザフスタン／ジョージア
キルギス／タジキスタン
ウズベキスタン／トルクメニスタン

中東 (9)
アラブ首長国連邦／クウェート
イスラエル／サウジアラビア
オマーン／トルコ
カタール
（執行共助条約のみ）
バーレーン
レバノン

アフリカ (17)
エジプト／ザンビア
（執行共助条約のみ）
ウガンダ／ナミビア
ケニア／ボツワナ
エスワティニ／セイシェル
ガーナ／モーリシャス
カーボベルデ／モロッコ
カメルーン／チュニジア
セネガル
ナイジェリア

アジア・大洋州 (27)
インド／シンガポール／フィリピン／ニュージーランド／マレーシア
インドネシア／スリランカ／ブルネイ／パキスタン／サモア（※）
オーストラリア／タイ／ベトナム／バングラデシュ／マカオ（※）
韓国／中国／香港／フィジー／台湾（注3）
（執行共助条約のみ）
クック諸島／バヌアツ／モンゴル
ナウル／マーシャル諸島
ニウエ／ミクロネシア

北米・中南米 (35)
アメリカ／ウルグアイ
エクアドル／カナダ
ジャマイカ
チリ
ブラジル
ペルー
メキシコ
ケイマン諸島（※）
英領ヴァージン諸島（※）
パナマ
バミューダ（※）
バハマ（※）
（執行共助条約のみ）
アルゼンチン
アルバ
アンギラ
アンティグア・バーブーダ
エルサルバドル
キュラソー
グアテマラ
グレナダ
コスタリカ
コロンビア
セントクリストファー・ネービス
セントマーチン
セントルシア
セントビンセント
タークス・カイコス諸島
ドミニカ共和国
ドミニカ国
パラグアイ
バルバドス
ベリーズ
モンセラット

● 租税条約
● 情報交換協定
● 税務行政執行共助条約
● 日台民間租税取決め

（注1）税務行政執行共助条約とは、多数国間条約であること、及び旧ソ連・旧ユーゴスラビア構成国からの条約承継国が複数存在されていることから、条約等の数と国・地域数とは一致しない。
（注2）条約等の数及び国・地域数の内訳は以下のとおり。
・租税条約（二重課税の除去並びに脱税及び租税回避の防止を主たる内容とする条約）：68本、76か国・地域
・情報交換協定（租税に関する情報交換を主たる内容とする条約）：11本、11か国・地域（図中、（※）で表示）
・税務行政執行共助条約（締約国は我が国を除いて114か国（図中、国名に下線）。適用拡張により132か国・地域に適用（図中、適用拡張地域名に点線）。このうち我が国と二国間条約に相当する条約を締結していない国・地域は58か国・地域。
・日台民間租税取決め：1本、1地域
（注3）台湾については、公益財団法人交流協会（日本側）と亜東関係協会（台湾側）との間の民間租税取決め及びその内容を日本国内で実施するための法令によって、全体として租税条約に相当する枠組みを構築（現在、両協会は、公益財団法人日本台湾交流協会（日本側）及び台湾日本関係協会（台湾側）にそれぞれ改称されている。

1 はじめに 267

た場合は相手国での課税を免除されるという「短期滞在者免税」の規定は、租税条約での規定です。

　このように租税条約が締結されていない国との取引は、租税条約を締結している国・地域との取引に比べて相対的に不利な条件になるといえます。

第4章 海外勤務者に関連する各国との租税条約

Q64 BEPS防止措置実施条約が既存の租税条約に与える影響について

日本は2017年7月にBEPS防止措置実施条約に署名したと聞きましたが、この条約に署名したことで、既に各国と締結している租税条約に何らかの影響を与え、赴任者・出張者の税務を考えるうえで大きな影響があるのでしょうか。

A 代理人PEの定義が拡大されたことについては、日本からの赴任者・出張者の活動についても影響が生じる可能性があります。また、これまで積極的な租税回避措置やコミッショネア契約等を活用し、海外でビジネスを行っていた企業においても本条約が適用されることでビジネスの流れを再検討する必要は生じると考えられます。さらに代理人PEの定義が広がることで、途上国においては、かなり積極的なPE課税などを行うことも考えられるため、引き続き国際課税の動向について注視する必要はあります。

1　BEPS防止措置実施条約とは

　BEPS防止措置実施条約とは、OECD加盟国やG20加盟国が中心となって策定したBEPSプロジェクト（税源浸食と利益移転を防止するための行動計画）のうち、租税条約に関係するBEPS防止措置（BEPS行動計画2、6、7、14）を、既存の複数の租税条約に導入することができる条約です（BEPS行動計画の詳細は専門書等をご参照ください）。

【図表64-1】 BEPS行動計画の概要

(太字がBEPS防止措置実施条約に導入されている行動計画)

1	電子経済の課税上の課題への対処	電子商取引などの電子経済に対する直接税・間接税の課税上の課題への対応検討
2	**ハイブリッド・ミスマッチ取決めの効果の無効化**	**金融商品や事業体に関する複数国間における税務上の取扱いの差異を無効化するための国内法上、租税条約上の措置を検討**
3	CFC税制の強化	軽課税国に設立された外国子会社を使ったBEPSを防止するための適切な外国子会社合算税制を検討
4	利子控除制限ルール	相対的に税負担の軽い国外関連会社に過大に支払われた利子について損金算入を制限
5	有害税制への対応	各国優遇税制の有害性を経済活動の実質性から判定するための新基準を検討
6	租税条約の濫用防止	**条約漁りをはじめとした租税条約の濫用防止のため、OECDモデル条約の改訂及び国内法の設計を検討**
7	PE認定の人為的回避の開始	**PE認定の人為的回避に対処するため、OECDモデル租税条約のPE定義について検討**
8	移転価格(無形資産を用いたBEPS対応策)	移転価格の対応策を講じるため、OECD移転価格ガイドラインの改訂等を検討
9	移転価格(グループ内企業に対するリスク移転)	
10	その他移転価格算定手法の明確化、BEPS対応	
11	BEPSの規模・経済的効果の分析方法の策定	BEPSの規模・経済的効果の分析方法の策定
12	義務的開示制度	プロモーター及び利用者が租税回避スキームを税務当局に報告制度(義務的開示制度)を検討

第4章 海外勤務者に関連する各国との租税条約

13	移転価格文書化	共通様式に基づいた多国籍企業情報の報告制度を検討
14	相互協議の効果的実施	租税条約に関連する紛争を解決するためのより実効的な相互協議手続を検討
15	多国間協定の開発	世界で約3,000本以上ある二国間租税条約にＢＥＰＳ対抗措置を効果的に反映させるための多国間協定を検討

　たとえば【図表64-2】のとおり、Ａ国がＢ、Ｃ、Ｄ、Ｅ国との租税条約に、ＢＥＰＳ防止措置を導入しようとした場合を考えてみましょう。

　もし、ＢＥＰＳ防止措置実施条約がない場合、Ａ国はＢ国、Ｃ国、Ｄ国、Ｅ国との租税条約において、ＢＥＰＳ防止措置を取り入れようとすれば、これら４つの租税条約について、それぞれの国と個別に交渉し、ＢＥＰＳ防止措置を取り入れるため租税条約を改定する必要があり非常に煩雑です。しかしＢＥＰＳ防止措置実施条約があればどうでしょうか。

　Ａ国、Ｂ国、Ｃ国、Ｄ国、Ｅ国がともにＢＥＰＳ防止措置実施条約の適用を開始していれば、ＢＥＰＳ防止措置を租税条約に適用することができるのです（もちろん、Ｂ国、Ｃ国、Ｄ国、Ｅ国がＡ国との間でＢＥＰＳ防止措置実施条約を適用したいと思っていることが前提です。仮にＡ国、Ｂ国ともＢＥＰＳ防止措置実施条約を適用していても、両国間で合意がなければＢＥＰＳ防止措置実施条約は両国間で適用されることはありません）。

【図表 64-2】 BEPS防止措置実施条約のイメージ

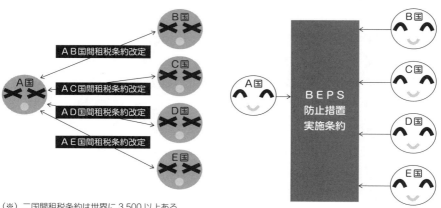

（※）二国間租税条約は世界に 3,500 以上ある

　世界には租税条約が 3,500 以上あるといわれていますから、いかにBEPS防止措置実施条約が、各租税条約にBEPS防止措置を取り入れるうえで、効率的な役割を果たしているかわかります。

2　BEPS防止措置実施条約にはどんな国が署名しているのか

　2021 年 9 月 30 日現在、【図表 64-3】のとおり、日本を含めた 94 の国・地域がBEPS防止措置実施条約に署名しています（なお、米国は同条約に署名していません。BEPS防止措置実施条約のような多国間条約ではなく、あくまで 2 国間での交渉でBEPS防止に関して交渉したいと考えています）。

第4章 海外勤務者に関連する各国との租税条約

【図表64-3】 BEPS防止措置実施条約に署名した国・地域

(2021年9月30日現在、94か国・地域)

<u>アイスランド</u>	ガボン	セネガル	ブルキナファソ
<u>アイルランド</u>	カメルーン	<u>セルビア</u>	ベリーズ
<u>アラブ首長国連邦</u>	<u>韓国</u>	チェコ	ペルー
アルゼンチン	北マケドニア	中国（注3）	<u>ベルギー</u>
<u>アルバニア</u>	<u>キプロス</u>	チュニジア	<u>ポーランド</u>
アルメニア	<u>ギリシャ</u>	チリ	ボスニア・ヘルツェ
アンドラ	クウェート	デンマーク	ゴビナ
<u>イスラエル</u>	<u>クロアチア</u>	ドイツ	<u>ポルトガル</u>
イタリア	ケニア	トルコ	<u>マルタ</u>
<u>インド</u>	コートジボワール	ナイジェリア	<u>マレーシア</u>
<u>インドネシア</u>	コスタリカ	ナミビア	マン島
ウクライナ	コロンビア	<u>日本</u>	南アフリカ
ウルグアイ	サウジアラビア	ニュージーランド	メキシコ
<u>英国</u>	サンマリノ	<u>ノルウェー</u>	<u>モーリシャス</u>
エジプト	<u>ジャージー</u>	バーレーン	モナコ
<u>エストニア</u>	ジャマイカ	パキスタン	モロッコ
<u>オーストラリア</u>	ジョージア	パナマ	ヨルダン
<u>オーストリア</u>	<u>シンガポール</u>	パプアニューギニア	<u>ラトビア</u>
オマーン	スイス	バルバドス	<u>リトアニア</u>
<u>オランダ</u>（注2）	スウェーデン	ハンガリー	リヒテンシュタイン
ガーンジー	スペイン	フィジー	ルーマニア
カザフスタン	スロバキア	<u>フィンランド</u>	<u>ルクセンブルク</u>
カタール	<u>スロベニア</u>	<u>フランス</u>	ロシア
カナダ	セーシェル	ブルガリア	

(注1) 下線は、本条約の批准書等を寄託した国・地域（66か国・地域）を示す。
(注2) オランダは、キュラソーが締結した租税条約を本条約の対象とすることを通告している。
(注3) 中国は、香港が締結した租税条約を本条約の対象とすることを通告している。

では、日本はどういった国・地域とBEPS防止措置実施条約を適用するのでしょうか。

3 日本がBEPS防止措置実施条約を適用する国・地域

日本がBEPS防止措置実施条約を適用する租税条約の国・地域は41か国です。

この中でもサウジアラビアについては、BEPS防止措置実施条約に署名はしていませんが、日本との租税条約においては、同防止措置実施条約を適用することになっています。

4 BEPS防止実施措置実施条約の中身とは？

BEPS防止措置実施条約は7つの項目、39の条項で構成されています。概要は【図表64-4】のとおりです。

【図表64-4】BEPS防止措置実施条約の概要

第1部	適用範囲及び用語の解釈（1～2条）	この条約が適用される範囲と用語の定義を行っている。
第2部	ハイブリッド・ミスマッチ（3～5条） ➡ BEPS行動計画2に関係	金融商品や事業体に関する税務上の取扱いが国によって異なることを利用した節税策について租税条約でどう対処するかを記載
第3部	条約の濫用（6～11条） ➡ BEPS行動計画6に関係	租税条約を必要以上に活用して、本来の租税条約の目的を逸脱するような節税策について租税条約でどう対応するかを記載
第4部	PEの地位の回避（12～15条） ➡ BEPS行動計画7に関係	PE認定を回避することでの節税策について租税条約でどう対応するかを記載
第5部	紛争解決の改善（16～17条） ➡ BEPS行動計画14に関係	二国間での相互協議や対応的調整（一方の国で課税されたら、もう一方の国で調整を行うなど）について記載
第6部	仲裁（18～26条）	仲裁の方法について記載

| 第7部 | 最終規定（27〜39条） | BEPS防止措置実施条約の適用に当たっての約束ごとを記載（この条文は留保してはダメで、絶対使わないといけない、本条約を脱退する場合等） |

なお、このBEPS防止措置実施条約で定められた条項の全てを各国が適用するとは限りません。

たとえば日本は本条約のうちどの条項は適用し、どの条項は適用しないかを【図表64-5】のとおり定めています。

【図表64-5】BEPS防止措置実施条約のうち、日本が適用することを採択している条文等

日本が適用することを採択している条項	日本が適用しないことを採択している条項
3条：課税上存在しない団体を通じて取得される所得に対する条約適用に関する規定 4条：双方居住者に該当する団体の居住地国の決定に関する規定 6条：租税条約の目的に関する前文の文言に関する規定 7条：取引の主たる目的に基づく条約の特典の否認に関する規定 9条：主に不動産から価値が構成される株式等の譲渡収益に対する課税に関する規定 10条：第三国内にある恒久的施設に帰属する利得に対する特典の制限に関する規定 12条：コミッショネア契約を通じた恒久的施設の地位の人為的な回避に関する規定	5条：二重課税除去のための所得免除方式の適用の制限に関する規定 7条：特典を受けることができる者を適格者等に制限する規定 8条：配当を移転する取引に対する軽減税率の適用の制限に関する規定 11条：自国の居住者に対する課税権の制限に関する規定 14条：契約の分割による恒久的施設の地位の人為的な回避に関する規定

13条：特定活動の除外を利用した恒久的施設の地位の人為的な回避に関する規定
16条：相互協議手続の改善に関する規定
17条：移転価格課税への対応的調整に関する規定
第6部：義務的かつ拘束力を有する仲裁に関する規定

　なお、日本がBEPS防止措置実施条約を適用したいと考えている国においても、日本と同様にBEPS防止措置実施条約のうち、適用することを採択している条項とそうでない条項があります。
　よって、日本と相手国の両国共採択すると決めている条項のみが最終的に適用されることになります。

5　BEPS防止措置実施条約はいつから適用されるの？

　本条約は、各租税条約の両締約国がその租税条約を本条約の対象とすることを選択し、かつ、本条約が両締約国について発効する場合に、順次、その租税条約について適用されることになります。
　また、BEPS防止措置実施条約の規定のうち各租税条約に適用される規定及び各租税条約に対する本条約の適用の開始については、各締約国の選択に応じて異なります。
　各国との租税条約における留保及び通告の提出日は、以下のとおりです。

相手国・地域	留保及び通告の提出日	相手国・地域	留保及び通告の提出日
アイルランド	2019年1月29日	サウジアラビア	2020年1月23日
アラブ首長国連邦	2019年5月29日	シンガポール	2018年12月21日
イスラエル	2018年9月13日	スウェーデン	2018年6月22日
インド	2019年6月25日	スロバキア	2018年9月20日
インドネシア	2020年4月28日 2020年11月26日	チェコ	2020年5月13日
ウクライナ	2019年8月8日	ドイツ	2020年12月18日
英国	2018年6月29日	ニュージーランド	2018年6月27日
エジプト	2020年9月30日	ノルウェー	2019年7月17日
オマーン	2020年7月7日	パキスタン	2020年12月18日
オーストラリア	2018年9月26日	ハンガリー	2021年3月25日
オランダ	2019年3月29日	フィンランド	2019年2月25日
カザフスタン	2020年6月24日 2020年11月26日	フランス	2018年9月26日
		ポーランド	2018年1月23日
カタール	2019年12月23日	ポルトガル	2020年2月28日
カナダ	2019年8月29日	マレーシア	2021年2月18日
韓国	2020年5月13日	ルクセンブルク	2019年4月9日

Q65 租税条約の原文

日本が締結した租税条約の原文を見たいのですが、どういった書籍等に掲載されているのでしょうか。

> **A** 租税条約については、条約締結日の「官報」で公表され、そのほかには条約締結年の月別にまとめられた「法令全書」（国立印刷局）、一般の書籍では「租税条約関係法規集」に日本が締結した租税条約の原文が掲載されています。

　国内税法や通達については、総務省や国税庁のホームページからも入手できますが、租税条約については外務省ホームページの「条約データ検索」から確認することができます。

　その他の方法で租税条約の原文を見るためには、条約締結年月日公表の「官報」、それを月別にまとめた「法令全書」（国立印刷局）及び一般の書籍では「租税条約関係法規集」（発売所：清文社）などを見ていただくことになります。

　租税条約は英語正文のほか、基本的に両国の母国語が正文となりますので日本が締結した租税条約については全て日本語で読むことができます。

　また、租税条約を解釈した資料としては「ＯＥＣＤモデル条約コメンタリー（英文）」があります（ＯＥＣＤモデル条約及びコメンタリーはＯＥＣＤホームページよりダウンロードできます）。

Q66 租税条約の解釈

日本が締結した各国との租税条約の原文を読んでみましたが、原文のほかに、租税条約の解釈に当たって理解しておくべき資料はありますか。

 両国間で交わされた「議定書」や「交換公文」も租税条約原文とあわせて、必ずチェックする必要があるでしょう。

租税条約の解釈に当たっては、両国間で租税条約の内容についての確認や解釈をした「議定書」や「交換公文」を参照することも忘れてはいけません。これらを無視して租税条約だけ見ていると、とんだ勘違いをしてしまうこともあります。

この「議定書」や「交換公文」は「Q65：租税条約の原文」で紹介した「官報」や「租税条約関係法規集」にも各租税条約の文末に記載がありますので、租税条約を読むに当たってはこちらも忘れずチェックしていただく必要があります。

これら議定書や交換公文を読んでも解決できない問題があるときは、租税条約上の「相互協議」条項に従って両国間での話し合いで解決されることとなっています。

※ また、今後は BEPS 防止措置実施条約の確認も必要になります。

Q67 租税条約の適用を受けるには

租税条約の適用を受けて相手国での課税を減免してもらいたい場合、何か手続が必要なのでしょうか。

 租税条約の適用を受けたい旨の届出書を、所得の源泉地国の税務当局に提出する必要があります。

相手国が日本と租税条約を結んでいるからといって、自動的に租税条約で定められた規定が適用されるわけではありません。

たとえば、貴社（Ａ社）が米国から使用料（工業所有権等を提供したことに対する対価）を受け取る際、日米租税条約の適用を受け使用料に対する源泉地国（この場合米国）での課税を免除してもらいたい場合は、使用料の支払者を通じて米国の税務当局にＡ社は「日米租税条約の適用を受けて使用料に対する課税を免除してもらいたい」旨の届出書を提出しなければなりません（書式は国によってさまざまです）。

その際、貴社が日本の居住者である旨を証明するための「（日本の）居住者証明書」が必要になりますので、この証明書を貴社の所轄税務署に作ってもらうことになります。

（「居住者証明書」は租税条約の相手国の所定の様式に従うことが一般的です。この所定様式に貴社が必要事項を記載し、その日本語訳を添付したものを所轄税務署に提出し、証明を受けることになります。）

第4章 海外勤務者に関連する各国との租税条約

Q68 租税条約の適用による税負担

租税条約の適用を受けることで、税負担が重くなってしまうことはないのですか。

　租税条約は相手国での税負担を軽くすることはあっても、重くすることはありません。

　租税条約は国内法に優先するとはいうものの、租税条約が各国の国内税法で有する外国企業に対する租税の減免措置を制限することはありません。

　これは租税条約の一般的な原則として国際的に認められていますが、日本が締結した租税条約では日米租税条約等ごく一部の条約で明文化されるだけにとどまっています。

　この「租税条約は両国間の国内税法上有する租税減免措置や両国間で租税条約以外に締結された租税減免措置を妨げるものではない」という原則を「プリザベーション・クローズ」といいます。

　プリザベーション・クローズと並んで租税条約の大原則となっているのが「セービング・クローズ」です。セービング・クローズとは「租税条約は原則として自国の居住者に対して新たな課税関係を定めるものではなく、相手国の居住者に対する課税関係を定めるものである」という原則です。セービング・クローズについても日米租税条約等ごく一部の条約で明文化されるにとどまっています。

1　はじめに

Q69 日本人・日本企業と租税条約

日本人や日本の企業が出資した会社なら、必ず日本の租税条約が適用されるのですか。

> **A** 租税条約と国籍等は必ずしも関係ありません。「いま、どこの国の居住者なのか？」が問題なのです。日本人だから、日本の企業が出資した会社だからといって日本の租税条約が適用されるわけではありません。

基本的に1年以上の予定で日本を離れている人は、日本の居住者ではありません。

たとえば、山田さんが1年以上の予定で日本を離れ、中国に住み、ドイツからの所得を受け取っている場合は、山田さんが適用対象になるのは、日本とドイツの租税条約ではなく、中国とドイツの租税条約です。

同様に、日本の企業が100％出資して米国に子会社を設立し、この子会社がフランスから所得を得ていたとします。この場合に適用されるのは、日本とフランスとの租税条約ではなく、米国とフランスの租税条約です。

このように租税条約の適用を受けるに当たっては、日本人及び日本企業の場合、国籍は基本的には重要ではありません。個人の場合は「今、どこの国の居住者なのか」が、法人の場合は「どこの国で設立された法人なのか（設立準拠法主義の場合）」が基軸になります（たとえば、日本の企業がA国に現地法人X社を作り、このX社がB国にさらに現地法人を作った場合、X社とY社間での取引においてはA・B国間租税条約が適用されることになります）。

Q70 源泉地国課税・居住地国課税

国際税務の書籍を読んでいると、「源泉地国課税」「居住地国課税」という用語が頻繁に出てきますが、具体的にはどういうことでしょうか。

源泉地国課税とは「所得の源泉地国での課税」をいい、居住地国課税とは「所得の受益者の居住地国での課税」をいいます。

　国際税務関連の書籍には「源泉地国課税」「居住地国課税」という用語が頻繁に登場します。国際税務に関して少しでも知識のある人は別として、はじめてこの分野について勉強する人には、少しわかりにくい表現だと思います。

　正確には「源泉地国課税」とは「所得の源泉地（つまり所得が発生した国）での課税」をいい、「居住地国課税」とは「所得の受益者の居住地国（つまり所得を受け取った人が居住する国）での課税」のことをいいます。

　このように、「源泉地国課税」の主語は「所得」であるのに対し、「居住地国課税」の主語は「所得の受益者」となっており、そもそもこの２つの用語は主語が違う用語であるにもかかわらず、「源泉地国課税」「居住地国課税」と主語を省略して使われているため、場合によってはわかりにくいことがあるようです。

1　はじめに

Q71 居住者条項について（全条約一覧表）

租税条約の「居住者」条項の概要について教えてください。

> **A** 居住者の定義と、A国・B国双方の居住者に該当する者の振り分けの方法について明示されており、日本が締結した租税条約のうち、全ての条約に「居住者」条項は存在します。

「居住者」というと、日本の税法でいう「居住者（自然人、つまり個人）」を思い浮かべる人も多いかと思います。

しかし、租税条約でいうところの「居住者」には、「個人」だけでなく、「法人」も含まれています。つまり日本の税法でいう「居住者」と「内国法人」が、租税条約では「日本の居住者」に相当するのです。

たとえば、長年日本に居住している日本人で、日本の企業（外資系企業であっても日本の法律に基づいて作られていれば日本の企業）に勤務しているような場合は、疑いなく自分（自社）は「日本の居住者である」といえるでしょう。そもそも日本で長く居住している人や企業は、「自分はどこの国の居住者に該当するのか？」について判断に悩む機会は少ないでしょう（もちろん、税負担軽減のために意図的に海外に法人を作り、日本で企業経営を行うといったケースは除きます）。

しかし、世の中にはさまざまな国があります。陸続きで人的交流が非常に盛んなヨーロッパなどでは、フランスに居住してドイツに勤務する場合や、オランダに本店を置いて、実質的な企業経営は英国で行うといったように、果たしてどちらの国の居住者に該当するのか、と判断に迷うケースはさほど珍しいことではありません。

つまり、そのような人や企業にとっては、租税条約における「居住者」条項は、自分（自社）がどの国の居住者なのか、つまり自分はどの租税条

約の適用対象になるのかを判定するために非常に重要な意味を持ってくるのです。

そこでこの「居住者」条項では、まず第1項で居住者の判定を行います。この方法でどちらか一方の国の居住者であると判定できない場合は、続く第2項、第3項において、どちらか一方の国の居住者に振り分けを行います（第2項は個人についての振り分け規定、第3項では法人についての振り分け規定です）。

「居住者条項」をめぐる海外赴任者・海外出張者の実務ポイント

租税条約では、双方居住者はどちらかの国の居住者に振り分ける、となっています。

では、双方の国で居住者または非居住者になりうるケースとは、海外勤務者・出張者についてもありうるのでしょうか。たとえばA国からB国に赴任・出張した人が、「A国・B国双方で居住者」、「A国とB国の双方で非居住者」というケースは、A国・B国双方の税法次第で十分起こりうることです。

A国が日本、B国が中国で考えてみましょう。

日本の場合、「1年以上の予定で海外赴任する場合、出国の翌日から日本の非居住者」となります。一方、中国の場合は「暦年での中国滞在期間が183日未満になれば非居住者」となります。つまり、日本は向こう1年間の状況で居住者か非居住者を判断するのに対し、中国の場合は暦年での滞在日数に基づき居住者か非居住者を判断することになります。

この場合、日本の本社から赴任する日本人Xさんが、2022年の10月1日から中国に赴任したとします。この場合、日本ではXさんは出国した翌日の10月2日から「日本の非居住者」になります。一方、中国は暦年で判断するので、2022年のXさんの中国での滞在期間は93日間となるため非居住者扱いです。

つまりXさんは10月2日以降、日本でも中国でも非居住者、という事態になることがあります。逆のケースもあります。たとえば2022年4月1日から10月末までの8か月間、中国に出張するYさんの場合です。

Yさんは日本を離れる期間が1年未満なので、中国出張期間中も日本の居住者のままです。

一方、中国での暦年の滞在期間が200日となるため、2022年は中国の居住者に

なります。このように双方居住者・双方非居住者になる場合は発生しえますが、理論上、租税条約があればどちらかの居住者に振り分けることができるということになります（ただし現実には、租税条約に照らしてかならずどちらかに振り分ける、という場合ばかりではなさそうです）。

【図表71-1】租税条約概要一覧表（居住者）

		二重居住者の振り分け基準		特典条項	その他
		A国、B国双方の居住者に該当する場合、どちらか一方の国の居住者に振り分けるための基準		特典条項を満たした者が租税条約の恩典を受けられる	
		個人の取扱い	法人の取扱い		
OECDモデル条約「第4条　居住者条項」		以下①から順に判定し、①で判定ができない場合は②…と順番に判断する ① 恒久的住居が存在する国 ② 重要な利害関係の中心がある国 ③ 常用の住居が存在する国 ④ 国籍のある国 ⑤ 両国間の権限ある当局が決定	協議により振り分ける	規定あり	
	日本の条約例	同上	本店所在地国の居住者とする	ー	
1	アイスランド	二重居住者の振り分け基準	協議により振り分ける	規定あり	
2	アイルランド	協議により振り分ける	本店所在地国の居住者とする	ー	
3	米国	二重居住者の振り分け基準	協議により振り分ける	規定あり	
4	アラブ首長国連邦	二重居住者の振り分け基準	協議により振り分ける		
5	アルゼンチン	二重居住者の振り分け基準	協議により振り分ける		
6	英国	二重居住者の振り分け基準	協議により振り分ける	規定あり	MLI（*）
7	イスラエル	二重居住者の振り分け基準	協議により振り分ける		
8	イタリア	協議により振り分ける	協議により振り分ける		
9	インド	協議により振り分ける	協議により振り分ける		MLI
10	インドネシア	協議により振り分ける	協議により振り分ける		
11	ウズベキスタン	二重居住者の振り分け基準	協議により振り分ける	規定あり	
12	ウルグアイ	二重居住者の振り分け基準	協議により振り分ける		
13	エクアドル	二重居住者の振り分け基準	協議により振り分ける		
14	エジプト	規程なし	協議により振り分ける		MLI

第4章 海外勤務者に関連する各国との租税条約

	国名				
15	エストニア	二重居住者の振り分け基準	協議により振り分ける	規定あり	
16	オーストラリア	二重居住者の振り分け基準	協議により振り分ける	規定あり	議定書/MLI
17	オーストリア	二重居住者の振り分け基準	協議により振り分ける	規定あり	
18	オマーン	二重居住者の振り分け基準	協議により振り分ける		MLI
19	オランダ	二重居住者の振り分け基準	協議により振り分ける	規定あり	
20	カザフスタン	二重居住者の振り分け基準	協議により振り分ける		
21	カタール	二重居住者の振り分け基準	本店所在地国の居住者とする		
22	カナダ	二重居住者の振り分け基準	協議により振り分ける		議定書/MLI
23	韓国	二重居住者の振り分け基準	本店所在地国の居住者とする		
24	クウェート	二重居住者の振り分け基準	本店所在地国の居住者とする		
25	クロアチア	二重居住者の振り分け基準	協議により振り分ける	規定あり	
26	コロンビア	二重居住者の振り分け基準	協議により振り分ける	規定あり	
27	サウジアラビア	二重居住者の振り分け基準	協議により振り分ける		
28	ザンビア	協議により振り分ける	本店所在地国の居住者とする		
29	ジャマイカ	二重居住者の振り分け基準	協議により振り分ける		
30	ジョージア	二重居住者の振り分け基準	協議により振り分ける	規定あり	
31	シンガポール	二重居住者の振り分け基準	協議により振り分ける		
32	スイス	二重居住者の振り分け基準	本店所在地国の居住者とする	規定あり	
33	スウェーデン	二重居住者の振り分け基準	協議により振り分ける	規定あり	
34	スペイン	二重居住者の振り分け基準	協議により振り分ける	規定あり	
35	スリランカ	条約対象とする	条約対象外とする		
36	スロベニア	二重居住者の振り分け基準	協議により振り分ける		
37	セルビア	二重居住者の振り分け基準	協議により振り分ける		
38	ソ連邦	協議により振り分ける	協議により振り分ける		議定書
39	タイ	協議により振り分ける	協議により振り分ける		
40	台湾	二重居住者の振り分け基準	本店所在地国の居住者とする		
41	中国	二重居住者の振り分け基準	本店所在地国の居住者とする		
42	チェコスロヴァキア（チェコ）	協議により振り分ける	本店所在地国の居住者とする		
	チェコスロヴァキア（スロヴァキア）	協議により振り分ける	協議により振り分ける		MLI
43	チリ	二重居住者の振り分け基準	協議により振り分ける		

44	デンマーク	二重居住者の振り分け基準	協議により振り分ける	規定あり	
45	ドイツ	二重居住者の振り分け基準	協議により振り分ける	規定あり	
46	トルコ	二重居住者の振り分け基準	協議により振り分ける		
47	ニュージーランド	二重居住者の振り分け基準	協議により振り分ける	規定あり	MLI
48	ノールウェー	二重居住者の振り分け基準	協議により振り分ける		
49	ハンガリー	協議により振り分ける	本店所在地国の居住者とする		交換公文
50	バングラデシュ	協議により振り分ける	協議により振り分ける		
51	パキスタン	二重居住者の振り分け基準	協議により振り分ける		
52	フィリピン	協議により振り分ける	協議により振り分ける		
53	フィンランド	協議により振り分ける	協議により振り分ける		交換公文
54	フランス	二重居住者の振り分け基準	協議により振り分ける	規定あり	
55	ブラジル	協議により振り分ける	協議により振り分ける		交換公文
56	ブルガリア	二重居住者の振り分け基準	本店所在地国の居住者とする		
57	ブルネイ	二重居住者の振り分け基準	協議により振り分ける		
58	ヴィエトナム	二重居住者の振り分け基準	本店所在地国の居住者とする		
59	ペルー	二重居住者の振り分け基準	協議により振り分ける		
60	ベルギー	二重居住者の振り分け基準	協議により振り分ける	規定あり	
61	ポルトガル	二重居住者の振り分け基準	協議により振り分ける		
62	ポーランド	二重居住者の振り分け基準	協議により振り分ける		議定書/MLI
63	香港	二重居住者の振り分け基準	協議により振り分ける		
64	マレーシア	二重居住者の振り分け基準	協議により振り分ける		
65	南アフリカ	二重居住者の振り分け基準	協議により振り分ける		
66	メキシコ	二重居住者の振り分け基準	協議により振り分ける		
67	モロッコ	二重居住者の振り分け基準	協議により振り分ける		
68	ラトビア	二重居住者の振り分け基準	協議により振り分ける	規定あり	
69	リトアニア	二重居住者の振り分け基準	協議により振り分ける	規定あり	
70	ルクセンブルク	二重居住者の振り分け基準	本店所在地国の居住者とする		
71	ルーマニア	協議により振り分ける	本店所在地国の居住者とする		
72	ロシア	二重居住者の振り分け基準	協議により振り分ける	規定あり	

(＊) BEPS防止措置実施条約が適用されることを示す。
(出所) 公益財団法人納税協会連合会『令和3年版 租税条約関係法規集』を基に作成

第4章 海外勤務者に関連する各国との租税条約

Q72 恒久的施設条項について（全条約一覧表）

租税条約の「恒久的施設」条項が、日本からの出張者や赴任者に関連する点について教えてください。

> **A** たとえば、日本から出張者や赴任者等が、相手国内で本社の名のもとで、契約書にサインをした場合（いわゆる代理人ＰＥ）や、又は出張者が現地で一定期間、技術指導などを行った場合、当該活動は、日本企業が相手国内に保有するＰＥとみなされ、当該業務に関して日本本社が受け取る所得についても、相手国で日本の法人税が課税される可能性があります。

　恒久的施設（Permanent Establishment：以下「ＰＥ」といいます）とは租税条約上の非常に重要な概念です。同じく租税条約で規定されている「事業所得」条項と密接に結びついており、「相手国で課税されるか否かはその企業が相手国にＰＥを保有しているか否か」によって決まります。

　日本の企業（たとえば甲製薬㈱）が海外でビジネスを行う際、その国（Ｂ国）の税務当局に「甲製薬㈱はＢ国内にＰＥを保有している」と認定されると、甲製薬㈱はＢ国内にあるＰＥを通じて得た所得に対してＢ国で税金を支払わなければなりません。このように海外でビジネスを行う際は、相手国に「自社のＰＥがある」かどうかで相手国での納税義務が決まります（裏を返せば、ＰＥがなければ、その国で事業を行い、利益が発生してもその国では日本の法人税に相当する税金は課税されないことになります）。

　ちなみに恒久的施設とは、物理的な施設（支店や営業所等）だけを指すのではありません。たとえば、日本から出張者や出向者・赴任者等も、出張者や赴任者の相手国内で行う業務内容によっては日本企業が相手国内に保有するＰＥとみなされ、当該業務に関して日本本社が受け取る所得につ

2　租税条約の各条項

いても、相手国で日本の法人税が課税される可能性があります。

しかし、現実問題として、日本の企業が相手国に保有している施設や人等がPEに該当するか否かの判定は最終的には相手国の税務当局の取扱い次第です。たとえば、PEの規定が日本とA国の租税条約も、日本とB国の租税条約も全く同じ文言であり、かつ日本の居住者である企業がA国でもB国でも全く同じ事業を行っていたとします。このような場合であっても、当該事業について、A国の税務当局からは「PEには該当しない」とされたのに対し、B国の税務当局からは「PEに該当する」と判断されることも十分考えられます（各国ごとにPEについての解釈はさまざまです）。

相手国内でのPEの有無と課税の関係（「A国」を「日本」に置き換えてみました。）

| 日本 | 甲製薬㈱ | B国 | 甲製薬㈱のPE（甲製薬㈱B国支店） |

私はB国にPEがあるから、PEを通じて得た所得はB国で納税するよ。

PEを通じて得た所得

日本税務当局

事業所得として課税される。

B国税務当局

僕は甲製薬㈱のPEです。僕を通じて得た所得はB国で納税してね。

なぜPEがなければ課税されないのか？

相手国（たとえばB国）で事業を行っていても、B国にPEがなければ課税されないというのが租税条約の大原則ですがこれはなぜでしょうか。

通常、B国でA国の企業（a社）がPEを設立せず事業を行っている場合は、a社のB国での事業はまだ本格的なものではなく、あくまで「試行的な段階」であると一般的にみなされます。これはa社がB国内に物理的施設等を伴って活動を行うまでは、a社に対してB国で課税するのは控えようという考えに基づくものです。

仮にB国内にPEを持たず、試行的にB国で事業を行っている企業にまでB国税

務当局が課税を行ってしまえば、B国で事業を行おうと考える外国企業はどんどん減ってしまうのではないでしょうか。

このように国際間の事業活動の交流を行いやすい環境を作るためにも「ＰＥなければ課税なし」という租税条約の原則が必要になってくるのです。

【図表 72-1】租税条約概要一覧表（在庫保有代理人・注文取得代理人、建設工事、建設工事監督が PE に該当する場合）

OECDモデル条約「第5条 恒久的施設条項」	PE（恒久的施設）の範囲				
	A国居住者がB国内で行う活動内容が、B国内における「A国居住者のPE」になるか				
	在庫保有代理人	注文取得代理人	建設工事	建設工事監督	備考
	—	—	12か月超継続した場合	—	
日本の条約例	—	—	12か月超継続した場合	—	
1 アイスランド	—	—	12か月超継続した場合	—	
2 アイルランド	PEとなる	—	12か月超継続した場合	—	芸能人活動はPEとなる
3 米国	—	—	12か月超継続した場合	—	
4 アラブ首長国連邦	—	—	12か月超継続した場合	—	
5 アルゼンチン	—	—	6か月超継続した場合	6か月超でPEとなる	一定の役務提供（コンサルタントを含む）はPEになる（183日超）
6 英国	—	—	12か月超継続した場合	—	
7 イスラエル	—	—	12か月超継続した場合	—	
8 イタリア	—	—	12か月超継続した場合	—	
9 インド	PEとなる	PEとなる	6か月超継続した場合	6か月超でPEとなる	天然資源探査のための設備等の使用（6か月超）、石油の探査・開発・採取に関する役務の提供（6か月超）

10	インドネシア	PEとなる	―	6か月超継続した場合	6か月超でPEとなる	一定のコンサルタントの役務提供はPEになる（6か月超）
11	ウズベキスタン	―	―	12か月超継続した場合	12か月超でPEとなる	
12	ウルグアイ	―	―	6か月超継続した場合	6か月超でPEとなる	一定の役務の提供はPEとなる（183日超）
13	エクアドル	―	―	6か月超継続した場合	―	一定の役務の提供はPEとなる（183日超）
14	エジプト	―	―	6か月超継続した場合	―	
15	エストニア	―	―	12か月超継続した場合	―	
16	オーストラリア	―	―	12か月超継続した場合	12か月超でPEとなる/コンサルタント活動を含む	天然資源の探査・開発活動（90日超）、大規模施設の運用（183日超）
17	オーストリア	―	―	12か月超継続した場合	―	
18	オマーン	―	―	9か月超継続した場合	9か月超でPEとなる	
19	オランダ	―	―	12か月超継続した場合	―	
20	カザフスタン	―	―	12か月超継続した場合	―	
21	カタール	―	―	6か月超継続した場合	―	一定の役務提供（コンサルタントを含む）はPEとなる（183日超）
22	カナダ	―	―	12か月超継続した場合	―	
23	韓国	―	―	6か月超継続した場合	6か月超でPEとなる	
24	クウェート	―	―	9か月超継続した場合	―	
25	クロアチア	―	―	12か月超継続した場合	―	

26	コロンビア	―	―	183日超継続した場合	183日超でPEとなる	一定の役務提供（コンサルタントを含む）はPEとなる（183日超）
27	サウジアラビア	―	―	183日超継続した場合	183日超でPEとなる	一定の役務提供（コンサルタントを含む）はPEとなる（183日超）
28	ザンビア	―	―	12か月超継続した場合	―	
29	ジャマイカ	―	―	6か月超継続した場合	6か月超でPEとなる	一定の役務提供（コンサルタントを含む）はPEとなる（183日超）。天然資源の探査・開発のための堀削機器の使用（183日超）
30	ジョージア	―	―	6か月超継続した場合	―	
31	シンガポール	―	―	6か月超継続した場合	6か月超でPEとなる	
32	スイス	―	―	12か月超継続した場合	―	
33	スウェーデン	―	―	12か月超継続した場合	―	
34	スペイン	―	―	12か月超継続した場合	―	
35	スリランカ	PEとなる	―	183日超継続した場合	―	
36	スロベニア	―	―	12か月超継続した場合	―	
37	セルビア	―	―	12か月超継続した場合	―	
38	ソ連邦	―	―	12か月超継続した場合	―	
39	タイ	PEとなる	PEとなる	3か月超継続した場合	3か月超でPEとなる	一定の役務提供（コンサルタントを含む）はＰＥとなる（183日超）
40	台湾	―	―	6か月超継続した場合	6か月超でPEとなる	一定の役務提供（コンサルタントを含む）はＰＥとなる（183日超）

41	中国	―	PEとなる	6か月超継続した場合	6か月超でPEとなる	一定の役務提供(コンサルタントを含む)はＰＥとなる(6か月超)
42	チェコスロヴァキア(チェコ)	―	―	12か月超継続した場合	―	
42	チェコスロヴァキア(スロヴァキア)	―	―	12か月超継続した場合		
43	チリ	―	―	6か月超継続した場合	6か月超でPEとなる	一定の役務提供(コンサルタントを含む)はＰＥとなる(183日超)
44	デンマーク	―	―	12か月超継続した場合	―	天然資源の探査活動(12か月超)
45	ドイツ	―	―	12か月超継続した場合	―	
46	トルコ	PEとなる(議定書)	―	6か月超継続した場合	6か月超でPEとなる	一定の役務提供(コンサルタントを含む)はＰＥとなる(6か月超)
47	ニュージーランド	―	―	12か月超継続した場合	―	天然資源の探査・開発活動・大規模設備の運用(90日超)、一定の役務提供はPEとなる
48	ノールウェー	―	―	12か月超継続した場合	12か月超でPEとなる／コンサルタント活動を含む	
49	ハンガリー	―	―	12か月超継続した場合	―	
50	バングラデシュ	―	―	6か月超継続した場合	―	
51	パキスタン	PEとなる	―	6か月超継続した場合	6か月超でPEとなる	
52	フィリピン	PEとなる	PEとなる	6か月超継続した場合	6か月超でPEとなる	一定のコンサルタントの役務提供はPEとなる(6か月超)

No	国名					
53	フィンランド	—	—	12か月超継続した場合	—	
54	フランス	—	—	12か月超継続した場合	—	
55	ブラジル	PEとなる	—	6か月超継続した場合	—	芸能人活動はPEとなる
56	ブルガリア	—	—	12か月超継続した場合	—	
57	ブルネイ	—	—	12か月超継続した場合	—	
58	ヴィエトナム	PEとなる	—	6か月超継続した場合	6か月超でPEとなる	一定の役務提供(コンサルタントを含む)はPEとなる(6か月超)。天然資源の探査活動(30日間)
59	ペルー	—	—	6か月超継続した場合	6か月超でPEとなる	一定の役務提供(コンサルタントを含む)はPEとなる(6か月超)。天然資源の探査活動(30日間)役務提供はPEとなる(183日超)。天然資源の探査・開発活動(6か月超)
60	ベルギー	—	—	12か月超継続した場合	—	
61	ポルトガル	—	—	12か月超継続した場合	—	
62	ポーランド	—	—	12か月超継続した場合	—	
63	香港	—	—	12か月超継続した場合	—	
64	マレーシア	PEとなる	—	6か月超継続した場合	6か月超でPEとなる	
65	南アフリカ	—	—	12か月超継続した場合	6か月超でPEとなる	
66	メキシコ	—	—	6か月超継続した場合	6か月超でPEとなる	

67	モロッコ	―	―	6か月超継続した場合	6か月超でPEとなる	一定の役務提供(コンサルタントを含む)はPEとなる(6か月超)。天然資源の探査活動(30日間)役務提供はPEとなる(183日超)。天然資源の探査・開発活動(6か月)役務提供(コンサルタントを含む)はPEとなる(183日超)。石油の探査・開発・採取のための役務等の提供(90日超)
68	ラトビア	―	―	12か月超継続した場合	―	
69	リトアニア	―	―	12か月超継続した場合	―	天然資源の探査・開発活動(30日超)
70	ルクセンブルク	―	―	12か月超継続した場合	―	
71	ルーマニア	―	―	12か月超継続した場合	―	
72	ロシア	―	―	12か月超継続した場合	―	

(出所)公益財団法人納税協会連合会『令和3年版 租税条約関係法規集』を基に作成

Q73 投資所得（配当・利子・使用料）条項について（全条約一覧表）

租税条約の「配当」「利子」「使用料」条項の概要と、当該条項が海外勤務者に関連する事例について教えてください。

> **A** たとえば、A国に赴任している当社社員（日本の非居住者）が、日本本社から配当・利子・使用料を受け取った場合又は日本本社が海外の子会社等から配当・利子・使用料を受け取った場合、当該条項が適用されます。ちなみに日本が締結した租税条約のうち、ほとんどの条約について「配当」条項が存在します。

1 投資所得（配当・利子・使用料）条項の概要

国際間の投資交流が進む中、日本の企業が海外の子会社から配当・利子・使用料を受け取る機会も多くなっています。

そしてこれら「配当」「利子」「使用料」については、租税条約の文言も似ていることが多く、その概念も共通する部分が多くなっています。

ここでは「配当」「利子」「使用料」を個別に説明する前に、これら3つの所得をひっくるめて「投資所得」と表現し、各所得を個別に説明する前に、この「投資所得」を理解する際のいわば「共通概念」となるポイントについて、【図表73-1】にまとめました。

本書においては、このうち「源泉地国の課税権と制限税率」について簡単に説明していきます。

【図表73-1】 OECDモデル条約における「配当」「利子」「使用料」条項の比較

	配　当 （モデル条約第10条）	利　子 （モデル条約第11条）	使用料 （モデル条約第12条）
居住地国の課税権	第1項で規定	第1項で規定	第1項で規定
源泉地国の課税権と制限税率	第2項で規定	第2項で規定	―
定　義	第3項で規定	第3項で規定	第2項で規定
PEに帰属する投資所得の取扱い	第4項で規定	第4項で規定	第3項で規定
投資所得の源泉地	―	第5項で規定	―
特殊関連企業間の投資所得の取扱い	規定なし	第6項で規定	第4項で規定
その他の規定	第5項にて「追いかけ課税の禁止」を規定	―	―

2　投資所得の源泉地国での制限税率について

(1)　投資所得の源泉地国での制限税率

　投資所得の源泉地国における制限税率については【図表73-2】をご参照ください。

(2)　租税条約での制限税率よりも、国内税法による税率の方が低い場合はどうなるか？

　「Q61：租税条約とは」において「租税条約は国内税法に優先する」ことを説明しましたが、租税条約での税率より、源泉地国の税率の方が低い場合はどうなるのでしょうか。

　租税条約で定められている税率はあくまで「ここまでなら課税してもよい」という最高税率です。ですから、租税条約で定めた税率よりも国内税

法で定めた税率の方が低ければ、低い方（この場合国内税法）に従う、と考えてよいでしょう。

【図表73-2】配当に対する制限税率一覧表

（議）議定書あり。

OECDモデル条約「10条 配当条項」		A国居住者a氏がB国居住者から受け取る所得（利子・使用料）についてのB国での課税上の取扱い				備考
		B国における制限税率（ここまでならB国で課税してもよい、という税率）		（*）親子会社間要件を満たす条件		
		一般	親子会社間（*）	出資比率	所有期間	
		15%以下	5%以下	25%以上	365日	
日本の条約例		15%以下	5%以下	25%以上	6か月	
1	アイスランド	15%	5%	10%以上（間接含）	6か月	一定の年金基金が受け取る配当は免税
			免税	25%以上（間接含）	6か月	
2	アイルランド	日本：15%	日本：10%	25%以上	6か月	アイルランド：付加税を免除
3	米国	10%	5%	10%以上（間接含）	―	・配当受益者が上場会社等一定の要件を満たしていることが追加的要件 ・一定の年金基金が受け取る配当は免税
			免税	50%以上（間接含）	6か月	
4	アラブ首長国連邦	10%	5%	10%以上（間接含）	6か月	
5	アルゼンチン	15%	10%	25%以上（間接含）	6か月	
6	英国	10%	免税	10%以上（間接含）	6か月	一定の年金基金が受け取る配当は免税
7	イスラエル	15%	5%	25%以上	6か月	
8	イタリア	15%	10%	25%以上	6か月	
9	インド	10%	―	―		

	国名					備考
10	インドネシア	15%	10%	25%以上	12か月	送金税の制限あり（10%）（議）
11	ウズベキスタン	10%	5%	25%以上	365日	
12	ウルグアイ	10%	5%	10%以上	183日	
13	エクアドル	5%	—	—		
14	エジプト	日本：15% エ：—（※）	—	—		※ 個人に係る一般所得税に限り、20%
15	エストニア	10%	免税	10%以上（間接含）	6か月	
16	オーストラリア	10%	5%	10%以上	—	不動産投資信託からの配当に対する限度税率は15%
			免税	80%以上	12か月	
17	オーストリア	10%	免税	10%以上（間接含）	6か月	一定の年金基金が受け取る配当は免税
18	オマーン	10%	5%	10%以上（間接含）	6か月	
19	オランダ	10%	5%	10%以上（間接含）	6か月	
			免税	50%以上（間接含）	6か月	一定の年金基金が受け取る配当は免税
20	カザフスタン	15%	5%	10%以上（間接含）	6か月	
21	カタール	10%	5%	10%以上（間接含）	6か月	カタール国政府全面所有期間が中間法人を通じて間接所有する日本国の法人の株式の配当は5%（議）
22	カナダ	15%	5%（※）	25%以上	6か月	カナダ：支店税の制限あり（5%）（議） ※ カナダの居住者である非居住者所有投資法人からの配当は10%（議）
23	韓国	15%	5%（※）	25%以上	6か月	
24	クウェート	10%	5%	10%以上（間接含）	6か月	
25	クロアチア	5%	免税	25%以上（間接含）	365日	

第4章 海外勤務者に関連する各国との租税条約

No	国名					備考
26	コロンビア	10%	5%	20%以上（間接含）	6か月	一定の年金基金が受け取る配当は免税
27	サウジアラビア	10%	5%	10%以上（間接含）	183日	
28	ザンビア	免除	免除	—		
29	ジャマイカ	10%	5%	20%以上（間接含）	365日	
30	ジョージア	5%	—	—	—	
31	シンガポール	日本：15%	日本：5%	25%以上	6か月	シンガポール：非課税
32	スイス	10%	5%	10%以上（間接含）	6か月	
		10%	免税	50%以上	6か月	一定の年金基金が受け取る配当は免税
33	スウェーデン	10%	免税	10%以上（間接含）	6か月	
34	スペイン	5%	免税	10%以上（間接含）	12か月	一定の年金基金が受け取る配当は免税
35	スリランカ	日本：20%	—	—		スリランカ：6%課税（附加税）法人のみ
36	スロベニア	5%	—	—		
37	セルビア	10%	5%	25%以上		365日
38	ソ連邦	15%	—	—		
39	タイ	—	15%（※）20%	25%以上	6か月	※ 産業的事業を営む法人からの配当の場合
40	台湾	10%	—	—		
41	中国	10%	—	—		
42	チェコスロヴァキア（チェコ）	15%	10%	25%以上	6か月	
	チェコスロヴァキア（スロヴァキア）					
43	チリ	15%	5%	25%以上	6か月	一定の年金基金が受け取る配当は免税
		チリ源泉分は、国内法どおり（実質負担率は約10%）				

2 租税条約の各条項

44	デンマーク	15%	免税	10%以上	6か月	一定の年金基金が受け取る配当は免税
45	ドイツ	15%	免税	25%以上	18か月	
			5%	10%以上	6か月	
46	トルコ	15%（※）	10%（※）	25%以上	6か月	※ トルコについては、トルコの法人税率が40％未満の場合、一般20％、親子間15%となる（議）トルコ：支店税の制限あり（原則10%）（議）
47	ニュージーランド	15%	免税（※）	10%以上	6か月	※ 配当受益者が上場会社等一定の要件を満たしていることが追加的要件
48	ノールウェー	15%	5%	25%以上	6か月	
49	ハンガリー	10%	―	―		
50	バングラデシュ	15%	10%	25%以上	6か月	
51	パキスタン	10%	7.5%	25%以上	6か月	
			5%	50%以上	6か月	
52	フィリピン	15%	10%	10%以上	6か月	※ 創始企業からの配当は10%。送金税制限あり（10%）（議）
53	フィンランド	15%	10%	25%以上	6か月	
54	フランス	10%	5%	10%以上（間接含）	6か月	
			免税	(仏)15%以上（間接含）(日)15%以上（直接）25%以上（間接含）	6か月	
55	ブラジル	12.5%	―	―		
56	ブルガリア	15%	10%	25%以上	6か月	
57	ブルネイ	10%	5%	10%以上（間接含）	6か月	
58	ヴィエトナム	10%	―	―		
59	ペルー	10%	―	―		

第4章 海外勤務者に関連する各国との租税条約

60	ベルギー	10%	免税	10%以上	6か月	一定の年金基金が受け取る配当は免税
61	ポルトガル	10%	5%	10%以上	6か月	
62	ポーランド	10%	—	—		
63	香港	10%	5%	10%以上（間接含）	6か月	
64	マレーシア	日本：15%	日本：5%	25%以上	6か月	マレーシア：非課税
65	南アフリカ	15%	5%	25%以上	6か月	
66	メキシコ	15%	5% 一定のもの（※）：免税	25%以上	6か月	※ 配当受益者が上場法人であり、その株式の50%超を政府、個人居住者等が保有していることが追加的要件
67	モロッコ	10%	5%	10%以上	—	
68	ラトビア	個人：10% 法人：免税	—	—		
69	リトアニア	個人：10% 法人：免税	—	—		
70	ルクセンブルク	15%	5%	25%以上	6か月	
71	ルーマニア	10%	—	—		
72	ロシア	10%	5%	15%以上	365日	一定の年金基金が受取る配当は免税。不動産化体株式からの配当に対する限度税率は15%

（出所）公益財団法人納税協会連合会『令和3年版 租税条約関係法規集』を基に作成

【図表 73-3】 利子・使用料に対する制限税率一覧表

OECDモデル条約「11条 利子条項」「12条 使用料条項」		A国居住者 a 氏が B 国居住者から受け取る所得（利子・使用料）についての B 国での課税上の取扱い			
		利　子		使用料	
		制限税率（ここまでならB国で課税してもよい、という税率）	参考事項	制限税率（ここまでならB国で課税してもよい、という税率）	参考事項
日本の条約例		10％以下	政府、日銀、国際協力銀行等受取利子は免税。	10％以下	パテント譲渡益を含む。
1	アイスランド	免税	償還差益を含む。利益連動型の利子は10％。	免税	―
2	アイルランド	10％	同 OECD モデル	10％	―
3	米国	免税	償還差益を含む。利益連動型の利子は10％。不動産担保債権の利子は制限税率なし。	免税	―
4	アラブ首長国連邦	10％	同条約例、間接融資等免税、償還差益を含む。	10％	―
5	アルゼンチン	0.12	同条約例、間接融資等免税、償還差益を含む。	3％：ニュース 5％：著作権 10％：その他	―
6	英国	免税	償還差益を含む。利益連動型の利子は10％。	免税	―
7	イスラエル	10％	同条約例、間接融資等免税、償還差益を含む。	10％	同条約例（裸用船料を含む）
8	イタリア	10％	同 OECD モデル	10％	―
9	インド	10％	同条約例、間接融資等免税、償還差益を含む。	10％	技術的役務の料金を含む。
10	インドネシア	10％	同条約例、間接融資等免税、償還差益を含む。	10％	―
11	ウズベキスタン	5％	同条約例、間接融資等免税、償還差益を含む。	免税：文化的使用料 5％：工業的使用料	―

第4章 海外勤務者に関連する各国との租税条約

12	ウルグアイ	10%	同条約例、間接融資等免税、償還差益を含む。一定の金融機関が受け取る利子は免税。	10%	―
13	エクアドル	10%	同条約例、間接融資等免税、償還差益を含む。銀行が受け取る利子は免税。	10%	―
14	エジプト	―	―	15%	映画フィルムを除く。
15	エストニア	10%	同条約例、間接融資等免税、償還差益を含む。	5%	―
16	オーストラリア	10%	同条約例、金融機関が受け取る利子免税、償還差益を含む。	5%	―
17	オーストリア	免税	償還差益を含む。利益連動型の利子等は国内法どおり。	免税	―
18	オマーン	10%	同条約例、間接融資等免税、償還差益を含む。日本の年金基金が受け取る利子は免税。	10%	―
19	オランダ	10%	同条約例、間接融資等免税、償還差益を含む。金融機関等、一定の年金基金が受け取る利子、延払債権利子は免税。	免税	―
20	カザフスタン	10%	同条約例、間接融資等免税、償還差益を含む。	10%	議定書により５％
21	カタール	10%	同条約例、間接融資等免税、償還差益を含む。金融機関及び一定の年金基金が受け取る利子は免税。	5%	―
22	カナダ	10%	同条約例、間接融資等免税、償還差益を含む。	10%	―
23	韓国	10%	同条約例、償還差益を含む。	10%	同条約例（裸用船料を含む）
24	クウェート	10%	同条約例、間接融資等免税、償還差益を含む。	10%	―
25	クロアチア	5%	同条約例、間接融資等免税、償還差益を含む。	5%	―

	国名				
26	コロンビア	10%	同条約例、間接融資等免税、償還差益を含む。金融機関等、一定の年金基金が受け取る利子、延払債権利子は免税。	2％：設備の使用 10％：その他	—
27	サウジアラビア	10%	同条約例、間接融資等免税、償還差益を含む。一定の年金基金が受け取る利子は免税。	5％：設備の使用 10％：その他	—
28	ザンビア	10%	同条約例、償還差益を含む。	10%	—
29	ジャマイカ	10%	同条約例、間接融資等免税、償還差益を含む。	2％：設備の使用 10％：その他	—
30	ジョージア	5%	同条約例、間接融資等免税、償還差益を含む。	免税	—
31	シンガポール	10%	同条約例、間接融資等免税、償還差益を含む。シンガポールの産業的事業の社債・貸付金の利子免税（議）	10%	同条約例（裸用船料を含む）
32	スイス	10%	同条約例、間接融資等免税、償還差益を含む。金融機関等、一定の年金基金が受け取る利子、延払債権利子は免税。	免税	—
33	スウェーデン	免税	償還差益を含む。利益連動型の利子は10％。	免税	—
34	スペイン	免税	償還差益を含む。利益連動型の利子は10％。	免税	—
35	スリランカ	—	銀行が受け取る利子は免税。	免税：著作権、映画フィルム 半額課税：特許権等	—
36	スロベニア	5%	同条約例、間接融資等免税、償還差益を含む。	5%	—
37	セルビア	10%	同条約例、間接融資等免税、償還差益を含む。	5％：文化的使用料 10％：工業的使用料	—

	国名				
38	ソ連邦	10%	同条約例、間接融資等免税、償還差益を含む。	免税：文化的使用料 10%：工業的使用料	—
39	タイ	法人の受け取るものに限る。 10%（金融機関等受取） 25%（その他法人受取）	同条約例、償還差益を含む。	15%	パテント譲渡益を含み機器の賃貸料は含まれない。
40	台湾	10%	同条約例、間接融資等免税、償還差益を含む。	10%	—
41	中国	10%	同条約例、間接融資等免税、償還差益を含む。	10%	—
42	チェコスロヴァキア（チェコ） チェコスロヴァキア（スロヴァキア）	10%	同条約例、間接融資等免税、償還差益を含む。	免税：文化的使用料 10%：工業的使用料	
43	チリ	4%（銀行受取） 10%（一般）	償還差益を含む。一般の税率は、発行後2年間は15%。	2%：設備の使用 10%：その他	—
44	デンマーク	免税	償還差益を含む。利益連動型の利子は10%。	免税	—
45	ドイツ	免税	償還差益を含む。利益連動型の利子等は国内法どおり。	免税	—
46	トルコ	10%（金融機関が受け取る利子） 15%（一般）	同条約例、償還差益を含む。	10%	同条約例（裸用船料を含む）
47	ニュージーランド	10%	同条約例、間接融資等免税、償還差益を含む。一定の金融機関が受け取る利子は免税。	5%	—
48	ノールウェー	10%	同条約例、間接融資等免税、償還差益を含む。	10%	パテント譲渡益を含み機器の賃貸料は含まれない。

49	ハンガリー	10%	同条約例、間接融資等及び延払利子免税、償還差益を含む。	免税：文化的使用料 10%：工業的使用料	―
50	バングラデシュ	10%	同条約例、間接融資等免税、償還差益を含む。	10%	同条約例
51	パキスタン	10%	同条約例、間接融資等免税、償還差益を含む。	10%	―
52	フィリピン	10%	同条約例、間接融資等免税、償還差益を含む。	15%（映画フィルム） 10%（一般・創始企業からの使用料）	―
53	フィンランド	10%	―	10%	同条約例
54	フランス	10%	同条約例、間接融資等免税、償還差益を含む。金融機関等、一定の年金基金が受け取る利子、延払債権利子は免税。	免税	―
55	ブラジル	12.5%	同条約例	12.5%（一般） 25%（商標権） 15%（映画フィルム等）	―
56	ブルガリア	10%	同条約例、間接融資等免税、償還差益を含む。	10%	同条約例
57	ブルネイ	10%	同条約例、間接融資等免税、償還差益を含む。	10%	―
58	ヴィエトナム	10%	同条約例、間接融資等免税、償還差益を含む。	10%	同条約例
59	ペルー	10%	同条約例、間接融資等免税、償還差益を含む。	15%	―
60	ベルギー	10%	同条約例、間接融資等免税、償還差益を含む。一定の年金基金が受け取る利子、法人間の支払は免税。利益連動型の利子は10%。	免税	―
61	ポルトガル	10%	同条約例、償還差益を含む。銀行が受け取る利子は5%。	5%	―

62	ポーランド	10%	同条約例、間接融資等免税、償還差益を含む。	免税：文化的使用料 10%：工業的使用料	—
63	香港	10%	同条約例、間接融資等免税、償還差益を含む。	5%	—
64	マレーシア	10%	同条約例、償還差益を含む。	10%	同条約例（裸用船料を含む）
65	南アフリカ	10%	同条約例、間接融資等免税、償還差益を含む。	10%	同条約例（裸用船料を含む）
66	メキシコ	15%（一般） 10%（銀行等が受け取る利子等）	同条約例、間接融資等免税、償還差益を含む。	10%	パテント譲渡（真正譲渡を除く）益を含む。
67	モロッコ	10%	同条約例、償還差益を含む。	5%：設備の使用 10%：その他	—
68	ラトビア	個人：10% 法人：免税	償還差益を含む。利益連動型の利子は10%。	免税	—
69	リトアニア	個人：10% 法人：免税	償還差益を含む。利益連動型の利子は10%。	免税	—
70	ルクセンブルク	10%	同条約例、間接融資等免税、償還差益を含む。	10%	裸用船料を含む。
71	ルーマニア	10%	同条約例、間接融資等免税、償還差益を含む。	10%：文化的使用料 15%：工業的使用料	—
72	ロシア	免税	償還差益を含む。利益連動型の利子は10%。	免税	—

（出所）公益財団法人納税協会連合会『令和3年版 租税条約関係法規集』を基に作成

Q74 譲渡所得条項について（全条約一覧表）

租税条約の「譲渡所得」条項の概要と、当該条項が海外勤務者に適用される事例について教えてください。

> **A** 海外赴任者（日本の非居住者）が、日本の財産を譲渡した場合や、日本本社が海外にある財産を譲渡した場合に当該条項が適用されます。日本が締結した租税条約のうち、ほとんどの条約に「譲渡所得」条項は存在します。

　海外勤務者（日本の非居住者）に、租税条約の「譲渡所得条項」が適用されるのは、海外勤務者が国内に保有する資産（不動産や株式等）を譲渡した場合があげられます。

　たとえば、「不動産の譲渡」、「ＰＥの事業用資産を構成する動産の譲渡」、「国際運輸に運行する航空機・船舶等の譲渡」の際に発生する所得の取扱いは日本が締結した、ほぼ全ての租税条約においても同じ内容なのですが、「株式の譲渡」、「その他の資産の譲渡」については、各租税条約によってその区分の仕方や課税権の配分の仕方はさまざまです。

【図表74-1】租税条約概要一覧表（譲渡所得）

OECDモデル条約「14条 譲渡所得条項」		キャピタルゲイン				
		不動産	PE	株式	不動産化体株式	その他
		A国居住者a氏がB国にある資産を譲渡した場合のキャピタルゲインについて、B国で課税権があるかどうか				
		B国に課税権がある	B国に課税権がある	A国のみ課税権がある	B国に課税権がある	A国でのみ課税
	日本の条約例	OECDモデル	OECDモデル	事業譲渡類似の株式譲渡益はB国に課税権がある	OECDモデル	OECDモデル
1	アイスランド	同上	同上	同OECDモデル	同上	同上
2	アイルランド	同上	同上	同上	同OECDモデル（MLI）	同上
3	米国	同上	同上	破綻金融機関の株式譲渡益は所在地国課税	同OECDモデル	同上
4	アラブ首長国連邦	同上	同上	同条約例	同上	同上
5	アルゼンチン	同上	同上	同条約例（資本の25％以上、限度税率10％）一般の株式は限度税率15％	同上	同上
6	英国	同上	同上	破綻金融機関の株式譲渡益は所在地国課税	同上	同上
7	イスラエル	同上	同上	源泉地国で課税	同OECDモデル（MLI）	源泉地国で課税
8	イタリア	同上	同上	同OECDモデル	―	同OECDモデル
9	インド	同上	同上	源泉地国で課税	同OECDモデル（MLI）	同上
10	インドネシア	同上	同上	同OECDモデル	同上	同上

11	ウズベキスタン	同 OECD モデル	同 OECD モデル	同 OECD モデル	同 OECD モデル	同 OECD モデル
12	ウルグアイ	同上	同上	同上	同上	同上
13	エクアドル	同上	同上	同上	同上	同上
14	エジプト	同上	同上	源泉地国で課税	同 OECD モデル（MLI）	源泉地国で課税
15	エストニア	同上	同上	同 OECD モデル	同 OECD モデル	同 OECD モデル
16	オーストラリア	同上	同上	同条約例	同 OECD モデル（MLI）	同上
17	オーストリア	同上	同上	同 OECD モデル	同 OECD モデル	同上
18	オマーン	同上	同上	破綻金融機関の株式譲渡益は所在地国課税	同上	同上
19	オランダ	同上	同上	破綻金融機関・譲渡前10年内に居住者の株式譲渡益は所在地国課税	同 OECD モデル（MLI）	同上
20	カザフスタン	同上	同上	同条約例	同上	同上
21	カタール	同上	同上	同 OECD モデル	同上	同上
22	カナダ	同上	同上	源泉地国で課税	同上	源泉地国で課税
23	韓国	同上	同上	同条約例	同 OECD モデル	同 OECD モデル
24	クウェート	同 OECD モデル	同 OECD モデル	破綻金融機関の株式譲渡益は所在地国課税	同 OECD モデル	同 OECD モデル
25	クロアチア	同上	同上	同 OECD モデル	同上	同上
26	コロンビア	同上	同上	同条約例（資本の10％以上、限度税率10％）ただし年金基金受取は免税	同上	同上
27	サウジアラビア	同上	同上	同条約例	同上	同上

28	ザンビア	同上	同上	同OECDモデル	—	同上
29	ジャマイカ	同上	同上	同上	同OECDモデル	同上
30	ジョージア	同上	同上	同上	同上	同上
31	シンガポール	同上	同上	同条約例	同上	同上
32	スイス	同上	同上	破綻金融機関の株式譲渡益は所在地国課税	同上	同上
33	スウェーデン	同上	同上	—	—	—
34	スペイン	同上	同上	同OECDモデル	同OECDモデル	同OECDモデル
35	スリランカ	同上	同上	源泉地国で課税	—	同上
36	スロベニア	同上	同上	同OECDモデル	同OECDモデル	同上
37	セルビア	同上	同上	同上	同上	同上
38	ソ連邦	同OECDモデル	同OECDモデル	源泉地国で課税	—	同OECDモデル
	ソ連邦（ウクライナ）	同上	同上	同上	同OECDモデル（MLI）	同上
39	タイ	同上	同上	同上	—	源泉地国で課税
40	台湾	同上	同上	同OECDモデル	同OECDモデル	同OECDモデル
41	中国	同上	同上	源泉地国で課税	—	源泉地国で課税
42	チェコスロヴァキア（チェコ）	同上	同上	同OECDモデル	—	同OECDモデル
	チェコスロヴァキア（スロヴァキア）	同上	同上	同上	同OECDモデル（MLI）	同上
43	チリ	同上	同上	同条約例（資本の20％以上）一般の株式は限度税率16％。ただし年金基金受取は免税	同OECDモデル	同上

44	デンマーク	同上	同上	同 OECD モデル	同上	同上
45	ドイツ	同上	同上	同上	同 OECD モデル（MLI）	同上
46	トルコ	同上	同上	源泉地国で課税	―	源泉地国で課税
47	ニュージーランド	同上	同上	破綻金融機関の株式譲渡益は所在地国課税	同 OECD モデル（MLI）	同 OECD モデル
48	ノールウェー	同 OECD モデル	同 OECD モデル	源泉地国で課税	―	源泉地国で課税
49	ハンガリー	同上	同上	同 OECD モデル	―	同 OECD モデル
50	バングラデシュ	同上	同上	源泉地国で課税	―	源泉地国で課税
51	パキスタン	同上	同上	同条約例	同 OECD モデル（MLI）	同 OECD モデル
52	フィリピン	同上	同上	同 OECD モデル	同 OECD モデル	同上
53	フィンランド	同上	同上	同上	―	同上
54	フランス	同上	同上	同条約例	同 OECD モデル（MLI）	同上
55	ブラジル	同上	同上	同 OECD モデル	―	同上
56	ブルガリア	同上	同上	源泉地国で課税	―	同上
57	ブルネイ	同上	同上	同条約例	同 OECD モデル	同上
58	ヴィエトナム	同上	同上	同上	同上	同上
59	ペルー	同上	同上	同上	同上	同上
60	ベルギー	同上	同上	同 OECD モデル	同上	同上
61	ポルトガル	同上	同上	破綻金融機関の株式譲渡益は所在地国課税	同 OECD モデル（MLI）	同上
62	ポーランド	同上	同上	同 OECD モデル	同上	同上

63	香港	同上	同上	破綻金融機関の株式譲渡益は所在地国課税	同 OECD モデル	同上
64	マレーシア	同 OECD モデル	同 OECD モデル	源泉地国で課税	—	源泉地国で課税
65	南アフリカ	同上	同上	同上	—	同上
66	メキシコ	同上	同上	同条約例	同 OECD モデル	同 OECD モデル
67	モロッコ	同上	同上	同条約例（資本の50％以上、限度税率5％）	同上	同上
68	ラトビア	同上	同上	同 OECD モデル	同上	同上
69	リトアニア	同上	同上	同上	同上	同上
70	ルクセンブルク	同上	同上	源泉地国で課税	—	源泉地国で課税
71	ルーマニア	同上	同上	同 OECD モデル	—	同 OECD モデル
72	ロシア	同上	同上	同上	同 OECD モデル	同上

（出所）公益財団法人納税協会連合会『令和3年版 租税条約関係法規集』を基に作成

Q75 給与所得条項について（全条約一覧表）

租税条約の「給与所得」条項が、海外勤務者、出張者に適用されるのはどのような場合ですか。

> **A** 1　海外出張者（日本の居住者）の場合
> 　　租税条約締結相手国に出張する場合、「短期滞在者免税」の規定があり、相手国内での滞在期間が183日以内等、一定要件を満たせば相手国での課税が免除されます。
> 2　海外勤務者（日本の非居住者）の場合
> 　海外勤務者が日本本社から、海外勤務に対する報酬として留守宅手当等の日本払い給与を受け取った場合に、租税条約の「給与所得条項」の「第1項」が適用されます。

　経済活動の国際化に伴い、多くの企業が世界各国に子会社・関連会社・支店・駐在員事務所などを所有し、そこに自社の社員や役員を海外勤務者または出張者として派遣することが多くなっています。たとえば、1年以上の予定で日本を離れ海外勤務者となった人は、日本を出国した翌日から日本の非居住者となり基本的には勤務地国の居住者になるわけですから、この海外勤務者の給与は勤務地国においてのみ課税され、日本では課税されません（日本で役員の地位を保有している場合は取扱いが異なります）。

　しかし、この「勤務を行った国で課税する」という原則を貫けば、たとえ10日ほどの海外勤務であってもこの期間分の給与は日本だけでなく、勤務地国でも課税されることになり、海外勤務期間中の給与は日本でも海外でも課税されるという、いわゆる二重課税の状態が発生します。

　もちろん、この二重課税部分は居住地国（この場合日本）で外国税額控除を受けることはできますが、その手続は煩雑ですし、何より短期間の滞在

者にまで課税していては、両国間の人的交流を阻害することにもなります。

そこで、租税条約の「給与所得」条項では、原則論として「勤務を行った国で課税する」ことを明記した上で、その国（たとえばB国）での勤務がある一定期間以下（通常183日以下）である等の条件を満たしていればB国での課税は免除する、と規定しています。また、この「給与所得」条項では、「国際運輸に従事する勤務に対する報酬」についても規定しています。

短期滞在者免税適用時の留意点
～免税要件を満たしたからといって無条件で免税になるとは限らない～

　日本から海外に出張する際、「短期滞在者免税の要件を満たしているか、出張先では無条件に免税になる」と思っている方もいるかもしれません。ですが、それは必ずしも正しくないかもしれません。

　国によっては、免税適用のための資料の提出を求める場合もあります。「これまで多数出張者を送り込んでいるが、そのようなことは言われたことがない」という場合も安心はできません。実際に、数年前に出張者を送っていたことについて、現地の税務当局から日本本社に「お尋ね」が来て、さまざまな書類の提出を求められることがあります。

　また、出張先の法人から一切の給与が支払われていなくても、当該給与相当額が本社と現地法人との間で何らかの契約を介して支払われている場合、実質的に免税要件を満たしていないとされる可能性があります。

　そのため、同じ国に同じ出張者を何度も出入りさせたり、同じ国に複数の出張者を入れ代わり立ち代わり出入りさせる場合等、恒常的に業務出張が多い国については、その国と日本の租税条約における免税要件を満たすかどうかはもちろん、出張先国における免税適用のための書類の準備が必要か否かについても確認されることをお勧めします。

【図表75-1】租税条約概要一覧表(給与所得)

		短期滞在者免税の要件		
		A国居住者a氏がB国に出張した際、B国で所得税が免税になるためには以下①〜③の3つの条件を全て満たす必要がある		
OECDモデル条約「15条 給与所得条項」		①B国での滞在日数	②支払者要件	③負担者要件
		当該課税年度に開始し、又は終了するいずれの12か月の期間において合計183日を超えない	報酬の支払者はB国の居住者でないこと	B国内のPEがa氏の報酬を負担していないこと
日本の条約例		―	報酬の支払者はB国の居住者でないこと	B国内のPEがa氏の報酬を負担していないこと
1	アイスランド	当該課税年度に開始し、又は終了するいずれの12か月の期間において合計183日を超えない	報酬の支払者はB国の居住者でないこと	B国内のPEがa氏の報酬を負担していないこと
2	アイルランド	当該課税年度を通じて合計183日を超えないこと	報酬の支払者はB国の居住者でないこと	B国内のPEがa氏の報酬を負担していないこと
3	米国	当該課税年度に開始し、又は終了するいずれの12か月の期間において合計183日を超えない	報酬の支払者はB国の居住者でないこと	B国内のPEがa氏の報酬を負担していないこと
4	アラブ首長国連邦	当該課税年度に開始し、又は終了するいずれの12か月の期間において合計183日を超えない	報酬の支払者はB国の居住者でないこと	B国内のPEがa氏の報酬を負担していないこと
5	アルゼンチン	当該課税年度に開始し、又は終了するいずれの12か月の期間において合計183日を超えない	報酬の支払者はB国の居住者でないこと	B国内のPEがa氏の報酬を負担していないこと
6	英国	当該課税年度に開始し、又は終了するいずれの12か月の期間において合計183日を超えない	報酬の支払者はB国の居住者でないこと	B国内のPEがa氏の報酬を負担していないこと
7	イスラエル	当該年を通じて合計183日を超えない	報酬の支払者はB国の居住者でないこと	B国内のPEがa氏の報酬を負担していないこと
8	イタリア	その年を通じて合計183日を超えない	報酬の支払者はB国の居住者でないこと	B国内のPEがa氏の報酬を負担していないこと

第4章 海外勤務者に関連する各国との租税条約

9	インド	当該課税年度又は「前年度」を通じて合計183日を超えない	報酬の支払者はB国の居住者でないこと	B国内のPEがa氏の報酬を負担していないこと
10	インドネシア	当該年を通じて合計183日を超えない	報酬の支払者はB国の居住者でないこと	B国内のPEがa氏の報酬を負担していないこと
11	ウズベキスタン	当該課税年度に開始し、又は終了するいずれの12か月の期間において合計183日を超えない	報酬の支払者はB国の居住者でないこと	B国内のPEがa氏の報酬を負担していないこと
12	ウルグアイ	当該課税年度に開始し、又は終了するいずれの12か月の期間において合計183日を超えない	報酬の支払者はB国の居住者でないこと	B国内のPEがa氏の報酬を負担していないこと
13	エクアドル	当該課税年度に開始し、又は終了するいずれの12か月の期間において合計183日を超えない	報酬の支払者はB国の居住者でないこと	B国内のPEがa氏の報酬を負担していないこと
14	エジプト	当該年度を通じて合計183日を超えない	報酬の支払者はB国の居住者でないこと	B国内のPEがa氏の報酬を負担していないこと
15	エストニア	当該課税年度に開始し、又は終了するいずれの12か月の期間において合計183日を超えない	報酬の支払者はB国の居住者でないこと	B国内のPEがa氏の報酬を負担していないこと
16	オーストラリア	当該課税年度に開始し、又は終了するいずれの12か月の期間において合計183日を超えない	報酬の支払者はB国の居住者でないこと	B国内のPEがa氏の報酬を負担していないこと
17	オーストリア	当該課税年度に開始し、又は終了するいずれの12か月の期間において合計183日を超えない	報酬の支払者はB国の居住者でないこと	B国内のPEがa氏の報酬を負担していないこと
18	オマーン	当該課税年度に開始し、又は終了するいずれの12か月の期間において合計183日を超えない	報酬の支払者はB国の居住者でないこと	B国内のPEがa氏の報酬を負担していないこと
19	オランダ	当該課税年度に開始し、又は終了するいずれの12か月の期間において合計183日を超えない	報酬の支払者はB国の居住者でないこと	B国内のPEがa氏の報酬を負担していないこと

20	カザフスタン	当該課税年度に開始し、又は終了するいずれの12か月の期間において合計183日を超えない	報酬の支払者はB国の居住者でないこと	B国内のPEがa氏の報酬を負担していないこと
21	カタール	当該課税年度に開始し、又は終了するいずれの12か月の期間において合計183日を超えない	報酬の支払者はB国の居住者でないこと	B国内のPEがa氏の報酬を負担していないこと
22	カナダ	当該年を通じて合計183日を超えない	報酬の支払者はB国の居住者でないこと	B国内のPEがa氏の報酬を負担していないこと
23	韓国	当該暦年を通じて合計183日を超えない	報酬の支払者はB国の居住者でないこと	B国内のPEがa氏の報酬を負担していないこと
24	クウェート	当該課税年度に開始し、又は終了するいずれの12か月の期間において合計183日を超えない	報酬の支払者はB国の居住者でないこと	B国内のPEがa氏の報酬を負担していないこと
25	クロアチア	継続する12か月で183日以内	報酬の支払者はB国の居住者でないこと	B国内のPEがa氏の報酬を負担していないこと
26	コロンビア	当該課税年度に開始し、又は終了するいずれの12か月の期間において合計183日を超えない	報酬の支払者はB国の居住者でないこと	B国内のPEがa氏の報酬を負担していないこと
27	サウジアラビア	当該課税年度に開始し、又は終了するいずれの12か月の期間において合計183日を超えない	報酬の支払者はB国の居住者でないこと	B国内のPEがa氏の報酬を負担していないこと
28	ザンビア	当該課税年度に開始し、又は終了するいずれの12か月の期間において合計183日を超えない	報酬の支払者はB国の居住者でないこと	B国内のPEがa氏の報酬を負担していないこと
29	ジャマイカ	当該課税年度に開始し、又は終了するいずれの12か月の期間において合計183日を超えない	報酬の支払者はB国の居住者でないこと	B国内のPEがa氏の報酬を負担していないこと
30	ジョージア	当該課税年度に開始し、又は終了するいずれの12か月の期間において合計183日を超えない	報酬の支払者はB国の居住者でないこと	B国内のPEがa氏の報酬を負担していないこと

第4章 海外勤務者に関連する各国との租税条約

31	シンガポール	継続するいかなる12か月の期間においても合計183日を超えない	報酬の支払者はB国の居住者でないこと	B国内のPEがa氏の報酬を負担していないこと
32	スイス	当該年を通じて合計183日を超えない	報酬の支払者はB国の居住者でないこと	B国内のPEがa氏の報酬を負担していないこと
33	スウェーデン	当該課税年度に開始し、又は終了するいずれの12か月の期間において合計183日を超えない	報酬の支払者はB国の居住者でないこと	B国内のPEがa氏の報酬を負担していないこと
34	スペイン	当該課税年度に開始し、又は終了するいずれの12か月の期間において合計183日を超えない	報酬の支払者はB国の居住者でないこと	B国内のPEがa氏の報酬を負担していないこと
35	スリランカ	・A国がスリランカ、B国が日本の場合 　当該課税年度を通じて合計183日を超えない ・A国が日本、B国がスリランカの場合 　当該賦課年度を通じて合計183日を超えない	居住地国（A国）の居住者のための役務提供であること	報酬が居住地国（A国）で課税されること
36	スロベニア	当該課税年度に開始し、又は終了するいずれの12か月の期間において合計183日を超えない	報酬の支払者はB国の居住者でないこと	B国内のPEがa氏の報酬を負担していないこと
37	セルビア	当該課税年度に開始し、又は終了するいずれの12か月の期間において合計183日を超えない	報酬の支払者はB国の居住者でないこと	B国内のPEがa氏の報酬を負担していないこと
38	ソ連邦	当該年を通じて合計183日を超えない	報酬の支払者はB国の居住者でないこと	B国内のPEがa氏の報酬を負担していないこと
39	タイ	当該年を通じて合計180日を超えない	報酬がB国にある企業により負担されていないこと	B国内のPEがa氏の報酬を負担していないこと
40	台湾	当該課税年度に開始し、又は終了するいずれの12か月の期間において合計183日を超えない	報酬の支払者はB国の居住者でないこと	B国内のPEがa氏の報酬を負担していないこと
41	中国	当該年を通じて合計183日を超えない	報酬の支払者はB国の居住者でないこと	B国内のPEがa氏の報酬を負担していないこと

42	チェコスロヴァキア（チェコ）	当該年を通じて合計183日を超えない	報酬の支払者はB国の居住者でないこと	B国内のPEがa氏の報酬を負担していないこと
	チェコスロヴァキア（スロヴァキア）	当該年を通じて合計183日を超えない	報酬の支払者はB国の居住者でないこと	B国内のPEがa氏の報酬を負担していないこと
43	チリ	当該課税年度に開始し、又は終了するいずれか12か月の期間において合計183日以内	報酬の支払者はB国の居住者でないこと	B国内のPEがa氏の報酬を負担していないこと
44	デンマーク	当該課税年度に開始し、又は終了するいずれか12か月の期間において合計183日以内	報酬の支払者はB国の居住者でないこと	B国内のPEがa氏の報酬を負担していないこと
45	ドイツ	当該課税年度に開始し、又は終了するいずれか12か月の期間において合計183日以内	報酬の支払者はB国の居住者でないこと	B国内のPEがa氏の報酬を負担していないこと
46	トルコ	当該年を通じて合計183日以内	報酬の支払者はB国の居住者でないこと	B国内のPEがa氏の報酬を負担していないこと
47	ニュージーランド	当該課税年度に開始し、又は終了するいずれか12か月の期間において合計183日以内	報酬の支払者はB国の居住者でないこと	B国内のPEがa氏の報酬を負担していないこと
48	ノールウェー	継続するいかなる12か月の期間においても合計183日を超えない	報酬の支払者はB国の居住者でないこと	B国内のPEがa氏の報酬を負担していないこと
49	ハンガリー	当該年を通じて合計183日を超えない	報酬の支払者はB国の居住者でないこと	B国内のPEがa氏の報酬を負担していないこと
50	バングラデシュ	当該課税年度を通じて合計183日を超えない	報酬の支払者はB国の居住者でないこと	B国内のPEがa氏の報酬を負担していないこと
51	パキスタン	当該課税年度に開始し、又は終了するいずれか12か月の期間において合計183日を超えない	報酬の支払者はB国の居住者でないこと	B国内のPEがa氏の報酬を負担していないこと
52	フィリピン	当該年を通じて合計183日を超えない	報酬の支払者はB国の居住者でないこと	B国内のPEがa氏の報酬を負担していないこと

53	フィンランド	当該年を通じて合計183日を超えない	報酬の支払者はB国の居住者でないこと	B国内のPEがa氏の報酬を負担していないこと
54	フランス	当該課税年度に開始し、又は終了するいずれか12か月の期間において合計183日を超えない	報酬の支払者はB国の居住者でないこと	B国内のPEがa氏の報酬を負担していないこと
55	ブラジル	その年を通じて合計183日を超えない	報酬の支払者はB国の居住者でないこと	B国内のPEがa氏の報酬を負担していないこと
56	ブルガリア	当該年を通じて合計183日を超えない	報酬の支払者はB国の居住者でないこと	B国内のPEがa氏の報酬を負担していないこと
57	ブルネイ	当該課税年度に開始し、又は終了するいずれか12か月の期間において合計183日を超えない	報酬の支払者はB国の居住者でないこと	B国内のPEがa氏の報酬を負担していないこと
58	ヴィエトナム	当該暦年を通じて合計183日を超えない	報酬の支払者はB国の居住者でないこと	B国内のPEがa氏の報酬を負担していないこと
59	ペルー	当該課税年度に開始し、又は終了するいずれか12か月の期間において合計183日を超えない	報酬の支払者はB国の居住者でないこと	B国内のPEがa氏の報酬を負担していないこと
60	ベルギー	当該課税年度に開始し、又は終了するいずれの12か月の期間において合計183日を超えない	報酬の支払者はB国の居住者でないこと	B国内のPEがa氏の報酬を負担していないこと
61	ポルトガル	当該課税年度に開始し、又は終了するいずれの12か月の期間において合計183日を超えない	報酬の支払者はB国の居住者でないこと	B国内のPEがa氏の報酬を負担していないこと
62	ポーランド	当該年を通じて合計183日を超えない	報酬の支払者はB国の居住者でないこと	B国内のPEがa氏の報酬を負担していないこと
63	香港	当該課税年度に開始し、又は終了するいずれの12か月の期間において合計183日を超えない	報酬の支払者はB国の居住者でないこと	B国内のPEがa氏の報酬を負担していないこと
64	マレーシア	当該暦年を通じて合計183日を超えない	報酬の支払者はB国の居住者でないこと	B国内のPEがa氏の報酬を負担していないこと

65	南アフリカ	当該暦年を通じて合計183日を超えない	報酬の支払者はB国の居住者でないこと	B国内のPEがa氏の報酬を負担していないこと
66	メキシコ	継続するいかなる12か月の期間においても合計183日を超えない	報酬の支払者はB国の居住者でないこと	B国内のPEがa氏の報酬を負担していないこと
67	モロッコ	当該課税年度に開始し、又は終了するいずれの12か月の期間において合計183日を超えない	報酬の支払者はB国の居住者でないこと	B国内のPEがa氏の報酬を負担していないこと
68	ラトビア	当該課税年度に開始し、又は終了するいずれの12か月の期間において合計183日を超えない	報酬の支払者はB国の居住者でないこと	B国内のPEがa氏の報酬を負担していないこと
69	リトアニア	当該課税年度に開始し、又は終了するいずれの12か月の期間において合計183日を超えない	報酬の支払者はB国の居住者でないこと	B国内のPEがa氏の報酬を負担していないこと
70	ルクセンブルク	当該年を通じて合計183日を超えない	報酬の支払者はB国の居住者でないこと	B国内のPEがa氏の報酬を負担していないこと
71	ルーマニア	当該年を通じて合計183日を超えない	報酬の支払者はB国の居住者でないこと	B国内のPEがa氏の報酬を負担していないこと
72	ロシア	当該課税年度に開始し、又は終了するいずれの12か月の期間において合計183日を超えない	報酬の支払者はB国の居住者でないこと	B国内のPEがa氏の報酬を負担していないこと

（出所）公益財団法人納税協会連合会『令和3年版 租税条約関係法規集』を基に作成

Q76 役員報酬条項について（全条約一覧表）

租税条約の「役員報酬」条項が、海外勤務者（日本の非居住者）に適用されるのはどのような場合ですか。

日本本社の役員が、海外勤務者（日本の非居住者）となり、日本本社から役員報酬を受け取る場合です。

　経済活動の国際化に伴い、多くの企業が世界各国に関連会社などを所有し、そこに親会社の役員を派遣することも少なくありません。

　そこで、租税条約では役員の人的役務の特殊性から考えて、どこで「経営に従事している」かという判定に関する困難を避け、法人の居住地国という比較的確認しやすい場所で課税することになっています。

　一般に人的役務の提供に対する報酬については、その人的役務の提供地国（つまり勤務地国）で課税するのが原則ですが、役員の中には、日常の業務には直接関与しないで、取締役会に出席し、企業の経営に従事することをその職務として役員報酬を取得している例も少なくありません。このような場合には、役員としての役務提供が現実にどこで行われたのかの判断は困難であることから、ＯＥＣＤモデル条約は、取締役会の構成員である役員の資格で取得する報酬については、その役員報酬を支払った法人の居住地国（所在地国）で課税できる旨規定しています。

　日本の国内法においても、内国法人の役員の資格で取得する報酬については、報酬の対価となった役務提供が国内で行われていようと国外で行われていようと、全て「国内源泉所得」とみなすことになっています。このように役員報酬については、日本の国内法も、ＯＥＣＤモデル条約も同じ課税原則となっています。

　ちなみにこの「役員」についての定義は租税条約上で明記されているわ

けではないので、それぞれの国の国内法に従うものとされています。

【図表76-1】租税条約概要一覧表（役員報酬）

OECDモデル条約「16条 役員報酬条項」		内　容	備　考
		A国で役員の資格を持つb氏が、B国の居住者としてB国で勤務する場合でも、b氏が「A国の役員の資格」で取得する「役員報酬その他現物給与等」はA国が第一次課税権を持つ。	
	日本の条約例	同上	
1	アイスランド	同上	
2	アイルランド	同上	交換公文1： 法人の役員の報酬で管理的又は技術的性質の日常の任務の遂行につき当該法人から取得するものについては、これを勤務についての被用者の報酬とみなし、「雇用者」とあるのは「法人」として、給与所得向上の規程を適用する。
3	米国	同上	議定書3： 役員報酬の規程に関し、一方の締約国の居住者が法人の取締役会の構成員として役務を提供しない場合には、当該居住者の役職又は地位にかかわらず、同条の規程は、当該居住者が取得する報酬について適用しないことが了解される。さらに、法人の取締役会の構成員が当該法人における他の職務（例えば通常の被用者、相談役又はコンサルタントとしての職務）を兼ねる場合には、同条の規定は、当該他の職務を理由として当該構成員に支払われる報酬について適用しないことが了解される。
4	アラブ首長国連邦	同上	
5	アルゼンチン	同上	
6	英国	同上	
7	イスラエル	同上	
8	イタリア	同上	
9	インド	同上	

第4章 海外勤務者に関連する各国との租税条約

10	インドネシア	同上	議定書3： 「法人の役員」には、インドネシアの居住者である法人の業務執行役員及び業務監督役員を含む。
11	ウズベキスタン	同上	
12	ウルグアイ	同上	
13	エクアドル	同上	
14	エジプト	同上	
15	エストニア	同上	
16	オーストラリア	同上	
17	オーストリア	同上	議定書3： 法人の取締役会又はこれに類する機関の構成員が監督的又は管理的な機能を果たすか否かにかかわらず、同条に規程する支払金に対して適用されることが了解される。
18	オマーン	同上	議定書9： 「法人の役員」には、オマーン国の居住者である法人の経営委員会その他これに類する機関であって、オマーン国の関連法令に規定するものの構成員を含むことが了解される。
19	オランダ	同上	議定書7： オランダの居住者である法人の場合には、「法人の役員」には「取締役（bestuurder）」及び「監査役（commissaris）」を含む。「取締役」及び「監査役」とは、それぞれ法人の経営全般に従事する者及びこれらの者を監督する者をいう。
20	カザフスタン	同上	
21	カタール	同上	
22	カナダ	同上	
23	韓国	同上	
24	クウェート	同上	
25	クロアチア	同上	
26	コロンビア	同上	
27	サウジアラビア	同上	

28	ザンビア	同上	
29	ジャマイカ	同上	
30	ジョージア	同上	
31	シンガポール	同上	
32	スイス	同上	
33	スウェーデン	同上	
34	スペイン	役員報酬条項がなく、役員も人的役務所得（給与所得）条項で取り扱われるとみられるため、実質的に給与所得者と同様に扱われると考えられる。	
35	スリランカ	同上	
36	スロベニア	同上	
37	セルビア	同上	
38	ソ連邦	同上	
39	タイ	同上	
40	台湾	同上	
41	中国	同上	
42	チェコスロヴァキア（チェコ）	同上	
	チェコスロヴァキア（スロヴァキア）	同上	
43	チリ	同上	
44	デンマーク	同上	交換公文3：「法人の役員」には、デンマークについては「株主代表者委員会」の構成員も含むと解される。
45	ドイツ	同上	
46	トルコ	同上	
47	ニュージーランド	同上	
48	ノールウェー	同上	交換公文3：「法人の役員」には、ノルウェーについては「株主代表者委員会」又は「株主従業員共同総会」の構成員も含む。

49	ハンガリー	同上	交換公文5： 「法人の役員」には、ハンガリーの法人の監査役を含むことが了解される。
50	バングラデシュ	同上	
51	パキスタン	同上	
52	フィリピン	同上	議定書4： 法人の役員が管理的又は技術的性格を有する日常的な職務の遂行に基づき、その法人が取得する報酬については、給与所得条項を準用する。この場合において当報酬は、勤務についての報酬とみなし、「雇用者」とあるのは「法人」と読み替えるものとする。
53	フィンランド	同上	
54	フランス	同上	
55	ブラジル	同上	
56	ブルガリア	同上	
57	ブルネイ	同上	
58	ヴィエトナム	同上	
59	ペルー	同上	
60	ベルギー	原則としてOECDモデル条約と同様。ただし役員報酬条項第3項に「報酬が、管理的もしくは技術的、商業的又は財務的性格を有する日常的な職務の遂行についてベルギーの居住者である法人から取得する報酬については、これを役員報酬ではなく給与所得とみなして、給与所得条項を適用する」との記載あり。	
61	ポルトガル	同上	議定書11： 「法人の役員」には、ポルトガルの居住者である法人の監査評議会その他これに類する機関であって、ポルトガルの会社法に規定するものの構成員を含む。
62	ポーランド	同上	
63	香港	同上	
64	マレーシア	同上	
65	南アフリカ	同上	

66	メキシコ	同上	議定書16： メキシコについては、日本国の居住者がメキシコの居住者である法人の「取締役」又は「監査人」（それぞれメキシコの関係法令に定める意義を有する）の資格で取得する報酬その他これに類する支払金についても適用されることが了解される。
67	モロッコ	同上	
68	ラトビア	同上	
69	リトアニア	同上	
70	ルクセンブルク	同上	
71	ルーマニア	同上	
72	ロシア	同上	

（出所）公益財団法人納税協会連合会『令和3年版 租税条約関係法規集』を基に作成

Q77 学生・事業修習者条項について（全条約一覧表）

租税条約の「学生・事業修習者」条項の概要が、海外勤務者（日本の非居住者）に適用されるのはどのような場合ですか。

> **A** 当該条項は日本から海外の大学に入学等した人に適用される条項であり、日本の企業から海外に留学や研修に行った人に適用される余地があります。
>
> ※ 企業から海外に留学（いわゆる企業留学）し、留学中に何らかの給付を企業から受けている場合、当該給付は、給与としての性格が強いため、「学生・事業修習者」条項は適用されず、「給与所得」条項が適用される可能性があります。詳細は、現地税務当局にご確認ください。

企業の場合、この条項が関係してくるのは、①自社の従業員を相手国の研修生として送り込む場合又は②自社で海外からの研修生を受け入れる場合が考えられます。

研修生については、「事業修習者」と「事業習得者」の2種類に分けることができ、前者の事業修習者とは「企業内の見習研修者や日本の職業訓練所等において訓練、研修を受ける者」とされ、後者の事業習得者とは「企業の使用人として又は契約に基づき、当該企業以外の者から高度な職業上の経験を習得する者」と一般的にいわれています。

そもそも、ほとんどの租税条約では学生と事業修習者については租税条約にて免税の規定を設けていますが、事業習得者について免税の規定を設けている条約は、一部の条約に過ぎませんし、「事業修習者」「事業習得者」の定義は各国の法令等に従うことになります（しかし、日本の法律では、

この2つの用語についてのはっきりした定義は存在しません）。

そのため、自社の従業員を相手国の研修生として送り込む場合には、当該研修生が租税条約の「給与所得」条項の対象となるか「学生・事業修習者」条項の対象となるかは、どのような種類のビザ（就労ビザ・研修ビザ・学生ビザ等）で相手国に入国したか等の諸状況を総合的に勘案した結果、判断されることとなります。

【図表77-1】租税条約概要一覧表（学生・事業修習者等）

		学生	役務対価	事業修習者	事業習得者	政府ベース
OECDモデル条約「18条学生・事業修習者条項」		専ら教育又は訓練を受けるためにB国に滞在する学生・事業修習者であり、「現にA国の居住者である者」又は「B国滞在直前にA国の居住者であった者が受け取る給付（＊）」についてのB国の課税上の取扱いは以下のとおりである。 （＊）給付がB国外から支払われる場合に限る。				
		条約上「学生」の定義はないが、一般にB国の法律上、「学生」とされる者を指す（B国側に必ず確認が必要）	役務提供の対価がB国で免税になるための条件（記載がないものは免税規定なし）	企業内の見習い研修者や職業訓練所などにおいて訓練、研修を受ける者がこれに該当するといわれている（事業修習者に該当するかは、B国側に必ず確認が必要）	企業の使用人として又は契約に基づき、当該企業以外の者から高度な職業上の経験などを所有する者がこれに該当するといわれている（事業習得者に該当するかは、B国側に必ず確認が必要）	―
		生計・教育又は訓練のために受け取る給付はB国で免税となる	―	生計・教育又は訓練のために受け取る給付はB国で免税となる	―	―
日本の条約例		同上		同上		
1	アイスランド	OECDモデル		OECDモデル（ただしB国で最初に訓練を開始した日から1年を超えない期間のみ）		

第4章 海外勤務者に関連する各国との租税条約

#	国					
2	アイルランド	OECD モデル	1課税年度において60万円又はアイルランドによるその相当額を超えないこと	OECD モデル		
3	米国	OECD モデル		OECD モデル（ただしB国で最初に訓練を開始した日から1年を超えない期間のみ）		
4	アラブ首長国連邦	OECD モデル		OECD モデル（ただしB国で最初に訓練を開始した日から2年を超えない期間のみ）		
5	アルゼンチン	OECD モデル		OECD モデル（ただしB国の滞在が最初に訓練を開始した日から1年を超えない期間のみ）		
6	英国	OECD モデル		OECD モデル（ただしB国の滞在が最初に訓練を開始した日から1年を超えない期間のみ）		
7	イスラエル	OECD モデル		OECD モデル		
8	イタリア	OECD モデル		OECD モデル		
9	インド	OECD モデル		OECD モデル		
10	インドネシア	OECD モデル（ただし最初に到着した日から5課税年度以内）	B国が日本の場合年間60万円（B国がインドネシアの場合90万ルピア）まで免税（ただし最初に到着した日から5課税年度以内）	OECD モデル（ただし最初に到着した日から5課税年度を超えない期間）	12か月を超えない期間、B国が日本の場合180万円（B国がインドネシアの場合270万ルピア）まで免税	12か月を超えない期間、免税

11	ウズベキスタン	OECDモデル		OECDモデル（ただしB国で最初に滞在した日から1年を超えない期間のみ）			
12	ウルグアイ	OECDモデル		OECDモデル（ただしB国で最初に訓練を開始した日から1年を超えない期間のみ）			
13	エクアドル	OECDモデル		OECDモデル（ただしB国で最初に滞在した日から1年を超えない期間のみ）			
14	エジプト	OECDモデル	B国において提供された役務に対する報酬としての金額についても適用する（ただし当該役務が教育若しくは訓練に関連し、また生計のために必要であることを条件とする）	OECDモデル（生計、教育若しくは訓練のための海外からの送金又は奨学金に対してB国で租税を課さない）			
15	エストニア	OECDモデル		OECDモデル（ただしB国で最初に訓練を開始した日から1年を超えない期間のみ）			
16	オーストラリア	OECDモデル		OECDモデル（ただしB国で最初に訓練を受け始めた日から1年を超えない期間のみ）			

第4章 海外勤務者に関連する各国との租税条約

17	オーストリア	OECDモデル		OECDモデル（ただしB国で最初に訓練を開始した日から1年を超えない期間のみ）		
18	オマーン	OECDモデル		OECDモデル		
19	オランダ	OECDモデル		OECDモデル（ただしB国で最初に訓練を開始した日から1年を超えない期間のみ）		
20	カザフスタン	OECDモデル		OECDモデル		
21	カタール	OECDモデル		OECDモデル（ただしB国で最初に訓練を開始した日から3年を超えない期間のみ） ※ 事業修習者とともに研修員についても同様の記載あり		
22	カナダ	OECDモデル		OECDモデル		
23	韓国	OECDモデル	交付金、奨学金及び勤務による報酬であってB国に源泉があるものについても、当該交付金、奨学金及び勤務による報酬の額の合計が年間2万ドル相当額まではB国で免税になる。ただし継続する5年を超えない期間とする。	1年を超えない期間B国において訓練に関連する実務上の経験を習得するために行う勤務から取得する報酬について、当該報酬の額が年間1万US＄相当を超えない場合は、B国で租税を免除される		

2 租税条約の各条項 335

24	クウェート	OECDモデル		OECDモデル（ただしB国で最初に訓練を開始した日から1年を超えない期間のみ）		
25	クロアチア	OECDモデル		OECDモデル（ただしB国で最初に訓練を開始した日から1年を超えない期間のみ）		
26	コロンビア	OECDモデル		OECDモデル（ただしB国で最初に訓練を開始した日から1年を超えない期間のみ）		
27	サウジアラビア	OECDモデル		OECDモデル（ただしB国の滞在が最初に訓練を開始した日から2年を超えない期間のみ） ※ 事業修習者とともに研修員についても同様の記載あり		
28	ザンビア	OECDモデル		OECDモデル（ただしB国で最初に訓練を開始した日から3課税年度を超えない期間、各課税年度において1,000USドル相当額を超えない場合に限る）		
29	ジャマイカ	OECDモデル		OECDモデル（ただしB国で最初に訓練を開始した日から3年を超えない期間のみ）		

30	ジョージア	OECDモデル		OECDモデル（ただしB国で最初に訓練を開始した日から2年を超えない期間のみ）		
31	シンガポール	OECDモデル		OECDモデル		
32	スイス	OECDモデル		OECDモデル		
33	スウェーデン	OECDモデル		OECDモデル		
34	スペイン	OECDモデル		OECDモデル（ただしB国で最初に訓練を開始した日から1年を超えない期間のみ）		
35	スリランカ	OECDモデル	賦課年度又は課税年度を通じて36万円相当額を超えない	OECDモデル（1年を超えない期間B国に一時的に滞在する者については、その経験の取得に直接関係のある役務に対するその期間中の報酬に対し、B国において租税を課さない。ただしその金額は100万円相当額であること）	免税	
36	スロベニア	OECDモデル		OECDモデル（ただしB国で最初に訓練を開始した日から2年を超えない期間のみ）		
37	セルビア	OECDモデル		OECDモデル（ただしB国で最初に訓練を開始した日から1年を超えない期間のみ）		
38	ソ連邦	OECDモデル		OECDモデル		

	国				
39	タイ	①大学その他の公認された教育機関において勉学するため、②職業上若しくは営業上の資格に必要な訓練を受けるため、③政府若しくは宗教、慈善、学術、文芸若しくは教育団体からの交付金、手当、奨励金の受領者として勉学若しくは研究を行うため、B国に訪問する者は、次のものにつき、B国で租税を免除される ⅰ）生計、教育、勉学、研究又は訓練のための海外からの送金 ⅱ）交付金、手当又は奨励金 ⅲ）5年を超えない期間内にB国において提供する人的役務による所得（当該所得が生計及び教育に必要な収入を構成する場合に限る）				
40	台湾	OECDモデル		OECDモデル（ただしB国で最初に訓練を開始した日から1年を超えない期間のみ）		
41	中国	専ら教育・訓練を受けるため又は特別の技術的経験を習得するため一方の締約国に滞在する学生、事業修習者又は研修生であって、現にA国の居住者である者又はその滞在直前にA国居住者であった者が、その生計、教育又は訓練のために受け取る給付又は所得についてはB国で免税となる				
42	チェコスロヴァキア（チェコ） チェコスロヴァキア（スロヴァキア）	OECDモデル	B国で提供される人的役務について受け取るものであって、1課税年度において60万円相当額を超えない	OECDモデル		
43	チリ	OECDモデル		OECDモデル（ただしB国で最初に訓練を開始した日から1年を超えない期間のみ）		
44	デンマーク	OECDモデル		OECDモデル（ただしB国で最初に訓練を開始した日から1年を超えない期間のみ）		
45	ドイツ	OECDモデル		OECDモデル（ただしB国で最初に訓練を開始した日から1年を超えない期間のみ）		

46	トルコ	OECDモデル	教育又は訓練に関連する実務上の経験を習得するために、1暦年を通じて183日を超えない期間、B国において行う勤務から取得する報酬はB国で免除	OECDモデル	
47	ニュージーランド	OECDモデル		OECDモデル（ただしB国で最初に訓練を開始した日から1年を超えない期間のみ）	
48	ノールウェー	OECDモデル		OECDモデル	
49	ハンガリー	OECDモデル	B国内で提供する人的役務によって取得する所得によって1課税年度において合計60万円相当を超えないものとする	OECDモデル	
50	バングラデシュ	大学その他公認された教育機関で勉学するため、政府若しくは宗教、慈善、学術、文芸若しくは教育の団体からの交付金、手当金若しくは奨励金の受領者として勉学若しくは研究を行うため、B国を訪問する者は、次のものについてB国での租税を免除される 1）生計、教育、勉学、研究又は訓練のための海外からの送金 2）交付金、手当又は奨励金			
51	パキスタン	OECDモデル	B国内で行う勤務について取得する報酬に対しては、当該報酬額の合計が当該暦年において150万円相当額を超えない場合には、B国で租税を課すことができない	OECDモデル（B国で最初に訓練を受け始めた日から1年を超えない期間）	

52	フィリピン	OECDモデル（引き続き5年を超える期間は与えられない）	B国内で提供する人的役務によって取得する所得であって年間1,500USドル相当額を超えない場合には、B国で租税を免除される	OECDモデル（引き続き3年を超える期間は与えられない）	1年を超えない期間B国に滞在する者は、その訓練、研究又は勉学に関連して提供した自己の人的役務に対するその期間の報酬につき、B国の租税を免除される。ただし「海外から受領する金額」と「B国で支払われる金額」との合計が年間4,000US$を超えない場合免税	1年を超えない期間B国に滞在する者は、その訓練、研究又は勉学に関連して提供した自己の人的役務に対するその期間の報酬につき、B国の租税を免除される。ただし「海外から受領する金額」と「B国で支払われる金額」との合計が年間4,000US$を超えない場合免税
53	フィンランド	OECDモデル	B国内で提供される人的役務について受け取るものであって、年間2,000US$相当を超えない場合B国で免税	OECDモデル		
54	フランス	OECDモデル	2年を超えない期間の滞在で、当該交付金、手当又は奨励金についてB国で租税を免除される	OECDモデル	1年を超えない期間の滞在で、自己の生計のためのA国からの送金についてはB国で免税	
55	ブラジル	OECDモデル	B国内で行う人的役務に関して取得するものであって、継続して3課税年度を超えない期間、いずれの課税年度についても1,000US$相当額を超えない場合はB国で免税	OECDモデル		

56	ブルガリア	OECDモデル	その教育若しくは訓練に関連する実務上の経験を取得するため又は生計を補うために、その到着の日から5年を超えない期間B国内において行う勤務から取得する報酬はB国で免除	OECDモデル		
57	ブルネイ	OECDモデル		OECDモデル（ただしB国で最初に訓練を開始した日から3年を超えない期間のみ）		
58	ヴィエトナム	OECDモデル		OECDモデル		
59	ペルー	OECDモデル		OECDモデル（ただしB国で最初に訓練を開始した日から3年を超えない期間のみ）		
60	ベルギー	OECDモデル		OECDモデル（ただしB国で最初に訓練を開始した日から1年を超えない期間のみ）		
61	ポルトガル	OECDモデル		OECDモデル（ただしB国で最初に訓練を開始した日から1年を超えない期間のみ）		

62	ポーランド	OECDモデル（B国に到着した日から5課税年度を超えない期間）	B国内で提供する人的役務によって取得する所得であって、一課税年度において、B国が日本である場合は合計60万円、B国がポーランドの場合は合計10万ポーランドズロチを超えない	OECDモデル			
63	香港	OECDモデル		－			
64	マレーシア	OECDモデル		OECDモデル			
65	南アフリカ	OECDモデル		OECDモデル			
66	メキシコ	OECDモデル		OECDモデル			
67	モロッコ	OECDモデル		OECDモデル（ただしB国の滞在が最初に訓練を開始した日から1年を超えない期間のみ）			
68	ラトビア	OECDモデル		OECDモデル（ただしB国で最初に訓練を開始した日から1年を超えない期間のみ）※ 事業修習者とともに研修員についても同様の記載あり			
69	リトアニア	OECDモデル		OECDモデル（ただしB国で最初に訓練を開始した日から1年を超えない期間のみ）			
70	ルクセンブルク	OECDモデル		OECDモデル			

第4章 海外勤務者に関連する各国との租税条約

71	ルーマニア	OECD モデル	B国の締約国内で提供される人的役務について受け取る者であって、1課税年度において60万円相当額を超えない	OECD モデル		
72	ロシア	OECD モデル		OECD モデル（ただしB国で最初に訓練を開始した日から1年を超えない期間のみ）		

〈租税に関する情報交換を主たる内容とする協定〉

1	ガーンジー	OECD モデル		OECD モデル（ただしB国で最初に訓練を開始した日から1年を超えない期間のみ）		
2	ケイマン諸島	OECD モデル		OECD モデル（ただしB国で最初に訓練を開始した日から1年を超えない期間のみ）		
3	サモア独立国	―		―		
4	ジャージー	OECD モデル		OECD モデル（ただしB国で最初に訓練を開始した日から1年を超えない期間のみ）		
5	バージン諸島	―		―		

6	バハマ	OECDモデル		OECDモデル（ただしB国で最初に訓練を開始した日から1年を超えない期間のみ）		
7	バミューダ	OECDモデル		OECDモデル（ただしB国で最初に訓練を開始した日から2年を超えない期間のみ）		
8	パナマ	－		－		
9	マカオ	－		－		
10	マン島	－		－		
11	リヒテンシュタイン	－		－		

（出所）公益財団法人納税協会連合会『令和3年版 租税条約関係法規集』を基に作成

第5章

海外給与体系

　社員を海外勤務させるに当たり、まず考えなければならないことは、海外勤務者の給与体系です。企業の中には、「日本勤務時の給与をそのまま支払えばよいだろう」と考えたり、逆に「とりあえず出張手当を支給しておけばよいだろう」と安易に決定しているケースも中には見受けられます。

　しかし、あらゆる面で日本と異なる環境下で働くということを考慮したうえで、海外赴任者に対し、説得力をもって説明できる海外給与体系を設定しないと、赴任者は「自社は海外勤務者の処遇について何も考えてくれない」と不満を抱くことにもつながります。

　そこで本章では、海外勤務者の給与の考え方及び海外基本給の設定方法、海外勤務者に対する手当について説明していきます。

Q78 海外給与に対する考え方

海外勤務者の給与は、国内給与とは考え方が多少異なると聞いています。
海外勤務者の給与は、一般的にどのようなコンセプトのもとで、設定されるのでしょうか。

A 日本勤務時の給与は、まず「総額」ありきで、その中から税金や社会保険料を支払いますが、海外勤務者の給与はまず「手取額」を設定し、その手取額から税金・社会保険料を逆算して計算するのが一般的です。この、手取額から総額を計算することを、「グロスアップ計算」といいます。

1　考え方

　そもそも日本勤務時の給与はまず「総額」ありきで、その中から税金や社会保険料を支払いますが、海外勤務者の給与は、まず「手取額」を設定し、その手取額から税金、社会保険料を逆算して「総額」を計算するのが一般的です。通常、海外勤務者は海外勤務期間中も日本の社会保険に継続加入し、さらに勤務地国でもその国の社会保険制度に加入するのが一般的です。

　そのため、最初に総額を決めて給与を支給していたのでは、海外勤務者は日本での社会保険だけでなく、勤務地国の社会保険料も負担しなければならないことになります（＊）。

　このような点からも、海外勤務者の給与は【図表78-1】のとおり、まず、「手取額」を設定し、その手取額を保証するには総額でいくら支払わなければいけないのかを、勤務地国での税金や社会保険料等を加味して計算するのが一般的となっているのです。

（＊）日本と社会保障協定を締結している国（Q3参照）、また自国の社会

保険制度への外国人の加入を認めていない国へ勤務する場合を除いては、海外勤務者は勤務地国の社会保険制度への加入する必要があります。

【図表78-1】海外給与の考え方

<u>日本勤務時の給与　（「総支給額」を保証）</u>

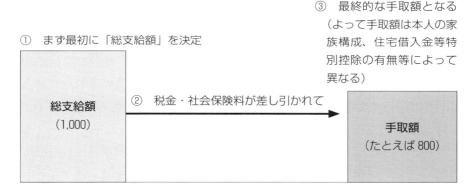

<u>海外勤務時の給与　（「手取額」を保証）</u>

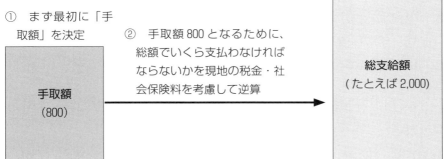

2　手取保証とはどこまでの手取か？

　このように海外給与は「手取を補償する」という考え方に立つケースが多いのですが、この場合、「手取」とは何を基に決定されるのでしょうか。

　一般には「日本に勤務していたときの手取」を補償するという意味ですが（もちろん海外赴任中は、各種の手当がつくので、日本の手取額よりは増えることが多いですが）、この「日本に勤務していたときの手取」の捉え方は会社によりかなり異なります。たとえば可能な限り細かく計算する会社では「完全に手取補償しなければならない」と、赴任者の給与について、日本にいたのであれば発生する税金等も緻密に計算、最終的には年末調整まで行い、手取額を計算し、日本の居住者であれば適用されたであろう住宅借入金等特別控除についても会社が計算を行い、控除相当額を本人に手当として支給している、という会社もあります。

　一方、もっと簡単な方法を使っておよその手取額を補償する会社もあります。たとえば年収600万円で、所得税、住民税、社会保険料等を控除した額が480万円の場合、手取率は480÷600＝80％となります。よって、本人が日本にいたであれば受け取るであろう給与にこの手取率をかければ、日本勤務時の手取額を補償していることになる、とみなす会社もあります。

　このように一口に「手取補償」といっても会社によりその厳密さにはかなり差があるのが事実です。

　また「手取補償」や「ノーロス・ノーゲイン（海外赴任によって損もなければ得もない）」ことを声高に主張してしまうと、「日本勤務していれば受け取れるであろう住宅借入金等特別控除が受けられなくなったのでノーロスではない」「家族帯同で海外赴任したことにより、こども手当が受けられなくなったため、ノーロスとはいえない」といった不満がでることになります。よって、「手取補償」というのはあくまで基本的な考え方であり、必ずしも日本勤務時の手取とまったく同じ金額にはなりえない、ということは説明しておかれた方がよいといえます。

Q79 海外基本給の設定方法

海外基本給の設定方法として、いくつかの方式があると聞きましたが、具体的にはどのような設定方法があるのでしょうか。

> **A** 海外基本給の設定方法としては、大きく分けて「別建て方式」「購買力補償方式」「併用方式」の３つがあります。大手企業では購買力補償方式を使っている企業が大半ですが、中堅・中小企業では、併用方式を利用しているケースが多いようです。

海外勤務者の海外基本給の設定方法は労務行政研究所及び長澤宏先生の分類方法によりますと、大きく分けて「別建て方式」「購買力補償方式」「併用方式」の３つに分けられます。

では、海外基本給の設定に当たり、各方式の利用割合はどのようになっているのでしょうか。労務行政研究所が大手主要企業数十社を対象に毎年行っている「海外勤務者の給与」に関する調査結果を見てみることにします。

【図表79-1】海外基本給決定方法の変遷

	2000年 (＊)	2004年	2008年 (＊)	2010年	2012年	2014年	2017年	2020年	2021年
別建て方式	26.9%	8.0%	4.3%	5.3%	8.8%	10.1%	8.8%	13.9%	19.6%
購買力補償方式	64.2%	84.0%	82.9%	76.0%	61.8%	58.7%	63.7%	57.4%	58.8%
併用方式	4.5%	8.0%	12.9%	18.7%	28.4%	31.2%	27.5%	22.6%	14.4%
その他	4.5%	—	—	—	1.0%	—	—	6.1%	7.2%

（＊）　四捨五入等により、合計が100%ではない。
（出所）労務行政発行「労政時報」4026号（2021/12/10）、4005号（2020/12/11）、3943号（2017/12/22）、3879号（2014/12/12）3834号（2012/11/23）、3787号（2010/12/10）、3738号（2008/11/28）、3644号（2004/12/24）、3468号（2000/11/17）

【図表79-1】からわかるとおり、「別建て方式」を採用する企業の割合は減り、代わって「購買力補償方式」が海外給与設定の主流となっています。

ただし、この調査は世界各国に拠点を持つ主要企業を対象として行われたものです。そのため、中堅・中小企業においては、現時点でも併用方式や別建て方式などを採用している企業が少なくありませんが、いずれにせよ海外基本給の設定方式としては、この3方式のいずれかを利用している企業がほとんどであることが読み取れます。

では次ページ以降で、各方式の概要を説明していきます。

第5章 海外給与体系

Q80 別建て方式

別建て方式の特徴と、そのメリット・デメリットについて教えてください。

> **A** 「勤務地国で一定の対面を保つことができる水準の給与を支払う」という考え方です。同業他社水準等を参考にして基本給を設定するケースが多くなるため、基本給の設定根拠が曖昧になる傾向にありますが、いったん適切な海外基本給を設定できれば、毎年の物価変動に見合う調整を行うだけでよいというメリットもあります。

1 別建て方式とは

～海外勤務地（任地）で一定の対面を保つことができる水準の給与を支払うという考え方

(1) 沿革

古くから海外勤務者の基本給決定方式として使われてきた方式でした。20年ほど前までは、この方式が一般的でしたが、最近はQ81で説明する「購買力補償方式」が主流になり、いまや同方式は少数派です。

(2) 別建て方式による基本給の設定方法

当方式では国内給与を基礎とせず、全く別個に海外基本給を設定することになります。

具体的な海外基本給の設定方法としては、会社が独自に勤務地における必要生計費を調査し、基本給を設定する方法や、大手商社が発表する資料や同業他社動向などを参考にして基本給を設定する方法が考えられます。しかし、自社独自で現地生計費を把握するのは難しいため、現実には同業

2 海外基本給の設定方法

他社水準等を参考にしながら基本給を設定する(設定した)ケースが多かったと考えられます。

【図表 80-1】別建て方式の図

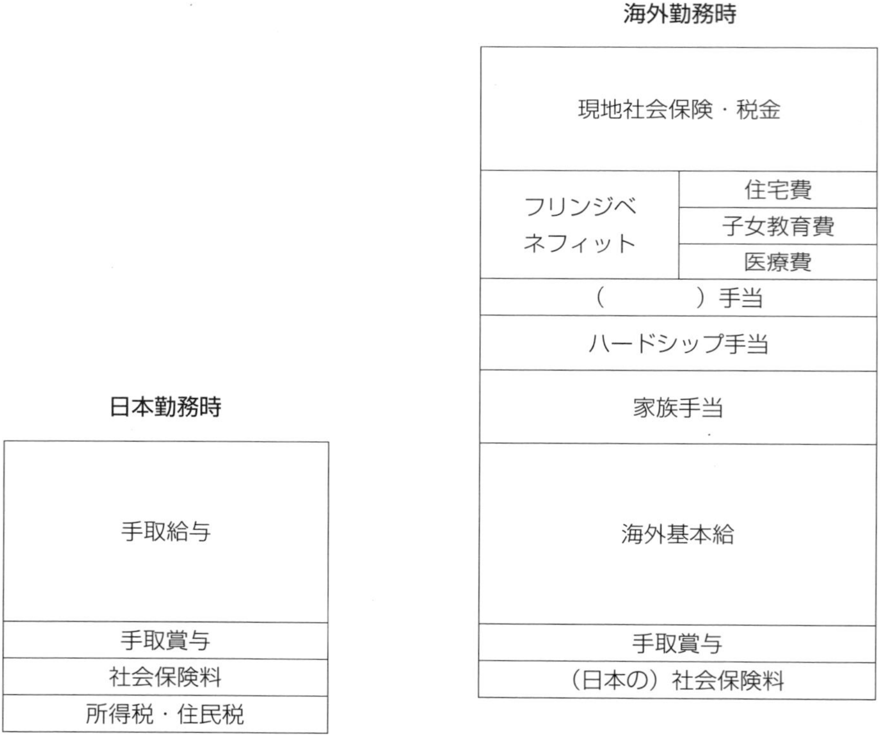

海外勤務時

現地社会保険・税金	
フリンジベネフィット	住宅費
	子女教育費
	医療費
（　　）手当	
ハードシップ手当	
家族手当	
海外基本給	
手取賞与	
（日本の）社会保険料	

日本勤務時

手取給与
手取賞与
社会保険料
所得税・住民税

2 各種手当に対する考え方

(1) 海外勤務手当

別建て方式で設定した海外基本給の場合、海外勤務手当は海外基本給の中に織り込まれている（つまり基本給は実際の生計費よりもかなり多めに支払われている）ケースが多いため、別建て方式を採用している企業では、海外勤務手当を支給するのは少数派です。

(2) 家族手当

海外基本給の一定割合を家族手当として加算するケースがほとんどです。

3 特　徴
　～メリットやデメリットなど～

自社での独自調査が難しいことから、結局は他社動向を見ながら基本給を設定するため、海外基本給の設定根拠が曖昧になる傾向があります。そのため、その時々の海外勤務者の経済事情に応じた給与引上げ要請に応じざるを得なくなる可能性があります。

Q81 購買力補償方式

購買力補償方式の特徴と、そのメリット・デメリットについて教えてください。

> **A** 日本での生活水準を勤務地国で維持するという考え方です。海外給与の決定・改定に必要なデータを外部機関に求めることで業務効率化を図れるというメリットがあります。この方式でいう購買力補償とは、自分以外の第三者の購買力を補償しているに過ぎず、本人の購買力を補償しているかという点には考慮の余地があります。

1 購買力補償方式とは
～本国（日本）での生活水準を勤務地国でも維持するという考え方～

(1) 沿　革

1980年代後半に、大手メーカー及び商社等が導入してから急速に普及しました。そもそも、高い生活レベルを維持している米国人が、海外勤務中も米国での生活水準を維持できるようにと米国で作られた方式です。

(2) 考え方

通常、外資系人事コンサルティング会社から年2回ほど発表される、都市別の「生計費指数」を購入します。

海外基本給の算出に当たっては、たとえば年収ベースでの計算方法の場合、「年収600万円で、配偶者・子女各1名を扶養していれば、日本での生計費はこのくらい」という金額を決め、その金額に対し、勤務都市ごとに設定された「生計費指数」と「為替レート」を掛け合わせて海外基本給を設定します。ですから、日本での給与と海外基本給が形式的にはリンクすることになります。

つまり、日本での購買力を海外勤務地国でも維持しようとする点が特徴です。このことは購買力補償方式のスローガンともいえる、「ノーロス・ノーゲインの法則（海外勤務によって得もしなければ損もしない）」という言葉に集約できます。

【図表81-1】購買力補償方式（一例）

2　各種手当に対する考え方

(1) 海外勤務手当

購買力補償方式で算定した海外基本給には、海外で生活するに当たって必要な費用しか含まれていないので、同方式を採用する場合、別途海外勤務手当を支給するケースがほとんどです。

(2)　家族手当

　購買力補償方式の場合、たとえば「家族3人なら必要生計費はこれだけ」という形で基本給を設定するため、同方式を採用する企業では、家族手当を支給しないケースが多くなっています。

3　特　徴
　〜メリットやデメリットなど〜

　外部機関の「生計費指数」という客観的なデータを用いることにより、海外勤務者に対して基本給設定の根拠が説明しやすくなります。

　ただし、「購買力補償」といっても、その「購買力」とは第三者の購買力を補償しているに過ぎず、海外勤務者本人の購買力を補償しているかという点や、海外基本給の算出のベースとなる「生計費」が本当に本人の家族構成などを反映しているかという点ついては疑問が残ります。

　また、勤務都市によって生計費指数に少なからず差があるため、当該指数を導入した場合、たとえば「同じ東南アジアに勤務するのに、どうして自分の勤務する都市の指数はこんなに低いのか、指数の根拠がわからない」「毎年指数が変化するため基本給が変動してしまう」という不平不満も出るようです。

　ただし、同方式を採用すれば、会社独自で生計費を把握する必要もなく、海外勤務者を送り出す企業は、人事担当者の時間的労力を節約できるものと思われます。

Q82 併用方式

併用方式の特徴と、そのメリット・デメリットについて教えてください。

> **A** 日本勤務時の基本給をそのまま現地の基本給とする考え方で、「海外に出たら、生計費が余分にかかるので、その分加算する」という非常に平易で説明しやすい方法です。ただし、海外基本給が円貨で固定されるため、大幅に円高又は円安になった際に、基本給の設定金額を見直す必要があります。

1 併用方式とは
～日本勤務時の基本給を海外基本給と設定～

(1) 沿 革

「Q80：別建て方式」と並んで、日本企業で以前から採用されている方式です。中堅・中小企業では、今でもこの方式を使用しているケースも多いように見受けられます。

(2) 考え方

日本勤務時の月給手取額をそのまま海外基本給とし、「海外勤務では国内勤務時に比べ、生活費が余分に発生するので、国内で支払っていた給与に加え手当を支給する」という考え方です。

2 各種手当に対する考え方

海外基本給に加え、家族手当や海外勤務手当を支給するケースなどさまざまです。

【図表82-1】併用方式

海外勤務時

| 現地社会保険・税金 |
| フリンジベネフィット / 住宅費・子女教育費・医療費 |
| （　　　）手当 |
| ハードシップ手当 |
| 海外勤務手当 |
| 家族手当 |
| 海外基本給 |
| 手取賞与 |
| （日本の）社会保険料 |

日本勤務時

| 手取給与 |
| 手取賞与 |
| 社会保険料 |
| 所得税・住民税 |

←同じ金額→

3　特　徴
～メリットやデメリットなど～

　日本での給与（手取金額）をそのまま海外基本給とし、海外勤務に伴う追加コストを別途支給するというわかりやすいシステムのため、海外勤務者にも納得させやすい方法です。

　一方、海外基本給が円建てとなるため、赴任時に現地通貨に換算して海外基本給を決めておかないと為替レート変動に応じて海外基本給の額が上下してしまうというデメリットがあります。

Q83 海外勤務者に対する各種手当の種類

海外勤務者を多数送り出しているグローバル企業の人事担当者によると、海外勤務者に対しては、さまざまな名称の手当を付与しているということでした。

海外勤務者に対して支給する手当として、どのようなものが考えられるでしょうか。

A 海外勤務者に支払う手当としては、「海外勤務手当」、「ハードシップ手当」「家族手当」「住宅手当」「留守宅手当」等があります。

1 海外勤務者に支払う手当の種類
〜海外勤務手当、ハードシップ手当、家族手当など〜

海外勤務者に対しては、基本給のほかに、各種の手当を支給することが一般的です。代表的なものとしては、「海外勤務手当」「ハードシップ手当」「家族手当」「住宅手当」「留守宅手当」等があります。

Q80〜Q82では、海外基本給の決定方式について説明しましたが、海外給与総額のうち、基本給の占める割合は、通常、その半分以下に過ぎず、各種手当の金額が、海外給与に大きな割合を占めるといっても過言ではありません。

【図表 83-1】 海外勤務者に支払う手当の種類（一例）

海外勤務手当	Q84 で説明
ハードシップ手当	Q85 で説明
家族手当	Q86 で説明
住宅手当	Q87 で説明
留守宅手当	Q88 で説明
子女教育手当	子女の日本人学校費用、通信教育費等相当額を支給
役職手当	日本勤務時の役職もしくは現地で役職に応じて支給

Q84 各種手当～海外勤務手当～

「海外勤務手当」の趣旨と、その支給水準、支給通貨について教えてください。

> **A** 海外勤務手当とは、海外勤務に伴う苦労や不便を金銭で補償するための、いわゆる海外勤務に対する奨励金をいいます。支給水準は各社各様で、支払は、海外勤務者の日本の口座に円貨で支払うケースが多くなっています。

1 設定根拠・留意点
～海外勤務に対する奨励金～

海外勤務手当とは、海外勤務に伴う奨励金として支給する手当です（「国内勤務の延長」と考える企業では当該手当は支給していません）。

傾向として、購買力補償方式を用いて海外基本給を決定する場合、基本給には生計費見合い分しか含まれていないため、プラスアルファとして海外勤務手当を支給しています。逆に別建て方式を採用する企業は、海外勤務手当を含めて基本給を設定しているため、別途海外勤務手当を支給しないケースが多くなります。また、海外勤務がごく当たり前との認識の企業については、海外勤務手当は支給していないケースもあります。

2 支給通貨

海外勤務者の給与口座に円貨で支払われるケースが多くなっています。

3 税務上の留意点

海外勤務手当を円払いで日本の口座に振り込んだとしても、当該手当は、海外勤務に対する対価のため、勤務地国で必ず納税する必要があります。

Q85 各種手当〜ハードシップ手当〜

「ハードシップ手当」の趣旨と、その支給水準、支給通貨について教えてください。

A ハードシップ手当とは、生活環境の厳しい地域に勤務する駐在員への慰労金として支払われるもので、各都市ごとに設定するのが一般的です。

1　設定根拠・留意点
〜生活環境の厳しい地域に勤務する赴任者への慰労金〜

　日本と比較して、生活環境（治安、気候、食生活など）が非常に厳しい地域に赴任する社員に対して支給する手当です。

　通常、各種手当の金額はいったん設定した後、それほど頻繁に変更することはありません。

　とはいえハードシップ手当をいったん設計したまま、まったく変更しないでおいておくと、現状では、かなり生活環境がよいにもかかわらず、多額のハードシップ手当を支給しているケースもあります。ハードシップ手当の主な支給対象地域は、開発途上国であることが多く、それらの国の、生活環境は毎年変化していますので、他の手当以上に、ハードシップ手当の水準は、毎年見直す方がよいでしょう。

　また、同一国内であっても、都心部と、地方では生活環境は大きく異なることがあります。よって同一国内にいくつか拠点を保有し、各地に赴任者を送り出している場合、各地方の事情に応じてハードシップ手当額を設定しないと、不公平感が募る恐れがあります。

【図表85-1】ハードシップ手当の支給が一般的な地域とそうでない地域

ハードシップ手当支給が多くの企業で行われている国・地域	インド、フィリピン、インドネシア、アフリカ地域、ロシア、中国内陸部等
ハードシップ手当がほとんど支給されてない国・地域	香港、台湾、シンガポール、タイ、欧米先進諸国等

2 支給通貨

海外勤務者の給与口座に円貨で支払われるケースが多くなっています。

3 税務上の留意点

ハードシップ手当を円払いで日本の口座に振り込んだとしても、当該手当は、海外勤務に対する対価のため、勤務地国で必ず納税する必要があります。

Q86 各種手当〜帯同家族手当〜

「帯同家族手当」の趣旨と、その支給水準、支給通貨について教えてください。

> **A** 帯同家族手当とは、海外勤務に帯同する家族に対して支給する手当です。海外基本給の一定比率を家族手当として支給するケースが多いですが、購買力補償方式を採用する場合、海外基本給の中に、家族手当が織り込まれているため、あえて家族手当は支給しない企業が多いようです。

1 設定根拠・留意点
〜帯同する家族にかかる費用を手当として支給〜

帯同家族手当とは、海外勤務に帯同する家族に対して支給するものです。

海外給与に占める家族手当の割合が高いと、役職が下でも子女の多い海外勤務者の人が、役職が高い単身の海外勤務者等より海外給与総額が高くなるケースもあります。

一方、購買力補償方式を用いて基本給を決定する企業の場合、帯同家族手当は支給しないケースが多くなっています。

2 支給通貨

現地での生活費といった側面が強いため、海外基本給とあわせて、勤務地国の現地通貨で支給するケースが多くなっています。

3 税務上の留意点

帯同家族手当を円払いで日本の口座に振り込んだとしても、当該手当は、海外勤務に対する対価のため、勤務地国で必ず納税する必要があります。

Q87 各種手当～住宅手当～

「住宅手当」の趣旨と、その支給水準、支給通貨について教えてください。

A 海外勤務者の現地での住居費は会社がその全額又は一部を負担するのが通常です。一部負担させる場合、「定額を負担させるケース」や、「日本での社宅相当額分のみ負担させるケース」が考えられます。

1　設定根拠・留意点
～社命により海外で居住するのであるから、できるだけ安全な場所を確保すべき～

住宅費用に関する考え方は各社各様です。「家具付、家具なし」によって海外勤務者本人の自己負担額を変更するケースも多くなっています。

2　支給通貨
現地でかかる費用なので、現地通貨で支払われますが、会社から不動産会社に直接支払うケースも少なくありません。

3　税務上の留意点
海外勤務者の住居を会社が直接契約し、家賃を直接家主に支払うケースであっても、当該家賃相当額は、「海外勤務者に対する給与」とみなし、当該家賃相当額を含めて個人所得税の課税計算を行う国も多くあります（詳細は「第3章　各国の個人所得税概要」をご参照ください）。

※　海外勤務者住宅借上料の目安は、Q94の【図表94-2】をご参照ください。

Q88 各種手当～留守宅手当～

「留守宅手当」の趣旨と、その支給水準、支給通貨について教えてください。

> **A** 留守宅手当は、「国内社会保険料相当分」「国内残留家族生活費相当分」のいずれか又は両方の意味合いで支払われます（国内社会保険料相当分を留守宅手当と別に支給する企業もあります）。

1 設定根拠・留意点

(1) 国内社会保険料相当部分

在籍出向させる場合、海外勤務中でも日本の社会保険料の支払が継続しますが、この社会保険料に相当する金額を会社が留守宅手当の中に含めて国内支給し、そこから天引きして保険料を納める形になります。

(2) 国内残留家族生活費相当部分

一部又はすべての家族が日本国内に残留した場合に支給される手当であり、ほとんどの企業で支給しています。この手当は１つの家族が日本と海外で別々に暮らすことにより発生する住居費や通信費、各種公共料金など様々な生活費用のコストアップに対応する金額となります（当然ながら家族を全員帯同した場合はこの部分がゼロになります）。

2 支給通貨

海外勤務者の給与口座に円貨で支払われるケースが一般的です。

3 税務上の留意点

留守宅手当を円払いで日本の口座に振り込んだとしても、当該手当は、海外勤務に対する対価のため、勤務地国で必ず納税する必要があります。

Q89 海外給与の換算レート

海外給与の換算レート設定方法について教えてください。

> **A** 現地通貨への換算レートは、購買力補償方式で定められたレートや銀行の発表するレートのほか社内レートを用いることもあります。また、どのような決定方式を用いても、為替相場の変動が予想できない限り、赴任者から不満が出る可能性は残ります。

1 換算レートの参照先

(1) 金融機関が出している相場表を使用

海外勤務者の現地口座へ支払う給与・手当等の任地国通貨への為替レートの定め方としては以下のとおりです。

すなわち、「前四半期の平均ＴＴＢ為替レートを当該四半期に適用」や、「その年の4～6月の平均レートを適用レートとし、その年の7月から6月まで同レートを適用する。ただし適用レートと実勢レートの変動が15％（もしくは20％）以上でかつ数か月（2～3か月）継続した場合には、適用レートを設定しなおす」といった、固定レートを利用するケースの他に「海外給与がＵＳドル建て現地通貨払いにて定められている場合、その換算レートは原則給与支給日前日の中央銀行発表レートを適用する」といったケースがあります。

(2) 社内レートを使用

金融機関が出している相場表以外に、社内レートを使用している企業もあります。

(3) 購買力補償方式で準備されたレートを使用

　購買力補償方式を用いて海外基本給を決定している場合、その時点の生計費指数に応じた換算レートを使用することが一般的です。ですが、中には上記(1)や(2)などの方式を使用していることもあるようです。

2　どのように決めれば赴任者から不満が出ないか

　海外赴任時の給与を換算する際のレートについては、常に赴任者から不満が出る事項の一つです。

　【図表89-1】は、円建てで決定した給与を現地通貨に換算する場合のレートの決定方法について、赴任当初より円高に動いた場合、円安に動いた場合でそれぞれどのような不満が出る可能性があるかをまとめてみました。

第5章 海外給与体系

【図表89-1】海外給与と為替変動（48万円を米ドルで支給する場合）

【1】毎年一定時点のレートで換算
［例］毎年3月末現在の××銀行レートを使用する

① 赴任時は円高（USD1＝JPY80）、赴任中に円安（USD1＝JPY120）になると…

　現地通貨建ての給与が赴任当初と比べて減少（6,000ドル→4,000ドル）
　→赴任者から不満が出る。
　　（例：1年前と比べて手取り給与が2,000ドル相当分減少し、生活が苦しい…）

② 赴任時は円安（USD1＝120）、赴任中にどんどん円高（USD1＝JPY80）になると…

　現地通貨建ての給与は赴任当初と比べて増加（4,000ドル→6,000ドル）
　→現地通貨建て給与が多くなっているときは何も意見が出ない

【2】レート固定で換算している場合
［例］赴任中は常にUSD1＝100とする
　　→つまり赴任中は現地通貨建給与は4,800ドルで固定

① 赴任時は円高（USD1＝JPY80）、赴任中に円安（USD1＝JPY120）になると…

　円安になってもレートが固定されているので現地通貨建ての給与（4,800ドル）に変化なし
　→何も意見が出ない

② 赴任時は円安（USD1＝120）、赴任中に円高（USD1＝JPY80）になると…

　実勢レートを使えば現地通貨建て給与は6,000ドルとなるため、赴任者から「実勢レートに変えるべきだ」と不満が出る。

【図表89-1】のとおり、本人にとって不利な方向に為替が動けば不満は出る一方、本人にとって有利に動くときは何も意見が出ません。つまり、どの方式を使っても、将来の為替相場の予想ができない限りは、必ず不満が出る可能性があります。

つまり、為替レートについては、自社が最も運用しやすい方式を採用したうえで、海外勤務者に自社の為替レートの考え方を赴任前にしっかり説明し、納得してもらうより他はないといえるのではないでしょうか。

第6章

グローバルな規程の作成

　前章では、海外勤務者の給与体系について説明しました。しかし、海外勤務者の処遇については、海外給与を設定するだけでは十分ではありません。
　海外赴任時の支度料の金額水準や海外勤務中の一時帰国休暇の資格要件と休暇日数はどうするのか等、事前に決めておかなければならないことは、たくさんあります。
　そこで本章では、海外勤務者の処遇についてまとめた「海外勤務者規程」作成の留意点や、記載事項について説明しています。

Q90 海外勤務者規程作成上の留意点

当社も今後、海外拠点を増やし、それに伴い海外赴任者数も増加させる予定です。近日中に、海外勤務者規程を整備したいと思いますが、海外勤務者規程作成上の留意点を教えてください。

A 海外勤務者規程においてよくあるパターンとしては、「他社規程をそのまま利用するケース」「他社規程を寄せ集めて作成するケース」「そもそも規程自体がないケース」が挙げられます。以下では、それぞれのパターンで陥りやすい事項と、規程作成時の留意点をまとめました。

1 他社規程をそのまま自社規程とするケース

自社独自の勤務者規程ではなく、他社の規程をそのまま利用しているケースがあります。最も多いのが、親会社の規程をそのまま自社の規程とするケースでしょう。

通常、自社に比べて親会社の方が処遇面の条件がよいため、親会社の海外勤務者規程で定めている処遇もそれ相当に高いケースがほとんどです。

そうすると、国内勤務者には当然ながら自社基準の給与水準が適用されているのに、親会社の勤務者規程をそのまま使うと、海外勤務者の給与水準は、親会社水準となることから、国内勤務者と海外勤務者の処遇に必要以上に差が開き（国内勤務者にはない家族手当が海外勤務者には支給される等）、その結果、国内勤務者との間に不公平感が生じることもあります。

また、親会社は世界各国に展開しているグローバル企業であるものの、自社は海外の2～3拠点に赴任者を送り出している程度、という場合、多数の海外拠点があることを想定して作られた海外勤務者規程をそのまま使うと、自社の事情に相容れない点もでてきます。

2 他社規程を寄せ集めて作成するケース

いくつかの会社の規程を集め、自社の規程を作成するというケースもよくみかけます。色々な企業の規程を比較検討しながら、自社規程を作成することができる点が利点でしょう。ですがこの場合、最初は張り切って、各規程を吟味しながら自社規程を作成しますが、作業が非常に煩雑であるため、途中で力尽き、「とりあえず、他社の規程に記載されていることは、全部記載しておこう」となりがちです。

その結果、一つの規程の中に、似たような条文がいくつもあり、かつそれらの条文に整合性がないため、運用する際、一体どちらの条文を優先して適用すればよいかわからない、といった事態も発生してきます。

3 そもそも規程自体がないケース

赴任者数が数名程度の企業の場合、海外勤務者規程自体がなく、その場その場で処遇を決める企業もあります。そのため、A国に行くBさんは、長期海外出張扱いとして、国内給与に1か月分の海外出張手当を支払っていますが、C国に行くDさんは、海外勤務扱いとし、出張手当は支払われておらず、日本勤務時の給与相当額のみ、というケースもあります。

そうすると、新たに別の社員を海外勤務者として送り出す際に、次はどちらの処遇を採用すればよいかわからない、といったことにもなりかねません。また、統一された規程がないことで、一時帰国制度の内容や、海外での医療費の会社補助はどうなるのかなど、細かいことについて、その都度、日本本社人事部に問い合わせがくることになり、人事担当者の手間がますます増える、といった事態も発生します。そのため、人事担当者・海外勤務者の両者の利便性の面からも、海外勤務者規程のない企業は、早急に規程の整備に取り組んでいく必要があるといえるでしょう。

4 規程作成時の留意点

最も大切なのは、海外勤務に対する方針を織り込むことと、「なぜその

条文が必要なのか」を明記することです。たとえば、国内払い給与を「留守宅手当」という名目で支給する企業もありますが、この「留守宅手当」の定義が規程上に明記されていないと、「家族が日本に残留している赴任者のみに支払われる手当」なのか、「日本での社会保険料見合い分」として海外勤務者全員に支払う手当なのか、はっきりしないことになります。

　海外勤務者規程の作成者が、海外人事担当者本人であれば、規程の内容が多少言葉足らずであっても、作成経緯を知っているため、誤解なく運用できますが、人事担当者本人が規程作成に携わっていない場合、どういう意味合いで作成されたのか分からないため、運用上、困ることも発生します。

　そのため、勤務者規程の内容は、人事担当者が変更になった時点で、見直しを行えば、常に現状に即した内容の規程となるでしょう。

5　赴任予定者にも規程内容の熟知を

　通常、海外勤務の内示から赴任までの期間は1～3か月程度と短いため、赴任予定者は業務の引継ぎ、引越準備などと大変忙しく、自身の処遇についてまで、しっかりと把握していないケースも多くみられます。

　よって、赴任前研修の一環として、海外勤務規程の内容を赴任者に対し、人事担当者が面談で処遇について赴任者本人が納得できるよう、説明することも必要になってきます。

　海外勤務者の給与明細には「みなし所得税」「みなし住民税」といった項目があり、日本勤務であれば支払ったであろう税額相当額が名目上控除されているケースがほとんどです。しかし赴任者の中には、こういった控除項目があるために、「海外勤務者は日本では税金がかからないはずなのに、どうして自分の給与明細から所得税・住民税が控除されているのか」と不満に思うケースもあります。

　これも、赴任者に対する海外給与体系や海外勤務中の処遇についての事前の説明が不十分なために起きる問題ですから、こういった点からも事前

の説明は不可欠といえるでしょう（もちろんそれに当たっては、人事担当者自体が規程の趣旨・各手当支給の根拠をよく理解しておくことが大前提ですが）。

また、一対一で説明する時間がとれない場合は、「海外勤務者規程を熟読の上、海外出向（赴任）します」という文言の入った海外赴任同意書に署名をさせる形をとれば、赴任予定者も、署名に当たり、規程内容をよく確認してみようと思うきっかけ作りにもつながります。

Q91 グローバルなモビリティポリシーの必要性

最近、日本から海外に赴任する社員以外に、海外から日本本社に赴任するケースや、海外子会社の社員が別の子会社に赴任するケースが増えています。

数年前にグループ全体のモビリティポリシーは作成したのですが、漠然とした内容で実用性に欠けていると感じています。比較的規模の大きい海外子会社から、「本社でグローバルなポリシーを作る予定がないなら、こちら主導でグループ全体のものを作ることを検討してよいか」という問い合わせも受けています。とはいえ、今後もおそらく日本から海外に赴任する社員が、グループ全体の赴任者の半数を占めていると考えられます。

このような状況ですが、今後どのように進めるべきでしょうか。

A ポリシー作成の方法としては「日本の海外勤務者規程を基に作成するケース」「海外主導で全く新しいものを作成するケース」がありますが、いずれも運用に問題が生じる可能性があります。そのため、グローバルレベルで見た際に最も人数が多い日本からの赴任者になじむ内容になることを意識しつつ、さまざまな赴任形態を考慮したポリシーを作成することが必要です。

1　日本の海外勤務者規程を基に作成する場合

日本の規程を基にグローバルなポリシーを作るという方法です。

基本的にグローバルモビリティポリシーは海外赴任する際の処遇の考え方を決めるものなので、そこで規定される事項は日本の海外勤務者規程と大きく異なるものではありません。

一般に日本の海外勤務者規程は、「海外勤務の考え方」等はあまり記載されておらず、海外赴任前、赴任中の給与や手当、福利厚生についてその

水準が淡々と記載されているだけです。

　そのため、「Aという考え方に沿って、この手当はこのくらい払う」という形で物事が決まっているわけではない場合が多いようです。

　また、自社のポリシーに沿った処遇を提供することよりも他社比較した際の水準が処遇を検討するうえで重要になりがちです。そのため、同業他社の人事担当者との公式・非公式な会合の場において、情報交換が行われ、「X社がこの水準なら、うちもこのくらいにしようかな」という発想になりがちです。つまり会社の方針に照らして物事を決めるというよりも、「○社が△△だから、当社もこうしようと思う」という形が経営者を説得しやすいという点が日本の企業の特徴の一つともいえます。

　確かに他社と比べて見劣りする内容では海外赴任したい社員が現れないですし、他社比較することは、競争力ある処遇を考えるうえで非常に有効です。しかしそれにフォーカスしすぎると、「芯のとおった会社の考え方」がないため、それを単に英語に翻訳しただけでは、「ポリシー」といえるものができません。

　また、日本の規程は役員クラスも平社員も、赴任した以上は同じ待遇の福利厚生を提供されるケースも少なくありません（家賃や航空機座席などは多少違う面もありますが）。

　日本ではそれが当たり前で、役職により差をつけるとかえって批判が生じることもあるので日本の中では違和感ないものであるとも考えます。

　しかしそのような規定をそのまま海外に当てはめると、海外の基準からすると高職位者には若干もの足りないものになり、役職が低い場合は、かなり過分な処遇になることもあり得ます。

　また日本からの赴任者については多くの場合、「手取り補償」方式が採用されています。

　そのため、日本で発生するであろう所得税等は日本の給与から、「みなし税」として控除する代わりに現地の所得税などは会社が負担するのが一般的です。また、日本の所得税法では、1年以上の予定で日本を離れる人は、

出国翌日から日本の非居住者になります。非居住者は日本国内源泉所得しか課税対象になりません。

そのため日本本社で従業員の場合は、日本の地で業務を行わない限りは日本からいくら給与を支払っても日本で課税されることはありません。そのため、給与の支払い方によって、日本の所得税額が変わることはないのが通常です（日本払いは赴任先で、赴任先払い給与と合わせて申告・納税することになります）。

一方、所得税法は各国により異なります。そのため、国によっては、仮にその国を出国して海外で勤務を行っていても、出向元の国で払った給与は出向元の国で源泉徴収が必要になる場合もあります。そのため、これらの課税が生じないよう、出向元払い給与を支払わないケースも見られます。

このように海外赴任に際して検討が必要な出向元の所得税の考え方が国により違うため、その点も考慮が必要です。

つまり、日本の規程をそのまま翻訳するだけでは、世界各国で利用できるモビリティポリシーにならないことがあります。

2　具体的なことを定めず方針の記載にとどまる場合

上記1の指摘事項に配慮し、細かな処遇は記載せず、「○○についての支給は行う（行わない）」といった各項目の大枠だけ記載されたポリシーもあります。また、ポリシーといっても、基本的には項目の羅列にすぎない場合もあります。

しかしこれだと、結局、各現地法人で制度を考えるうえで、「ポリシーを基に何をどう決めるか」は全て現地にゆだねられることになり、項目の並び順が同じであるだけで、「グローバルな処遇とその方針を定めた内容」という観点では物足りない場合もあります。

そのため、結果として活用されず、後年、「そういえばこんなポリシーを作っていました」と過去の遺物に化してしまうこともあります。

3　日本の規程を全く考慮せず、新たなポリシーを作る場合

　日本からの赴任者がグローバルレベルで見た赴任者の大勢を占めており、今後は現地法人間での赴任数が増えるとはいえ、依然として日本からの海外勤務者が半数以上を占めるにもかかわらず、日本の海外勤務者規程を考慮せずポリシーを作成する場合があります。モビリティポリシーを作成しようという機運が海外から挙がる場合がこの例です。

　「当社はグローバル企業なのだから、海外赴任者の規程もグローバルであるべきだ」という発想が経営者や人事部門に背景にありますが、その考え方が日本からの赴任者に受け入れられるとは限りません。

　たとえば日本企業が買収した海外の企業がいわゆるグローバル企業であり、すでにグローバルなモビリティポリシーを持っているケースなどです。

　一方、買収した日本企業側は、日本からの海外赴任だけを前提とした海外勤務者規程しか持っていません。日本の人事担当者側も忙しく、海外現地法人にそういった知見を保有してる人がいて、「こちらで作ります」というのなら、現地に任せることになる場合があります。

　このケースの場合、海外子会社とその会社が契約したコンサルティング会社との間でポリシー作成のミーティングが進みます。当然、彼らは日本の処遇や考え方は知りませんから、日本の税務や社会保険の取扱いを把握していない可能性があります。そのような状況で日本側が特段、関与しないまま任せていると、日本からの赴任者には受け入れがたいものであったり、日本での税務リスクが非常に高い規程になることがあります。

　前述のとおり、日本の海外勤務者規程については、海外赴任時の処遇は、給与や手当等が一部異なっても福利厚生などについては、役職にかかわらず同レベルの場合も少なくありません。つまり役職にかかわらずフルサポートのパッケージが付与されているともいえます。

　ところが海外のポリシーの場合、役職や赴任目的により、処遇にメリハリがついています。

　そのため、そのメリハリがついた規程をそのまま日本からの赴任者にあ

てはめると、職位が高くない人にとってはかなり厳しい処遇になる可能性があります。

また、出向元払いがない給与体系の場合、海外赴任中、日本の社会保険が継続できなくなるなど、日本からの赴任者にそぐわないものになります。そのため、ポリシーを作ったのはよいものの、機能せずお蔵入りになってしまうリスクがあります。

また、「せっかく作成したのだから」となんとか使おうとすると、そのままでは使えないので、日本オリジナルの例外ルールが大量にできて、かえって複雑な状況になります。結果、「このポリシーは日本では使えないから」、と再び日本用に規程を作り、グローバルモビリティポリシーは日本以外の現地法人が適用、日本は再び独自のものを作り、結局グローバルな規程は作ったが、日本は適用しないという状況に陥る可能性もあります。

「既存の日本の規程に縛られないで新たなポリシーを作成する」として、新しい考えを取り入れるのは非常に良いことですが、大半の赴任者にとって違和感のある規定だと長続きしません。また、税務リスクを全く考慮しないポリシーを作ったことで世界各国の拠点の税務部門から「このポリシーで大丈夫なのか」と問い合わせが相次ぎ、本ポリシーを承認した本社管理部門が責められる結果に陥ることもあります。

冒頭にも書きましたが「当社はグローバル企業であるから、規程もグローバルであるべき」と、既存の海外赴任者に押し付けると機能しない可能性があります。

つまりこの方式をとる場合、海外にお任せにせず、検討の初期段階で定めるであろう「海外赴任時の処遇」や「育成の考え方」等の部分から現在の日本の海外勤務者制度をよく理解している人が関与し、日本から赴任する場合の考え方や課題になっていることも、モビリティポリシーのプロジェクトチームにインプットする必要があります。

英語で議論が進むとなかなか理解できない場合、定期的に報告会を設けてもらって、軌道修正が必要かどうかについて、都度確認する必要があり

ます。

4　日本からの赴任者にも海外現地法人からの赴任者にも通用する複線型の制度を作成

　上記のとおり、「1．日本の規程をそのまま翻訳して使う」形だと、日本以外の国からの赴任にそぐわない面が出てきます。一方で、「2．具体的なことを定めず方針の記載にとどまる場合」も、結局何も決まっていないも同然です。さらに「3．日本の制度や税制を考慮せず、グローバルなものを作る」と、今後は赴任者の大半である日本人の考え方にそぐわない、税務リスクをはらんだものになるというリスクがあります。

　そのため、その中間として、新たな考えは取り入れつつも、日本人にもなじむものにする必要があります。またこれまでの「生え抜きの日本人男性の管理職」から、女性や外国人、役員などさまざまな属性の方が海外赴任するようになっています。つまり、日本からの赴任者だけみても、多様化しています。そのため、単一の処遇を設定するのではなく、「海外赴任時の処遇に関するポリシー」を設定しつつも、赴任目的、赴任期間、業務内容等に応じた処遇を検討する必要があります。

　つまり「日本人だからこの枠組みを適用する」のではなく、それぞれの状況に応じて当てはまる処遇制度を用意することが、さまざまなケースに対応するには有効です。この方式で進める場合、まずは過去にどんな赴任者がいたのか、今後発生する赴任者としてはどのようなケースがありえるのか、日本からの赴任者はもちろん、海外現地法人からの赴任者のケースもヒアリングしてみるとよいでしょう。

　そのうえで、どんなケースがあり得るのかを整理し、それぞれにおいてふさわしい処遇をディスカッションし、当社グループにおいてはどのくらいのパターンの処遇が考えられるかを、整理していきます。考え方としては、「給与・手当」「福利厚生」「税・社会保険料」の3つに分けて考えていくことをお勧めします。

中には、「複線型の処遇を考えると一つのポリシーになりえないのではないか」という不安をお持ちの方がいるかもしれません。
　しかし、「当社の海外赴任の考え方は〇〇である」という大枠のポリシーを定めたうえでそのポリシーに照らして処遇を考えた場合、「給与については△△と考える。そのため、赴任目的や業務内容・赴任期間を考慮すると、給与タイプとしてはA～Dまでの4タイプに分けられる。基本となるポリシーに照らすと処遇Aであれば手当はこのくらい、処遇Bであれば手当はこのくらい、処遇Cでは手当は払わない…」といった形で整理していきます。
　そうやって考えていく中で、いろいろな矛盾に気が付いたり、考え方がさらに整理されることになります。
　また、国をまたぐ移動において、税金や社会保険の取扱いは国によって大きく異なります。そのため、この点を考慮せずモビリティポリシーを作ってしまうと、さまざまな矛盾や解決しない事態が生じ、機能しないものになります。
　最近話題になっているバーチャルアサインメントを考えるうえでも税務の観点の検討は非常に重要です。仮に立派なポリシーを作成しても、思わぬ課税をさまざまな国からされて非常にコストがかかってしまったり、申告漏れを起こしてしまった、では意味がありません。
　一方、税務面のリスクを気にしすぎてそればかりに気を取られると、「あれもやってはダメ、これもやってはダメ」と赴任先で意義ある活動ができなくなり、赴任する意義が薄れる可能性があります。
　そのため、ポリシーを考える際には、どんな赴任形態が考えられるかを整理しつつ、税務や社会保険に関する重要ポイントを処遇と税務を並行して検討しながら制度設計を行うことが必要になります。

Q92 海外勤務者規程 ～総則（目的・定義・所属など）～

海外勤務者規程に記載すべき事項について順番に教えてください。

> **A** 海外勤務者規程の枕詞的な「総則」部分では、当該規程の目的や、用語の定義、家族の帯同に関してなど、会社としての方針等を明記します。

　海外勤務者規程の枕詞ともいえる「総則」部分では、海外勤務者規程の目的や用語の定義、家族の帯同など、会社としての海外勤務に対する基本的な方針を明記します。

　一般に大手企業では「家族帯同を原則とする又は推奨する」ケースがほとんどです。とはいえ、40代から50代の社員の場合、子女が高校、大学受験にさしかかる年齢のケースが多いため、実質的にはこの世代の人については、単身での赴任になることが多いようです。

【図表92-1】 海外勤務者規程（総則）

目　　的	本規程の目的を明記
定　　義	海外勤務者、出張者等の用語の定義
海外勤務中の所属	海外勤務中の所属を明記（日本本社に所属したまま出向させるのか等）
服務心得	当社社員としての心得を明記
勤務時間・休日	海外勤務中の勤務時間・休日について、本社規程に沿うのか、現地規程に沿うのかを明記
海外勤務期間	原則として何年、といった形で明記した方が望ましいが、あまりはっきりと明記してしまうと、変更があった場合にもめる原因になるので、「3年～5年程度」としておくのが無難
家族の帯同	会社として家族帯同を推奨するのか、希望者にだけ家族帯同を認めるのか等を明記

Q93 海外勤務者規程〜赴任及び帰任に伴う費用（旅費・支度金・荷造運送費）〜

海外勤務者規程に記載すべき事項について順番に教えてください。

> **A** 赴任及び帰任に伴う費用についても、海外勤務者規程で上限額を明示しておかないと、結果的に「実費を全額負担」することになり、かえって企業にとって負担が大きくなります。

　赴任及び帰任に伴う費用は、現地までの交通費だけでなく、赴任前支度金や荷造運送費、海外旅行保険などさまざまです。一つひとつの費用はそれほど大きくなくても、まとめてみると、相当の出費になることも少なくありません。そのため規定で上限額を設けておくことで、会社としても、赴任時にかかる費用の目安がわかり安心です。

　また、現地法人や関連会社等、自社とは異なる法人格の会社へ出向させる場合、赴任にまつわる費用についても、100％日本側が負担するのではなく、現地法人側にも負担させた方が、日本の税務上も問題になりにくいといえます。

【図表93-1】海外勤務者規程（赴任及び帰任に伴う費用）

海外勤務者旅費	旅費に該当するものを定義する。
渡航手続費用	渡航手続費用は会社が負担するケースがほとんど。たとえば、ビザ、パスポート取得・更新費用、赴任前健康診断費用、予防接種費用、出入国税、空港利用税等も会社が全額負担することになる。
赴任・帰任支度料	支度料の相場は赴任者本人について20万円～30万円程度、配偶者については赴任者本人の半額、子女については赴任者本人の2～3割とするケースが多い。
赴任・帰任旅費	赴任・帰任旅費としては、赴任直後、帰任直後に利用するホテル宿泊費も含む。
赴任・帰任時特別休暇	赴任・帰任時の準備のための特別休暇を設定
荷造運送費	本人、配偶者、子女それぞれに航空便・船便の限度額を設定。一般に本人より配偶者に対する限度額を大きくすることが多い。
国内残置荷物	国内に残置する家財の保管料を、会社が負担する場合、この規定をおくことになる。保管料の会社負担期間を「帰任後30日以内」と、期限を設定している規程もある。
留守宅管理	海外赴任中の留守宅を、リロケーション会社への手続を会社が斡旋する場合等にこの規程をおく。
語学研修	語学研修については赴任前だけでなく、赴任後に受けた語学研修などについても、会社が費用負担するケースもある（また、本人だけでなく、配偶者・子女に対しても語学研修費の費用補助をする会社もある）。
赴任・帰任休暇	赴任時、帰任時に、生活基盤確立のために一定の休暇を与えるケースもある。また、赴任期間が長くなるほど、赴任・帰任休暇を長く設定するケースもある。
海外旅行保険	保険付保額について明記
健康診断	赴任前・赴任中・赴任後に受診させる健康診断の時期等を明記

Q94 海外勤務者規程 〜給与及び手当・福利厚生〜

海外勤務者規程に記載すべき事項について順番に教えてください。

> **A** 海外勤務者の給与をどのような方式で決定するか又は手当額をどうするかなど、海外勤務者規程の中で、もっとも重要な部分といえます。また、手当額等については、毎年変動する可能性もあるため、＜別表＞として作成し、必要な部分は適宜修正する方法もあります。

　海外勤務者規程の中で、最も核となる部分です。海外基本給の額、各種手当の額は、毎年変動することも考えられるため、金額等については、＜別表＞の形で作成し、適宜修正できる形をとる会社もあります。

【図表94-1】海外勤務者規程（給与及び手当・福利厚生）

海外給与体系	海外給与に含まれる手当等の範囲を明記
海外基本給	「別建て方式」「購買力補償方式」「併用方式」のいずれの形で基本給を設定するかを明記する。（Q80〜Q82参照）
海外勤務手当	当該手当の意義と金額を明示（Q84参照）
ハードシップ手当	同　上（Q85参照）
留守宅手当（国内払い給与）	同　上（Q88参照）
帯同家族手当	同　上（Q86参照）
住宅費用	同　上【図表94-2】参照
子女教育費	同　上（日本人学校費用についてはQ116の【図表116-3】参照）
医療費	医療費については、実費を全額会社が支給するケースも多い（Q8〜Q11参照）。
賞与	国内勤務者と同様に年2回支給する場合、その旨を明記

換算レート	あらかじめ「人事レート」を定める企業もある。また、レート見直しは年1回行うケースが多い。
自動車	海外勤務者本人による自動車の運転を認めるか否か、また、認める場合、社用者の私用での利用に関しての取決め等を明記

【図表94-2】海外勤務者住宅借上料

(単位：借上料（月額）／米ドル)

国名	借上料（月額）	調査対象
中国（上海）	1,979	・調査実施時期：2019年12月～2020年1月 ・出所：現地不動産会社（エイブル上海） ・虹橋・古北地区（周辺飲食店、カフェなどあり、生活に便利）、119㎡（2LDK）、税・管理費込。別途、保証金（27,600元一括払い）。
インド（ニューデリー）	1,615	・調査実施時期：2020年11月2日～2021年1月8日 ・出所：現地不動産業者 ・デリー、ディフェンス・コロニー地区 戸建て住宅の1フロア、130㎡（3寝室）、税・管理費別、別途敷金2～3か月分要、毎年家賃の値上げを要求される場合が多い。
ロシア（モスクワ）	1,758～2,017	・調査実施時期：2020年9月～10月 ・出所：コンサルティング会社「IRN」「住宅市場概況」（2020年9月11日時点） ・中央行政区、3部屋以上、100㎡ 税・諸経費は物件によって異なる。通常家賃1か月相当のデポジットを大家に預ける。
ブラジル（サンパウロ）	1,405.49	・調査実施時期：2020年12月～2021年1月 ・出所：不動産検索ウェブサイト ZAP IMOVEIS ・ジャルジン・パウリスタ地区、マンションタイプ（159㎡）、3寝室、駐車場2台分、5,100レアル＋共益費1,655レアル＋都市不動産保有税501レアル

第6章 グローバルな規程の作成

国名	借上料（月額）	調査対象
香港 （香港）	3,149	・調査実施時期：2019年12月 ・出所：美聯物業 ・マンション（西湾河、市中心部から約30分）、約63㎡、借主の税負担なし、管理費込み
台湾 （台北）	2,099	・調査実施時期：2020年11月～12月 ・出所：信義房屋 ・士林區天母東路、マンション、180.0㎡（3LDK）、税込み、管理費・諸経費別。
韓国 （ソウル）	2,137	・調査実施時期：2019年12月～2020年1月 ・出所：スターツコリア ・ソウル市龍山区（龍山ザプライム）、マンション（2014年築、3LDK）84㎡。保証金2,000万ウォン（契約期間内）、管理費20～25万ウォン／月、仲介手数料は別途。 付加価値税（VAT）は免税（付加価値税法第26条第1項第12号）。基本2年契約（契約期間の調整は可能）。保証金額が高くなると賃料が下がる。
タイ （バンコク）	(1) 1,091.2～1,765.1 (2) 2,727.9～3,851.2	・調査実施時期：2020年11月2日～2021年1月8日 ・出所：不動産会社ウェブサイト ・プロンポン地区 (1) サービスアパート、63～97㎡ (2) アパート、170～210㎡ 　税・諸経費の内訳：管理費含む。礼金・仲介手数料なし。
マレーシア （クアラルンプール）	1,308	・調査実施時期：2020年11月2日～2021年1月8日 ・出所：プロパティー・グル（Property Guru） ・クアラルンプール市内中心部KLCCエリア、コンドミニアム・サービスアパートメント1,000～1,200平方フィート（93～111㎡）、2ベッドルームで家

2　海外勤務者規程の概要　*389*

国名	借上料（月額）	調査対象
		具付物件5件の平均値。 ・一般的に、セキュリティ・デポジット（部屋の損傷や早期退去の際の保証金）家賃2〜3か月分＋ユーティリティ預金（光熱費を支払わずに退去する場合の光熱費保証金）家賃0.5〜1か月分を最初の家賃（1か月分）と一緒に支払う。
フィリピン（マニラ）	1,354	・調査実施時期：2020年11月2日〜2021年1月8日 ・出所：GENESIS PROPERTIES & SALES CORP. ・GREENBELT HAMILTON（マカティ・セントラル・ビジネス地区）、コンドミニアム、62.5㎡、2寝室、VAT（12%）・共益費分込。
ベトナム（ホーチミン）	(1) 2,759〜3,013 (2) 3,103〜3,310 (3) 647〜970	・調査実施時期：2020年11月2日〜2021年1月8日 ・出所：当該施設 (1) Saigon Sky Garden（ホーチミン市1区）、サービスアパートメント（2寝室、テニスコート、プール、ジムあり）78.9〜97.2㎡、管理費、VAT（10%）込み。 ・出所：CENCO Vietnam Corporation (2) Norfolk Mansion（ホーチミン市1区）、サービスアパートメント（2寝室、プール、ジムあり）88〜109㎡、VAT（10%）込。 ・出所：Better Home agency service (3) Saigon Pearl（ホーチミン市ビンタン区）、コンドミニアム（2寝室、プール、ジムあり）85〜90㎡、管理費込み、VAT（10%）含まず。 ※ 入国制限による需要減で駐在員用住宅の賃料は下落傾向にある。

第6章 グローバルな規程の作成

国名	借上料（月額）	調査対象
シンガポール （シンガポール）	1,976～7,685	・調査実施時期：2020年11月2日～2021年1月8日 ・出所：Rental Singapore Property (1) The Trillium ・リババレー（繁華街オーチャードから車で南へ約5分）、コンドミニアム（プール、ジム、テニスコート、駐車場付）、130～167㎡（2～3寝室）、5,800～7,500Sドル (2) Soleil @ Sinaran ・ノベナ（繁華街オーチャードから車で北へ約5分）、コンドミニアム（プール、ジム、テニスコート付）、47～160㎡（1～4寝室）、2,700～8,500Sドル (3) Clementi Woods Condo ・クレメンティ（シンガポール西部、繁華街オーチャードから車で約20～25分）、コンドミニアム（プール、ジム、テニスコート、駐車場付）、98～145㎡（2～3寝室）、3,200～5,500Sドル (4) The Seaview ・イーストコースト（シンガポール東部、繁華街オーチャードから車で約15分）、コンドミニアム（プール、ジム、テニスコート、駐車場付）131～253㎡（3～4寝室）、5,000～10,500Sドル 税込、管理費込、保証金2か月、印紙税が別途要。
インドネシア （ジャカルタ）	(1) 2,900 (2) 3,329～3,452 (3) 3,057	・調査実施時期：2020年11月2日～2021年1月8日 ・出所：各管理会社へのヒアリング (1) The Capital Residence ・スディルマン地区（南ジャカルタ）のサービスアパート、2ベッドルーム（150㎡）、税、管理費込み、最低1年契約、保証金1か月分の賃料 (2) Plaza Senayan Apartment ・スディルマン地区（南ジャカルタ）のサービスア

2　海外勤務者規程の概要

国名	借上料（月額）	調査対象
		パート、2ベッドルーム（148.5㎡）、税、管理費別、最低1年契約、保証金1か月分の賃料 (3) Ascott Jakarta ・タムリン地区（中央ジャカルタ）のサービスアパート、2ベッドルーム（141㎡）、税、管理費込、最低半年契約、保証金1か月分の賃料
米国 （ニューヨーク）	(1) 2,549 (2) 3,426 (3) 5,839	・調査実施時期：2020年12月〜2021年1月 ・出所：Corcoran.com ・マンハッタン地区の平均値（2020年11月時点） 集合住宅 (1) 1ベッドルーム (2) 2ベッドルーム (3) 3ベッドルーム
メキシコ （メキシコシティ）	(1) 905〜2,766 (2) 1,106〜3,017 (3) 1,232〜6,035	・調査実施時期：2021年1月〜2月 ・出所：不動産検索サイト ・ヌエボポランコ（グラナダ、イリガシオン等）地区、52〜300㎡、コドミニアムタイプ、家具付 (1) 1寝室 (2) 2寝室 (3) 3寝室 税・諸経費込
カナダ （トロント）	1. トロント都心 (1) 1,813〜 (2) 2,286〜 2. ノースヨーク（郊外・北） (1) 1,774〜 (2) 2,247〜 3. ミシサガ（郊外・西）	・調査実施時期：2020年12月〜2021年2月 ・出所：400 WALMER ROAD,Condos.ca,Strata.ca.Zumber ・集合住宅、1ft² ＝ 0.09㎡で計算 1. トロント都心 (1) 2ベッドルーム（94㎡〜） (2) 3ベッドルーム（117㎡〜） ・管理費なし。家賃に水道、ガス料金が含まれる（電気代、駐車場代別）

第6章 グローバルな規程の作成

国名	借上料（月額）	調査対象
	(1) 1,652〜 (2) 2,050〜	2. ノースヨーク（郊外・北） (1) 2ベッドルーム（75㎡〜） ・管理費、駐車場代込（電気代別） (2) 3ベッドルーム（122㎡〜） ・管理費、電気代、駐車場代込 3. ミシサガ（郊外・西） (1) 2ベッドルーム（63㎡〜） ・管理費、駐車場代込（電気代別） (2) 3ベッドルーム（121㎡〜） ・管理費、電気代、駐車場代込。 光熱費、駐車場代等が含まれるか否かは、物件により異なる。
英国 （ロンドン）	3,285	・調査実施時期：2020年8月〜9月 ・出所：リロ・リダック・ストラットンズ ・アクトン、ハウスタイプ（3ベッドルーム）、家賃2,443ポンド/月＋カウンシルタックス（個人用の固定資産税兼地方自治体税）2,619ポンド/年（10か月払い、諸経費（契約手数料、敷金等）含まず、VAT非課税。
ドイツ （デュッセルドルフ）	1,675〜2,034	・調査実施時期：2020年8月〜9月 ・出所：不動産会社「ホーム・カンパニー」 ・ペンペルフォルト、ニーダーカッセル、オーバーカッセルの平均的な価格 アパート（70〜85㎡）、家具付 管理費含む。別途、敷金2〜3か月相当、仲介手数料（契約期間によって異なる。家賃（管理費、光熱費、水道代等を含まない）の最大2か月分、発注者負担）
オランダ （アムステルダム）	2,094	・調査実施時期：2020年8月〜9月 ・出所：Funda（現地不動産会社） ・アムステルフェーン市（日本人駐在員が多いアムステルダム市の隣町）

2 海外勤務者規程の概要

国名	借上料（月額）	調査対象
		・コンドミニアム、2LDK、90 ㎡ 家具付、駐車場料金、光熱費、市税、諸経費（敷金等）含まず、VAT 非課税。
フランス (パリ)	2,512 ～ 3,577	・調査実施時期：2020 年 9 月 ・出所：賃貸物件検索サイト「SeLoger」 ・パリ 16 区、コンドミニアム、70 ～ 90 ㎡ VAT 非課税、管理費含む。別途、不動産手数料 1 ～ 2 か月、保証金 1 ～ 2 か月。
ベルギー (ブリュッセル)	823 ～ 3,290	・調査実施時期：2019 年 8 月～ 9 月 ・出所：イモウェブ（Immoweb） ・ウォルウェ・サン・ピエール地区、アパートメント、2 寝室（70 ～ 200 ㎡）、VAT 非課税、管理費等諸経費含ます。 毎年、物価上昇を踏まえたインデグゼーションによる家賃値上げが一般的。3 年未満の契約解除には、入居年数に応じて家賃 1 ～ 3 か月分の違約金が発生する可能性あり。
ハンガリー (ブダペスト)	1,316	・調査実施時期：2020 年 8 月～ 9 月 ・出所：現地不動産事業者 ・ブダペスト 2 区（住宅地）、アパート 90 ㎡（寝室 2 室、家具・駐車場付）。 水道光熱費別。VAT 含ます。 ユーロ建てをフォリント建て、米ドル建てに換算。
チェコ (プラハ)	1,733 ～ 1,961	・調査実施時期：2020 年 8 月～ 9 月 ・出所：現地不動産会社検索サイト（V.I.P.Homes） ・プラハ 6 区（日本人学校近く） 戸建て（駐車場、家具付）、180 ～ 220 ㎡ VAT、光熱費含ます。
ポーランド (ワルシャワ)	1,497 ～ 2,858	・調査実施時期：2020 年 8 月～ 9 月 ・出所：現地不動産事業者 ・ワルシャワ市中心部、アパート、約 100 ㎡、駐車

第6章 グローバルな規程の作成

国名	借上料（月額）	調査対象
		場付。 共益費、光熱費、整備費、ゴミ処理費用などの経費負担は価格交渉時に決定。VAT 非課税。
オーストラリア（シドニー）	3,185	・調査実施時期：2020 年 11 月 2 日～2021 年 1 月 8 日 ・出所：現地不動産会社 REAL ESTATE 社 ・シドニー・ノース地区、マンション、3 寝室、2 浴室、駐車場 2 台分。中古物件。GST 含まず。新規契約時に 4 週間分の保証金（Bond）を NSW 州政府に預ける。解約時、破損状況等の問題がなければ、保証金額に金利を加えて払い戻される。
ニュージーランド（オークランド）	2,902	・調査実施時期：2020 年 11 月 2 日～2021 年 1 月 8 日 ・出所：Barfoot and Thompson ・オークランド市内中心部、アパート／一軒家、3 寝室、ラウンジ、キッチン、浴室（1～2）、駐車場（1～2 台分）。 家賃は週払いが一般的。入居前に敷金に当たる保証金（Bond）を家賃 4 週間分、事前の 1～2 週間分の家賃支払いが求められる。不動産店への礼金に当たる letting fee は禁止された。個人賃貸契約の場合、家賃には GST 不要。
スウェーデン（ストックホルム）	3,176	・調査実施時期：2020 年 8 月～9 月 ・出所：ポスタードスシェンスト（不動産仲介インターネットサイト） ・シティ（ノルマルム） アパート（105 ㎡）、家具、食洗機、洗濯機、乾燥機、シャワールーム、エレベーター、暖炉、暖房、上下水道、ケーブルテレビ、ブロードバンド付。 VAT 非課税、ゴミ収集費含む。デポジット家賃 3 か月相当を契約時に支払うケースあり。

国名	借上料(月額)	調査対象
		ストックホルムでは賃貸住宅の供給数が極めて少なく、駐在員向けの住宅は希少。公営賃貸住宅の又借りなどをせざるを得ない場合もあるが、規定が厳しく、1～2年以内など短期に限られる。

(出所)日本貿易振興機構「投資関連コスト比較調査」2021年9月掲載分を基に作成

Q95 海外勤務者規程〜その他〜

海外勤務者規程に記載すべき事項について順番に教えてください。

> **A** 国内社会保険料、現地社会保険料・税金の取扱い、一時帰国、海外勤務中の退職などについても取扱いを明示する必要があります。

　海外赴任中は、日本で所得税が発生するケースはほとんどありませんが、日本本社と雇用関係が継続する限り、日本の社会保険料は継続して支払う必要があります。また、海外給与を「手取補償」としているのであれば、現地での税金・社会保険料相当額は会社が実質的に負担することになります。

　会社が現地での社会保険料を負担する以上、当該社会保険料に関して還付金等が発生した場合も、当該還付金は会社に戻し入れてもらうのが望ましく、その点まで言及している規程も存在します。

【図表95-1】 海外勤務者規程（その他）

国内社会保険料	海外赴任中も日本本社との雇用関係が継続していれば、国内の社会保険も継続する。海外赴任中の日本での社会保険（特に年金）の取扱いがどうなっているかは、海外勤務者にとっては非常に重要な問題なので明記しておく必要がある。 ※　詳細はQ1をご参照ください。
現地税金・社会保険料	海外給与を「手取補償方式」としているのであれば、現地税金・社会保険料は会社が負担するべき。その旨を規程にも記載しておくことが望ましい。
貸付金	海外赴任時にかかる生活物品購入資金を会社が貸し付けする制度。必ずしもすべての規程にあるわけではないが、大手企業の規程には織り込まれているケースが多い。
一時帰国	慶弔時の一時帰国だけでなく、海外勤務開始後一定期間経過後に、業務外の一時帰国を認め、その際の往復の航空運賃については本人分だけでなく、帯同家族分についても会社が支給することがほとんど。
海外勤務中の退職	海外勤務中に退職した場合、帰任時の旅費についてどうするか等明記。海外勤務中の退職についてまで明記した規程はあまり存在しないが、明記しておく方がトラブルは少ない。
調整給	海外給与体系を下方調整したような場合、以前からの赴任者には調整給を支払うケースが多い。
給与改定	給与改定時期をいつにするかを明記（通常は、国内勤務者の給与改定時期に合わせるケースが多い。）
規程外事項	当該規程に掲載していない事項については、どのように判断するかを明記。
施行	当該規程をいつから施行するかを明記

第7章

赴任者コスト管理（総コスト管理と現地法人からのコスト回収）

　前章では、海外勤務者の処遇について定めた「海外勤務者規程」について説明しました。
　本章では、日本本社から海外現地法人や関連会社など、別法人に出向する方について、日本本社が負担した出向者コストを現地法人から回収する際の留意点を現地法人の責任者の立場からまとめてみました。

Q96 海外赴任者コスト管理の必要性

　社員を海外に赴任させると、そのコストは日本勤務時の2～3倍かかるとはよく言われますが、具体的に海外赴任者それぞれについて、年間でどれだけの費用が発生しているのかを把握できているわけではありません。
　以前勤務していた外資系企業では、親会社が海外赴任者の人件費をグローバルに管理していました。日本企業においても管理が望ましいでしょうか。

> **A** 海外勤務者にかかるコストを正確に把握していないと、必要以上に多額のコストが発生し、それが企業の競争力を引き下げたり、赴任国において正しく所得税計算が行えず、結果的に納税漏れが見つかり、多くで罰金が発生するなどのトラブルにつながります。

1　なぜ赴任者にかかる総コスト管理が必要になるのか

　総コスト管理は次の2つの観点から非常に重要です。にもかかわらず、多くの企業においては、赴任者1名当たりにかかる総コストを正確に把握していないのが現状です。

　たとえばある企業では、海外事業を加速させるために本社から大量に赴任者を送り込んだ結果、海外の売上は増加したのですが、その分だけ本社と現地法人のコストは増えたことから、グループ全体で考えると、増えた利益より赴任者にかかった費用の方が多かったことが後になって判明しました。このようなケースは決して珍しいことではなく、たまたまこの会社についてはきちんとコスト分析を行ったことで判明しただけであり、多くの企業においても似たような現象が起きている可能性は十分にあります。

　では、コスト管理を行っていないと、どのような問題が発生するのでしょうか。

第7章 赴任者コスト管理（総コスト管理と現地法人からのコスト回収）

(1) **海外赴任中の処遇制度の見直しを総額コストを考えずに行ってしまう**

　赴任者 1 人当たりの年間総報酬額を念頭に置いていないと、給与や手当、福利厚生等わかりやすい項目だけで物事を判断しがちです。特に赴任者の給与改定の際には、改定前と改定後でコスト比較するのは基本給や手当が中心で、福利厚生制度の見直しを行う場合も、その見直し結果が赴任者にかかる総コストまで細かくは考えていないケースが少なくありません。

　本社側は「赴任者の要望に応じて、規程を変更し給与と手当にかかる総コストを大きく変えず、待遇の公平化が実現できた」と喜んでいても、そこにかかる所得税の試算や福利厚生にかかるコストを考えていないため、赴任者にかかるコストはさらに増加してしまい、赴任者コストを負担している現地法人側に大きな負担が発生していることもあります。

　そのため、現地の経営を担っている赴任者から、「本社が勝手に海外赴任者の規程を変えたことで、一部の赴任者は手取りが増えたと喜んでいるようだが、現地法人の負担が増えてしまい、現地の利益が減り、かえって迷惑している。赴任者の総人件費も考えずに一部だけをみて規程改定をするのはやめてほしい」といった声すら聞かれることがあります。

(2) **海外赴任時の総コストを考えずに海外赴任者を選任してしまう**

　日本勤務時の報酬は低くても、海外に赴任させると途端に総コストが大きくなるケースがあります。

　一例としては通学可能エリアに日本人学校や適切な現地校がなく、帯同子女の通学できる学校がインターナショナルスクールしかない地域に、複数の子女を帯同して赴任するケースです。この場合、日本の主任クラスで家族帯同する人材の方が、部長クラスで単身赴任する人材よりも年間コストは高くなります。

　インターナショナルスクールの学費は、日本人学校と比べて通常、非常に高額で、子女 1 人当たり、年間 2 万〜3.5 万ドル程度かかります。仮に子女を 3 人帯同してインターナショナルスクールに通わせれば、学費だけ

で年間1,000万円近くかかります。5年の赴任期間なら学費だけで5,000万円近い支出です。もちろん、インターナショナルスクールの学費全額を会社負担する企業ばかりではありません。

　しかし、会社の都合で海外赴任してもらうのであれば、そういった費用を会社負担しなければ、本人は単身赴任するしか選択肢がなくなってしまいます。会社の都合で海外赴任しているわけですから費用がかかるのは本人の責任ではありません。しかし、帯同家族が多いと医療費や一時帰国費もその分多くなるのは間違いない事実です。さらに家族が多い分、住居についても広いところが必要になりますから、それだけ家賃も高くなります。

　もちろん、会社側がこの方を赴任させることでかかる総合的なコストを理解し、将来的なリターンまで見越して海外赴任を命じており、また本人もこの海外赴任を前向きにとらえているなら、問題ないのかもしれません。

　つまり、仮にこの方を海外赴任させることでかかる総コストが、この方が海外赴任することで生み出される利益よりも大きくても会社にとって投資であるので問題ない、または他に誰も適任者がいないので選択肢がないためやむを得ない、という前提であればそういった選択も十分にあり得ます。

　なお、ここでは赴任コストを考えるうえで、帯同子女が多いケースを例として挙げましたが、決して「家族を帯同させない方がよい」と言っているわけではありません（個人的には赴任者の心身の健康のためにも家族帯同が望ましく、単身での赴任を前提とした規程しか用意しないのは問題だと考えています）。

　そういった総合的な費用まで考えて、赴任者を選任しているのか、という点です。

　もしも海外赴任者のコストについてよく理解している人事担当者が赴任者を選ぶ権限を持っていたら、赴任に際して会社が求める要件を満たす人材が3名いれば、そのうち総コストが最も低い人を選ぶのではないでしょうか。しかし、海外赴任者を選定するのは、人事部門の方ではなく各本部

の本部長等、海外赴任者に支払われる給与や手当・福利厚生など、赴任者の総報酬についてあまり詳しくない人であることが多いのが現実です。特にその傾向は大企業で顕著です。

　一方、中堅・中小企業は、社員一人一人の家族環境なども経営者が把握していることが少なくありません。そのため、「AさんとBさんなら、Aさんは単身での赴任に対し、Bさんは家族での赴任になるからAさんを選択しよう」といった形で、総コストを考慮して赴任者の選任が行われています。

　そういった意味で、こういった点への意識の高い経営者のいる中堅・中小企業においては、情報の中央集権化（セントラリゼーション）が進み、大企業よりもはるかにグループ全体でみた利益を見渡した赴任者の人選や報酬管理、税務リスクのコントロールが行われています。

(3) **赴任地の所得税納税が正しく行われず罰金を払うリスクがある**

　海外赴任者の総報酬が把握できていないということは、赴任地の個人所得税が正しく申告されているかどうかも確認できていない可能性が十分にあります。

　実際、海外の年金制度から多額の払戻しを受けられるからと、本社主導で任地で払い込んだ保険料の還付請求手続をした結果、本来、日本払いと現地払いの両方について払うべき保険料を、実は現地法人側が現地払い給与に見合った額しか払っていないことが判明、税務調査の対象になってしまうケースなどは、日本払い給与について正しく申告が行われていなかったことを本社側が全く把握していなかった例の典型的なものといえます。

　よく、本社の人事担当者は「会計事務所に頼んでいるから赴任者の所得税計算は正しく行われているはず。だから当社は何も問題ない」と考えているケースがありますが、それは必ずしもそうとはいえません。

　確かに会計事務所は、与えられた条件に基づいた計算を正しく行うことはできますが、会社側から報告を受けていない報酬、赴任者のために会社

が業者に払った各種の費用についてまで申告の対象に含めることができないからです。

つまり、会社側が申告に必要な情報を適切なタイミングで会計事務所側に提供していなければ、会計事務所が行う税額計算も正しく行うことはできません。その結果、意図せず、所得税や社会保険料の過少申告などが起きることがあります（現地法人に海外赴任者の所得税計算を依頼すると、手取り補償するための計算方法が理解できていないため、計算自体が間違っている、ということもあります）。

よって、正しい情報の提供が不可欠なのですが、本社側で負担しながら、うっかり申告漏れになりがちなのが、次の【図表96-1】のような項目です（日本払給与、賞与、手当等が申告が必要なのは言うまでもありません）。

【図表96-1】申告を忘れがちな項目（国によっては非課税・免税になる場合もあります）

・社会保険料会社負担分
・一時帰国費用
・海外旅行保険などの医療保険料
・会社が家主に直接支払った赴任者の住居費
・会社が学校に直接支払った帯同子女の学費
・会社が支払った本人及び帯同家族の医療費
・赴任者にかかった所得税を会社が負担した場合
・海外赴任者のために払った倉庫代等
・海外赴任者規程外で払った各種費用（食料送付制度に基づき会社負担した送料等）
・海外赴任者の個人的収入（日本での家賃収入など）

なお、所得税の申告漏れがあると、赴任国で過年度にさかのぼって罰金等が課されます。

自ら誤りに気付いて修正申告すれば、最低限の罰金で済みますが、税務当局に指摘されると、その追徴税額も大きくなり、会社にとっての痛手は

大きくなります。会社の中には「(法人税ではなく)個人の所得税の問題だから、会社には関係ないだろう」と考えている場合もありますが、日本払いの報酬も含めて、支払者側に源泉徴収義務がある場合、源泉徴収を怠った会社側の責任が問われます。

また、申告漏れになるのは会社が払った報酬だけとは限りません。海外赴任者本人に個人的収入(日本での家賃収入や譲渡に伴う収入など)がある場合、赴任国が、税務上の居住者には全世界所得課税である場合、これら個人的収入を含めて現地で申告・納税を行う必要があります(通常、数年単位で赴任国に滞在していれば、その国の税務上の居住者になります)。

それだけではありません。会社が本人の個人所得税にかかる罰金を払った場合、それらは本来、個人が払うべき所得税を会社が負担したとみなして、負担した税額相当を給与とみなしてさらに課税される可能性もあります。

これら罰金相当額等を現地法人が負担できなければ、海外赴任者の給与等について手取り補償方式を採用している以上、最終的には本社が負担せざるを得ません。しかし海外出向している社員にかかるコストは本来、海外子会社が負担すべきですから、これらの追徴税額や罰金相当額を会社が負担すると、今度は日本の税務調査において「寄附金」とされ、日本でも課税されるリスクがあります。さらに、すでに日本に帰国した社員の任地での納税漏れが見つかり、それを本社が負担すると、今度は本人の所得税にも影響します。

このように、赴任国での所得税の申告漏れは、一度間違った形で申告や源泉徴収が行われると、それがルーティンワーク化して常に間違った税額の計算が行われてしまうため、非常に危険です。

こういった間違いが起きていないか、赴任者を数人ピックアップし、正しく計算されているかを過年度の申告書と赴任者への支払明細などと突合せしながらチェックされることをお勧めします。

赴任者一人一人にかかっているコストが明確でないと、会社は後日、大

きなダメージを受けることになります（給与や手当、賞与等だけでなく、会社が負担した住居費や教育費、医療費等も全て給与として課税対象になる国が多いと思った方がよいでしょう）。

第7章 赴任者コスト管理（総コスト管理と現地法人からのコスト回収）

Q97 海外勤務者コストの把握方法

では、具体的にどうやって海外勤務者のコストを把握すればよいでしょうか。

> **A** 海外赴任者規程等、海外勤務者にどのような給与や手当、費用がかかっているかがわかる資料を基に、赴任国での個人所得税申告書も参考になりますが、必ずしもかかったコスト全てが申告書に掲載されているわけではないので、給与や手当、その他費用を一つずつ積み上げていくことになります。ただし手間がかかるので、赴任者コストを把握できるITツールを検討することも一案です。

1　コスト把握方法

海外赴任者規程の中から、何らかの支出に関係する項目をすべて抜き出し、赴任者1名ごとに一覧表化していきます。そのうえでかかったコストについて順番に調べて記載していきます。

もちろん、海外赴任者規程に記載していなくても払っている費用（会社負担の社会保険料等）についても一覧表に加えていきます。また、いったん本社で支払ったものの、あとから現地法人から回収した費用などもある場合、それも考慮してどちらがどれだけ負担しているのかを明確にする必要があります。現地法人が負担した額で本社に報告が来ていないものについては、その都度、連絡してデータを送ってもらう必要があります。

特に現地法人が実質的に負担した、赴任者の個人所得税額等はその金額も大きいため、必ず確認しておく必要があります。会計事務所を使って個人所得税を計算している場合は、会計事務所にかかるコストも人数按分して計上しておくとよいでしょう。こうして集めたデータを一覧にすれば、とりあえず各人ごとの年間総額が把握できます。調べてみると、おそらく

予想以上にコストがかかっていることが判明するはずです。

　このように文書にすれば数行程度で非常に簡単なことのようですが、実際に作業として行う場合、赴任者が多ければ相応に手間がかかります。特に海外で払った費用は、その明細が外国語であり、それが英語でなければその解読だけでも一苦労です。忙しい人事、経理担当者が仕事の合間にする作業としてはかなり負担が大きいのではないでしょうか。おそらく現実的には数名をサンプルケースとして取り上げるだけで精一杯かと思います。

　そのため、海外赴任者の報酬管理を行うツールなどを使うことで、赴任者にかかるデータの一覧表や赴任者に関してかかった費用の請求書等を同ツールにアップロードしておけば、そのデータを毎月読み取ってくれます。また、二重計上がないか等も見分け、赴任国の所得税法に沿って課税・非課税項目別に整理したうえで、各赴任者別に一覧表化し、正しい申告を行うためのデータとして活用することが可能になります。

　さらに、赴任者ごとに集計したデータを基に、赴任地別、項目別、赴任者別の分析も可能になりますので、「どのエリアの赴任者に最もコストがかかっているか」、「税金の負担が大きいのはどの国か」、「どの赴任者に一番コストがかかっているか（かかっていないか）」等が瞬時にわかり、今後の赴任者の配置計画や海外赴任者規程の見直しにも活用し、赴任者コストも考えて、事業戦略を考えることができます。

　いったんその流れを作ってしまえば、毎年、苦労してデータを集めなくても全赴任者に対して個別の分析も可能になるため、非常に重要な情報収集・分析作業ではあるものの、一種のいわゆるルーティンワークである本作業に貴重な人材を配置しなくても済みます。

2　競争力維持・強化のためにもコスト管理は不可欠

　本社の担当者としては、報酬総額を把握したうえで赴任者を選んだり、規定の改定を行った方がよいということは十分認識していても、それにかかる時間が相当かかることは想像に難くないため、経営者から指示されな

第 7 章 赴任者コスト管理（総コスト管理と現地法人からのコスト回収）

い限りは、なかなか取り組む理由が見当たらないのではないでしょうか。

経営者も日本国内の総人件費等には関心があっても、海外赴任者にかかるコストはあまり注意を払っていないようです。

しかし、海外のグローバル企業においては、日本よりも細かく赴任者コストについて管理しているケースが多いようです。現地のビジネスについては、その地域の特性等を考慮して、各現地法人の裁量に任せていたとしても、赴任する社員の報酬や税務等、企業のコンプライアンスにかかわる点は、本社に情報を集中させています。

そのため、赴任者の報酬管理も本社側で確実に行い、赴任者を送り込むことによる費用対効果の分析や、赴任者はコストがかかりすぎると判断して、その期間をできるだけ短くし、海外出張等に切り替える等の戦略変更にも活用することができます。また、情報を集中管理していれば、申告・納税漏れなどの問題も発生しにくくなります。

日本の企業はこれまで、こういったコンプライアンス上の問題は現地任せで本社は主体的に管理せず、経営者もその点の認識が低い傾向にありました（つまり経営者が問題意識を持っていないため、仮に人事担当者がこのリスクに気が付いていても、具体的な措置をとることなく放置状態にあったということです）。

しかし、赴任者の申告漏れが各地で発生し、多額の罰金を払うことになったり、取締役会のメンバーにグローバル企業出身の外国人が加わったり、事業部門の本社が海外に移るなどすると、「これまでのやり方は非効率でリスクが高い」との判断から、体制を見直そうという動きが一気に高まり、本社で情報を一元管理しようという動きが進んでいきます。

経営を（日本だけでなく）グローバルでみる企業においては、赴任者の報酬管理等についても、日本本社の費用負担額がどれだけか、という国内だけの視線で考えるのではなく、グローバルでみた最適化を目指すようになっています。

世界の企業がこのような方法で効率化を図る中、日本の企業が、「現地

がきちんとやってくれているだろう」、「一元管理は必要だとわかるけどマンパワーが不足しているから難しい」、「経営者がその必要性を感じていない」等の理由で、いつまでも各現地法人任せの手法を継続していては、効率化の推進や適切なリスク管理が行えず、最終的に世界での競争に勝てなくなってしまうのではないでしょうか。

Q98 社員を海外に赴任させるとなぜコストが莫大に増えるのか

海外赴任者の報酬制度及び待遇を語る際によく聞かれるのが「社員を海外に赴任させると日本にいる時と比べて2～3倍のコストがかかる」という声です。

ですが、本人の手取りベースで考えると、国内勤務時と海外勤務時では、本人の手取りは1.2～1.5倍程度が多いように見受けられます。では、何が赴任者コストを押し上げているのでしょうか。

A 赴任中の手当等以上にコストを押し上げているのが、家賃・住居費・子女教育費などの福利厚生関連コスト、赴任先での所得税や社会保険料です。

海外に赴任すると、後述するような手当等の支給があるため、日本勤務時に比べて手取り給与が増えることが一般的です。ですが基準となる国内勤務時の手取り給与にもよりますが、海外赴任することで2～3倍にまで増えているという印象はありません。

では、何がコストを大きく引き上げているのでしょうか。

【図表98-1】からわかるとおり、福利厚生と任地での税・社会保険料が赴任者総コストの相当の部分を占めています。

1　福利厚生関連コスト
～住居費、子女教育費、医療費～

福利厚生として出費が大きいのは家賃、子女教育費、医療費です。これらの費用は赴任形態や赴任国によっても異なりますが、配偶者と複数の子女を連れて、家賃水準が高い国に赴任すると、家賃が50万円以上（年間600万円以上）がかかることもあります。

さらに学費もかかります。日本人学校であれば一人当たり年間50・60万円～200万円までですが、インターナショナルスクールですとその数倍はかかると考えた方がよいでしょう。つまり、家賃と学費だけで年間1,000万円以上かかることもあるわけです。これに加えて医療保険やさまざまなコストを追加すればさらに会社の出費は増えます（会社都合の赴任である以上、これらの費用の大半は会社が負担するケースがほとんどです）。

このように、福利厚生関連の費用は、海外勤務者規程の文面からだけでは想像もつかないほど、大きな負担になることを認識する必要があります。

2　任地税・社会保険関連コスト

海外赴任に伴い、赴任者には外国人として任地で生活することを前提とした物価に配慮した基本給や各種手当が支払われます。つまり日本にいる時よりも給与は多くなっているケースがほとんどです。さらに、上記に記載したとおり、海外赴任の場合、会社が家賃や子女教育費の大部分を負担することが一般的です。

一方、これらは会社が海外赴任者に支払った「給与」とみなされ「現物給与」として、赴任国で所得税や社会保険料の課税対象になってしまうことが一般的です（国によっては現物給与については非課税又は免税の場合もありますが、課税になる国の方が多いと考えていた方がよいでしょう）。

つまり、日本勤務時よりも高くなった給与に加え、多額の福利厚生関連コストが任地で課税の対象になってしまうわけです。さらにこれら税金が会社負担の場合、手取り給与と福利厚生関連を現物給与として受け取った場合にかかる所得税等をグロスアップ計算（手取りから総額を税・社会保険料負担を加味して逆算する計算）をする必要が生じます。

そうすると、海外赴任者にかかる総コストのうち、その3分の1が税金、3分の1が福利厚生、そして給与・手取り部分は実は総コストの3分の1に過ぎない、といったことにもなりえます。ところが本社側が海外赴任者給与改定などの際に注目するのは、総コストの3分の1に過ぎない「給

第7章 赴任者コスト管理（総コスト管理と現地法人からのコスト回収）

与・手当」の部分だけであることも少なくありません。ここだけ注目して「増えた」「減った」と議論しているのでは、総コストを考慮した判断とは到底言えません。

本社側からは「赴任先の家賃や税金は（本社負担ではなく）現地法人負担だから、本社側では特にそのコストについて管理していない」というコメントを聞くことがよくあります。

しかし福利厚生や税金部分を本社側で管理していないというのは、赴任者総コストのうち、その3分の2の管理を自ら放棄してしまっているのと同じことです。

【図表98-1】赴任者コストの内訳

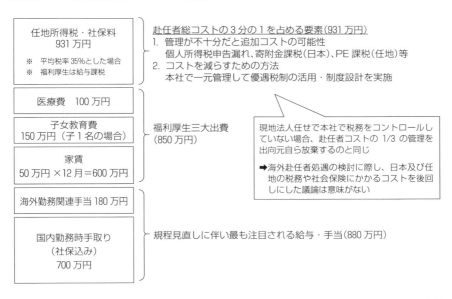

本社の人事担当者が赴任者の待遇改善のため本社役員を説得し、海外赴任者規程を変え、福利厚生を改善し、手当をアップするという活動を赴任者からの声に基づき実施することがよくあります。赴任者もさぞかし喜んでいるだろう、と思っていたら、現地の責任者である赴任者から、「現地

1 海外赴任者総コスト管理

法人側の費用負担も考えず、どうしてこんなにフルコースの処遇制度に変えたのか」と苦情が入ったという事例もあります。

　つまり、赴任者総コストを考えるに際しては、給与や手当だけでなく、福利厚生や税・社会保険部分も本社側で情報を把握し、総合的に検討しないと、赴任先で驚くほどの税負担を強いられる、といった事態も起きます。さらに悪意はないものの、申告漏れが生じた場合の罰金等も驚くほど高い額に上ることがあります。

　日本側でこの部分に関するコストを認識していれば、「どうやったらコストを下げられるだろうか」「利用できる優遇税制等はないだろうか」「どの位の期間の赴任や赴任目的であれば優遇税制が適用されるのか」等も総合的に考えて赴任者選びを行うことも可能です。ですが本社側でトータルコスト管理を行っていなければ、そういった問題意識を持つことはなく、必然的にコスト面は全く配慮しない人選となり、本来であれば避けられたであろうコストまで払う羽目になります。

　（その点、初めて海外に人を送る中堅企業などにおいては、赴任者コストにも非常に敏感です。どうすれば最も効率的に赴任させられるか、をさまざまな試算に基づき赴任者選びの段階から経営者も含めて時間をかけて検討されているケースも見られます。）

※　なお、日本から海外に赴任する方の処遇については、手当に多寡はあるものの、基本的な考え方は役職にかかわらず全員同じ企業が多いようです。一方、外資系企業などでは、本国から海外への一方通行ではなく、世界各国から人の移動が発生しています。

　そのため、基本となる海外赴任に関するポリシー（Global Mobility Policy）は共通にしながらも、それぞれの赴任目的や赴任期間に応じて、待遇等が少しずつ違うなど、メリハリの利いた処遇にすることで、全体のコストを抑えているケースが見られます。

第7章 赴任者コスト管理（総コスト管理と現地法人からのコスト回収）

Q99 日本本社からの海外出向者関連コストの請求

　私は海外出向者として日本本社がA国内に保有する現地法人の責任者を務めています。これまで海外出向者に係るコストのうち、日本本社で支払った報酬等は日本本社が負担、現地法人が支払った報酬等は現地法人が負担していました（【図表99-1】参照）。

　ところがこのたび、日本本社から「日本本社が海外出向者に対して支給している給与・手当・福利厚生関連費用について、今後は出向者が所属している海外現地法人に請求を行うので、本社からの請求書に基づき、遅滞なく支払うように（【図表99-2】参照）」と通達があり驚いています。他社の出向者も日本本社から同様の依頼を受けたと聞きました。現地法人には日本からの出向者が複数名存在し、それら出向者に係るコストを全額現地法人が負担すると、現地法人の財務上、少なからぬ影響があります。

　突然の通達に困っていますが、本社はなぜこのようなことを言い出したのでしょうか。

【図表99-1】これまで

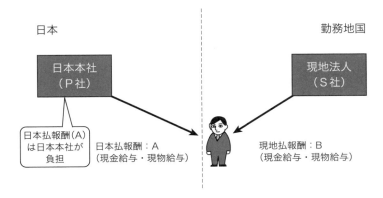

2　赴任者コストを現地法人から回収する場合

【図表 99-2】 今後

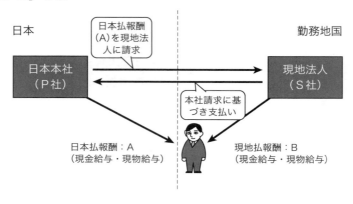

1　税務調査で何らかの指摘を受けた可能性が高い

　最近、海外に出向させている社員の給与や手当・福利厚生関連費用を日本の親会社が負担していると、税務調査において「海外に出向させている社員の給与等は本来、出向者が勤務している現地法人が負担するべき。親会社がそれらを負担しているのは、日本の親会社が海外の子会社等に間接的に寄附を行っているのと同じこと。よって、日本本社が海外に出向している社員に係る費用（給与・手当・賞与・現物給与等の福利厚生関連費用）を負担している場合は、これらの費用は経費ではなく、海外子会社などへの寄附金とみなし、課税の対象とする」として、過去数年分にさかのぼり、課税されているケースが後を絶ちません。

　日本本社としては「出向中とはいっても、自社の社員には変わりがないわけだし、出向先は自社の子会社なのだから、その社員への給与を日本本社が負担しても問題ないだろう」と考えているわけですが、最近は税務上、その考え方は通用しません。

　なぜなら自社の社員が海外で勤務している先が、仮に自社の100％子会

社であっても自社とは別の法人です。よって、出向者に係る費用は全額、出向先に負担してもらうのが当然といった考え方が一般的になっているからであり、最近はこの点について税務調査時に、特に厳しく指摘されることが多いようです。

　そのため、上記のような指摘を受けたり、今後、指摘を受けることが予想される場合、日本本社は、これまで本社が負担してきた出向者のコストを、できるだけ現地法人に負担させようとするため、今回のような通達が発表されたものと予想されます。

2　日本本社側が費用負担しても問題ないケースはあるのか

　では、日本本社が出向者の給与・手当・福利厚生関連費用を負担すれば、必ず日本の税務調査において寄附金として取り扱われ、課税されてしまうのでしょうか。

　【図表99-3】でご紹介する法人税基本通達 9-2-47 によりますと、日本本社が負担した留守宅手当や賞与について、「出向元法人と出向先法人との給与較差の補塡」であると認められる場合は、寄附金として課税されず、損金に算入できるとされています。

【図表99-3】法人税基本通達 9-2-47：出向者に対する給与の較差補塡

　出向元法人が出向先法人との給与条件の較差を補塡するため出向者に対して支給した給与の額（出向先法人を経て支給した金額を含む。）は、当該出向元法人の損金の額に算入する。（昭55 直法2-8「32」、平10 課法2-7「10」、平19 課法2-3「22」、平23 課法2-17「18」により改正）
（注）　出向元法人が出向者に対して支給する次の金額は、いずれも給与条件の較差を補塡するために支給したものとする。
　　1．出向先法人が経営不振等で出向者に賞与を支給することができないため出向元法人が当該出向者に対して支給する賞与の額
　　2．出向先法人が海外にあるため出向元法人が支給するいわゆる留守宅手当の額

ただし、上記の法人税基本通達のケースも含め、「具体的にどこまでの金額なら日本本社が負担してもよい」といった明確な規定はなく、個別事象ごとに判断されます。

　よって、海外出向者に係るコストの大半を日本本社が負担していても、税務調査においてこの点に関し指摘を受けた経験がない企業もあれば、出向者の日本の社会保険料の会社負担分を日本本社が負担しているだけでも、「海外出向中は現地法人のために働いているのだから、これら会社負担分も現地法人が負担すべき」とされ、寄附金として課税されているケースもあります。よって、出向者のコストをわずかでも日本本社が負担している限り、日本本社はこの問題において、常に税務リスクにさらされていることになるのです。

　そのため、最近はこの問題の対応策に苦慮している企業も非常に多く、それに比例して、「出向者に係るコストは全額、現地法人が負担すること」といった考え方が、企業の間でも広まっているのです。

第7章 赴任者コスト管理（総コスト管理と現地法人からのコスト回収）

Q100 日本本社から請求を受けた出向者関連費用を現地法人が支払う際の留意点

Q99で日本本社が支給している給与・手当・福利厚生関連費用を日本本社が現地法人に請求しようとする理由は理解できました。

では仮に、日本本社が支払った海外出向者に係る費用が現地法人に対して請求された場合、留意しておかなければならない事項があれば教えてください。

> **A** 日本本社から支給された給与・手当・福利厚生関連費用相当額を現地法人から日本本社に返戻する際、留意すべき点としては以下のようなものがあげられます。【図表100-1】にまとめてみました。

【図表100-1】日本本社が支払った出向者に係る各種費用を現地法人が日本本社に支払う際の留意点

① 日本本社が支払った出向者の報酬等（給与・手当・福利厚生関連費用）について、これらを給与として赴任先国で個人所得税の申告を行っていない場合、これら報酬相当額を日本本社に支払ったことで、現地での個人所得税の納税漏れが発覚する場合がある。
② 日本本社から請求を受けた金額を支払った場合、支払に際し、現地で法人税が課される場合がある。
③ 日本本社が支払った出向者の給与・手当・福利厚生関連費用の請求を受けたことで、現地の社員に出向者には現地払給与以外にさまざまな報酬が支払われていることが明らかになり、現地法人の社員が不公平感を抱く可能性がある。
④ 日本人に係るコストを現地法人側が以前よりも多く負担することになるため、現地法人の業績が悪化する。

以下ではこれらの留意点について、それぞれの概要及び他社事例と解決策について説明していきます。

2 赴任者コストを現地法人から回収する場合

Q101 出向者コスト回収とともに現地個人所得税の納税漏れが発覚するケース

Q100の「留意点①：日本本社が支払った出向者の給与・手当・福利厚生関連費用について、これらを給与として赴任先国で個人所得税の申告を行っていない場合、これら報酬相当額を日本本社に支払ったことで、現地での個人所得税の納税漏れが発覚する場合がある。」とは具体的にどのようなことでしょうか。

1　概要

一般に日本からの赴任者に対しては、日本本社と現地法人の両方から給与・手当・賞与・福利厚生関連費用（「報酬等」）が支給されています。

なお、【図表101-1】のとおり、現地法人から支払われている報酬等(B)だけが現地で個人所得税の課税対象になるのではなく、日本本社から支払われている報酬等(A)も現地で勤務した対価（Y国源泉所得）ですので、現地払報酬等(B)と合わせて、赴任先国（Y国）で個人所得税の申告・納税の対象になります。

【図表101-1】赴任先国での納税

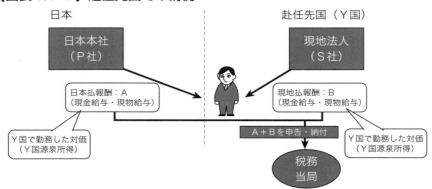

ところが中には、【図表 101-2】のとおり、故意又は知識不足のため、現地法人から支払われている報酬 (B) 部分のみ申告し、日本払の報酬等 (A) については個人所得税の申告対象にしていないケースがあります。

【図表 101-2】赴任先国での納税

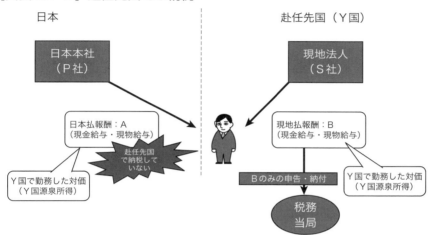

一方、日本本社の税務調査で「日本払報酬 (A) について、現地法人から回収を行わなければ、日本払報酬を『日本本社が海外現地法人に行った寄附』とみなして課税する」と指導が入ると、日本本社はこのような追徴課税は受けたくないため、日本払報酬を現地法人に請求する場合が多々あります。

しかし、【図表 101-3】のとおり、日本払報酬 (A) について、赴任先国で納税を行っていないにもかかわらず、日本払報酬相当額を現地法人から日本本社に支払うと、送金手続や税務調査等をきっかけとして、現地税務当局に、海外出向者の日本払報酬 (A) について現地で正しく個人所得税の申告・納付を行っていなかったことが発覚することがあります（また、既にこの問題を自覚しているため、日本払報酬を申告していないことが発覚してしまうことを恐れて、現地法人から出向者コストを回収したくても、

回収できないという状況に陥っているケースも見られます）。

【図表101-3】日本払報酬（A）を赴任先国で納付していないにもかかわらず当該報酬相当額を日本本社に支払おうとした場合

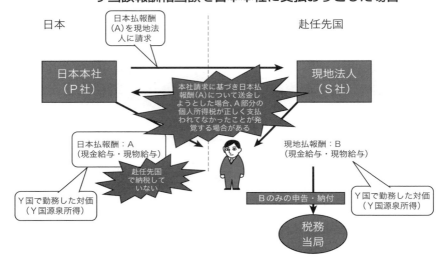

2 他社事例

(1) A社の場合

日本の親会社であるA社は自社の社員を出向者として海外の現地法人に多数送り込んでいました。これら海外出向者の報酬のうち、海外基本給部分は現地法人が負担していたものの、各種手当や賞与等、基本給以外はすべて日本本社が負担していました。

そのため、税務調査時に「日本本社が支払っている各種手当や賞与等は現地法人から回収するように」と指導を受けたため、あわてて日本本社払報酬（【図表101-1】のAの部分）を現地法人に請求し、現地法人はこれに応じてA相当額を日本本社に支払おうとしたところ、送金時に「日本払報酬（A）について、現地で正しく個人所得税を納付していることを証明する書類」の提出を求められました。しかし日本払報酬については納税し

ていないため、当然ながら日本払報酬の納税を証明する書類を提出することはできません。

これがきっかけで、海外出向者の日本払報酬について、正しく納税を行っていなかったことが発覚してしまいました。

(2) Ｂ社の場合

日本の親会社であるＢ社は、日本払給与や手当・賞与については、現地法人払報酬と合わせて赴任先国で正しく納税を行っていたものの、日本本社が負担していた住居費、子女教育費等（【図表101-1】のＡの一部）は、赴任先国で課税の対象にはならないだろうと勝手に解釈し、個人所得税の申告・納付を行っていませんでした。

ところがＢ社に税務調査が入り、「海外出向者の給与や手当、福利厚生関連費用を日本本社が負担している場合は、寄附金として課税する」旨の指導を受けたため、これら日本払の報酬については全額現地法人が本社に返戻することになりました。

その際、改めて現地の個人所得税で課税対象になる所得について精査を行ったところ、「出向者に支払った給与や手当・賞与だけでなく、住居費や子女教育費等も現地で課税の対象になるにもかかわらず、その部分については申告・納税を行っていなかった」ことが発覚しました。

3　原因と解決策

なぜこのような事態になってしまったのでしょうか。理由としては以下の２点が考えられます。

① 原因１：赴任先国であるＢ国の個人所得税の課税対象所得を正しく理解していなかった

原因の１つ目としては、「赴任先国の個人所得税の課税対象所得の範囲を正しく理解していなかった」ことが挙げられます。

特にＢ社のケースのように、給与・賞与・手当等の現金給与は個人所

得税の課税対象所得であることは認識していても、福利厚生関連費用については所得税の課税対象にならないと思い込んでいるケースも見受けられます。

確かに中国等一部の国においては、出向者に支給する住居、帯同する子女の学費を直接会社が負担する場合は、当該現物給与については個人所得税の課税対象には含まれない場合があります。しかし出向者に支払われる現物給与に対する非課税措置がある国はむしろ珍しく、社員に提供した現物給与については、その支給方法にかかわらず、全て個人所得税の課税対象になるのが一般的です。

よって、赴任国の税制を理解せず、「××国では現物給与は非課税だったから△△国でも同様に非課税だろう」とその国の税制を確認せず、他国の事例をもとに判断してしまうと、大きな間違いを犯すことがあるので注意が必要です。

② 原因2：海外出向者コストを現地法人から回収するに当たり、上記のような納税漏れが発生していないかの事前調査が行われていない

原因の2つ目としては、「海外出向者コストを現地法人から回収するに当たり、上記のような納税漏れが発生していないかについて事前に確認していなかった」ことが挙げられます。

海外出向者の個人所得税が現地法令に基づき、正しく納税されているかについて、きちんとしたチェック体制がある会社は少ないのが現状です。よって、上記のケースにおいても、日本本社側も現地法人が納税を行っているかどうかの確認を行っていなかったと予想されますし、海外出向者や現地法人側も、その点についてあまり関心がなかったのかもしれません。

日本本社払の給与・福利厚生関連費用を回収するに当たっては、日本払報酬が現地で個人所得税の課税対象になっているかどうかの確認も必要になるでしょう。

Q102 出向者コストを現地法人から回収したことで出向先国で法人税を課税されたケース

Q100の「留意点②：日本本社から請求を受けた金額を支払った場合、支払に際し、現地で法人税が課税される場合がある。」とは具体的にどのようなことでしょうか。

1　概要
　日本本社が立て替えた赴任者関連費用を現地法人から本社に支払う場合、特に問題なく送金できる場合が大半ですが、一部の国においてはクロスボーダーの取引について、多額の税金を課したり、海外出向者を日本本社のPEと見立て、現地法人が日本本社に支払った給与等の立替金を「日本本社が"海外出向者"という名目のPEを通じて獲得した所得」とみなして、立替金に対して法人税を課税する事例も存在します。

2　他社事例と解決策
(1)　海外出向者経費を立替金として回収する際、赴任国で多額の納税が必要になったC社
① 事例
　日本の親会社であるC社は、ブラジル現地法人（D社）に出向させている社員の日本払給与・賞与等を、現地法人への立替金としてブラジル現地法人から回収しようとしました。ところが、ブラジルでは、日本本社が立て替えた出向者関連費用を現地法人から日本に送金する場合に限らず、クロスボーダーの取引については、40％ほどの多額の税金がかかってしまうことを知りました。立替金を回収するために多額の税金を支払うのは不本意ですし、かといって立替金の回収を行わなければ日本の税務調査で指

摘されてしまうため、どうすべきか対応策に苦慮しています。

【図表102-1】立替金を回収しようとしたら現地で多額の税金が課されるケース

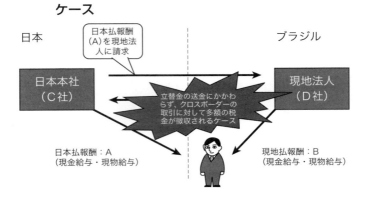

② 解決策

赴任先国にクロスボーダーの取引に対して課税するというルールがある以上、立替金の回収に際して課税は免れられません。

よって解決策としては「立替金が発生しないよう、海外出向者に支払う報酬等は、全額現地法人から支給する」又は「立替金は回収できないとあきらめ、日本側の税務調査でその事情を説明し、納得してもらうか、もしくは納得してもらえなければ寄附金として課税されることは甘受する」のいずれかになります。

(2) 日本本社が支給した出向者コストを「立替金」として請求すると出向者の給与が現地社員に明らかになるため、「経営指導料」等の名目で回収しようとしたD社

① 事例

日本本社が負担した海外出向者の給与等を、「給与等の立替金」として回収すると、現地の社員に、「日本からの出向者は日本本社から多額の給与や手当を受け取っている」ことが明白になってしまいます。そのため、別の名目で送金しようとしたところ、課税の対象になってしまいました。

第7章 赴任者コスト管理（総コスト管理と現地法人からのコスト回収）

② 解決策

これについても赴任先国のルール上、課税が免れられないのであれば、課税されることを受け入れるか、もしくは送金自体を行わず、日本の税務調査の際、指摘を受ける可能性を抱えるかのいずれかになるでしょう。また、そもそも外国為替法上、名目を変えて送金すること自体、問題がある行為といえます。

また、一番妥当なのは、現地の社員に立替金だと見つかることを避けるよりは、「日本からの出向者は、高い報酬を受け取るだけの価値がある存在であることや、海外に赴任することでさまざまな経済的負担を強いられていることから、それらを補塡するために高い報酬等が支払われていること」を理解してもらい、正しい名目で送金することが本来の姿であるといえます。

(3) 中国に出向者を送り、出向者に係る費用を回収したところ、当該立替金は「出向者PEを通じて得た所得」として現地で企業所得税の対象にされたE社

① 事例

これまで記載したことと重複しますが、通常、出向者の給与は、本人の給与相当額を利便性等さまざまな点を考慮して、日本本社と現地法人のそれぞれから支給されることが一般的です。

基本的に出向者の給与は出向先が負担するのが原則であり、仮に日本本社が出向者の給与を負担していると、日本の税務上「出向者の給与は本来、海外の出向先が負担するもの。それにもかかわらず日本側で赴任者の給与を負担するならば、当該給与は損金として取り扱わず、寄附金として課税する」としています。そのようなこともあり、いったん、日本本社が出向者に支払った給与は、後日、現地法人から請求するのが、ある意味当然のことといえます。

そのため、企業の中には、出向者の給与の一部又は全部をいったん本社

が出向者に対して支払うものの、後日、本社が現地法人に対して立替金として請求しているケースもあります。

しかし、このような場合、【図表102-2】のとおり、中国側でこの出向者を「日本本社のPE（恒久的施設）」とみなし、現地法人から本社に支払われる立替金を「日本本社が中国国内に保有するPE（この場合、日本からの出向者）を通じて得た"所得"」として、この立替金に対して、中国で企業所得税を課税するという動きがあります。

【図表102-2】出向者が赴任先国でPEとみなされた場合

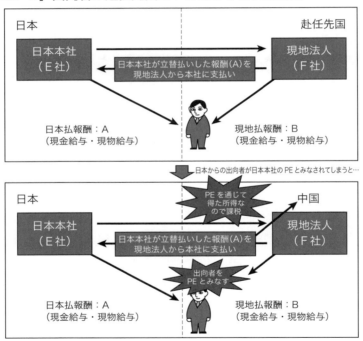

課税の最終的な判断は、源泉地国（この場合、中国）が行いますので、源泉地国が上記のような措置をとる以上、企業としてもできるだけ課税されないようにするための方策を考える必要があります。

② 対応策

では出向者が、「日本本社が中国国内に保有するPE」とみなされるか否かの基準はあるのでしょうか。中国の国家税務総局が発表した「国家税務総局公告2013年19号」によりますと、その基準は【図表102-3】のとおりです。

【図表102-3】出向者PEに関する通達（国家税務総局公告2013年19号より）

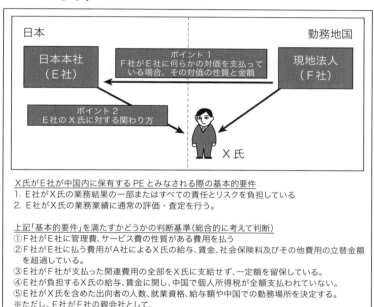

また、同公告によりますと、出向者が日本本社のPEか否かについての判断基準となる資料としては、①E社・F社・X氏の間で締結した契約協議あるいは約定（いわゆる出向契約書）、②X氏の業務職責、業務内容、業務査定、リスク負担等の方面の具体的な規程を含むE社又はF社のX氏に対する管理規程、③F社がE社に支払う金額及び関連財務処理状況、X氏の個人所得税の申告納税資料、④F社の相殺取引、債権放棄、関連

取引又はその他の形式を通じた隠ぺい性支払に係る派遣行為関連費用の有無等を総合的にみて判断されることになります。

第7章 赴任者コスト管理（総コスト管理と現地法人からのコスト回収）

Q103 出向者コストを現地法人から回収したことで現地社員に日本本社社員の給与が知られるケース

Q100の「留意点③：日本本社が支払った出向者の給与・手当・福利厚生関連費用の請求を受けたことで、現地の社員に出向者には現地払給与以外にさまざまな報酬が支払われていることが明らかになり、現地法人の社員が不公平感を抱く可能性がある。」とは具体的にどのようなことでしょうか。

1 概要

日本と比較して給与水準の低い国の拠点においては、出向者と現地社員の給与格差は非常に大きなものになります。その状況で、「日本本社からも、さまざまな給与や福利厚生が提供されている」ことを現地社員が知ってしまうと、不公平感を募らせるのではないか、というのはよくある心配事の一つです。

2 他社事例

X社は海外に複数の拠点を置いており、出向者のコストは拠点ごとにその割合は異なるものの、日本本社（X社）がその一部を負担しています。今般、税務調査で指摘があったことを受け、日本本社払いの給与・福利厚生関連費用は現地法人（Y社）負担にすることになりました。

一方、これら費用を現地法人（Y社）負担とすると、現地の社員が「日本本社から給与が支払われている」ことがわかってしまうため、「給与の立替金」としてではなく、多少異なる名目（「コンサルティング費用」等）で出向者コストを支払うことにしました。

※ 注意：「給与の立替金」ではなく、このような名目で支払う場合、実

際の送金内容と一致していない可能性もあり、外為法違反になる可能性もあります。

3　原因と解決策

　日本払いの出向者費用を現地の社員に知られたくない、という思いから生じる課題ですが、海外から赴任している場合、現地採用の社員よりもコストがかかるのは当たり前ですので、この点については特段、気にしていないという企業も存在します。

　中には「絶対に現地の社員に見られたくない」という場合は、経理関連の業務は全て日本からの出向者（たまに現地採用の日本人の場合もある）が行い、現地での出向者の個人所得税関連業務も社内で実施せず、日系の会計事務所等にアウトソーシングしているケースも見られます。とはいえ、現地の社員の手前、ここまで気を遣っていても「システム部門の現地の社員が気になるタイトルのメールは全て内容まで読んでいて、出向者の給与等の詳細まで把握していた」という事例もあるため、現地社員に対し、100％見えないようにするのは不可能かもしれません。

※　なお、最近はこれとは逆の不満も生じつつあります。日本の給与水準は過去20年ほど伸び悩んでいるのに対し、他国においては物価上昇とともに給与水準も高くなっています。
　そのため、「日本からの赴任者として本社の海外勤務者規程に基づく給与・手当（A）よりも、現地法人から受け取る給与（B）の方が高い。B－Aの額を会社に戻し入れなければならない。赴任先で働いているなら赴任先水準の給与が欲しい」といった不満が聞かれることもあります。

Q104 出向者コストを現地法人が以前より多く負担し現地法人の業績が悪化するケース

Q100の「留意点④：日本人にかかるコストを現地法人側が以前よりも多く負担することになるため、現地法人の業績が悪化する。」とは具体的にどのようなことでしょうか。

1　概要

　一般に、社員を海外赴任させると、日本で勤務させる際の2倍から3倍程度の費用がかかります。理由としては、海外赴任に際して各種手当を支給する他に、現地での住居費や子女教育費用等も会社が負担する上、現金給与だけでなく現物給与についても現地で課税の対象になるため、【図表104-1】のとおり、課税対象所得は非常に高いものになります。日本の給与水準は途上国と比較すると、依然として高い水準にあるうえ、上記のとおり各種手当を支払えばその水準はさらに高いものになり、それに合わせて現地でかかる税金も非常に高くなります。

　よって、出向者に係る総コストは、最低でも年間1,000万円、多ければ年間3,000万円以上となります。よほど現地法人の業績が良く、全従業員に占める出向者の割合が少ない企業は別として、これだけのコストを現地法人が全額負担しなければならなくなると、現地法人の利益は吹き飛んでしまう場合も少なくありません。

【図表 104-1】 海外出向者に係るコスト

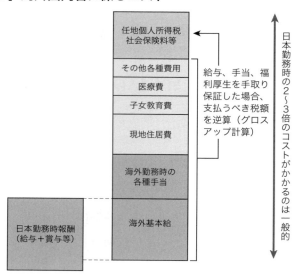

2　他社事例

　M社（日本本社）は海外赴任者に係る費用のうち、その大半を負担していたため、税務調査で指摘を受け、多額の追徴税額が発生しました。そのため、今後は出向者に係るコストは全額現地法人負担とし、その旨を現地法人（N社）に伝えました。

　出向者に係るコストを減らすには、出向者の人数を減らすか、出向者の処遇そのものを引き下げるしかありません。しかし、現地社員の指導役である出向者の数を減らすと、その分、現地社員の育成スピードが落ちてしまうことになります。そのため、単にコストを減らしたいからという理由で出向者数を減らせば、長い目で見ると現地法人の利益につながらないこと、出向者の処遇を引き下げれば出向者のモチベーションにも影響を与えることを本社に訴えました。

　しかし本社は「出向者コストを減らしたいなら、出向者数を減らすか、出向者の処遇レベルを落とすかのどちらかで対応するように」と取り合っ

てくれず途方に暮れています。

3　問題点と解決策

　日本本社は拠点ごとの事情を考慮するというよりは、グループ全体の利益と平等性を考えて物事を決定していきます。また、特別に配慮が必要な事情がないにもかかわらず、特定の拠点だけ、出向者コストを本社負担してしまうと、拠点間で不公平感が生じてしまうことから、各拠点の責任者の心情はよく理解できても、立場上、心情を理解した対応をとることはできません。

　そのため、上記のような事例が起きてしまうことがあります。

　本社経営陣が、海外出向者に係る費用を、圧縮すべき「コスト」とみるか、将来に向けての「投資」とみるかで本件に対する対応策はおのずと変わってくると考えられます。

Q105 海外出向者の給付を全額、任地払いにする際の課題

　Q99～Q103を読むと、出向者のかかるコストの一部又は全部をいったん日本本社が支給し、日本本社からの請求に基づき現地法人が支払う場合には、状況によってはさまざまな留意点があることがわかりました。

　いずれにせよ出向者に係るコストは全額、現地法人が負担するのなら、最初から給与や福利厚生関連費用を全額、現地法人が支給するのがシンプルで良いと思いますが、何か問題はあるでしょうか。

1　出向者に係る給与・福利厚生関連費用を全額現地法人から支給する場合

　ご質問のとおり、出向者に係るコストは最終的に現地法人が負担するのであれば、最初から日本本社は関与せず、【図表105-1】のとおり、海外出向者の報酬等を全額、現地法人が支給するという考え方もあり、実際にそのようにしている企業も存在します。

　ではこの場合、どのような問題があると考えられるでしょうか。

【図表105-1】報酬等を全額現地法人が負担する場合

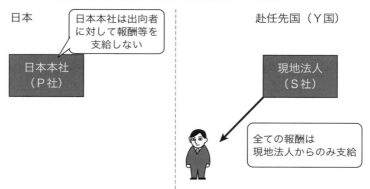

2　他社事例

　D社は出向者の報酬等を日本本社が一部負担していたことで、寄附金課税され、多額の追徴税額を納めた苦い経験があることから、出向者に係るコストは全額、現地法人が負担し、かつ、いったん日本本社が支給し、後日、現地法人から回収という手段を取ると、いろいろと面倒であることから、全ての費用を全額現地法人が支給することになりました。

　これにより、今後は本件について税務調査で指摘を受ける可能性は限りなくゼロに近づきましたが【図表105-2】のとおり、新たな問題が発生しました。

【図表105-2】出向者に支払う報酬を、全額現地法人から支給し、本社からの支給をゼロにした場合の留意点

- 日本の社会保険が継続できない
  海外赴任中も日本の社会保険は継続したいが、日本払い給与がないため、資格喪失してしまい、社会保険（厚生年金・健康保険）が継続できなくなってしまった。
- 給与が全額、現地の口座に現地通貨又は外貨で支給されるため、日本円に換算した際、為替リスクにさらされることになった。
- 日本払い給与がないため、日本に家族を残している場合、出向者がその都度、現地口座から日本の家族の口座に送金する必要があり、手間がかかる上、その都度送金手数料を徴収される。

　赴任者に支払う報酬等を、全額現地法人払いとすれば、日本本社は税務上、指摘をされる可能性は大幅に減りますが、赴任者側にそのしわ寄せがくることになります。

　具体的には赴任者にとっての利便性の低下（給与・賞与が全額現地通貨になるため、日本に家族を残していたり、住宅ローンの引き落とし等がある場合、都度、日本に送金する必要がある）、日本円に換算した際の為替リスクにさらされる場合があります。

3　原因と解決策

　このように会社の利便性を追求すると、出向者側にそのしわ寄せがいくことになります。

　解決策としては、現地法人から給与を支給する場合、現地通貨等で現地口座に給与を支給するだけでなく、給与・賞与総額のうち、本人が希望する額を、本人の日本の口座に円送金する等の方法が考えられますが、そもそも送金にどのくらい時間がかかるか、送金に当たっての為替レートはどうするか、送金に当たり何らかのリスクはないか等、さまざまな問題が生じます（ただし、日本の社会保険が継続できなくなる可能性があるという問題は依然として残ります）。

　よって、出向者の利便性を考えると、この方式の採用はなかなか難しいのが現状です。

第7章 赴任者コスト管理（総コスト管理と現地法人からのコスト回収）

Q 106 日本本社と現地法人が最低限実施しておくべきこと

　Q99～Q105まで読み、海外出向者のコストは現地法人が負担すべきものということは理解しました。ただし、同時に場合によっては全額現地法人負担にすることで、送金の際に課税される等、課題が生じる場合があることも理解できました。

　このような状況下、最低限、日本本社側・現地法人側で行うべき事項を教えてください。

> **A** ご質問のとおり、海外出向者の報酬はその全額を出向先が負担するのが原則です。ただし、なかなか理想通りにいかない場合も多いのも事実です。
>
> 　そこで最低でも【図表106-1】のような事項に配慮することが必要になります。

【図表106-1】日本本社・海外現地法人・出向者が行っておくべきこと

実施事項	目　　的	日本本社	現地法人	出向者
出向者コストは現地法人が負担するもの、という考え方を本社・現地法人双方がしっかりと理解する。	出向者コストを本社負担してしまうと、本社で寄附金として課税されるリスクがあることを理解してもらうため	◎	◎	○
出向者のコストについて覚書を交わす。	出向者コストについて、どうしても日本本社が一部又は全部負担しなければならない場合、どのような基準で負担するのか、その根拠は何かを明確にする必要があるため	◎	◎	○

2　赴任者コストを現地法人から回収する場合

出向者の個人所得税について正しく納税が行われているかを確認する。	納税を行っていない日本払い報酬等がありながら、当該報酬相当額を日本本社に返戻したことで、個人所得税の納税漏れが発覚してしまう事態が生じることを防ぐため	◎	◎	◎
現地の税制度、外為法等の確認	立替金の送金等がスムーズに行えるか、送金時に課税されないかどうかを確認することで、報酬の支払方法や回収方法等の方向性がより明確になるため	◎	◎	○
報酬の支払方法について、出向者との合意	立替金の回収に当たり何らかの支障（課税される、送金できない等）がある場合、報酬全額を現地法人から支給することも考えられるが、それにより出向者に不利益が生じると考えられる場合、その不利益をどのように解消するかを検討する必要があるため	◎	○	◎

第7章 赴任者コスト管理（総コスト管理と現地法人からのコスト回収）

Q107 海外出向者に関して出向元と出向先が交わす覚書

当社の社員A氏を、海外現地法人に出向させますが、A氏にかかる費用については、当社と海外現地法人がそれぞれ負担します。A氏に関する費用負担の件につき、何らかの文書を交わしておく方がよいのでしょうか。

> **A** A氏は海外現地法人に勤務するので、原則的にはA氏の給与は全額、海外現地法人が負担するべきです。とはいえ、実際には日本本社もA氏にかかるコストの一部を負担することになることがほとんどですが、その場合、どの費用をどれだけ負担するかといった、出向元（日本本社）と出向先（海外現地法人）の費用負担の覚書を作成する必要があるでしょう。

1 費用負担の覚書とは
～出向元と出向先の費用負担額の明記～

自社の社員を海外の現地法人や合弁会社に赴任させる場合、当該赴任者にかかる費用を、どちらがどれだけ負担するかといったことを、事前に取り決めておかないと、将来的にトラブルが生じる原因にもなります。

また、現地法人等への出向者の給与を日本本社が一部でも負担する場合「Q30：海外現地法人に出向する社員に対する日本払い給与の取扱い」にも記載しましたが、日本本社が赴任者に支給した給与等相当額について、「寄附金」扱いされる場合があります。ただし、費用負担の覚書において、「一定の基準で日本側が費用を負担している」ことを明記しておけば、税務当局から寄附金扱いされる可能性は低くなるかもしれません。

2 赴任者コストを現地法人から回収する場合　441

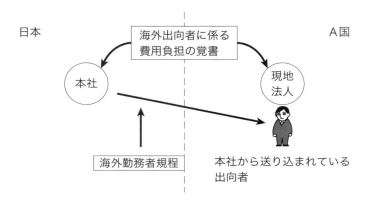

2 覚書記載事項について
〜経費負担だけでなく、問題解決事項や紛争解決事項等も〜

　費用負担の覚書には、費用負担の取決めだけでなく、問題解決事項や紛争解決事項についても記載するとよいでしょう。

　【図表107-1】では、費用負担の覚書に掲載するべき事項についてまとめました。

※　自社以外の資本の入る企業へ出向させる場合、「どちらがどれだけ負担するのか」という費用負担について、厳密に定めておかれることをお勧めします。

【図表107-1】費用負担の覚書記載事項（一例）

第1条：出向の定義	第2条：勤務条件等	第3条：経費負担	第4条：退職金
第5条：機密保持	第6条：問題解決	第7条：連絡事項	第8条：有効期間
第9条：協議事項	第10条：本覚書についての紛争解決事項		

第 8 章

危機管理と健康管理

　海外勤務者の危機管理と健康管理については、グローバル企業を除いては、後手に回っている企業が多いようです。特に危機管理については、「これまで何も危機や事故は発生していなかったのだから、今後もないだろう」という思いからか、事実上、何も行われていないケースも少なくありません。
　そこで本章では、危機管理と健康管理のために必ず実施していただきたいポイントについて簡単にまとめています。

Q108 在留届の提出

無事、海外赴任者として当社社員のＡ氏を、赴任地国に送り出すことができました。

海外での赴任に当たり、現地の日本大使館に在留届を提出する必要があると聞きましたが、在留届とは何でしょうか。届出の方法についても教えてください。

> **A** 海外で3か月以上滞在する場合は、滞在地を管轄している在外公館（日本大使館・領事館）に「在留届」を提出する必要があります。現地で事件や災害等が起きた場合、在外公館は在留届を元に救援活動を行うことになります。そのため在留届を出していない場合は、在外公館からの行政サービス等を受けることができませんので、すみやかに在留届を提出するよう、指示しておくことが必要です。

1　在留届とは
～海外で3か月以上滞在する場合に提出が必要～

旅券法第 16 条によると、外国に 3 か月以上滞在する日本人は、住所又は居所を管轄する日本の在外公館（大使館又は領事館）に「在留届」を提出することが義務付けられています。

そのため、貴社の社員が海外に赴任する場合、当該社員に対し、勤務地国到着後、できるだけ早く在留届を提出するように指示する必要があります。

【図表 108-1】のとおり在留届は直接、在外公館に提出しても構いませんが、ＦＡＸや郵送又はインターネットでも受付可能です（日本を出国する前に在留届を提出することはできません。現地に到着してから在留届を提出することになります）。

【図表108-1】在留届提出先

提出方法	提出先
インターネットを通じて提出する場合	在留届電子届出 https://www.ezairyu.mofa.go.jp/
ファックス・郵送で提出する場合	滞在地を管轄する在外公館

2　在留届を提出しないとどうなるか
　～事件や災害発生時、在外公館からの連絡や救出ができない～

　在外公館は、現地で事件や災害等が起きた場合、在留届をもとに救援活動を行うことになります。そのため在留届を提出していない場合は、在外公館からの行政サービス等を受けることができません。また、「在留届」提出後に転居した場合、変更届を提出しておかないと、万一の際の連絡が受け取れないケースもあるので注意が必要です（引越先が、以前と同じ在外公館の管轄だったとしても、必ず住所変更届は提出しなければなりません）。

　また、海外滞在中に子女が生まれた場合も、在留届の提出を行う必要があります。赴任者本人の在留届の家族欄にも、生まれた子女の氏名を追加することになります。

3　在留届の用紙入手先及び在留届への記載事項
　～入手先は在外公館及びインターネット、記載事項は下記のとおり～

　在留届の用紙は在外公館で受け取ることができますが、外務省のウェブサイトからも入手可能です。

　また、在留届への記載事項は【図表108-2】のとおり、氏名、生年月日、本籍、職業、旅券番号、在留地住所等となっています（在留届の様式は1種類のみですので、世界中どの国に滞在する場合であっても、基本的な記載事項は同じです）。

【図表 108-2】 在留届記載事項

- ・氏　名　・生年月日　・本　籍　・職　業
- ・旅券番号及び発行日、有効期間満了日
- ・在留地住所　・在留地緊急連絡先　・日本国内の連絡先
- ・同居家族の氏名、生年月日、旅券番号等
　（同居家族のうち、「本籍」「日本国内の連絡先」が異なる場合又は職業を別に有している人がいる場合は、各人別に在留届を提出することが求められる。）

Q109 赴任前研修について

当社では、A氏を来月から3年間の予定で海外に赴任させます。大手企業では、赴任予定者に対して「赴任前研修」を行っているそうですが、当社では海外赴任する社員の数も少なく、独自で赴任者研修をする余力はありません。外部機関等を利用して、効率的に赴任前研修を行う手段があれば、教えてください。

> **A** 業務命令で海外に行く社員及び帯同家族について、事前に現地の情報収集や、安全管理に関する知識や情報を与えるのは会社としての義務でもあります。自社独自の研修ができない場合は、外部機関が行っている研修プログラムを利用し、本人の希望にあわせて、可能な範囲で受講させることをお勧めします。

1　赴任前研修の種類
　～外部機関を上手に利用～

　大手企業では、自社独自で海外赴任者用に研修を行っているケースも少なくありません。しかし、赴任者数が少ない企業の場合、自前で研修を行うにはコストがかかりすぎます。とはいえ、会社の命令で海外勤務させるにもかかわらず、赴任予定者及びその帯同家族に対し、事前に会社として何の情報提供や研修の機会を与えないのは、企業のリスク管理や社員の福利厚生の面からも好ましくありません。

　そのような場合、外部機関が行う赴任前研修を利用するのも一案です。赴任前研修のうち、外部で受講が可能なものは色々ありますが、たとえば、【図表109-1】のとおり、外部機関が主催する語学研修や異文化コミュニケーション研修、また海外子女教育振興財団が主催する「子女教育関連セミナー」等があります。

しかし、赴任予定者が決定してから実際の赴任までの、わずか数か月の期間に、受講させたい研修がいつも開催されているとは限りません。そのような場合は、自社の赴任者に合わせて個別で赴任前研修を実施する機関もありますので、利用されるのも一案です。

【図表109-1】赴任前研修の一例（海外赴任者向け、本社管理部門向け）

名　　称	内　　容	対　象　者
危機管理・安全対策研修	海外での安全管理上・危機管理上の注意（実生活に直接関わることなので、赴任予定者に人気が高い）	赴任予定者・帯同家族・本社管理部門
子女教育関連研修	子女の教育問題、学校選択方法、帰国後の学校選択など（実生活に直接関わることなので、赴任予定者に人気が高い）	赴任予定者・帯同家族
現地情報研修	赴任経験者等が海外の生活情報等を説明（実生活に直接関わることなので、赴任予定者に人気が高い）	赴任予定者・帯同家族
異文化コミュニケーション研修	海外ビジネスで直面する外国人とのコミュニケーション問題の原因を、日中相互の文化、価値観に基づき理解する。	赴任予定者
マネジメント研修	海外で管理職につく際の現地でのマネジメント手法について理解する。	赴任予定者
海外勤務者の社会保険と税務	海外勤務者の社会保険・税務上の取扱いを理解する（実務上の取扱いを理解できる研修として、日本本社管理部門に人気が高い）	本社管理部門・赴任予定者
海外勤務者の給与決定方法と赴任者規程の作成	海外勤務者の給与体系、赴任者規程の作成のポイントを理解する（実務上の取扱いを理解できる研修として、日本本社管理部門に人気が高い）	本社管理部門

2 赴任前研修の税務上の取扱い
　〜基本的には課税対象にはならない〜

　会社が自社の業務遂行上の必要に基づき、役員又は使用人に直接必要な技術・知識を習得させたり、免許・資格（特定の資格は除く）を取得させるための研修会、講習会等の参加の全部又は一部の費用を負担した場合には、「Q20：**海外赴任予定者及びその配偶者の語学研修費用に対する課税**」にも記載のとおり、これらの費用として適正な金額（原則的には実費）であり、かつ、会社から直接業者に支払うものについては課税しなくて差し支えないことになっています（所基通9-15）。

Q110 赴任前健康診断・予防接種

当社ではＡ氏を本年 12 月から 3 年間、海外赴任させますが、事前に何らかの予防接種を受けさせておく必要はあるでしょうか。また、海外赴任前に健康診断をする必要はあるでしょうか。

> **A** 海外赴任予定者が行っておくとよい予防接種としては「日本脳炎」「破傷風」「Ａ型肝炎」「Ｂ型肝炎」「狂犬病」があります。アフリカ等一部の地域については「黄熱」などの予防接種が必要なケースもあります。また、社員を 6 か月以上海外勤務させる場合は、事前に健康診断を行うことが、法律で義務付けられています。

1　海外に 6 か月以上勤務する場合は必ず事前に健康診断を！
　～労働安全衛生規則第 45 条の二より～

　労働安全衛生規則第 45 条の二によりますと、社員を海外に 6 か月以上勤務させる場合は、あらかじめ当該社員に対し、【図表 110-1】のとおり、同法第 44 条第 1 項各号に掲げる項目及び厚生労働大臣が定める項目のうち、医師が必要であると認める項目について、健康診断を行わなければなりません。

　ただし、どのような診断結果であれば、海外勤務を中止又は延期すべきかの基準までは定められていませんので、最終的には医師の指導のもと、各企業が判断することになります。

【図表 110-1】定期健康診断項目（労働安全衛生規則第 44 条）

イ 既往症及び業務歴の調査		ロ 自覚症状及び他覚症状の有無の検査	
ハ 身長、体重、腹囲、視力及び聴力の検査		ニ 胸部エックス線検査及び喀痰検査	
ホ 血圧の測定	ヘ 貧血検査	ト 肝機能検査	チ 血中脂質検査
リ 血糖検査	ヌ 尿検査	ル 心電図検査	

2　海外勤務に備えて行うべき予防接種

～海外勤務予定者が決まり次第、接種のスケジュールを組む必要がある～

予防接種の中には、数週間おきに何度も注射するものもあります。

そのため海外勤務者の決定後、人事・総務担当者は、【図表 110-2】のとおり、海外で注意が必要な病気についての予防接種に関し、海外勤務予定者及び帯同家族の接種スケジュールを組む必要があります。

【図表 110-2】冒険旅行及び長期（1 か月以上）滞在者向け

地域	黄熱	A型肝炎	B型肝炎	ポリオ	狂犬病	日本脳炎	髄膜炎菌	麻しん風しん	水痘	インフルエンザ	破傷風
北アメリカ								◎	○	○	○
カリブ		○	○		△						
中央アメリカ	●	◎	○		△						
南アメリカ	●	◎	○		△						
中央アジア		◎	○		△						
東アジア		◎	○		△	○					
東南アジア		◎	○		△						
南アジア		◎	○	○	△	○					
西アジア		◎	○		△		○				
豪州・ニュージーランド											
メラネシア											
ミクロネシア		○	○		△						

地域								
ポリネシア								
北アフリカ	▲	◎	○		△		○	
東アフリカ	●	◎	○	○	△		○	
中央アフリカ	●	◎	○	○	△		○	
西アフリカ	●	◎	○	○	△		◎	
南アフリカ		◎	○		△			
北ヨーロッパ								
東ヨーロッパ		○	○		△			
西ヨーロッパ								
南ヨーロッパ		○	○		△			

●：黄熱に感染するリスクがある地域に渡航する場合は予防接種が必要
▲：北アフリカのうちスーダン南部に渡航する場合は予防接種が必要
◎：渡航前の予防接種をお勧めしています
○：局地的な発生があるなど、リスクがある場合には接種を検討してください
△：ワクチンの供給が限られているので、入手可能であれば、接種を検討してください。
※：麻しん、風しん、水痘、インフルエンザ、破傷風は渡航先にかかわらず、必要な方には予防接種をお勧めしています。
（出所）厚生労働省検疫所ウェブサイト「海外渡航で検討する予防接種の種類の目安（地域別）」

3 予防接種のタイミング
～数回の接種が必要～

　また、接種した方がよいワクチンは、居住する場所、期間により変わります。

　狂犬病ワクチンですが、犬に接近しないで生活することができれば、必要がないかもしれませんが、最近、中国をはじめ、アジア各地でも狂犬病の発病者が増えていることからも、不安があれば、2～4週間隔で2回まで接種を済ませて出発し、3回目の接種は、1～2年後の一時帰国時に受ける方がよいようです（ちなみに狂犬病の予防接種は1回だけ受けただけでは、効果は期待できません）。

Q111 海外赴任者に関する危機管理・安全管理

社員が海外赴任するに当たり、日本本社として、最低限配慮すべき事項について教えてください。

A 一般にグローバル企業では、危機発生に備え、危機管理の専任者を置き、危機管理マニュアルを作成し、さまざまな分野の危機管理組織と契約を結んでいますが、拠点数や赴任者数が少ない企業の場合は、そういった危機管理の必要性を感じながらも、現状では具体的な対策を講じていない企業も少なくありません。

発生頻度は少ないものの、いったん発生すれば致命的な損害をもたらす、テロ・誘拐・自然災害などに加え、身近に発生する危機についての備えも必要です。

1 海外赴任者に対する危機管理の必要性

～想定外の危機発生時に～

海外に拠点を多く持ち、数百人規模で赴任者を送り出しているグローバル企業では、誘拐・暴動時などの万が一の事態に備え、社内で危機管理組織を持ち、国際的に名の通った危機管理会社やローファームと契約し、いざというときのために、万全の体制をとっているケースがほとんどです。

しかし、こういった体制を整えるのに要する費用は決して安いものではありません。そのため、拠点数も少なく、赴任者数も数名から数十名といった企業では、このようなサービスを提供する会社と契約するには負担が大きすぎるのが現実です。

しかし、万が一の事態は赴任者数の規模にかかわらず、いつ発生するかわからず、発生してから対応を考えていたのでは遅すぎます。また、誘拐や脅迫などの解決には特殊な専門能力が必要となるため、その道のプロに

頼らないと助かる命も助からないということもあります。

2　海外危機管理マニュアルの構築
～まずは人命に関わる事項から早急に着手を～

　グローバル企業においては、通常、国内・海外におけるさまざまなリスクを想定した危機管理マニュアルが整備されています。ただし、一概に危機管理マニュアルといっても企業によってその構成や切り分け方、それぞれのボリュームもさまざまです。

　新たに危機管理マニュアルを作成する場合には、一挙に完璧なものを目指さなくても、まずは海外出張者、赴任者の人命に関わるものについて一日も早く着手することが大切です。

(1)　海外危機管理マニュアルにもいろいろある

　一口に「海外危機管理マニュアル」といっても、「海外での企業活動全般に関する危機」を定めたものから、「海外赴任者の安全管理」に的を絞ったものに分けられますが、後者だけに絞っても【図表111-1】のとおり、「海外出張者を対象とするもの」「海外赴任者及びその帯同家族を対象とするもの」「海外拠点を対象とするもの」「日本本社を対象とするもの」などさまざまです。

　理想的にはこれらの規程をすべてそろえ、各当事者に配布し、内容を把握させるべきですが、ここでは日本本社の海外安全担当者等を対象とした危機管理マニュアルに焦点を絞り、解説していきます。

【図表111-1】海外緊急事態に備えて作成すべき危機管理マニュアル

- 海外出張者用危機管理マニュアル
  …出張時の行動、予見されるリスクなどについて記載。出張地域別に作成することが望ましい。
- 海外赴任者・帯同家族用危機管理マニュアル
  …赴任時の行動、予見されるリスクなどについて記載。赴任地域別に作成することが望ましい(外務省ウェブサイトにある「在留邦人向け安全の手引き」も参考になる)。
- 海外拠点用危機管理マニュアル
  …現地で起こりうるリスクについて各拠点ごとに作成
- 日本本社用海外危機管理マニュアル
  …海外で赴任者・出張者が巻き込まれるリスクが発生した場合

(2) 海外危機管理マニュアル作成のポイント

 一般にグローバル企業では、海外で発生した危機についての本社側での業務内容や予防策をまとめたマニュアルを作成しています。しかし、その内容やボリュームは企業によってさまざまで、これといったヒナガタというものはありません。

 そもそもマニュアルは完成させることだけが目的ではなく、むしろ作成する過程に意味があります。どんな危機が想定されるのか、発生した時点ではどのような事態が起こりえるのか、さらにそれらの事態を処理するに当たってどんな問題が出てくるのか等を【図表111-2】のとおり、あらゆる角度から議論していくことが重要です。

【図表111-2】危機管理マニュアル作りの留意点

1　簡潔なマニュアルを
　マニュアルどおりの事態が発生することは少なく、分厚いマニュアルは事前に読まれることが少なく、また現実の状況にそぐわない可能性が高い。
2　マニュアル作成メンバーは社内各部門から
　総務部、人事部といった管理部門だけでなく、生産部門・営業部門もマニュアル作成のメンバーに入れることで、現実的なマニュアルの作成が可能。
3　見直しを怠らない。
　マニュアルが完成したことに満足し、そのまま放置しておくと、すぐに陳腐化する。
　マニュアルに沿った定期的なトレーニングの実施や、安全管理担当者が交代するたびに見直しを行うことが必要。

3　日常行っておくべきこと
～平時の予防は最大の危機管理～

　会社としては日常から事前予防の対応を組織的に行っておくことが大切です。

　拠点所在国の社会情勢や治安状況に関する情報収集や分析を行い、状況によって現地に注意喚起を行ったり、危機回避のための対応策を指示します。目前に危機が迫っている時は国外退避の判断をしなければならない場面も出てきます。医療面においても、感染症が流行した場合の現地での対応準備や事態が悪化した場合の国外退避計画なども重要な課題になってきています。

　また、出張者についても渡航先による出張可否の判断を行ったり、緊急事態発生時の安否確認を行うために一元的に管理することが必要です。

　【図表111-3】のとおり、危機管理体制構築に当たり日本本社が配慮しておくべき事項をまとめました。

【図表111-3】最低限、日本本社が配慮しておくべき事項

★最も重要なことは連絡体制の確保
① 本社の窓口⇔現地の窓口⇔海外赴任者　の連絡ルートを24時間365日体制で確保する。
　→連絡が取れることが危機管理の基本。
② 本社からの指示については現地の雰囲気（捉え方）を必ず送り返すよう義務付ける。
　→緊急時は本社と現地の温度差が致命傷につながる場合もある。
③ 現地では他の国にも増して複数ルートから情報を取る努力を
　→大使館・総領事館、日本のマスコミ関係者、現地スタッフは情報の宝庫。

★その他留意しておきたいこと
・現地在外公館への在留届は提出しているか？
　→管轄の大使館・総領事館に在留届を出しておかないと、有事の際の在外公館からの連絡網に入らないので、必ず提出するよう指導する。
・救急の際にかかる医療機関は決めてあるか？
　→事故や急病に遭い、一刻を争うような場合を想定し、担当者、医療アシスト会社、搬送する病院、通訳等を普段から確認しておき、直ちに依頼できるようにしておくこと。
・海外赴任者の健康状態は万全か？
　→海外赴任者の自己管理に任せておくと、突然の脳梗塞、脳血栓等に発展することも。
　健康診断の結果は、必ず本社もチェックし、健康状態によっては帰任も検討すること。
・異文化や現地の仕事に馴染めず精神的に不安定になっている者はいないか？
　→言葉や文化の違いに慣れるだけでも精神的負荷は大きい。海外赴任者に過度のストレスがかからないための配慮や、メンタルヘルスの相談体制も予防対策として検討が必要。
・海外赴任者の居住する住宅は安全か？
　→中国等ではガス漏れや一酸化炭素中毒死も少なくない。海外赴任者を送り出す本社として防犯上はもとより、設備面でもできるだけ安全な住宅に居住させられるだけの費用をかけることも必要。
・無断で自動車を運転していないか？
　→交通事故の加害者になった場合、やじ馬が集まってきて反日感情の強い国・地

域では日本人と判ると危険な状況になることも考えられる。
・海外赴任者の自己管理は徹底しているか？
　→海外赴任者が、現地で裁判沙汰を起こせば、日本本社も必ず巻き込まれることになる。エイズや性病の感染の危険性も高い。

(出所)【図表111-1】～【図表111-3】まで安全サポート株式会社より情報提供を受け作成

4　その他の安全管理対策
　～危機管理は海外勤務者を守るためだけでなく、会社自身を守るためにも不可欠～

　一度、自社において想定される海外での危機と、自社が備えている安全対策の内容を比較してみてはいかがでしょうか。この結果を踏まえて、自社の安全対策だけでは対応できない部分がある場合には、他機関のサービスを活用する等、改善方法を検討する必要があります。しかし、グローバル企業を除いては、費用等の面から、個別に危機管理会社と契約するのは難しい場合もあります。それらを保管するものとして、企業の海外危機管理に必要なサービスをパッケージにして安価に提供する機関等を利用するのも一案です。

　また、海外勤務者等に万が一の事態が発生した場合、報道機関等や被害家族から問題視されるのは、「企業の危機管理体制は万全だったか否か」です。企業が事実上、無策の状態で事故が起きてしまうと、被害者・家族から賠償責任を問われ、マスコミから激しい批判を受けることになるでしょう。その結果が、企業の存亡にもかかわる事態につながりかねません。

　海外赴任者にかかる危機管理は、赴任者個人を守るためのものではなく、企業そのものを守るためにも重要な施策と捕らえ、十分な対応を行う必要があります。

第9章

外国人の本社採用と海外赴任

　本章では、海外から日本に留学している留学生などを対象に、将来的な海外ビジネスの拡大に備えて増加している外国人の本社採用に関して、その採用方法及び母国に赴任させる際の社会保険、税務、処遇及び日本における在留資格について、説明しています。

Q112 日本に留学している留学生の概要
～都市・大学別留学生数・国籍別割合・年齢層など～

当社では、日本にいる留学生を採用し、近い将来、本人の母国に赴任させようと考えています。

日本にはどのくらいの留学生がいるのでしょうか。また国籍としてはどこの国の人が多いでしょうか。留学生の概要について教えてください。

A 2020（令和2）年5月現在、日本に留学している留学生は279,597人、うち半分近くが中国人です。ここでは留学生数やその国籍別割合、大学別人数など、留学生にまつわる事項についてまとめてみました。

1 留学生（高等教育機関及び日本語教育機関在籍者）は279,597人

～中国人が43.6%、ベトナム人が22.3%、ネパール人が8.6%と続く～

独立行政法人日本学生支援機構「留学生調査」の結果によりますと、2020（令和2）年5月1日現在、日本の高等教育機関・日本語教育機関に留学している外国人は279,597人となり、コロナ禍を反映し、前年よりは1割以上減少したものの、約10年前と比較すると、2倍近く増えています。

また、国籍別で見ると、【図表112-1】のとおり中国からの留学生が121,845人と最も多く、全体の40%超を占めており、アジア地域からの留学生が全体の約9割以上であることがわかります。

【図表 112-1】出身国（地域）別留学生数

（　）内は 2019（令和元）年 5 月 1 日現在の数

国（地域）名	留学生数	構成比	国（地域）名	留学生数	構成比
中国	121,845 人 (124,436)	43.6% (39.9)	フランス	1,231 人 (1,635)	0.4% (0.5)
ベトナム	62,233 人 (73,389)	22.3% (23.5)	ロシア	754 人 (831)	0.3% (0.3)
ネパール	24,002 人 (26,308)	8.6% (8.4)	カンボジア	696 人 (751)	0.2% (0.2)
韓国	15,785 人 (18,338)	5.6% (5.9)	ドイツ	631 人 (949)	0.2% (0.3)
台湾	7,088 人 (9,584)	2.5% (3.1)	英国	553 人 (730)	0.2% (0.2)
インドネシア	6,199 人 (6,756)	2.2% (2.2)	ブラジル	550 人 (548)	0.2% (0.2)
スリランカ	5,238 人 (7,240)	1.9% (2.3)	パキスタン	540 人 (470)	0.2% (0.2)
ミャンマー	4,211 人 (5,383)	1.5% (1.7)	イタリア	476 人 (789)	0.2% (0.3)
バングラデシュ	3,098 人 (3,527)	1.1% (1.1)	エジプト	381 人 (394)	0.1% (0.1)
モンゴル	3,075 人 (3,396)	1.1% (1.1)	スペイン	380 人 (419)	0.1% (0.1)
タイ	3,032 人 (3,847)	1.1% (1.2)	メキシコ	362 人 (427)	0.1% (0.1)
マレーシア	2,670 人 (3,052)	1.0% (1.0)	カナダ	333 人 (437)	0.1% (0.1)
フィリピン	2,221 人 (2,852)	0.8% (0.9)	シンガポール	332 人 (438)	0.1% (0.1)
米国	1,752 人 (3,000)	0.6% (1.0)	スウェーデン	288 人 (419)	0.1% (0.1)
インド	1,675 人 (1,869)	0.6% (0.6)	その他	6,454 人 (8,058)	2.3% (2.6)
ウズベキスタン	1,512 人 (1,942)	0.5% (0.6)	計	279,597 人 (312,214)	100.0% (100.0)

（出所）2020（令和 2）年度外国人留学生在籍状況調査結果（独立行政法人日本学生支援機構）

2　留学生が多い都道府県は？
～留学生の約半数が関東地方に集中～

【図表 112-2】からもわかるように、日本に留学している外国人の 50%超が関東地方で、特に東京都に集中しています。関東地方に次いで多いのは、近畿地方、九州地方ですが、関東地方に比べると、その差は歴然とし

ています。

【図表 112-2】地方別・都道府県別留学生数

(人)

地方名	留学生数	構成比	都道府県	留学生数	地方名	留学生数	構成比	都道府県	留学生数
北海道	4,075 (4,383)	1.5% (1.4%)	北海道	4,075 (4,383)	近畿	53,126 (56,392)	19.0% (18.1%)	三重	1,704 (1,582)
								滋賀	545 (508)
								京都	13,807 (14,576)
東北	7,184 (7,046)	2.6% (2.3%)	青森	416 (416)				大阪	24,361 (26,257)
			岩手	411 (407)				兵庫	10,729 (11,446)
			宮城	4,873 (4,632)				奈良	1,349 (1,397)
			秋田	323 (460)				和歌山	631 (626)
			山形	315 (311)	中国	11,545 (12,222)	4.1% (3.9%)	鳥取	320 (307)
			福島	846 (820)				島根	382 (345)
関東	144,443 (168,235)	51.7% (53.9%)	茨城	4,897 (5,934)				岡山	3,548 (3,703)
			栃木	3,009 (3,130)				広島	4,746 (5,140)
			群馬	4,726 (7,070)				山口	2,549 (2,727)
			埼玉	11,514 (12,477)	四国	1,868 (1,900)	0.7% (0.6%)	徳島	515 (470)
			千葉	10,212 (12,260)				香川	672 (656)
			東京	100,799 (116,094)				愛媛	479 (554)
			神奈川	9,286 (11,270)				高知	202 (220)
中部	25,962 (29,840)	9.3% (9.6%)	新潟	2,198 (2,434)	九州	31,394 (32,196)	11.2% (10.3%)	福岡	19,260 (19,629)
			富山	658 (694)				佐賀	922 (888)
			石川	1,939 (1,986)				長崎	1,959 (2,145)
			福井	458 (568)				熊本	1,173 (1,149)
			山梨	1,075 (1,078)				大分	3,559 (3,837)
			長野	1,445 (1,624)				宮崎	633 (610)
			岐阜	2,026 (2,071)				鹿児島	1,212 (1,323)
			静岡	3,815 (3,584)				沖縄	2,676 (2,615)
			愛知	12,348 (15,801)	計	279,597 (312,214)	100.0% (100.0)		

( ) 内は 2019 (令和元) 年 5 月 1 日現在の数

※ 大学の学部等が複数の都道府県に所在している場合、事務局本部が所在する都道府県にまとめて集計している。
(出所) 2020 (令和 2) 年度 外国人留学生在籍状況調査結果 (独立行政法人日本学生支援機構)

3 留学生が多い大学は？〜1位は早稲田大学〜

　大学別にみた留学生数は【図表112-3】のとおりで、早稲田大学が最も多く、次いで東京大学、日本経済大学、京都大学となっています。また国立大学には大学院生が多く、学部生の割合が低くなっている一方、私立大学は国立大学とは逆に学部生が多い傾向があります。

【図表112-3】留学生受入れ数の多い大学 (2020（令和2）年5月1日現在)

学校名		留学生数	
早稲田大学	私立	4,742人	(5,724人)
東京大学	国立	4,076人	(4,178人)
日本経済大学	私立	3,355人	(3,487人)
京都大学	国立	2,600人	(2,631人)
大阪大学	国立	2,521人	(2,594人)
立命館アジア太平洋大学	私立	2,509人	(2,759人)
立命館大学	私立	2,462人	(2,673人)
九州大学	国立	2,328人	(2,387人)
筑波大学	国立	2,247人	(2,372人)
東北大学	国立	2,081人	(2,162人)
北海道大学	国立	2,078人	(2,223人)
慶應義塾大学	私立	1,925人	(2,103人)
名古屋大学	国立	1,870人	(2,038人)
東京工業大学	国立	1,804人	(1,774人)
広島大学	国立	1,785人	(1,898人)
東京福祉大学	私立	1,784人	(4,273人)
東洋大学	私立	1,743人	(1,657人)
明治大学	私立	1,566人	(1,582人)
日本大学	私立	1,379人	(1,405人)
京都情報大学院大学	私立	1,335人	(1,059人)
東海大学	私立	1,241人	(1,133人)
神戸大学	国立	1,227人	(1,399人)
同志社大学	私立	1,207人	(1,410人)
帝京大学	私立	1,164人	(1,082人)

上智大学	私立	1,144 人	(1,555 人)
関西大学	私立	1,110 人	(1,045 人)
法政大学	私立	1,090 人	(1,107 人)
拓殖大学	私立	1,080 人	(1,080 人)
東京国際大学	私立	1,067 人	(1,062 人)
千葉大学	国立	958 人	(1,013 人)

（　）内は 2019（令和元）年 5 月 1 日現在の数
（出所）2020（令和 2）年度 外国人留学生在籍状況調査結果（独立行政法人日本学生支援機構）

4　留学生の年齢層は？

〜大学生だと 23 〜 26 歳、大学院生だと 25 歳〜 30 歳位のケースが多い〜

　一般に留学生は、日本の大学に入学する前の準備教育課程において約 1 年間、日本語教育を受けています。また、いったん現地の大学を出て社会人になってから日本の大学に留学するケースもあり、このような場合だと、日本の大学・大学院を卒業した時点で 30 歳前後となるケースも少なくありません。

5　国費留学生と私費留学生の違いは？

　日本に留学している外国人は、大きく分けて「国費留学」か「私費留学」かのいずれかのパターンで留学しています。各形態により留学経費の手当や留学期間が異なり、一般に国費留学生については毎月生活費として 10 万円以上が支給され、かつ授業料の負担もありません。一方、私費留学生は、各企業や団体が提供する奨学金に申込みをしない限り、母国政府からの援助や自らの資金で留学中の費用を賄わなければなりません。よって、国費留学生に比べて資金の工面が大変なようです（とはいえ、裕福な家庭の出身者も多いため、必ずしも私費留学生が生活面で苦しいというわけではないでしょうが）。

　また、国費留学生の場合、大使館推薦という枠があり、この場合、各大使館から推薦された留学生を各大学は原則的には受け入れなければならな

いというのが実態のようです。また、国によっては大使館から推薦される留学生の資質にかなり差があるケースもあるようです。

6　留学生の日本及び母国での学歴
　～より参考になるのは母国での学歴～

　留学生については日本人が大学に入学するのとは、異なった選考基準で入学するケースが多いので、必ずしも留学生の日本での所属大学が本人の学力を示しているとはいえません。

　よって日本に留学している学生の学力は、母国で所属していた大学及びそれに準ずる所属機関で判断した方が確実です。

Q113 留学生を採用面接する際の留意点

書類選考の結果、留学生の採用面接を行うことになりました。
面接時に確認しておくべきことを教えてください。

> **A** 日本人学生に対して面接を行う際の質問事項以外に、「募集職種と留学生の在留資格の内容が一致していること」「本人のキャリアプランを確認しておくこと」「労働条件などをきちんと説明しておくこと」が必要です。

　留学生の採用面接に当たっては、志望動機や学生時代に打ち込んだこと等、日本人学生に対してよく行われる質問以外に、【図表113-1】の点も確認しておく必要があります。

　それをしないと、採用した後にお互い「こんなはずではなかった」という事態になることがあるので、以下の事項の確認は必須です。

【図表113-1】採用面接する際の留意点

1. 募集職種と留学生の在留資格の内容が適応するか確認すること
   「留学」の在留資格を「就労」の在留資格に変える際、留学時代の専攻内容と、自社で行ってもらいたい業務に関連性がなければ、在留資格の変更はできない。
   →よって、内定通知を出しても、留学時代の専攻内容と、日本で働く際の業務内容に関連性がないと就労の在留資格がおりないため、結果的に働いてもらうことができない。

2. 本人のキャリアプランを確認しておくこと
   留学生は日本人学生に比べ、明確なキャリアプランを持っている場合が多い。そのキャリアプランが当社で勤務することで実現できるかを確認する。
   →「日本で2～3年働いて箔をつけて母国に帰る」計画の留学生も存在する。もちろん、内定が欲しい留学生が、面接時にそのようなことをはっきりというとは限らないので、採用担当者は、あらゆる角度から質問をすることで、候補者の考えをあぶりだす必要がある。

3. 労働条件などをきちんと説明しておくこと
   会社のルールや就業規則についてきちんと説明しておくこと。
   →配置転換の可能性やジェネラリスト的な働き方をさせる場合、その旨を事前に説明し、納得させておかないと、「専門性が身につかない」と退職してしまうことがある。
   また、将来的に母国に赴任してもらいたいと考えている場合、その旨も伝えておくこと（留学生の中にはずっと日本で勤務することを希望し、必ずしも母国への赴任を望んでいないケースもある）。

Q 114 海外赴任による日本の在留資格への影響

当社では外国人社員Ａ氏を、このたび海外に赴任させることにしました。この場合、Ａ氏の日本での在留資格の更新に何か影響はあるでしょうか。また、Ａ氏が日本において将来的に「永住」の在留資格を希望している場合についても教えてください。

> **A** 就労に関する在留資格は「"日本"で仕事をすること」が前提で許可が下りているわけですから、在留資格を保有している期間中に海外で勤務をしていたということであれば、在留資格を取得した本来の目的から外れることにもなります。そのため、次回の在留資格更新時に在留期間が短くなったり（3年間から1年間に変更になる等）、最悪の場合は在留資格の更新ができなくなる可能性があります。

1 海外赴任させたことで本人の在留資格に影響は出るか？
～就労に関する在留資格を保有している場合～

在留資格を保有する外国人が日本を出国後、再び日本に戻る予定があるのであれば、事前に「再入国許可」の申請を行う必要があります。

再入国許可の期間は、許可を取得（許可年月日）から5年間もしくは在留期限（上陸許可スタンプに記載されている期限）のいずれか短い方となっています。よってこれまでの期間に戻ってくれば、再入国の際に特に手続をする必要はありません。

しかし、就労に関する在留資格は「"日本"で仕事をすること」が前提ですから、在留資格を保有している期間中に海外で勤務をしていたということであれば、在留資格を取得した本来の目的から外れることにもなります。そのため、次回の在留資格更新時に在留期間が短くなったり（3年間

から1年間に変更になる等)、最悪の場合は在留資格の更新ができなくなる可能性があります。よって、在留資格を保有している外国人に海外勤務をさせる場合は、「海外勤務させることの合理性」を在留資格の更新申請の際に説明できるように準備しておく必要があります。

また、海外赴任期間中、給与が日本から全く支払われない場合も、次回の在留資格更新の際に問題になる可能性があります。日本で在留資格を保有しているということは、「日本の会社との雇用関係に基づいているため、当然日本から給与が支払われている」ことが前提となるため、海外赴任していたことで、場合によっては次回の在留資格の更新に影響がでないとも限りません。

2 「永住」の在留資格と海外赴任

(1) 「永住」の在留資格の取得を希望している場合

A氏が将来的に、永住の在留資格を取得したいと考えている場合、A氏の日本での在留期間も永住の資格を取得するに当たり、非常に重要な要素となってきます。再入国許可の期間内に再入国した場合は、従前の在留資格及び在留期間などが継続しているとみなされます。よって、再入国許可を取得したうえで海外赴任した場合、当該海外赴任期間も在留期間にカウントされると考えられます。しかしあまりにも海外赴任期間が長いと、永住の申請を行う際にその理由を聞かれるでしょうし、そもそも就労の在留資格を保有している方が、永住の申請を行う際には、「過去3年分の住民税の課税証明書」等も必要になります。よって、永住申請の直前に海外赴任していれば、これらの証明書が発行されないことになるので、永住申請が実質的に不可能となるといえます（通常、1年以上の海外赴任を行う場合は、住民税はかかりません）。

(2) すでに永住の在留資格を保有している場合

永住の在留資格を保有している人については、再入国許可年月日から3年以内に日本に戻ってくれば永住の在留資格を失うことはありません。

よって、海外赴任してから3年経ちそうになった段階で（つまり再入国許可期限を過ぎない段階）でいったん日本に戻り、再度再入国許可を取る、ということを繰り返せば、半永久的に永住の在留資格を保持することができます（万が一、3年以内に日本に戻って来れない場合は、再入国許可期限を過ぎる前に、在外公館で手続を行えば、再入国期限を1年間延長してもらうことができます）。

　このように外国人社員を海外（その社員の母国を含めて）に赴任させる場合は、日本での在留資格について会社も理解と協力が必要になります。

3　在留資格一覧

　日本における在留資格の種類と本邦において行うことができる活動、該当例、在留期間は【図表114-1】のとおりです。

【図表114-1】在留資格一覧表　　　※　2021（令和3）年8月現在

在留資格	本邦において行うことができる活動	該当例	在留期間
外交	日本国政府が接受する外国政府の外交使節団もしくは領事機関の構成員、条約もしくは国際慣行により外交使節と同様の特権及び免除を受ける者又はこれらの者と同一の世帯に属する家族の構成員としての活動	外国政府の大使、公使、総領事、代表団構成員等及びその家族	外交活動の期間
公用	日本国政府の承認した外国政府もしくは国際機関の公務に従事する者又はその者と同一の世帯に属する家族の構成員としての活動（この表の外交の項に掲げる活動を除く。）	外国政府の大使館・領事館の職員、国際機関等から公の用務で派遣される者等及びその家族	5年、3年、1年、3月、30日又は15日
教授	本邦の大学もしくはこれに準ずる機関又は高等専門学校において研究、研究の指導又は教育をする活動	大学教授等	5年、3年、1年又は3月

芸術	収入を伴う音楽、美術、文学その他の芸術上の活動（この表の興行の項に掲げる活動を除く。）	作曲家、画家、著述家等	5年、3年、1年又は3月
宗教	外国の宗教団体により本邦に派遣された宗教家の行う布教その他の宗教上の活動	外国の宗教団体から派遣される宣教師等	5年、3年、1年又は3月
報道	外国の報道機関との契約に基づいて行う取材その他の報道上の活動	外国の報道機関の記者、カメラマン	5年、3年、1年又は3月
高度専門職	1号 高度の専門的な能力を有する人材として法務省令で定める基準に適合する者が行う次のイからハまでのいずれかに該当する活動であって、我が国の学術研究又は経済の発展に寄与することが見込まれるもの 　イ　法務大臣が指定する本邦の公私の機関との契約に基づいて研究、研究の指導もしくは教育をする活動又は当該活動と併せて当該活動と関連する事業を自ら経営しもしくは当該機関以外の本邦の公私の機関との契約に基づいて研究、研究の指導もしくは教育をする活動 　ロ　法務大臣が指定する本邦の公私の機関との契約に基づいて自然科学もしくは人文科学の分野に属する知識もしくは技術を要する業務に従事する活動又は当該活動と併せて当該活動と関連する事業を自ら経営する活動 　ハ　法務大臣が指定する本邦の公私の機関において貿易その他の事業の経営を行いもしくは当該事業の管理に	ポイント制による高度人材	5年

	従事する活動又は当該活動と併せて当該活動と関連する事業を自ら経営する活動		
	2号 1号に掲げる活動を行った者であって、その在留が我が国の利益に資するものとして法務省令で定める基準に適合するものが行う次に掲げる活動 　イ　本邦の公私の機関との契約に基づいて研究、研究の指導又は教育をする活動 　ロ　本邦の公私の機関との契約に基づいて自然科学又は人文科学の分野に属する知識又は技術を要する業務に従事する活動 　ハ　本邦の公私の機関において貿易その他の事業の経営を行い又は当該事業の管理に従事する活動 　ニ　2号イからハまでのいずれかの活動と併せて行うこの表の教授、芸術、宗教、報道、法律・会計業務、医療、教育、技術・人文知識・国際業務、介護、興行、技能、特定技能2号の項に掲げる活動（2号イからハまでのいずれかに該当する活動を除く。）		無期限
経営・管理	本邦において貿易その他の事業の経営を行い又は当該事業の管理に従事する活動（この表の法律・会計業務の項に掲げる資格を有しなければ法律上行うことができないこととされている事業の経営又は管理に従事する活動を除く。）	企業等の経営者・管理者	5年、3年、1年、6月、4月又は3月

法律・会計業務	外国法事務弁護士、外国公認会計士その他法律上資格を有する者が行うこととされている法律又は会計に係る業務に従事する活動	弁護士、公認会計士等	5年、3年、1年又は3月
医療	医師、歯科医師その他法律上資格を有する者が行うこととされている医療に係る業務に従事する活動	医師、歯科医師、看護師	5年、3年、1年又は3月
研究	本邦の公私の機関との契約に基づいて研究を行う業務に従事する活動（この表の教授の項に掲げる活動を除く。）	政府関係機関や私企業等の研究者	5年、3年、1年又は3月
教育	本邦の小学校、中学校、義務教育学校、高等学校、中等教育学校、特別支援学校、専修学校又は各種学校もしくは設備及び編制に関してこれに準ずる教育機関において語学教育その他の教育をする活動	中学校・高等学校等の語学教師等	5年、3年、1年又は3月
技術・人文知識・国際業務	本邦の公私の機関との契約に基づいて行う理学、工学その他の自然科学の分野もしくは法律学、経済学、社会学その他の人文科学の分野に属する技術もしくは知識を要する業務又は外国の文化に基盤を有する思考もしくは感受性を必要とする業務に従事する活動（この表の教授、芸術、報道、経営・管理、法律・会計業務、医療、研究、教育、企業内転勤、介護、興行の項に掲げる活動を除く。）	機械工学等の技術者、通訳、デザイナー、私企業の語学教師、マーケティング業務従事者等	5年、3年、1年又は3月
企業内転勤	本邦に本店、支店その他の事業所のある公私の機関の外国にある事業所の職員が本邦にある事業所に期間を定めて転勤して当該事業所において行うこの表の技術・人文知識・国際業務の項に掲げる活動	外国の事業所からの転勤者	5年、3年、1年又は3月
介護	本邦の公私の機関との契約に基づいて介護福祉士の資格を有する者が介護又は介護の指導を行う業務に従事する活動	介護福祉士	5年、3年、1年又は3月

興行	演劇、演芸、演奏、スポーツ等の興行に係る活動又はその他の芸能活動（この表の経営・管理の項に掲げる活動を除く。）	俳優、歌手、ダンサー、プロスポーツ選手等	3年、1年、6月、3月又は15日
技能	本邦の公私の機関との契約に基づいて行う産業上の特殊な分野に属する熟練した技能を要する業務に従事する活動	外国料理の調理師、スポーツ指導者、航空機の操縦者、貴金属等の加工職人等	5年、3年、1年又は3月
特定技能	1号 法務大臣が指定する本邦の公私の機関との雇用に関する契約（入管法第2条の5第1項から第4項までの規定に適合するものに限る。次号において同じ。）に基づいて行う特定産業分野（人材を確保することが困難な状況にあるため外国人により不足する人材の確保を図るべき産業上の分野として法務省令で定めるものをいう。同号において同じ。）であって法務大臣が指定するものに属する法務省令で定める相当程度の知識又は経験を必要とする技能を要する業務に従事する活動	特定産業分野に属する相当程度の知識又は経験を要する技能を要する業務に従事する外国人	1年、6月又は4月
	2号 法務大臣が指定する本邦の公私の機関との雇用に関する契約に基づいて行う特定産業分野であって法務大臣が指定するものに属する法務省令で定める熟練した技能を要する業務に従事する活動	特定産業分野に属する熟練した技能を要する業務に従事する外国人	3年、1年又は6月

技能実習	1号 イ　技能実習法上の認定を受けた技能実習計画（第一号企業単独型技能実習に係るものに限る。）に基づいて、講習を受け、及び技能等に係る業務に従事する活動 ロ　技能実習法上の認定を受けた技能実習計画（第一号団体監理型技能実習に係るものに限る。）に基づいて、講習を受け、及び技能等に係る業務に従事する活動	技能実習生	法務大臣が個々に指定する期間（1年を超えない範囲）
	2号 イ　技能実習法上の認定を受けた技能実習計画（第二号企業単独型技能実習に係るものに限る。）に基づいて技能等を要する業務に従事する活動 ロ　技能実習法上の認定を受けた技能実習計画（第二号団体監理型技能実習に係るものに限る。）に基づいて技能等を要する業務に従事する活動		法務大臣が個々に指定する期間（2年を超えない範囲）
	3号 イ　技能実習法上の認定を受けた技能実習計画（第三号企業単独型技能実習に係るものに限る。）に基づいて技能等を要する業務に従事する活動 ロ　技能実習法上の認定を受けた技能実習計画（第三号団体監理型技能実習に係るものに限る。）に基づいて技能等を要する業務に従事する活動		法務大臣が個々に指定する期間（2年を超えない範囲）

文化活動	収入を伴わない学術上もしくは芸術上の活動又は我が国特有の文化もしくは技芸について専門的な研究を行いもしくは専門家の指導を受けてこれを修得する活動（この表の留学、研修の項に掲げる活動を除く。）	日本文化の研究者等	3年、1年、6月又は3月
短期滞在	本邦に短期間滞在して行う観光、保養、スポーツ、親族の訪問、見学、講習又は会合への参加、業務連絡その他これらに類似する活動	観光客、会議参加者等	90日もしくは30日又は15日以内の日を単位とする期間
留学	本邦の大学、高等専門学校、高等学校（中等教育学校の後期課程を含む。）もしくは特別支援学校の高等部、中学校（義務教育学校の後期課程及び中等教育学校の前期課程を含む。）もしくは特別支援学校の中学部、小学校（義務教育学校の前期課程を含む。）もしくは特別支援学校の小学部、専修学校もしくは各種学校又は設備及び編制に関してこれらに準ずる機関において教育を受ける活動	大学、短期大学、高等専門学校、高等学校、中学校及び小学校等の学生・生徒	法務大臣が個々に指定する期間（4年3月を超えない範囲）
研修	本邦の公私の機関により受け入れられて行う技能等の修得をする活動（この表の技能実習1号、留学の項に掲げる活動を除く。）	研修生	1年、6月又は3月
家族滞在	この表の教授、芸術、宗教、報道、高度専門職、経営・管理、法律・会計業務、医療、研究、教育、技術・人文知識・国際業務、企業内転勤、介護、興行、技能、特定技能2号、文化活動又は留学の在留資格をもって在留する者の扶養を受ける配偶者又は子として行う日常的な活動	在留外国人が扶養する配偶者・子	法務大臣が個々に指定する期間（5年を超えない範囲）

特定活動	法務大臣が個々の外国人について特に指定する活動	外交官等の家事使用人、ワーキング・ホリデー、経済連携協定に基づく外国人看護師・介護福祉士候補者等	5年、3年、1年、6月、3月又は法務大臣が個々に指定する期間（5年を超えない範囲）

在留資格	本邦において有する身分又は地位	該当例	在留期間
永住者	法務大臣が永住を認める者	法務大臣から永住の許可を受けた者（入管特例法の「特別永住者」を除く。）	無期限
日本人の配偶者等	日本人の配偶者もしくは特別養子又は日本人の子として出生した者	日本人の配偶者・子・特別養子	5年、3年、1年又は6月
永住者の配偶者等	永住者等の配偶者又は永住者等の子として本邦で出生しその後引き続き本邦に在留している者	永住者・特別永住者の配偶者及び本邦で出生し引き続き在留している子	5年、3年、1年又は6月
定住者	法務大臣が特別な理由を考慮し一定の在留期間を指定して居住を認める者	第三国定住難民、日系3世、中国残留邦人等	5年、3年、1年、6月又は法務大臣が個々に指定する期間（5年を超えない範囲）

（出所）出入国在留管理庁ウェブサイト「在留資格一覧表」

Q115 本社採用外国人を母国に赴任させる際の処遇に関する考え方

　当社では外国人Ａ氏を本社採用し、近い将来、本人の母国に赴任してもらおうと考えています。ついては、Ａ氏を母国赴任期間中、どのような処遇にするべきか悩んでいます。日本人と同じ待遇にすると、現地法人で採用したナショナルスタッフとの処遇差が大きすぎるし、かといって、現地法人水準で雇用することも難しいように思います。どうするべきでしょうか。

　本社採用外国人の母国赴任時の処遇については、各社とも、頭を悩ませています。
　以下では「日本人赴任者と全く同等の処遇」「日本人赴任者よりは下がるが、ナショナルスタッフよりは高い処遇」「現地法人勤務のナショナルスタッフと同等の処遇」をとる場合に起こりうる事態やメリット・デメリットについて説明します。

1　日本人赴任者と全く同等に扱う場合
(1)　考え方
　「本社採用されているのだから、国籍で処遇を変えるのはナンセンス。本社の人間として現地で働いてもらうには、やはり本社の日本人と同じ処遇にするべき」と考える企業がとる方式で、ある意味理にかなっているともいえます。

(2)　採用の経緯
　海外赴任用に採用したというよりは、新卒採用の際、日本人と同じ基準で採用したら、たまたまその中に有能な留学生が混じっていたというケースが多いようです。

(3) メリット

日本人と同様に扱うということで、現地法人で採用されたナショナルスタッフよりも給与水準や処遇も圧倒的に高いことから、本人も「自分は本社の人間である」という自負を持って働いてくれるケースが多いようです。

(4) 課題

その社員の母国勤務期間が数年程度など、日本人赴任者と同様に、ある程度期間限定の母国勤務であれば問題ありませんが、母国赴任期間が長くなり、半永久的に母国勤務になる場合、いつまで「海外赴任者」としての高待遇を与えるか、という点が問題になる可能性があります（これについては赴任が長期化した日本人にもいえることですが）。

よって、海外赴任者規程の中において、「海外赴任者としての処遇を受けられる期間」を定め、その期間が超えても本人の希望で現地に残りたい場合は、赴任者としての処遇を与えるのをストップすることなど、赴任する前にあらかじめ約束しておく必要があります。

2 日本人赴任者より低いが、ナショナルスタッフよりは高い

(1) 考え方

「日本本社採用なのだから、現地法人採用のナショナルスタッフよりは給与を高くしなければいけないが、そもそも自分の母国で勤務するわけだから、日本人と同様の『海外赴任者』としての処遇は与えられない」という考え方です。

(2) 採用の経緯

当初から、「母国赴任用の人材」として採用され、特に日本の大学に留学している学生に、「入社したら母国で勤務してもらう」ケースが多いようです。

もしくは、「知人の紹介などで良い留学生を見つけたから」という理由で、

日本本社採用と現地法人採用での処遇の違いなど、あまり検討せず、なんとなく本社採用にしてしまったというケースも見られます。

(3) **メリット**
「1．日本人赴任者と全く同様に扱う場合」よりはコストが低く抑えられます。

(4) **課題**
「日本人赴任者より低いが、現地法人のナショナルスタッフより高い処遇」というのは、非常に難しい立場を作り出すことになるといえます。つまり、日本人赴任者とも現地法人採用の中国人とも処遇が違うため、結果的に孤立化することも少なくありません。

もちろん、採用当初はその人材も、「現地法人採用者より処遇がよい」と喜んで入社するケースが多いようですが、入社後、会社が本人に対してどのようなキャリアパスを提供できるかを、折に触れて伝えておかないと、結局は自分の中途半端な立場がいたたまれず、また今後の自分の展望も見えにくいことから退職してしまうケースもあるようです。

※　これまで、日本よりも人件費が安いとされていた国も、経済成長と共に給与水準も高くなり、もはや「日本人よりも給与が低くても問題ないとする考え方は過去のものになっています。自社にとどまってほしい人材については日本人か外国人か、赴任者かそうでないかで給与や処遇の考え方を変えるのは時代おくれになっています。

3　現地法人採用のナショナルスタッフと同じレベル

本社で採用はするものの、給与水準は現地レベルと全く同じ、というケースもないわけではありません。たとえば日本でずっと勤務していた外国人を現地で採用しようとした際、その人材から、「これまで長く日本で勤務していたため、日本の厚生年金に加入している。今、母国に帰ってしまえ

ば、厚生年金が継続できず、せっかく続けてきた日本の年金が無駄になってしまう。だから給与は現地と同じでいいから、年金の継続のために、本社採用という形にして、厚生年金保険料を払い続けたい」と懇願されて、いわば日本の年金制度継続のために、本社採用にしているケースです。

　（外国人については厚生年金の脱退に伴う一時金を受け取ることは可能であるものの、長年日本で勤務していた場合、支払ってきた保険料に見合う金額ではありません。）

　ただし、本社で採用した人材に現地法人で採用したレベルの給与が適用できるのは、非常にまれであり（その企業に入社するだけで「箔がつく（キャリアアップの糧になる）」ブランド企業であれば別ですが）、本社採用であるのなら、当然、現地水準の給与では満足するケースは少ないでしょうし、また仮に採用できても、その後、自分にとって必要な技術や知識を身につけたら、早々に転職されることになるでしょう。

第10章

海外子女教育

　この章では海外における子女教育について説明しています。

　子女を帯同して海外勤務される人にとって、最も大きな関心事の1つとなるのは「子女の教育」問題です。一般に海外赴任者は、自身の子女に海外での生活を体験させることは得がたい経験であると認識している反面、日本とは異なる習慣・文化の国や地域に子女を帯同させたことにより、我が子の将来の学力や人間形成に影響は出ないか等、多かれ少なかれ、悩みや不安を抱えているのが現状です。

　そういった点から考慮しても、海外赴任者が安心して海外での勤務に取り組めるために、会社として海外赴任者の子女に対し、何らかのサポートをする必要があるといえます。

Q116 日本人学校の学費及び企業寄附金

　このたび、海外赴任者となったA氏は、小学生の子女を帯同することになりました。当該子女については、現地にある日本人学校に通学させる予定ですが、日本人学校の所在地及び入学手続方法や必要となる費用について教えてください。

> **A** 日本人学校は2021年3月現在、世界の国・地域に95か所存在します。日本人学校入学の入学金、授業料や企業寄附金の有無については各学校により異なりますので、詳細は（公財）海外子女教育振興財団（Q118参照）に問い合わせするか、通学予定となる日本人学校のホームページ等を参照されるとよいでしょう。

1　日本人学校の所在地
　〜世界の国・地域に95か所存在〜

　日本人学校とは、国内の小中学校における教育と同等の教育を行うことを目的とする全日制の教育施設で、文部科学大臣から国内の小中学校の課程と同等の教育課程を有すると認定を受けている私立学校のことをいい、世界の国・地域に95か所存在します。

　最近は、外国語教育に対する関心の高さから、子女をあえて日本人学校ではなく、インターナショナルスクールや現地校に通学させるケースもあります。

2　日本人学校入学の入学資格と編入学手続

(1)　入学資格

一般的な日本人学校の入学資格者は【図表116-1】のとおりです。

【図表116-1】日本人学校の入学資格

・日本国籍を有している　・保護者と同居している　・居留許可証を有している
・日本語能力、集団生活適応能力がある　等

(2)　編入学手続
　～一般的なケース～

日本人学校編入学に当たっての手続は、基本的にどの学校であっても同じですが、詳細については学校によって異なります。

【図表116-2】では、一般的な日本人学校の手続方法についてまとめました。

【図表 116-2】日本人学校入学手続（日本からの編入学の場合）

◆出国までの手続
(1) 入学したい日本人学校のホームページ等にある編入申込書に必要事項を記入し、学校に送付する。
(2) 現在在籍している学校に、日本人学校に編入する旨の連絡を行う。
　　その際、在籍校に以下の転出書類を用意してもらう。
　　・転出書類 … 在学証明書、指導要領の写し、健康診断票（歯の検査票含む）
　　　　　　　　教科書給与証明書（海外子女教育振興財団に提出）
(3) 海外子女教育振興財団での手続を行う。
　　手続内容 … ホームページより申請申込のうえ、上記の「教科書給与証明書」
　　　　　　　等の申請書類を提供のうえ、教科書を受け取る。
◆現地到着後の手続
(4) 現地到着後、速やかに当該日本人学校にて手続を行う。手続に必要な書類は以下のとおり。
　　・必要書類 … ①転出校よりの書類一式　②パスポート
　　　　　　　　③現地での居留証（本人、保護者）　④入学願書
　　　　　　　　⑤児童生徒個人調査票　⑥緊急連絡カード
　　　　　　　　⑦登下校届（ＰＴＡに提出）
　　　　　　　　⑧学校が指定した銀行支店で口座開設

3　日本人学校入学・通学にかかる費用

～各学校により費用はさまざま、中には企業寄附金が必要なケースも～

　一口に「日本人学校」といっても、入学金や授業料等諸費用は、学校の財政状況等によりさまざまです。
　また、学校によっては、企業寄附金等が必要になるケースもあります（授業料は安いところで年間40万～50万円程度、高いところでは年間200万円以上となります）。

【図表 116-3】日本人学校（小学部）費用一覧

※ 円換算金額は 2021 年 4 月 1 日のレート
※ 金額等が変わる可能性があるため、詳細については学校へ直接お問い合わせください。

	ニューデリー（インド）	シンガポール（シンガポール）	バンコク（タイ）	マニラ（フィリピン）	ハノイ（ベトナム）
入学・編入学費用の保護者負担額（入学金）	453,000 円	317,169 円	564,800 円	54,720 円	88,552 円
年度ごとの保護者負担額（授業料等）	597,960 円	873,518 円	594,522 円	623,716 円	758,805 円
対企業寄附金	—	新規企業：60 万円から 1,300 万円（1 回限り）	—	資本金・赴任者数・生徒数により決まる。	—

	クアラルンプール（マレーシア）	上海（中国）	台北（台湾）	ソウル（韓国）	香港（香港）
入学・編入学費用の保護者負担額（入学金）	159,960 円	337,600 円	407,400 円	100,000 円	160,912 円
年度ごとの保護者負担額（授業料等）	574,416 円	422,337 円	615,057 円	601,800 円	1,082,524 円
対企業寄附金	過去、基本寄附金制度で寄附金未納の企業の保護者対象に特別入学負担金あり（5,000 リンギット／人）	—	—	・会費 12〜250 万円、本社資本金を基に決定	—

	ジャカルタ（インドネシア）	バンクーバー（カナダ）	ニューヨーク（米国）	メキシコシティ（メキシコ）	サンパウロ（ブラジル）
入学・編入学費用の保護者負担額（入学金）	88,000円	ない（補習授業校のみ）	121,759円	141,828円	125,775円
年度ごとの保護者負担額（授業料等）	1,019,270円	―	1,996,183円	836,460円	600,624円
対企業寄附金	団体の規模ないし在留従業員を基準として定める	―	―	―	―

	アムステルダム（オランダ）	プラハ（チェコ）	デュッセルドルフ（ドイツ）	ブダペスト（ハンガリー）	パリ（フランス）
入学・編入学費用の保護者負担額（入学金）	38,943円	42,245円	45,433円	72,000円	119,425円
年度ごとの保護者負担額（授業料等）	897,636円	770,847円	591,933円	433,440円	843,765円
対企業寄附金	4,500～22,500ユーロを赴任者数を基に決定、又は1人入学につき900ユーロ（寄附金未払先のみ）	―	―	―	―

第10章 海外子女教育

	ローマ（イタリア）	ブリュッセル（ベルギー）	ワルシャワ（ポーランド）	ロンドン（英国）	モスクワ（ロシア）
入学・編入学費用の保護者負担額（入学金）	116,829円	64,905円	71,310円	115,046円	25,550円
年度ごとの保護者負担額（授業料等）	1,303,552円	981,541円	892,561円	1,257,592円	818,184円
対企業寄附金	5,000（初めて入学する児童生徒が出たとき1回のみ）、加えて2003年度校舎移転時の寄附活動に相当する寄附を求める。	―	―	―	―

（出所）（公財）海外子女教育振興財団「日本人学校・補習授業校・私立在外教育施設　学校詳細情報」を基に作成

Q 117 日本人学校がない地域での子女の学校選択

　このたび、海外駐在員となったA氏は、小学生の子女の帯同を希望しています。ところがA氏の赴任先には日本人学校がないため、当該子女は現地校に通学するか、インターナショナルスクールに通うかもしくはA氏に単身で赴任してもらうか、いずれかになるかと思いますが、他社はどうしているでしょうか。

> **A** 日本人学校のない地域への赴任の場合、単身赴任となるケースが多くなります。ただし、日本人補習校のある地域の場合、平日はインターナショナルスクール（もしくは現地校）に通いながら、土曜日に日本人補習校に通うという選択肢もあります。また、インターナショナルスクールは学費が非常に高いため、その費用をどこまで会社が負担するかが問題となります。

1　日本人学校がない地域での学校選択
〜一般的にはインター校、両親のいずれかが現地語が流暢もしくは現地人の場合は現地校という選択肢も〜

　日本人学校がない地域に家族帯同で赴任する場合、インターナショナルスクール又は現地校に通う以外の選択肢がありません。

　米国等、欧米先進国に赴任する場合は、子女を現地校に入学させるケースも珍しくありませんが、日本人学校の存在しないアジア地域に赴任させる場合、現地校という選択肢よりは、インターナショナルスクールに通学するケースが一般的といえます。

2 インターナショナルスクールの費用はどこまで会社が負担するか

～全額会社負担とするケースから、一部本人負担させるケースまでさまざま～

インターナショナルスクールによって学費はさまざまですが、一般的には年間 200 万円以上の出費を覚悟しておいた方がよいでしょう。

多くの企業では「インターナショナルスクールへの通学は、日本人学校がない地域のみ認める」という方針をとっていますが、具体的にその費用をどこまで負担（全額会社負担か、一部本人負担か）するかは会社によって取扱いがさまざまです。

Q 118 海外子女教育サポート機関

これまで当社では、海外赴任者は独身者ばかりでしたが、このたび赴任するＡ氏は、配偶者と小学生及び中学生の子女を帯同して海外勤務することになりました。

赴任者の子女に対して、会社としてサポートするべきことや、活用できる機関があれば教えてください。

> **A** 海外に在住する日本人子女の教育をサポートする公益団体としては、（公財）海外子女教育振興財団があります。同財団では、海外子女教育に対する総合的なサポートを行っています。また、海外子女教育に関するサービスを提供している民間企業もあるので、海外子女のニーズに応じて活用されるとよいでしょう。

1 海外子女教育に関する公益団体
〜公益財団法人海外子女教育振興財団〜

（公財）海外子女教育振興財団とは、海外子女・帰国子女教育の振興を図るために、海外で経済活動を展開している企業・団体によって、1971年に外務省及び文部省（現文部科学省）の許可を受けて設立された公益団体で、2011年には、内閣府の認定を受け、公益財団法人となりました。大企業を中心とした約600の企業・団体会員が維持会員となっています。主なサポート内容は、【図表118-1】のとおりですが、会員でない企業及びその家族も、有料にて一定のサポートを受けることは可能です。

また、同財団が発行している「新・海外子女教育マニュアル」には、海外に居住する子女の教育問題に関する取扱い等が、「渡航前」「海外編」「帰国編」に分けて詳細に記述されており、子女を帯同して海外赴任する人の必読書となっています。

【図表118-1】海外子女教育振興財団の概要

維持会費		赴任者数により異なる。
サポート内容	インフォメーションサービス	海外の学校情報の提供 ※　企業・団体会員・非会員ともに無料
	教育相談	直接面談だけでなく、電話、E-mail、オンラインによる相談が可能。 ※　企業・団体会員：無料 　　非会員：有料（6,000円）
	教科書配付	学齢期（日本の年齢で小・中学生）の子女で日本国籍を持っている等の条件を満たしている場合は無償配付。
	出国前教育（※）	・現地校入学のための親子教室 ・渡航前配偶者講座・渡航前こども英語教室　等
	通信教育（※）	・海外子女のための通信教育（幼児コース、小・中コース）
	外国語保持（※）	・外国語保持教室（首都圏・中部・関西）の英語・仏語（首都圏のみ）
連絡先		◆　東京本部：東京都港区愛宕1-3-4　愛宕東洋ビル6階 　　　　　TEL：03-4330-1341（代表） ◆　関西分室：大阪市北区梅田3-4-5　毎日新聞ビル3F 　　　　　TEL：06-6344-4318

(※) 企業・団体会員は割引価格が適用される。

2　海外子女教育に関する民間団体
〜通信教育、帰国生向けの寮等を提供する企業もある〜

　一口に通信教育といっても、従来の郵送形式での添削といったサービスだけでなく、インターネットを利用したサービスなどもあります。

　また、海外帰国生向けの寮や、日本での受験時に家族で宿泊できる安価な施設等を提供している企業も存在します。

Q 119 帰国子女の日本での教育問題

　海外に家族帯同で赴任していたＡ氏がこのたび、帰任することになりました。Ａ氏には中学生になる子女がおりますが、日本帰国後は、帰国子女枠で日本の私立中学校・高等学校に入学させたいと考えているようです。帰国子女を積極的に受け入れてくれる学校など、日本帰国後の子女の教育問題についての情報を教えてください。

> **A**　「帰国子女」という用語に明確な定義はなく、学校により「帰国子女」として必要な海外在留年数などもさまざまです。また、編入学試験は随時行われているケースは少ないため、帰任後の子女の教育問題については、各専門機関が出版している書籍や雑誌・インターネットホームページ等による事前の情報収集が不可欠になります。

1　帰国子女の定義
〜明確な定義はないが、海外に一定期間、滞在していた子女を指す〜

　「帰国子女」という用語を辞書で引いてみると、「親の仕事の都合などで長年海外で過ごして帰国した学齢期の子供。」といった表現がされており、何年以上海外に滞在すれば「帰国子女」と呼ぶのかについては明確な定義はありません。

　ただし、学校編入時等において「帰国子女」と認められるのは、小・中・高等学校入学の場合、海外滞在1〜2年以上帰国後1年以内、大学入学時には海外滞在1〜2年以上で、外国学校の12年の課程を修了している者を指す場合が多いようです。

2　帰国子女の受入れ校

　義務教育の年齢にある子女がいる場合、日本に帰国し、居住する市区町

村に転入届を出した段階で、日本の公立小・中学校に通学する義務が生じます。よって、日本の小学6年生に該当する子女が、1月末に行われる日本の私立中学校の入学試験を受験するため、1月に帰国した場合でも、帰国してから1月から3月までは、日本の公立の小学校に通学する必要があります。

【図表119-1】では、帰国子女枠として入学可能な日本の小・中高等学校の出願要件と入学試験時期などをまとめました。

※ 帰国子女のための学校案内としては、(公財)海外子女教育振興財団から発行されている「帰国子女のための学校便覧」等が便利です。

【図表119-1】帰国子女が入学可能な日本の小中高等学校

	公立	国立	私立
小学校 中学校	帰国後所定の手続をとれば、いつでも地域公立学校の年齢相当の学年に編入可能。	【帰国子女枠として入学可能な学校の出願要件】 海外生活が2年(又は3年)以上で、帰国後1年(又は半年)以内の者、としている学校が多い。 教科の学習にかなりの遅れや欠落がある児童生徒等を対象に、学習の回復と学校生活への適応を目的に普通学級とは異なるカリキュラムを用いる学校や普通学級への混合受入方式で個々の子どもの状況に応じた指導を行う学校がある。 →ただし、いずれの学校も通学区域や通学時間に制限がある。 【帰国子女枠として入学可能な学校の出願・試験時期】 随時受け入れをする学校もあれば、3〜4月ごろ、8〜9月頃に出願、及び試験を行う学校もある。	【帰国子女枠として入学可能な学校の出願要件】 学校によりさまざま(例:外国に1年以上滞在し、帰国して1年以内の者、日常生活に必要な日本語ができる、など) 【帰国子女枠として入学可能な学校の出願・試験時期】 学校によりさまざまだが、多くの学校が10月〜3月に出願、入学試験を行っている。

		国立大学附属学校帰国子女教育学級一覧	
		帰国子女教育学級を設置している学校　6大学8校	
		千葉大学教育学部附属小学校 東京学芸大学附属大泉小学校 お茶の水女子大学附属小学校・中学校 愛知教育大学附属名古屋小学校・中学校 京都教育大学附属桃山中学校 福岡教育大学附属福岡小学校	
		普通学級への混合受入方式の学校　8大学16校	
		筑波大学附属高等学校 筑波大学附属駒場高等学校 筑波大学附属坂戸高等学校 埼玉大学教育学部附属中学校 千葉大学教育学部附属中学校 東京学芸大学附属国際中等教育学校 東京学芸大学附属高等学校 横浜国立大学教育学部附属横浜小学校・中学校 横浜国立大学教育学部附属鎌倉中学校 名古屋大学教育学部附属中学校・高等学校 大阪教育大学附属池田小学校・中学校 大阪教育大学附属高等学校池田校舎 神戸大学附属中等教育学校	
		（2021年4月現在）	
高等学校	募集学科・出願資格・条件等は都道府県により異なる。 （帰国生の多い都道府県では、海外で学習していたことを考慮し、受験科目に配慮した特別選抜を実施しているが、国内生と同じ受験科目を課している県もある。）	N.A	

（出所）（公財）海外子女教育振興財団『帰国子女のための学校便覧2021』を基に作成

3　会社が配慮すべきこと
　〜帰国後の子女教育問題は、赴任後の子女教育問題より深刻なケースも多い〜

　赴任時は、「外国に行く」ということで、子女の教育問題について何かとサポートを行っている企業でも、帰国時には、「日本に戻ってきたのだから、子女の教育問題は帰任者自身で解決するもの」として、まったくケアしていない企業も少なくないようです。確かに子女の教育問題は本人が自己解決する事項ではありますが、会社都合で海外勤務させた以上、帰任後の子女の教育問題についても、多少なりとも配慮する必要はあるでしょう。

　また、赴任者の子女があと数か月で現地の学校を卒業できる、といった時期に、帰任辞令を出し、それに合わせて赴任者だけでなく、家族も一緒に帰国させてしまったとします。そうすると、当該子女は、現地で1年間の課程を修了したことにならず、場合によっては日本において、もう一度その学年をやり直さないといけない事態も出てきます。

　そのため、大手企業などでは、このようなケースに備え、「逆単身赴任制度（子女の教育上、やむをえない事情がある場合は、本人が帰任後も一定期間、家族が現地にとどまることを認め、当該費用の一部を会社が負担する制度）」を設けている例も多く見受けられます。

　（通常、赴任者の子女は家族ビザで現地で生活しているため、赴任者が帰国すれば、家族のビザも同時に失効してしまうことになるケースがほとんどです。よって、赴任者が日本に帰任した後、配偶者と子女が現地にとどまるためには、現地でビザを取り直す必要も出てきます。）

　帰国後の子女の学校問題・教育問題は、赴任時以上に深刻なケース（逆カルチャーショックによる不適応、日本語の遅れから生じる理解力の不足）も多々あります。帰任者が帰国後の業務に注力できるよう、可能な範囲で帰任者の不安事項を減らすことができるよう考慮することが、ひいては会社の利益にもつながるのではないでしょうか。

第11章

その他

Q120 海外からの犬、猫の持ち込み

今般、帰国することになっているＡ氏が、赴任国で購入した犬を、どうしても連れて帰りたいといっています。生活に必要でない物品の持ち帰りについては、会社は費用負担するつもりはありませんが、どのような手続が必要なのでしょうか。また持帰り時に関税等はかからないのでしょうか。

> **A** 海外からのペットの持ち込みには、さまざまな手続が必要です。帰任が決まった段階で、輸送手段の手配、血液検査、マイクロチップの装着等を行う必要があります。詳細は動物検疫所のホームページをご確認ください。

1　海外からの犬・猫の持ち込みに関する一般的な手順
　～到着予定空港にある動物検疫所に確認すること～

　海外勤務生活を共にしてきた犬・猫を日本に連れて帰りたいと考えている場合、帰任が決まった時点でさまざまな手続を行っておく必要があります。

　手続方法は【図表120-1】で示したとおりですが、詳細は、到着予定空港内の動物検疫所にご確認ください。

　また、海外からのペット持ち込みに当たってかかる費用としては、赴任国での証明書作成手続、マイクロチップ埋め込み費用、航空運賃、係留期間中の管理費などがあげられます。なお、ペットとして連れて帰る場合は犬、猫の対価にかかわらず非課税になります。

【図表120-1】海外から日本に犬、猫を持ち込むための手順

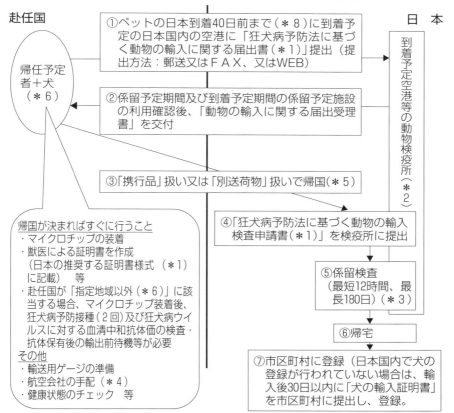

（＊1）これら届出書は、動物検疫所ＨＰより入手可能（https://www.maff.go.jp/aqs）。
（＊2）すべての空港で動物検疫が行われているとは限らない。必ず事前に確認が必要。
（＊3）最短12時間で係留検査を終えるためには、検疫所が指定した準備や書類を全てそろえておく必要がある。（赴任先国が「指定地域」か「指定地域以外」かによって多少異なる。）検疫自体には特に費用はかからないが、係留期間中の飼養管理、獣医師の往診などにかかる費用は自己負担となる。
（＊4）携行品扱いにするか、別送荷物扱いにするか航空会社に相談し、予約。
（＊5）別送荷物扱いであれば、税関の通関手続きを代行してくれる業者への依頼が必要。
（＊6）指定地域とは、狂犬病の発生がないと日本が認めている国や地域のことをいい、「アイスランド、オーストラリア、ニュージーランド、フィジー諸島、ハワイ、グアム（2021年8月現在）」のことを指す。よって、上記以外の地域は「指定地域以外」となる。
（＊7）猫の場合も手続方法は基本的には同じ（猫の場合、帰国後に市区町村への届出は必要ない）。
（＊8）到着から40日を切ってしまうと、受け入れることができないため、早めの手続が必要。

（参考資料：動物検疫所ウェブサイト）

注意　帰任が決まった人はすぐにペットの帰国準備を！（＊3の補足）

　指定地域（【図表 120-1】（＊6）参照）以外から日本にペットを連れて帰る場合、帰国後最短でペットを自宅に連れて帰るためには、日本帰国までに以下の作業を全て終了させておかなければなりません。
① 　マイクロチップ装着
② 　狂犬病の予防接種（30 日以上間隔をあけて 2 回）
③ 　②の実施後、抗体価の検査を実施
④ 　③の実施後、180 日以上現地に待機
　これらの作業が終わらない状態で日本に連れて帰ると、帰国後、長期（最長 180 日）に係留されてしまうことになります。係留には実費が必要で長期の係留の場合、飼い主の自己負担が大きくなります。帰任が決まった段階ですぐに手続をされることをお勧めします。

※　希少種類の犬・猫によってはワシントン条約に抵触する場合がありますので、事前に税関等にご確認ください。

Q121 海外勤務者が希望退職制度に応募した場合の留意点

　当社では本年7月から45歳以上の社員を対象に300名の早期希望退職を募り、9月末で退職処理をする予定です。2年分の年収を上積みする今回の希望退職制度には、海外勤務者の応募も可能としていますが、海外勤務者からの応募に備えて、会社として留意すべき点及び希望退職を募る際に、赴任者に事前に説明しておくべきことはあるでしょうか。

> **A** 海外勤務者が希望退職に応募した場合、会社側及び希望退職に応募する海外勤務者が留意するべき点は、「退職金」「失業給付」等があります。
> 　以下順番に説明していきます。

1　退職金について

(1)　国内で退職した場合

　海外勤務者が希望退職に応募した場合は、会社はいったん本人を帰国させ、それから退職という手続を踏むのが一般的です。

　①　日本の所得税

　　退職金の受取は、日本の居住者となった後になりますので、日本では退職所得として取り扱うことができます。

　②　勤務地での個人所得税

　　受け取った退職金のうち、海外勤務期間に相当する退職金については、勤務地国源泉所得ですから、赴任期間に相当する退職金は、原則的には勤務地で納税する必要があります。とはいえ、過去に海外勤務していた人が、退職に際し「過去に3年間A国に赴任していたので、その期間分はA国に、B国には5年間勤務していたので、その期間分はB国に申告して納税する」と律儀に申告・納税しているケースは、退職後に当該国

に居住する予定がある人等を除いてはほとんど聞きません。

よって、現地での個人所得税については、「払わなくてよい」とはいえませんが、当該国に再度居住する予定がなければ、実際には納税していないケースが多いようです。

(2) 海外で退職した場合

希望退職後も、現地にそのまま居住したい、現地の企業に勤務したいという場合は、海外で退職の日を迎えるということもケースとしては考えられます。

① 日本の所得税

日本の非居住者として退職金を受け取りますから、当該退職金のうち、国内源泉所得部分については一律20.42％の税率で課税されます（国外源泉所得部分については日本では課税されません）（所法169、170、212、213）。

そこで、退職金の支払を受けたのが、たまたま海外勤務期間中であったため、高い税負担を強いられることは不合理であることから、非居住者期間に退職金の支給を受けた場合は、納税者の選択により、居住者として当該退職金の支給を受けたものとみなして、確定申告書を提出し、20.42％の税率で源泉徴収された税額との差額を還付してもらうことができます。これを「選択課税の適用」といいます（所法171、172②、173①）。

② 勤務地国の個人所得税
〜日本から受け取った退職金についても勤務地国で申告・納税義務が生じる可能性〜

勤務地国の税法にもよりますが、通常、その国に1年以上（もしくは183日以上）滞在する場合は、その国の居住者となります。

その国の居住者となれば、通常、全世界所得について当該国で課税さ

れることが多いので、日本から受け取った退職金も、当該国で申告・納税する義務が生じる可能性があります（もちろん、当該退職金のうち、勤務地国で期間に対応する部分の退職金は、当然ながら勤務地国で申告・納税義務があります）。

　世界的に見て、日本のように退職金に優遇措置を設けている国は、少数であり、また優遇措置があったとしても、日本での退職所得に対する取扱いには及びません。

　海外にいる社員に退職金を支払う場合は、当該社員に多大な税負担が発生することを念頭に置かれる必要があるでしょう。

(3)　**希望退職者募集に当たり伝えておく点**

　上記の点を勘案し、海外勤務者に対し希望退職制度に応募するに当たっては、「退職後も勤務地に留まるなど、海外で退職を迎えてしまうと、日本の非居住者扱いとなり、退職金は一律 20.42％の税率で所得税が課税されてしまうこと及び退職金の税負担を軽減するために、自身で確定申告を行い選択課税の手続をする必要があること」「退職金について海外で課税が生じた場合には、海外勤務中のように会社が現地の税金を負担してくれる、いわゆる"グロスアップ"の適用はなく、現地個人所得税は全額自己負担であること」等を募集時に伝えておく必要があります。

2　失業給付について

　海外赴任中に希望退職した場合、その後の進路としては次の３つが考えられます。

(1)　**退職後もそのまま海外に居住する場合**

　失業給付は日本に居住していないと受け取れませんので、海外で居住している場合は、退職後に勤務地等の海外で就職した場合はもちろん、たとえ当面は無職であったとしても、失業給付の受給はできません。

(2) 退職後、日本に帰り、すぐに他社に転職

　職業安定所に離職票を持っていく時点で、次の仕事が決まっていれば失業給付の受給はできません。この点は国内勤務者と同様です。

(3) 退職後、日本に帰り、すぐに転職せず今後の方向性を考える

　「人員削減」を目的とした希望退職の場合、一般に「会社都合」とみなされ、離職票を持参してから8日後から失業給付が受給できます。

　安定所に離職票を持参してから1週間の待機があり、その後8日目から給付の対象になります（ただし、保険の手続＝休職申込みをしている時点で、次の勤務先が決まっている場合は給付の対象になりません）。

　この点も国内勤務者と同様ですが、一般に失業給付は日本払い給与を基礎とするため、海外赴任中に給与の大半が海外から支払われ、日本払い給与が非常に少ない場合（つまり保険の掛金も小さくなっている場合）は、受給できる失業給付も少なくなる可能性があります。

※　ただし、雇用保険法第13条及び雇用保険法施行規則第18条では、「事業主の命令で海外勤務していた場合、失業給付の算定対象となる期間を、退職した日から3年前にさかのぼり、日本勤務時の支給額を失業給付の算定対象にすることができるという特例（いわゆる「要件緩和」）を認めています（詳細は【Q14】をご参照ください）。

3　その他の留意点
～退職後も海外に留まる場合～

(1)　VISAの問題

　現在は企業からの赴任者として、及びその家族としての地位のもとでVISAを取得しています。よって、本人は日本に戻るものの、子女及び配偶者は、学期又は学年が修了するまでは現地に留まりたいと考えた場合は、本人が退職してしまった後は、随伴する家族としてのVISAは無効に

なってしまうので、新たなＶＩＳＡの発給申請をする必要も出てくるでしょう。

(2) **子女の教育問題について**
　９月末時点での退職になりますが、子女の学校の関係で、そのまましばらく海外に残りたい場合は、以後の学費は当然ながら全額本人負担となります。
　ただし、すでに会社負担で学費の前納を行っている場合、退職後の期間に相当する学費の返還を赴任者に求めるのか、もしくは前納した学費についての返還までは求めないのかといった基準をあらかじめ定めておく必要があります。

(3) **現在使用している住居について**
　退職後も現在の住居にそのまま居住することを希望する場合、入居時に会社が負担した保証金の取扱いを検討する必要があります。通常の帰任であれば、住居解約時に払い戻される性格の保証金があれば、当該保証金は会社に返還することが海外勤務者規程等で定められています。しかし退職してしまった後では、返還を求めるのは現実には難しいでしょう（勤務地に送ることができなかった荷物を会社負担で外部の倉庫に預け入れている場合、退職後の倉庫費用の取扱い及び倉庫ではなく社宅や寮に保管している場合等、それら荷物の取扱いも検討する必要があります）。

4　まとめ

　景気が悪化する中、希望退職者を募る企業も少なくありませんが、海外勤務者が希望退職に応募してきた場合、国内勤務者とは異なる点で留意が必要になります。海外勤務者は通常、現地での税金等細かい金銭的事項は「会社にお任せ」のケースがほとんどであるため、希望退職に応募してくる赴任者も、「退職金の上乗せもあるし、今ならまだ転職先が見つかるだ

ろうから応募しようか」と、自身の退職金や失業給付がどうなる等についてまで深く検討していない場合もあるかもしれません。

　よって、会社としては希望退職者募集に当たり、「海外勤務者が希望退職に応募するに当たっての留意点」をまとめて、当該留意点をしっかりと海外勤務者に理解してもらう必要があります。

第11章 その他

Q122 海外赴任者が現地で定年後も現地勤務してもらう場合の退職金と年金の取扱い

この度、長らくA国に赴任している社員B氏が定年退職を迎えます。B氏は現地の社員からの人望が厚く、余人を持って替え難い存在であるため、できれば定年退職後も現地で勤務してほしいと考えています。その際、留意すべきことについて教えてください。

> **A** 定年退職者を退職後も引き続き海外で勤務してもらう場合に留意すべき点としては、まず「退職金の課税」の問題及び年金受給の問題が挙げられます。
> また、このほかにも高齢になることに伴い生じる健康面の問題等も無視できません。

1 退職金の取扱い

海外赴任中に定年を迎え、そのまま海外で赴任を続けるということですが、一般に退職金受取時に日本に戻るのか、海外に赴任したまま退職金を受け取るのかによって、退職金に対する課税が異なるので注意が必要です。

(1) 国内で退職した場合

海外勤務者の定年退職に当たって、会社はいったん本人を帰国させ、それから退職という手続を踏む場合です。

① 日本の所得税

退職金の受取は、日本の居住者となった後になりますので、日本では退職所得として取り扱うことができます。

② 勤務地での個人所得税

受け取った退職金のうち、海外勤務期間に相当する退職金については、勤務地国源泉所得ですから、赴任期間に相当する退職金は、原則的には勤

務地で納税する必要があります。とはいえ、過去に勤務していた人が、退職に際し「過去に3年間Ａ国に赴任していたので、その期間分はＡ国に、Ｂ国には5年間勤務していたので、その期間分はＢ国に申告して納税する」と律儀に申告・納税しているケースは、退職後に当該国に居住する予定がある人等を除いてほとんど聞きません。

よって、現地での個人所得税については、「払わなくてよい」とはいえませんが、当該国に再度居住する予定がなければ、実際には納税していないケースが多いようです。

ただし、今回のように退職後また任地に戻る場合は、退職金の受取時に任地にいなかった、というだけでは任地の所得税の申告納税義務はなくなるとはいえません。

(2) 海外で退職した場合

いったん日本に帰国せず、海外で退職の日を迎えるという場合です（この場合の詳細については、「Q38：海外で退職を迎える社員の退職金の取扱い」をご参照ください）。

2　退職後の年金の取扱い
～本社からの赴任者扱いなら年金支給額は減額される可能性～

一般に年金受給者が働く場合、給与が一定以上の水準になると年金が満額支給されなくなる（いわゆる「年金額の調整」が行われる）ことがあります。ただし、この「年金額の調整」が行われるのは厚生年金に加入している年金受給者だけですので、仮にＢ氏が定年退職とともに、（再雇用制度を利用するのではなく）日本本社を退職し、現地法人の社員（いわゆる「現地採用」）に切り替わるのであれば、日本本社現地法人の社員として勤務する場合は日本本社との雇用関係がないことから、厚生年金には加入しないため、現地法人から受け取る給与の金額に関係なく、厚生年金の支給額に調整は入らないことになります。

以上をまとめたのが【図表 122-1】です。

【図表 122-1】年金受給者を雇用している場合の年金調整

		厚生年金に加入している場合	厚生年金に加入していない場合
雇用関係		日本の事業所と雇用関係がある場合	日本の事業所と雇用関係がない場合
具体例		日本本社の赴任者として海外に赴任	海外現地法人の社員（現地採用扱い）
65歳未満の人	年金支給額に調整が入らない場合	① 標準報酬月額 ② その月以前1年間の標準賞与額÷12 ③ 加給年金を除いた年間厚生年金額÷12 ⇒①＋②＋③≦28万円の場合（※2）	厚生年金に加入していない限り、年金額に調整は入らない。 ⇒年金額に調整が入るのは、「年金を受け取りながら、厚生年金に加入している人のみ」
	年金支給額に調整が入る場合	①＋②＋③＞28万円の場合（※2） （注）段階的に年金額に調整が入る。	
65歳以上の人	年金支給額に調整が入らない場合	①＋②＋③≦47万円（※1）の場合	
	年金支給額に調整が入る場合	①＋②＋③＞47万円（※1）の場合	

（※1）2019年4月1日から変更（それ以前は46万円）
（※2）2021年4月1日から60歳～65歳の在職老齢年金が28万円から47万円に引上げされる予定

3 まとめ

　仮に定年退職後、再雇用制度を利用して引き続き現地で勤務をしてもらう場合、一般に再雇用制度で定められている給与条件は現役時代よりもかなり低くなります。「同じ仕事をしているのに給与だけ下がる」のは「仕

方ない」とは割り切っていたとしても、現役時代と同じだけの責任をもって取り組めるかという点では疑問が残ります。よって、再雇用制度を利用するのではなく、現地採用に切り替わり、現地での業務内容に応じた報酬を受け取るというのも、ひとつかもしれません（もちろん、現地の給与水準が低ければ、難しいかもしれませんが）。

　また、ご質問の退職金や年金の問題以外で配慮すべきこととしては50歳以上の赴任者にも共通していえることですが、高齢になることで健康面でのリスクも増し、医療費コストが若手・中堅赴任者と比べて高くなることもありますし、国によっては高齢の赴任者のビザ取得・更新が難しい場合もあります。

　このように、現地法人責任者など現地で要職につく赴任者を定年に従い、再雇用したり現地採用に切り替えて引き続き勤務してもらう場合は、退職金、年金、健康面等さまざまな点で配慮が必要になります（特に現地採用に切り替えた場合、現地の就業規則において明確な定年退職年齢が決まっていないと、世代交代が難しくなることがあります）。

Q123 海外赴任中又は帰任直後の離職問題

今年に入ってから、当社の海外赴任者が赴任中又は帰任直後に退職するというケースが散見されます。

海外赴任中はそれなりの給与も補償されているし、本人に直接伝えてはいませんが、将来的には幹部候補生と考えていただけに、本社人事担当者としてはショックを受けています。本人は「一身上の都合」として退職の理由を明らかにしませんが、退職理由として考えられるのはどのようなことでしょうか。

> **A** 退職の理由はさまざまですが、離職に至るきっかけとしては、「赴任により自社を客観的に見るようになる」「本社から忘れ去られているような疎外感を感じる」「海外赴任中の仕事ぶりが正当に評価されていると思えない」「帰任後のポジションに期待できない」「他社からお誘いがかかる」等が挙げられます。

1　最近増えている赴任者・赴任経験者の離職問題

最近、大手企業の人事担当者から「赴任者が赴任中又は帰国してほどなく離職するケースが複数見られ、社内で問題になっている」といった相談が増えています。

もちろん、転職は国内勤務者にも起こりうることであり、その意味では特別なことではありませんが、海外赴任者・赴任経験者が離職する場合、それが「海外赴任したこと」に起因しているケースがほとんどです。

なぜなら、希望して赴任する人であれば、「これから任地でがんばろう」と社内での自分の今後の活躍を描いて意気揚々としているはずですし、会社命令で仕方なく赴任する場合も、「会社の命令だから仕方ない（＝この会社で勤務をし続けていく上ではやむを得ない）」と考えているはずだか

らです（もちろん赴任経験を武器として帰任後転職しようと考えている人がいないわけではありませんが）。

ではなぜ海外赴任が離職のきっかけになるのでしょうか。

2　離職に至る要因

海外赴任を契機として離職に至る要因は一つではなくさまざまです。
以下では離職に至るまでの典型的な展開を掲載しました。

(1)　**本社と物理的に離れることで、本社を客観的に見てしまう**

海外に赴任し、物理的な距離が離れると共に、当然ながら本社とのコミュニケーションの機会も激減します。もちろん頻繁に日本に出張する場合もあるでしょうが、社内の人と顔を合わせる機会は国内勤務のときより減ることは間違いないですし、国内勤務者とのＥメールでのやり取りは、書き方一つで行き違いが発生することもあり、また頻繁に顔を合わせていないだけに、誤解を生じたままそれを修復できる機会もなく、結果的に気まずくなるといったリスクもはらんでいます。

このように、海外赴任することで名実共に、本社と疎遠になりがちです。

一方、海外に赴任すると、国内であればほとんど付き合うこともなかったようなライバル企業の赴任者や異なった業種の赴任者、自分よりも数段上の地位の人と付き合うことが増え、視野が広がります。そうすると、これまで普通だと思っていた本社のやり方や考え方が、実は非常に特殊であることに気がつくなど、図らずも本社を客観的に見るようになります。

(2)　**海外に赴任して疎外感を感じる**

海外赴任中に、本社からの疎外感を訴える人も少なくありません。

たとえば、「疎外感を感じる点」として挙げられる例として、「社内ＬＡＮがつながっていないので、社内の人事異動など会社の動きが見えない。またそのような情報を赴任者に対して全く送ってくれない」等から、「早

い段階から任地の鳥インフルエンザ情報を本社にメールで報告していたのに、なしのつぶてだった」「赴任中一度も人事担当者が任地を見に来たり、面談の機会を設けてくれたことがない。完全に忘れられているようだ」等があります。

　また、「とりあえず３年間」と赴任させられたものの、任地で業務に必要な前知識や生活上の情報を得る機会を会社から与えられることもなく、任地に送り出された赴任者からは「赴任に当たっての最低限の準備は本社の責任。『日本では現地のことはわからない』と現地任せにしすぎ」等、赴任に対しての本社の配慮のなさに憤りを感じると共に、赴任によって本社から放り出されてしまったという疎外感を感じることも少なくないようです。

(3) 海外赴任中の評価及び評価方法に納得できない

　さらに、海外赴任中の評価及び評価方法については、多くの企業の赴任者から不満の声が聞かれます。代表的なものが、「海外赴任中も、日本勤務時の役職の評価シートに記入しなければならない」というもので、具体的な声としては「現地では取締役として仕事をしているが、本社から送られてくる目標設定シートは日本での役職に基づいた内容。現地で行っている業務内容を本社は把握しているのか」「赴任中も本社の基準の評価となっている。自分は現地では経営者だが、人事評価上・経営上、本社が自分をどのような位置づけで考えているか全く不明」「赴任中は赴任者全員がほぼ一律の評価になっていて納得できない。現地法人の経営や従業員の育成に没頭している赴任者もいれば、赴任期間を大過なく過ごすことに集中している人もいる」等が挙げられます。

　本社の人事担当者も、海外赴任者の評価方法については頭を悩ませていますが、仮に国内の評価制度と全く異なる評価制度を作った場合、海外赴任者の評価を、国内勤務者の評価の基準のなかで、どのように位置づけていくか、ということがネックとなり、なかなか手を付けにくい問題でもあ

ります。

(4) 帰任後のポジションに期待できない

　帰任に向けて最も不安なことは何かを赴任者にお伺いすると、多くの企業の赴任者から聞かれるのは、「帰任後のポジション」です。赴任者にとって、帰任後のポジションは、自分の海外赴任に対する会社の評価そのものともいえます。

　よって、自分の前任者のポジションを見て、海外赴任の経験が全く活かされていない部署に異動になっていたり、他社の赴任者が帰任後、非常に出世コースに乗っているのをみると、「このまま赴任を続けていても、先行きは明るくない」とし、自分の将来について考えざるを得ない状況になります。

(5) 赴任経験者を採用したい企業から声がかかる

　上記のとおり、赴任により自社を客観的に見るようになると共に、疎外感を感じる状況の中で、海外赴任中の自分の仕事ぶりもどの程度評価されているかわからない、かつ帰任後のポジションも前任者のポジション等を見る限り期待できない、となれば、外に目が向くのもある意味当然です。

　その結果、「自分はどれだけ市場価値があるのか」という軽い気持ちで人材紹介会社に登録したりすることもあります。いまやインターネットで、簡単に登録はできますし、海外勤務用の人材の紹介を得意とする紹介会社もあります。

　また、海外赴任によって、「○○国での工場立上げ経験あり」「××国での現地企業向け営業経験あり」「△△国での現地人材のマネジメント経験あり」等のキャリアがつくと、海外赴任用の人材が不足している企業が放っておくわけはありません。その結果、他社から「うちの現地法人の責任者として来てくれないか」等とお誘いがくることもあります。

　上記にも記述しましたが、海外展開を進めていくに当たり、自社に適当

な人材がいない企業にとって、大手企業などで海外ビジネス（工場の立上げ、地場企業への営業、現地人材のマネジメント）経験がある人材は喉から手が出るほど欲しい人材であり、前職の海外赴任者待遇を補償してでも採用したいのです。

人材を引き抜かれてしまう企業にとっては、せっかく高いコストをかけて海外赴任させ、将来的には現地法人の役職を含め、自社の戦力として活躍して欲しいと思っていた、まさにこれからという人材（特に30代〜40代）を失うのは非常に痛手です。

「海外勤務中の処遇についていろいろと不満や要望を伝えてきた赴任者が、最近静かになったと思ったら、ほどなく転職してしまった」という笑えない話もあります。

では会社として、赴任者の離職、赴任経験者の離職を防ぐためにはどのようにすればよいでしょうか。

「Q124：海外赴任者に最大限活躍してもらうために必要なこと」において、具体的な方法をご紹介します。

Q124 海外赴任者に最大限活躍してもらうために必要なこと

海外赴任者は自社の海外ビジネスの成否を担っている大切な存在です。この赴任者に、最大限に力を発揮してもらうためには会社としてどのようなことをするべきでしょうか。

A 「海外赴任に対する会社の考え方を明確にする」「自らの生活基盤について心配のない給与、処遇制度及び安全・危機管理制度の構築」「海外赴任するために必要な前知識・経験の提供」「赴任中に起きる様々な問題を解決できる場の提供」「赴任中のパフォーマンスを正当に評価してくれる評価制度」が必要です。

赴任者は企業にとって非常にコストのかかる存在であるとともに、自社の海外展開の成否の鍵を握る非常に重要な存在です。その海外赴任者に120％の力を出し切って、海外での業務に励んでもらうためには「赴任者が余計な心配をすることなく、業務に専念できる環境を作り出すこと」が不可欠です。そのために必要なのが、【図表124-1】の5つの要素です。

【図表124-1】海外赴任者が活躍するために必要な5つの要素

5．自分のパフォーマンスを正当に評価してくれる制度
4．赴任中に起きる様々な問題を解決する場の提供
3．海外赴任するために必要な前知識・経験の提供
2．安心して赴任できる給与・処遇及び安全・危機管理制度の構築
1．海外赴任に対する会社としての考え方を明確にする

1　海外赴任に対する会社の考え方を明確にする

　企業により海外赴任者の位置づけはさまざまですが、海外赴任者に納得感をもって赴任してもらうためには、会社の海外赴任に対する考え方を確立し、この考え方を理解したうえで赴任してもらうことが不可欠です。「自分たちはどのような位置づけなのかよくわからない。会社としての方針を明確にしてほしい」といった声も赴任者からよく聞かれます。

　実際に、会社として海外赴任に対する明確なポリシーを打ち出している会社は少ないですが、中には、新入社員研修の中に「自社の海外赴任に対する考え方」や海外赴任時の処遇について学ぶ機会を織り込むことで、早い段階から「会社の考え方」を理解してもらい、納得感をもって赴任できる体制を整えている企業もあります。

2　自らの生活基盤について心配ない給与、処遇制度、安全・危機管理制度の構築

　自身の給与や身の回りのことが心配では、仕事どころではありません。

　海外赴任者給与や処遇制度が整備されていない企業においては、「問題が生じたらその都度対応」となってしまい、そのような対応に終始している企業の場合、海外赴任者は自身の処遇について本社に問い合わせたり、心配することに多くの時間をとられています。

　このような場合、わざわざ高いコストをかけて海外に赴任させているにもかかわらず、実際の業務に従事できる時間は1日の半分程度になってしまっているため、当然ながら期待できる成果があげられません（ある赴任者は「現地法人の立上げも大切だが、自分の生活基盤の方がもっと大切。生活基盤の構築もままならない状況で現地法人の立上げに100%の力を注ぎ込むことはできない」と意見されていました）。

　また、経営者の中には、過去にご自身が海外赴任経験をされた人もいらっしゃいますが、そのような人の中には、「（他社では海外赴任者に高待遇が当然の中）自分は何の手当や制度もなくがんばってきた」という自負から、

自社の海外赴任者に対しても何ら特別な手当など必要なし、と考えておられる人もいらっしゃいます。

　そのような人は往々にして、ものすごくバイタリティにあふれているのですが、自ら海外赴任したいと手を上げる若手が減っている中、そのような考え方では誰も望んで赴任しません。仮に一人目は送り込めても、赴任したことで苦労に見合ったそれなりの報酬（金銭・非金銭面ともに）がなければ、次に継ぐ赴任者が出てきません（このような待遇の会社の赴任経験者にインタビューすると、「次回赴任を命ぜられたら退職するつもり。海外赴任は二度と御免」と断言される人もいらっしゃいます）。

　また、他社の水準ばかり意識する必要はないものの、あまりに格差があれば、赴任者が惨めな気持ちになってしまいます（赴任者が比較するのは必ずしも同業、同規模の他社とは限らず、同じ地域に現地法人をもつ他社の赴任者となります）。

　給与や処遇面だけでなく、赴任者の身に万が一の事態が発生しないようにするため、もしくは発生してしまった場合、どのような対応をとるべきかについて書かれた危機管理マニュアルの準備も必要になります。

　現時点で上記のような規程がない企業においては、早急に作成の準備が必要ですし、すでにこういった規程類がある企業においても、その内容が十分か否か、現状に即しているかを検討する必要があるでしょう。

3　海外赴任するために必要な前知識・経験の提供

　海外拠点の経営者になるにもかかわらず、現地の法制度等の知識や現地の商習慣を知らないまま赴任するのは、現地で無用なトラブルが生じる原因になり、非常にリスクを伴いますし、赴任者にとっても気の毒なことです。最低限の前知識の提供は本社の責任です。

4　赴任中におけるさまざまな問題解決のためのサポートの場の提供

　赴任中の業務の中で、困ったことが発生し、壁にぶつかったとき、それについて本社からのサポートがあれば大変心強い、という声もよく聞かれます。

　たとえば「顧客ニーズに応えられるような営業・技術面のサポート」「新しい設備（機械）などについての詳細な情報提供」「任地で仕事につながりそうな情報」「現状の問題解決のための海外支援グループの設置要請」「人事、賞与関係の情報の公開」といった業務面でのサポート体制はもちろん、「心身の健康維持のためいろいろな相談に乗ってほしい」「家族に対するサポート体制」といった個人的な部分のサポートも望まれています。

　そのような場がないと、悩みは蓄積し、業務面での悪影響だけでなく、赴任者の心身の健康にも支障をきたすことにつながります。

　本社としては、「困ったらいつでも連絡してくれればよい」と思っていても、常日頃からのコミュニケーションが密でないと、赴任者としても遠慮してしまい、なかなか助けを求めにくいのが現状です。

5　自分のパフォーマンスを正当に評価してくれる評価制度

　海外赴任者の人事評価については、赴任者としてはいろいろと思うところが多い部分です。

　海外赴任者のパフォーマンスをきちんと評価したシステムがないと、【図表124-2】のような状況になりがちです。

　このような状況に陥らないようにするため、まず行うべきは、海外赴任者の人事評価方式について、赴任者本人から意見を集め、自社の評価制度の問題点を把握することが不可欠です。

【図表124-2】海外赴任者向けの適切な評価制度がないと起こりうる問題

1. **長期的視点に立つよりは、短期的な利益を追いかける傾向になる**
   - 自分が在任している期間がうまくいけばそれでよい、という発想になりがち。
   - 現地法人に将来的に必要な人材をじっくり育てるという発想になりにくい。
   - 短期的には痛みを伴うが、長期的には現地法人のためになる施策を打ち出すモチベーションがわかない。
   - 現地社員や後任の赴任者に対してノウハウの移転が起きない、もしくは起きがたい。
2. **本社に対しての不平等感・不信感・失望感が募る**
   - 海外赴任者の仕事ぶりを個別に評価していない、また仕事内容さえ正確に把握していない本社の対応に失望し、やる気を失ったり、自分の能力を正当に認めてくれる他社に心が動くことがある。
   - 会社に対しての気持ちがさめる(海外に行くことで本社との距離が物理的にも心理的にも離れやすい環境になる)。
3. **各赴任者の強み等を発揮できない**
   - それぞれの人の特性に合わせた帰任後の人材配置ができない。
   - 貴重な海外経験のある人材の能力を有効活用できない(赴任者に行った投資が回収できない)。

参 考 文 献 等

タイトル	著　者	出版元
IBFD DATA BASE	IBFD	IBFD
Individual Taxes Worldwide Summaries	PricewaterhouseCoopers	John Wiley & Sons, Inc.
Worldwide Personal Tax and Immigration Guide 2020-21	Ernst & Young	
European Tax Handbook / International Bureau of Fiscal Documentation	Kesti, Juhani / Andersen, Peter S. / Swahagen, Christina / International Bureau of Fiscal Documentation (IBFD)	International Bureau of Fiscal Documentation (IBFD)
国際税務の実務と対策	国際税務実務研究会編集	第一法規
海外勤務者をめぐる税務	三好　毅	㈶大蔵財務協会
アジア諸国の税法	税理士法人トーマツ	中央経済社
欧州主要国の税法	税理士法人トーマツ	中央経済社
新・海外子女教育マニュアル	海外子女教育振興財団	海外子女教育振興財団
帰国子女のための学校便覧	海外子女教育振興財団	海外子女教育振興財団
アメリカ年金ハンドブック	松岡三郎・白石通代	カナリア書房
海外勤務者の人事管理	長澤　宏	有限会社インターアクト
海外勤務社員の給与	青柳宏二、浜田健二	中央経済社
海外で成功する経営・人事Q＆A	坂元宇一郎	経営書院
企業のための海外危機管理	日本在外企業協会	日本在外企業協会
海外派遣者労災補償制度の解説	厚生労働省労働基準局労災補償部補償課編	労務行政
海外進出企業総覧（国別編）	東洋経済新報社	東洋経済新報社
これならわかる！租税条約	藤井　恵	清文社
中国駐在員の選任・赴任から帰任まで完全ガイド	藤井　恵	清文社
租税条約関係法規集	公益財団法人納税協会連合会	公益財団法人納税協会連合会
雑　　誌		
労政時報	労務行政研究所	労務行政研究所
国際税務	税務研究会	税務研究会
海外子女教育	海外子女教育振興財団	海外子女教育振興財団
その他		
日系グローバル企業の人材マネジメント調査結果（2006年）	日本労働研究研修機構	
海外派遣勤務者の職業と生活に関する調査結果（2008年）	日本労働研究研修機構	
海外在留邦人数調査	外務省領事局政策課	
各国財務省ウェブサイト		
財務省ウェブサイト		
外務省ウェブサイト		
国税庁ウェブサイト		
日本年金機構ウェブサイト		
ＪＥＴＲＯウェブサイト		
動物検疫所ウェブサイト		
ＪＯＨＡＣウェブサイト		
ＦＯＲＴＨウェブサイト		

＜著者紹介＞

藤井　恵（ふじい　めぐみ）
　EY 税理士法人 People Advisory Services　パートナー　税理士・行政書士
［略　歴］
平成 8 年神戸大学経済学部卒業後、（株）大和総研入社
平成 9 年 2 月に三和総合研究所（現「三菱ＵＦＪリサーチ＆コンサルティング」）に入社
海外勤務者の社会保険や税務、海外給与や赴任者規程、租税条約に関する書籍執筆やセミナー講師、コンサルティング業務等を対応。令和元年 10 月に EY 税理士法人入社。
［著　書］
・単著
「六訂版　海外勤務者の税務と社会保険・給与 Q&A」（2018 年 7 月）
「改訂新版　タイ・シンガポール・インドネシア・ベトナム駐在員の選任・赴任から帰任まで完全ガイド」（2017 年 5 月）
「アメリカ・カナダ・メキシコ・ブラジル駐在員の選任・赴任から帰任まで完全ガイド」（2015 年 8 月）
「三訂版　これならわかる！租税条約」（2015 年 3 月）
「台湾・韓国・マレーシア・インド・フィリピン駐在員の選任・赴任から帰任まで完全ガイド」（2014 年 3 月）
「四訂版　海外勤務者の税務と社会保険・給与 Q&A」（2013 年 5 月）
「四訂版　中国駐在員の選任・赴任から帰任まで完全ガイド」（2013 年 2 月）
「タイ・シンガポール・インドネシア・ベトナム駐在員の選任・赴任から帰任まで完全ガイド」（2012 年 7 月）
「改訂新版　中国駐在員の選任・赴任から帰任まで完全ガイド」（2011年 2 月）
「新版　中国駐在員の選任・赴任から帰任まで完全ガイド」（2008年10月）
「中国駐在員の選任・赴任から帰任まで完全ガイド」（2006年 8 月）
「新版　これならわかる！租税条約」（2010 年 3 月）
「海外勤務者の社会保険と税務」（2009 年 7 月）
・共著
「Q&A 海外進出企業のための現地スタッフ採用・定着と駐在員育成のポイント」（2009 年 7 月）
「租税条約の理論と実務」（2008 年 9 月）
「すっきりわかる！　海外赴任・出張　外国人労働者雇用（税務と社会保険・在留資格・異文化マネジメント）」（2019 年 3 月）
「すっきりわかる！　技能実習と特定技能の外国人受け入れ・労務・トラブル対応」（2019 年 7 月）

七訂版
海外勤務者の税務と社会保険・給与Q&A

2022年 5月20日　七訂版発行
2025年 2月12日　七訂版第2刷発行

著　者　　藤井　恵 ⓒ

発行者　　小泉　定裕

発行所　　株式会社 清文社

東京都文京区小石川1丁目3-25（小石川大国ビル）
〒112-0002　電話03(4332)1375　FAX03(4332)1376
大阪市北区天神橋2丁目北2-6（大和南森町ビル）
〒530-0041　電話06(6135)4050　FAX06(6135)4059
URL　https://www.skattsei.co.jp/

印刷：㈱太洋社

■著作権法により無断複写複製は禁止されています。落丁本・乱丁本はお取り替えします。
■本書の内容に関するお問い合わせは編集部までFAX（03-4332-1378）又はメール（edit-e@skattsei.co.jp）でお願いします。
■本書の追録情報等は、当社ホームページ（https://www.skattsei.co.jp/）をご覧ください。

ISBN978-4-433-71382-9